L'ÉTÉ SAUVAGE

Elin Hilderbrand a grandi à Collegeville, en Pennsylvanie. Elle a étudié à l'université John Hopkins et possède aussi un diplôme de fiction littéraire de l'université de l'Iowa. Grande voyageuse, elle s'installe finalement à Nantucket – toile de fond de ses cinq derniers romans –, où elle vit avec son mari et ses trois enfants.

Paru dans Le Livre de Poche :

PIEDS NUS

ELIN HILDERBRAND

L'Été sauvage

ROMAN TRADUIT DE L'ANGLAIS PAR MATHILDE BOUHON

JC LATTÈS

Titre original :

THE ISLAND
Publié par Regan Arthur Books,
un département de Little, Brown and Company.

ISBN : 978-2-253-16444-9 – 1re publication LGF

À ma mère, Sally Hilderbrand,
qui m'a donné mes racines et mes ailes.

La maison des Tate

On l'avait laissée là, à l'abandon, pendant treize ans. Du jour au lendemain.

C'était une résidence secondaire, un cottage, de belle facture, avec des poutres de qualité et des clous de forgeron en acier. La construction datait de 1935, en pleine Dépression. Les charpentiers étaient avides de travail ; ils alignaient les bardeaux avec soin, ponçaient, époussetaient, puis ponçaient de nouveau au papier de verre fin. La rampe de l'escalier était aussi lisse qu'une robe de soie. À l'étage, les charpentiers – embauchés à Fall River – sifflaient devant la vue : une des chambres donnait sur l'immensité de l'océan, tandis que l'autre s'ouvrait sur les pâturages bucoliques et les vastes étangs de Tuckernuck Island.

La maison n'était occupée qu'en juillet, parfois jusqu'en août. Le reste de l'année, il y avait un gardien – qui venait jeter un œil, vérifier l'étanchéité des fenêtres, dégager les petites carcasses brunes des pièges à souris.

Elle avait été le témoin des comportements les plus variés de ses propriétaires. Ils mangeaient et dormaient comme tout le monde ; ils buvaient et dansaient au son des ondes courtes de la radio. Ils faisaient l'amour et se disputaient (car oui, les Tate hurlaient, tous autant qu'ils étaient ; un trait de caractère familial, sans doute). Ils faisaient des enfants ; des bambins pleuraient et riaient dans toutes les pièces, dessinaient sur les murs, lançaient sur le toit une balle de croquet frappée avec adresse, éteignaient une cigarette fumée à la sauvette sur la terrasse.

Dieu merci, la maison n'avait jamais pris feu.

Et puis, pendant treize ans, plus personne n'était venu. Enfin, presque personne. Il y avait eu des campagnols et une armée de faucheux. Trois chauves-souris s'étaient engouffrées par la fenêtre du grenier que la famille avait oublié de fermer en partant, ce qui avait échappé à la vigilance du gardien. Orientée sud-ouest, elle était à l'abri du gros des intempéries ; son ouverture permettait à la maison de respirer.

Un quatuor de gamins facétieux avait crocheté la porte d'entrée branlante et, l'espace d'un instant, la maison s'était sentie revivre. Des humains ! Des jeunes ! Des intrus, certes, mais pas des vandales. Heureusement. Ils avaient cherché – et n'avaient rien trouvé d'autre qu'une conserve de porc aux haricots, ainsi qu'un carton de Quaker Oats rempli de charançons (épouvantée, la fille qui le tenait avait lâché la boîte, éparpillant les flocons d'avoine sur le lino). Les enfants s'étaient mis au défi d'explorer l'étage. Partout sur l'île, on disait la maison hantée.

Personne d'autre ici que moi, aurait affirmé la maison, si elle avait pu parler. Enfin, moi et les chauves-souris. Et les campagnols. Et les araignées !

Dans l'une des chambres, les jeunes avaient trouvé une figurine de trente centimètres de haut, sculptée dans du bois flotté et ornée de coquillages et de verreries. Le personnage avait des cheveux d'algues.

— Cool ! s'était exclamé l'un des gamins, roux et couvert de taches de rousseur. Je la prends !

— C'est du vol, avait objecté la fille.

Le garçon avait reposé la sculpture.

— De toute façon, elle est nulle. Allez, on s'en va.

Les autres avaient acquiescé et ils étaient partis, sans rien d'intéressant. Il n'y avait même plus d'eau dans les toilettes.

Et, de nouveau, le silence. Le vide.

Jusqu'à ce qu'on se serve un jour d'une vieille clé pour ouvrir la porte avec un grincement. Ce n'était pas le gardien, mais son fils, devenu adulte. Il inspira – la maison se doutait qu'elle ne devait pas sentir très bon – et tapota l'encadrement de la porte avec affection.

— Ils sont de retour, annonça-t-il. Ils sont de retour.

Birdie

Les plans pour les vacances changèrent, plusieurs fois.

À l'époque, en mars, alors que les préparatifs pour le mariage de Chess se mettaient en place aussi proprement que des briques sur une allée de jardin, Birdie avait eu une idée : une semaine, rien que toutes les deux, dans leur maison de Tuckernuck Island. Trois ans à peine auparavant, un tel projet aurait semblé impensable ; depuis son plus jeune âge, Chess avait des rapports conflictuels avec Birdie. Elles ne « s'entendaient » pas. Ou plutôt, Chess ne s'entendait pas avec Birdie. Elle avait tout essayé pour gagner les bonnes grâces de sa fille, mais elle était perpétuellement méprisée. Elle ne cessait de dire ou de faire ce qu'il ne fallait pas. Dernièrement, la relation entre mère et fille s'était cependant améliorée – assez pour que Birdie propose une semaine ensemble dans le cottage familial, avant que Chess ne s'embarque pour le reste de sa vie au côté de Michael Morgan.

Birdie avait appelé Chess au travail afin de tâter le terrain.

— Je te rappelle, avait dit Chess de cette voix tendue signalant que Birdie eût mieux fait d'attendre et de la joindre chez elle.

Journaliste gastronomique pour *Glamorous Home*, Chess était la plus jeune rédactrice de l'équipe, comme au sein du groupe Diamond Publishing, et elle travaillait d'autant plus dur pour faire ses preuves. Birdie, en cordon-bleu aussi accompli qu'enthousiaste, lui enviait secrètement son poste. Elle était terriblement fière de sa fille. Un peu jalouse, aussi.

— OK, chérie ! avait répondu Birdie. En attendant, mets ça à mijoter : toi et moi, dans la maison de Tuckernuck, la semaine du 4 juillet.

— Toi et moi ? Et qui d'autre ?

— Rien que nous deux.

— Toute la semaine ?

— Tu pourrais ?

La charge de travail de Chess fluctuait suivant les saisons. Si l'été était calme, pendant les fêtes, c'était la folie.

— Ça te plairait ?

— Je vais y réfléchir, avait conclu Chess avant de raccrocher.

Birdie faisait les cent pas, tendue et agitée. Elle éprouvait les mêmes sensations qu'en 1972, quand elle attendait la réponse d'Alpha Phi. Chess accepterait-elle ce voyage ? Si celle-ci déclinait l'offre, décida Birdie, elle ne s'en formaliserait pas. Sa fille avait fort à faire, et une semaine, c'était long. Birdie aurait-elle voulu passer une semaine en tête à tête avec sa mère ? Sans doute pas. Elle attrapa sa tasse de thé, mais celle-ci avait refroidi. Elle la mit à réchauffer dans le micro-ondes et s'assit devant l'ordinateur qu'elle avait installé dans la cuisine pour garder informations et recettes à portée de main. Elle consulta ses mails. Tate, sa fille cadette et as de l'informatique, lui envoyait tous les jours des messages, parfois de simples blagues ou des chaînes de courrier que Birdie effaçait sans les lire. Aujourd'hui, sa boîte de réception était vide. Birdie se réprimanda. Jamais Chess n'accepterait de passer une semaine seule avec elle. Elle n'aurait jamais dû le lui proposer.

Pourtant, alors qu'elle s'apprêtait à plonger dans les affres du doute qui entachait chacun de ses échanges avec Chess (pourquoi sa relation à sa fille aînée était-elle si tendue ? Qu'avait-elle fait de mal ?), le téléphone sonna. Birdie se jeta sur le combiné. C'était Chess.

— Du 1er au 7 juillet ? Toi et moi ?

— Tu serais d'accord ?

— Absolument. Ça sera génial. Merci, Bird !

Birdie soupira – d'aise, de bonheur, de joie ! Une semaine à Tuckernuck, voilà qui s'annonçait fabuleux. Un des avantages du divorce, après trois décennies de mariage : à présent, Birdie pouvait faire tout ce qui lui plaisait. La maison de Tuckernuck appartenait aux Tate depuis soixante-quinze ans – à sa famille, et non à celle de Grant. Contrairement à lui, Birdie avait grandi dans le souvenir d'insouciantes journées estivales passées sur l'île. Les deux premiers étés après leur rencontre, Grant avait fait semblant d'aimer Tuckernuck. Cependant, une fois mariés et devenus parents, son dédain était apparu au grand jour. Il détestait l'endroit – la maison était trop rustique, le générateur électrique instable. Grant n'était pas très aventurier, il refusait d'activer une pompe manuelle pour obtenir de l'eau qu'il faudrait mettre sur le feu si on voulait prendre un bain chaud. Il détestait les campagnols, les moustiques, les chauves-souris suspendues aux poutres. Il n'aimait pas devoir se priver de télévision ou de téléphone. Il était l'avocat de la moitié de Wall Street. Comment Birdie pouvait-elle le croire prêt à se passer de téléphone ?

Grant avait enduré deux semaines au cottage chaque année jusqu'à l'entrée de Tate en terminale, après quoi le verdict était tombé : plus jamais.

Birdie n'avait plus remis les pieds à Tuckernuck depuis treize ans. Il était temps d'y retourner.

Ainsi, tout en préparant le mariage de Chess avec Michael Morgan, Birdie planifia une semaine de vacances sur l'île. Elle appela le gardien, Chuck Lee. Elle se surprit à chantonner nerveusement tout en composant son numéro, si familier en dépit des années écoulées. Ce fut Eleanor, la femme de Chuck, qui décrocha. Birdie n'avait jamais eu l'occasion de la rencontrer, et encore moins de converser avec elle, même si elle connaissait son existence. Birdie décida de ne pas révéler tout de suite son identité afin de faciliter les choses.

— J'aimerais parler à Chuck Lee, s'il vous plaît.

— Il n'est pas disponible pour l'instant, répondit Eleanor. Puis-je prendre un message ?

— C'est au sujet d'une maison dont il a la charge.

— Chuck ne travaille plus comme gardien, annonça-t-elle.

Elle paraît plutôt agréable, pensa Birdie. Dans son imagination, Eleanor pesait deux cents kilos, avait la peau d'un calamar et arborait une légère moustache.

— Oh, laissa échapper Birdie.

Birdie se demanda si le téléphone de Chuck et Eleanor affichait le numéro de l'interlocuteur, mais décida que non. Chuck était depuis toujours fermement ancré en 1974.

— Mon fils Barrett a repris l'affaire, expliqua Eleanor. Voulez-vous que je vous donne son numéro ?

Après avoir raccroché, Birdie dut s'asseoir un instant. Comme les années filaient ! Elle avait connu Barrett Lee tout bébé. Elle le revoyait à cinq ans, avec sa tignasse blonde et son gilet de sauvetage orange, assis à côté de son père dans le Boston Whaler qui venait les chercher, elle, Grant et les enfants à Madaket Harbor sur Nantucket pour les déposer au bord de l'étendue sablonneuse, aussi blanche et douce que de la chapelure, qui longeait leur propriété sur la minuscule île voisine de Tuckernuck. Barrett Lee était-il mûr pour reprendre une affaire ? Il avait à peu près l'âge des filles, lesquelles avaient respectivement trente-deux et trente ans. Et Chuck était parti à la retraite, comme n'importe quel sexagénaire, tandis que Grant prenait encore le train tous les matins jusqu'au centre-ville et, pour autant qu'elle sache, continuait d'emmener ses client au Gallagher's boire un verre après le travail.

Birdie appela Barrett Lee sur son portable et tomba effectivement sur une voix d'homme.

— Barrett ? Birdie Cousins à l'appareil. Je suis la propriétaire de la maison sur Tuckernuck Island…

— Oh, bonjour, madame Cousins, s'exclama Barrett Lee d'une voix chaleureuse, comme s'ils s'étaient parlé la semaine précédente. Comment allez-vous ?

Birdie tenta de se rappeler la dernière fois qu'elle l'avait vu. Elle se souvenait vaguement d'un adolescent, plutôt beau garçon, comme son père, qui jouait au football américain dans l'équipe des Nantucket Whalers. Il avait les épaules larges et ces mêmes cheveux blond platine. Il était sorti un matin avec le bateau de Chuck pour emmener une des filles pêcher. Une autre fois, c'était à un pique-nique qu'il en avait invité une. Chess ou Tate, Birdie était bien incapable de dire laquelle.

Comment ça va ? Qu'est-ce qu'elle était censée répondre ? Grant et moi avons divorcé il y a trois ans, lui vit dans un « loft » à Norwalk et fréquente ce qu'il appelle des « couguars », pendant que j'erre entre les murs de la résidence familiale à New Canaan, avec ses six mille mètres carrés remplis de tapis, d'antiquités et de photographies encadrées témoignant d'une vie révolue. Je me prépare un repas le lundi et passe le reste de la semaine à le finir. Je suis toujours inscrite au club de jardinage. Une fois par mois, je fréquente un groupe de lecture. Bien souvent je suis la seule à avoir lu le livre sélectionné ; les autres femmes ne sont là que pour le vin et les ragots. Chess et Tate sont grandes, elles font leur vie. Si seulement j'avais un boulot ! Je passe plus de temps qu'il n'en faut à en vouloir à Grant pour ne m'avoir jamais encouragée à sortir de la maison et travailler. Car voilà le résultat : à cinquante-sept ans, divorcée, je suis en train de devenir une de ces femmes qui s'imposent à leurs enfants.

— Ça va bien, dit Birdie. Tu dois trouver ça bizarre de m'avoir au téléphone.

— Un peu, c'est vrai, reconnut Barrett.

— Comment va ton père ? Il est à la retraite ?

— Oui. Il a eu une attaque juste avant Thanksgiving. Il va bien, mais ça l'a beaucoup ralenti.

— Je suis désolée de l'apprendre.

Birdie marqua une pause. Chuck Lee, une attaque ? Le Chuck Lee qu'elle connaissait, avec sa coupe de militaire, sa cigarette au coin du bec, et dont les muscles saillaient quand il levait l'ancre ? Ralenti ? Birdie imagina une tortue terrestre, chauve et pesante, mais chassa rapidement l'image de son esprit.

— Écoute, Chess et moi comptons passer la semaine du 4 juillet à la maison. Tu veux bien la remettre en état ?

— C'est-à-dire que…, hésita Barrett.

— Qu'y a-t-il ?

— Ça va demander du travail. J'y ai fait un tour en septembre, les murs menacent de s'effondrer. Il faudrait couvrir à neuf, voire refaire tout le toit. Vous aurez besoin d'un nouveau générateur. Et l'escalier qui mène à la plage est définitivement pourri. Bien sûr, je ne suis pas entré, mais…

— Tu veux bien t'en occuper ? J'aimerais qu'elle soit habitable. Pourrais-tu acheter un nouveau générateur et réparer le reste ? Je t'enverrai un chèque demain. Cinq mille ? Dix mille ?

Au terme du divorce, Birdie avait obtenu la maison, ainsi qu'une généreuse pension. Grant s'était par ailleurs engagé à couvrir d'éventuelles dépenses plus importantes, dans la mesure où celles-ci lui semblaient « raisonnables ». Il détestait la maison de Tuckernuck ; aussi Birdie ne savait-elle pas s'il considérerait les coûts de réparation raisonnables ou non. Elle pressentait une possible bataille, mais elle ne pouvait laisser Tuckernuck tomber en ruine. Pas au bout de soixante-quinze ans.

— Dix mille pour commencer, reprit Barrett. Je suis désolé de vous annoncer ça…

— Non, non, voyons. Tu n'y es pour rien.

— Mais si vous voulez retrouver la maison dans son état d'origine…

— On n'a pas le choix ! décréta Birdie. C'était la maison de ma grand-mère.

— Vous la voulez pour le 1er juillet ?

— Le 1er, oui. Il n'y aura que Chess et moi, pour une dernière escapade avant son mariage en septembre.

— Elle se marie ?

Au ton de sa voix, Birdie comprit que c'était probablement Chess qu'il avait emmenée pique-niquer.

— Le 25 septembre, précisa-t-elle avec fierté.

— Waouh, s'exclama Barrett.

À la mi-avril, le mariage de Chess et de Michael Morgan était réglé dans ses moindres détails – y compris la robe de la demoiselle d'honneur, le menu de la réception et la sélection de chants pour l'église. Birdie n'hésitait plus à appeler Chess au travail pour lui demander son avis ou son approbation. La plupart du temps, Chess se contentait de répondre : « Oui, Birdie, parfait. Comme tu le sens. » Birdie avait été à la fois surprise et flattée que Chess lui demande son aide. Celle-ci lui avait passé le bébé sans cérémonie, glissant d'un air détaché : « Tu as très bon goût. » Birdie aimait à le croire ; son bon goût était un fait avéré, comme la couleur de ses yeux ou la forme de ses oreilles. La confiance que lui témoignait Chess n'en était pas moins gratifiante.

La liste d'invités comptait trois cents personnes ; le service aurait lieu à l'église épiscopale de la Trinité, sous la tutelle de Benjamin Denton, le pasteur que Chess avait connu dans son enfance. La cérémonie serait suivie d'une réception sous un chapiteau dans le jardin de Birdie. Les paysagistes s'étaient mis au travail dès septembre. Un îlot disposé à la surface de l'étang, pièce de résistance selon Birdie, servirait de décor à la première danse du couple.

Grant n'avait appelé qu'une fois pour se plaindre des dépenses, et cela concernait les vingt mille dollars alloués à l'ingénierie et la fabrication de l'îlot. Birdie lui avait patiemment expliqué le concept par téléphone, mais soit il n'y entendait rien, soit cela ne lui plaisait pas.

— Est-ce qu'on paie, oui ou non, pour un parquet de danse normal ?

— Oui, avait affirmé Birdie. Mais ça, c'est spécial, c'est juste pour les premières danses. Les mariés, Chess avec toi, et nous deux.

— Je vais danser avec toi ?

Birdie s'était éclairci la gorge.

— D'après Emily Post, si aucun des époux divorcés n'est remarié, alors… oui, Grant, tu vas devoir danser avec moi. Désolée.

— Vingt mille dollars, ce n'est pas négligeable, Bird.

Il avait fallu un coup de fil de Chess pour le convaincre. Dieu seul sait ce qu'elle lui avait dit, mais Grant avait signé le chèque.

Fin avril, Birdie alla à son premier rendez-vous galant depuis son divorce. La rencontre avait été arrangée par sa sœur, India, conservatrice à l'école des Beaux-Arts de Pennsylvanie, dans le centre de Philadelphie. India avait épousé le sculpteur Bill Bishop et élevé leurs trois fils tandis que celui-ci parcourait le monde en quête de célébrité, avant de se tirer une balle dans la tête dans un hôtel de Bangkok en 1995. Son suicide avait anéanti India. Pendant un temps, Birdie avait craint qu'elle ne s'en remette jamais. Elle allait finir clocharde à Rittenhouse Square, ou recluse, entourée de chats, à astiquer à longueur de journée le portrait encadré de Bill. Mais India était parvenue à renaître de ses cendres, mettant à profit sa maîtrise d'histoire de l'art pour devenir conservatrice. Contrairement à Birdie, India était chic et branchée. Elle portait des robes Catherine Malandrino et des talons aiguilles, les lunettes de vue de Bill Bishop au bout d'une chaîne passée autour de son cou. India fréquentait toutes sortes d'hommes – âgés, jeunes, mariés – et celui qu'elle s'apprêtait à présenter à Birdie était un de ses soupirants éconduits. Trop vieux. À quel âge devient-on trop vieux ? À soixante-cinq ans, soit l'âge de Grant.

Il s'appelait Hank Dunlap. Retraité, Hank avait dirigé une école privée huppée de Manhattan. Son épouse, Caroline, disposait d'une fortune personnelle. Elle siégeait au conseil des actionnaires du musée Guggenheim ; India les avait rencontrés tous les deux lors d'un gala de charité au musée quelques années auparavant.

— Qu'est-il arrivé à Caroline ? avait demandé Birdie. Ils ont divorcé ? Elle est morte ?

— Ni l'un ni l'autre, avait expliqué India. Elle souffre d'Alzheimer. Elle est dans une clinique en banlieue.

— Sa femme est donc encore en vie, ils sont toujours mariés et tu es sortie avec lui. Et maintenant tu voudrais que, moi aussi, je sorte avec lui ?

— Relax, Bird. Son épouse est sur une autre planète dont elle ne reviendra pas. Tout ce qu'il veut, c'est de la compagnie. C'est tout à fait ton genre.

— Vraiment ?

Quel était son « genre » ? Quelqu'un comme Grant ? Grant était l'avocat du diable. Tout ce qui l'intéressait, c'était le whisky single malt et les voitures de luxe intérieur cuir. Il n'avait rien du gentil proviseur, satisfait de son salaire à six chiffres.

— Est-ce qu'il joue au golf ?

— Non.

— Bon, dans ce cas, c'est mon genre.

Birdie s'était juré de ne plus jamais se lier avec un golfeur.

— Il est mignon, avait ajouté India, comme si elles parlaient d'un adolescent. Il va te plaire.

Surprise ! Il plut à Birdie. Elle avait décidé d'ignorer la petite voix qui répétait sans cesse : « Oh mon dieu, je n'arrive pas à croire que je sors avec quelqu'un à mon âge ! » et de se montrer réaliste. Oui, elle fréquentait de nouveau quelqu'un, mais au lieu de s'affoler, elle prit une douche, s'habilla et se maquilla comme elle l'aurait fait pour accompagner Grant au théâtre ou rejoindre les Campbell au country club. Elle opta pour une simple robe portefeuille, des talons et quelques bijoux, parmi lesquels sa bague de fiançailles en diamants (qui avait appartenu à sa grand-mère et qui reviendrait un jour à un de ses petits-enfants). Birdie s'assit sur un banc du jardin dans la douceur printanière du soir, un verre de sancerre à la main et Mozart en fond sonore, pour attendre la venue du vieux Hank.

Les battements de son cœur semblaient réguliers.

Elle entendit une voiture dans l'allée et retourna à l'intérieur, où elle rinça son verre et jeta un œil à son rouge à lèvres dans le miroir avant d'attraper un manteau léger. Après avoir pris une profonde inspiration, elle ouvrit la porte. Le vieux Hank était là, un bouquet de jacinthes pourpres à la main. Il avait les cheveux poivre et sel et portait des lunettes sans monture. Conformément aux dires d'India, il était mignon. Très mignon. En voyant Birdie, il sourit largement. De toutes ses dents. Il était adorable.

— Vous êtes encore plus ravissante que votre sœur ! s'exclama-t-il.

Elle fondit.

— Mon dieu, dit-elle. Vous me plaisez déjà.

Et ils rirent tous les deux.

La soirée ne fit que s'améliorer. Hank Dunlap était intelligent et cultivé, drôle et avenant. Il choisit un nouveau restaurant dans une rue branchée de South Norwalk, au milieu des galeries d'art et des boutiques de luxe, dans le faux SoHo (surnommé SoNo) où Grant habitait à présent. Birdie avait du mal à imaginer son ex-mari fréquenter ce quartier à la mode ; elle se demanda si elle allait l'apercevoir ou si lui la verrait en compagnie de Hank, si charmant et érudit. Il faisait assez doux pour s'asseoir en terrasse, aussi Birdie sauta-t-elle sur l'occasion.

La cuisine dans ce restaurant était extraordinaire. Birdie aimait les bons repas et le bon vin, tout comme Hank, semblait-il. Chacun goûta le plat de l'autre et tous deux décidèrent de partager un dessert. Birdie ne se dit pas « je n'arrive pas à croire que je sors de nouveau avec quelqu'un à mon âge ». Elle s'aperçut au contraire qu'elle s'amusait bien, que c'était simple ; qu'il semblait plus naturel de dîner avec cet homme qu'elle connaissait à peine qu'avec Grant. (Son penchant pour le bœuf mis à part, Grant se souciait peu de son alimentation. Il ne mangeait que pour assurer sa survie.) Les dernières années de leur mariage, Birdie et Grant échangeaient à peine quelques mots lorsqu'ils dînaient en ville. C'était plutôt Birdie qui pérorait, tandis que Grant acquiesçait d'un air absent tout en regardant un match des Yankees par-dessus son épaule ou en vérifiant le cours de la Bourse sur son BlackBerry. Avec Hank, Birdie découvrit avec délices combien il était agréable de passer du temps avec quelqu'un à la fois intéressant et curieux des autres. Qui savait parler, mais aussi écouter.

— Je serais ravie de fuir avec vous pour vous épouser dès ce soir, mais j'ai cru comprendre que vous étiez déjà marié, dit-elle.

Hank acquiesça avec un sourire triste.

— Mon épouse, Caroline, est dans une clinique à Brewster. Elle ne nous reconnaît plus, moi et les enfants.

— J'en suis navrée.

— Nous avons eu une belle vie ensemble. Je suis désolé qu'elle doive finir ses jours loin de chez elle, mais je ne pouvais pas m'en occuper tout seul. Elle est mieux là-bas. Je vais la voir deux fois par semaine, le jeudi après-midi et le dimanche. Je lui apporte des caramels enrobés de chocolat, et chaque fois elle me remercie comme si j'étais un gentil inconnu, ce que je suis sans doute pour elle. Mais elle raffole de ces caramels.

Birdie sentit les larmes lui monter aux yeux. Le serveur arriva avec le dessert – un parfait aux fruits de la passion et à la crème de coco. Hank attaqua le gâteau ; Birdie ravala son chagrin. Son mariage avait mal fini, même s'il y avait eu pire, et c'était aussi le cas pour Hank. Son épouse ne le reconnaissait plus, mais il lui apportait des caramels enrobés de chocolat. C'était le geste le plus attentionné que Birdie puisse imaginer. Grant avait-il jamais rien fait d'aussi adorable pour elle ? Aucun exemple ne lui venait à l'esprit.

Au moment de se dire au revoir, Hank embrassa Birdie sur le pas de sa porte, et ce fut le meilleur instant de la soirée. Le baiser, doux et profond, éveilla en Birdie une sensation oubliée depuis longtemps. Du désir. Elle et Grant avaient continué de faire l'amour jusqu'à la toute fin de leur mariage, avec l'aide d'un certain cachet – mais son désir pour le corps de son mari s'était déjà évaporé à l'époque où Tate entrait à l'école primaire.

— Je t'appelle demain à midi, promit Hank.

Birdie acquiesça. Les mots lui manquaient. Elle entra d'un pas chancelant et erra dans sa cuisine en la regardant d'un œil neuf. Que penserait Hank de cette pièce ? Elle croyait à l'importance des détails : avoir en permanence des fruits frais, des fleurs fraîches, du café, de la vraie crème, du jus de fruits fraîchement pressés, le journal du matin livré à sa porte, de la musique classique. Un vin d'un bon cru. Hank apprécierait-il ces choses comme elle ?

Elle se prépara une tasse de thé et arrangea les jacinthes qu'il avait apportées dans un de ses vases en verre gravé. Elle était sur un petit nuage. Une vie parfaite, décida-t-elle, serait remplie de premiers rendez-vous comme celui-ci. Chaque jour contiendrait une promesse électrique, une étincelle, une connexion, du désir.

Grands dieux, le désir. Elle avait tout oublié de cette sensation.

Elle se dévêtit, se glissa dans son lit avec une tasse de thé brûlant, et attrapa le roman du club de lecture, avant de le reposer. Elle planait complètement. Elle ferma les yeux.

Le téléphone sonna au milieu de la nuit. Le réveil indiquait 3 h 20. Birdie se redressa brusquement. Sa lampe de chevet était encore allumée. Le thé avait refroidi sur la table de nuit. Le téléphone ? Qui pouvait bien appeler à une heure pareille ? Se rappelant alors son rendez-vous, elle se sentit envahie d'une joie profonde et réconfortante. C'était peut-être India qui venait aux nouvelles pour savoir comment s'était passée la rencontre. India téléphonait à des heures insensées. Depuis la mort de Bill, elle souffrait d'implacables insomnies ; il lui arrivait de passer soixante-douze heures sans fermer l'œil.

À moins que ce ne fût Hank, peut-être incapable de trouver le sommeil.

Birdie saisit le combiné.

Une femme, en pleurs. Birdie sut immédiatement qu'il s'agissait de Chess ; une mère reconnaît toujours les pleurs de son enfant, même lorsque celui-ci a trente-deux ans. Elle devina sur-le-champ ce qui se passait. Elle était anéantie, mais elle savait.

— C'est fini, Birdie.

— Fini ?

— Fini.

Birdie remonta les couvertures jusqu'à son menton. C'était un instant clé de sa vie de mère, et elle était déterminée à briller.

— Raconte-moi tout.

Bel homme, propre sur lui, Michael Morgan mesurait un mètre quatre-vingt-dix. Les cheveux châtain clair, les yeux verts, un sourire communicatif, il avait joué au hockey à Princeton, dont il était sorti diplômé en sociologie avec les honneurs ; il était champion de mots croisés et adorait les films en noir et blanc, ce qui plaisait beaucoup à la génération de Birdie. Au lieu d'accepter un poste chez J.P. Morgan, où son père était directeur associé, ou d'aller à Madison Avenue, où sa mère supervisait la promotion de tous les grands succès de Broadway, Michael avait contracté un prêt considérable pour racheter une agence de chasseurs de têtes en faillite. En cinq ans, il en avait fait une entreprise rentable : il avait placé un quart de la dernière promo de la Columbia Business School.

Chess avait fait la connaissance de Michael Morgan dans un club de rock du centre-ville dont le nom échappait à Birdie. Chess s'était rendue au bar avec une amie, tandis que Michael était venu y écouter son frère, Nick, chanteur d'un groupe appelé Diplomatic Immunity. C'est ainsi que se rencontrent les jeunes gens ; Birdie le savait bien. Mais contrairement aux autres hommes que Chess fréquentait, avec Michael Morgan les choses étaient devenues sérieuses tout de suite.

Le début de leur relation coïncida avec la fin du mariage de Birdie et de Grant. Lorsque ces derniers virent Michael Morgan pour la première fois, ils étaient techniquement séparés. (Grant habitait une chambre au Hyatt de Stamford. C'était avant qu'il ne loue puis achète son loft à South Norwalk.) Mais Chess avait tenu à ce qu'ils rencontrent Michael ensemble, comme un couple uni. Birdie s'y refusait. Ils seraient mal à l'aise ; cela reviendrait à se retrouver avec Grant, à qui elle venait de demander sans équivoque de sortir de sa vie. Mais Chess avait insisté, persuadée que ses parents pouvaient bien, pour elle, se montrer aimables l'un envers l'autre le temps d'un soir. Grant était ouvert à cette idée ; il avait réservé une table pour quatre à La Grenouille, leur ancien restaurant préféré. Grant et Birdie étaient venus en voiture ensemble ; le contraire eût été ridicule. Grant avait toujours la même odeur ; il portait son costume kaki et une des chemises Paul Stuart que Birdie lui avait achetées, agrémentée de la cravate rose ornée de batraciens qu'il mettait toujours pour venir dans ce restaurant. Birdie se rappelait avoir eu la sensation à la fois rassurante et déprimante que rien n'avait changé. Le maître d'hôtel, Donovan, les avait accueillis comme un couple marié – il ne se doutait pas de leur séparation – avant de les conduire à leur table attitrée. Birdie avait tout dit de Michael Morgan à Grant entre le parking et le restaurant. Michael et Chess se fréquentaient depuis trois semaines.

— Trois semaines ? s'était étonné Grant. Il a obtenu des présentations au bout de trois petites semaines ?

— Je crois que cette fois, ça y est, avait répliqué Birdie.

— Ça y est ?

— Sois gentil. Mets-le à l'aise.

Chess était ravissante dans sa robe lavande à fleurs, et Michael Morgan faisait forte impression avec son costume anthracite et sa cravate Hermès couleur lavande. (Ils étaient assortis ! Birdie avait trouvé cela charmant, avant de craindre qu'ils ne vivent déjà ensemble en cachette.) Ils semblaient tout droit sortis d'un numéro du magazine *Town and Country*. Ils paraissaient déjà mariés.

Michael Morgan avait salué Grant d'une poignée de main énergique et embrassé Birdie sur la joue, affichant son sourire éclatant, si engageant. (Cette mâchoire carrée, ces dents parfaites, la lueur dans ses yeux – quel magnétisme !) Arrivée au dîner avec des sentiments très amers sur les relations amoureuses, Birdie avait été conquise par Michael, et par le couple qu'il formait avec Chess. À table, il avait d'excellentes manières, se levant lorsque Chess s'absentait pour aller aux toilettes et en revenait ; il avait évoqué ses affaires et ses projets d'une façon à la fois impressionnante et délicieusement modeste. Il avait apprécié le vin, bu un scotch avec Grant après le dessert, et remercié Grant et Birdie pour le repas, les félicitant d'avoir élevé une fille aussi belle, intelligente et accomplie que Chess. Comment ne pas l'aimer ?

Birdie fut donc surprise par ce coup de fil. Chess avait rompu ses fiançailles. Elle était sortie dîner à l'Aureole avec son amie Rhonda ; de là, elles étaient allées boire des cocktails au Spotted Pig avant de gagner un night-club. Chess en était partie sans avertir Rhonda. Elle avait remonté à pied les soixante-sept blocs qui la séparaient de son appartement (Birdie frissonna rien qu'en pensant au danger) et avait appelé Michael à San Francisco, où il faisait passer des entretiens pour un poste de direction d'une prestigieuse entreprise de high tech. Elle avait annulé le mariage. Michael avait immédiatement pris l'avion mais cela ne changerait rien. C'était fini. Elle ne se marierait pas.

— Attends une minute, l'interrompit Birdie. Que s'est-il passé ?

— Rien, fit Chess. C'est juste que je ne veux pas épouser Michael.

— Mais pourquoi ?

Birdie n'était pas naïve. Chess avait peut-être pris de la drogue au club.

— Je ne sais pas, répliqua Chess en se remettant à pleurer. Je ne veux pas, c'est tout.

— Tu ne veux pas ?

— Exactement.

— Tu ne l'aimes pas ?

— Non, je ne l'aime pas.

Que pouvait-elle répondre à cela ?

— Je comprends.

— Vraiment ?

— Je te soutiendrai, quelle que soit ta décision. Je t'aime. On n'aura qu'à annuler les préparatifs si tu ne veux plus te marier.

Chess soupira. Avec un hoquet, elle murmura :

— Mon dieu, merci Birdie. Merci.

— Je t'en prie, voyons.

— Tu veux bien en parler à papa ?

— Moi ?

— S'il te plaît ?

Les larmes menaçaient de couler.

— J'en suis incapable, reprit Chess. Je n'en ai pas la force.

Ce qu'elle voulait dire, c'est qu'elle n'avait pas envie de le faire. Quelle personne saine d'esprit aurait envie d'appeler Grant Cousins, qui passait ses journées à intimider tout le monde, des petits investisseurs aux commissions gouvernementales, pour lui annoncer qu'il venait de gaspiller cent cinquante mille dollars pour des invitations gravées à la main et un îlot flottant sur l'étang de sa femme ? Birdie savait que son plus grand défaut en tant que mère était de ne pas demander de comptes à ses enfants quant à leurs actes. Elle ne leur avait jamais laissé les sales besognes. Lorsque Tate, alors âgée de six ans, avait volé des crayons de couleur à l'épicerie du coin, Birdie ne l'avait pas ramenée de force au magasin pour lui faire avouer son méfait devant le propriétaire. Elle s'était contentée de la sermonner, avant de mettre cinq dollars dans une enveloppe qu'elle avait glissée sous la porte de la boutique après la fermeture.

— Je pense que tu devrais appeler ton père et lui expliquer ta décision avec tes propres mots, déclara Birdie. Tu le feras mieux que moi.

— Je t'en supplie.

Birdie soupira. L'heure tardive commençait à lui peser, tout comme l'annulation de ce mariage – tout ce travail pour rien ! – et la perspective de devoir expliquer à Grant le tour catastrophique qu'avait pris la situation. Mais plutôt que de l'envisager comme un drame, mieux valait y voir le moyen pour Chess de s'épargner une vie de malheur. Le vrai désastre eût été que Chess se marie et donne naissance à trois enfants avant de se rendre compte qu'épouser Michael Morgan était en réalité la pire décision jamais prise. On n'a qu'une vie, et Chess devait construire la sienne avec le plus grand soin.

Birdie était exténuée.

— On en discutera dans la matinée, une fois que tu auras parlé à Michael de vive voix. Après, seulement, on se souciera de ton père. Les choses peuvent encore évoluer.

— Non, Birdie, je t'assure.

— D'accord, mais…

— Birdie, l'interrompit Chess. Crois-moi.

La décision de Chess était irrévocable. Michael rentra de Californie épuisé et affolé, prêt à tout pour la faire changer d'avis, mais elle le repoussa. Elle ne l'épouserait pas en septembre. Elle ne l'épouserait pas tout court. Michael Morgan, ancien roi du monde, ancien *golden boy*, ancien athlète universitaire, et sélectionné par *Inc. Magazine* comme un des jeunes entrepreneurs de l'année, était anéanti.

Michael appela Birdie tôt le lendemain soir – un dimanche, à l'heure de l'apéritif. Hank Dunlap était assis dans le salon, un verre de vin à la main, en train de savourer de délicieux palmiers, Ella Fitzgerald en fond sonore. Birdie l'avait invité pour un dîner printanier de poulet rôti et d'asperges, alors que son monde était en train de s'écrouler autour d'elle. Ou, plus précisément, le monde de ses êtres chers.

— Je me retrouve au centre d'une crise familiale inattendue, avait simplement dit Birdie lorsque Hank avait téléphoné le samedi midi.

— Qu'est-ce que tu préfères, que je vienne ou que je te laisse tranquille ?

Sortir de nouveau avec un homme à son âge avait ceci de merveilleux qu'elle avait affaire à un partenaire émotionnellement mûr. Elle pouvait choisir entre compagnie et solitude, et Hank comprendrait. Elle avait envie de le voir. Elle connaissait à peine Hank Dunlap, mais elle le sentait à même de lui offrir un point de vue raisonnable. Il avait été proviseur. Il avait dû faire face à des élèves, des professeurs, des parents, à de l'argent, à des émotions, des problèmes logistiques, et, selon toute probabilité, à des dizaines d'histoires d'amour contrariées. Il pourrait peut-être l'aider, et dans le cas contraire, sa présence la réconforterait.

Il était arrivé avec une bouteille de sancerre, dont elle raffolait ; elle s'était empressée d'en remplir deux verres, de sortir les palmiers du four, et de tout lui raconter.

Hank avait acquiescé d'un air pensif. Birdie commençait à ressentir de l'embarras pour Chess. Pourquoi diable avoir accepté de se marier si elle ne l'aimait pas ? Michael lui avait fait sa demande sur scène, lors d'un concert de rock. Birdie avait trouvé cela précipité, à la limite de l'inconvenant, mais Chess et Michael s'étaient rencontrés pendant un concert, et Michael aspirait à une forme de symétrie symbolique. Il avait tout planifié, allant jusqu'à demander la main de Chess à Grant la semaine précédente. Chess n'avait pas semblé choquée par cette demande publique, ou alors très peu. « Comment aurais-je pu refuser ? » avait-elle simplement déclaré. Avec légèreté. Birdie pensa qu'elle voulait dire : Pourquoi devrais-je donc refuser ? Ils paraissaient faits l'un pour l'autre.

Hank avait interrompu la réflexion de Birdie en posant les mains sur ses hanches pour l'attirer vers lui. La tête lui tournait. Elle avait posé son verre. Hank l'avait embrassée. Elle s'était enflammée instantanément.

— J'ai l'impression d'être un adolescent qui ne pense qu'à coucher au lieu de réviser, avait-il plaisanté.

— Coucher ? Réviser ?

Hank avait ôté ses lunettes pour l'embrasser de nouveau.

C'est alors que le téléphone avait sonné. Birdie l'ignora tout d'abord. Rien, absolument rien ne pouvait l'éloigner de… mais elle se rendit compte qu'il lui fallait bien répondre. Elle recula. Hank acquiesça et remit ses lunettes.

— Allô ?

— Madame Cousins ? Ici Michael Morgan.

Elle lui avait dit au moins une douzaine de fois de l'appeler Birdie, ce à quoi il s'était toujours refusé, ce qui n'était pas pour déplaire à Birdie à présent.

— Oh, Michael, dit-elle.

Hank regagna le canapé du salon avec son verre de vin et son plateau de palmiers.

La voix de Michael tremblait par intermittence, se brisant par moments en un fausset juvénile. Qu'avait-il fait de mal ? Comment faire changer d'avis Chess ? Elle avait, semble-t-il, échoué à élaborer un argument convaincant. Elle ne voulait plus l'épouser, mais n'avait pas de raison pour cela. Il ne marchait pas.

— Cela n'a aucun sens ! protesta Michael. À 20 heures, tout allait bien. Elle m'a appelé en chemin pour l'Aureole. Elle m'a dit qu'elle m'aimait.

Il marqua une pause pour laisser Birdie exprimer sa sympathie dans un claquement de langue.

— Puis à 22 heures chez elle, elle m'a envoyé un texto disant qu'elle quittait le restaurant pour aller dans un bar.

— Je vois.

— Quatre heures plus tard, elle avait ôté sa bague. Madame Cousins, j'aimerais savoir ce qui est arrivé dans ce club, ajouta-t-il d'un ton rageur.

— Oh, mon Dieu, répondit Birdie. Je l'ignore.

— Elle ne vous l'a pas raconté ?

— Absolument pas. En dehors du fait qu'elle en était partie sans prévenir son amie. Elle est rentrée à pied jusqu'à la 63e Rue, toute seule, au milieu de la nuit.

— Vous êtes sûre qu'elle était seule ?

— C'est ce qu'elle m'a dit. Pourquoi ? Vous croyez qu'elle voit quelqu'un d'autre ?

— Pourquoi sinon aurait-elle rompu nos fiançailles ? C'est la seule raison possible, non ?

Vraiment ? Il demandait son avis à Birdie. Elle était déchirée entre l'envie de consoler Michael et celle de défendre le point de vue de Chess avec équité. Elle se retrouvait coincée, elle s'en rendait compte, au beau milieu de l'affaire.

— Je ne peux pas parler pour Chess, Michael. Elle m'a répété qu'elle ne voulait pas se marier. Ses sentiments ont changé. Vous lui avez demandé sa main de façon très publique.

On aurait dit un reproche, et c'en était un : si Michael Morgan lui avait fait sa demande en privé, Chess aurait peut-être réagi différemment.

— Peut-être Chess s'est-elle sentie obligée de répondre oui, alors qu'elle voulait y réfléchir.

— C'était il y a six mois. Elle a eu le temps d'y réfléchir.

— Elle a eu le temps d'y réfléchir, en effet. Et je sais que cela ne vous sera pas d'une grande consolation, mais mieux vaut qu'elle en prenne conscience maintenant plutôt qu'après dix ans de mariage, quatre enfants et un crédit. On y voit plus clair avec l'âge, croyez-moi.

— Je n'abandonne pas tout espoir. Je l'aime, madame Cousins. J'aime votre fille à la folie, et ce n'est pas quelque chose que je peux fermer comme un robinet. Mon cœur…

Il se mit alors à sangloter. Birdie grinça des dents. Il avait l'habitude d'obtenir tout ce qu'il voulait, mais voilà que Chess lui échappait. Il ne le savait pas, mais ce genre de déception monumentale ne pouvait que lui faire du bien.

— Mon cœur est en miettes.

— Vous devriez parler plus longuement avec Chess.

— Je viens de passer quatre heures avec elle.

— Un peu plus tard, peut-être. Une fois qu'elle aura eu le temps de digérer tout ça.

— Il faut que je retourne à San Francisco, affirma Michael. J'y ai laissé deux candidats pour un salaire astronomique dans un salon du Marriott.

— Retournez donc à San Francisco. Et parlez avec Chess à votre retour.

— Je ne sais pas ce que je vais devenir si elle ne change pas d'avis.

— Vous survivrez.

Birdie regarda Hank sur le canapé, occupé à essuyer les miettes sur ses lèvres à l'aide d'une serviette en papier.

— On y parvient tous.

La semaine suivante, il y eut toutes sortes de nouvelles conversations, encore et toujours des conversations. Birdie n'avait jamais autant parlé. L'une des plus difficiles, comme il fallait s'y attendre, fut celle avec Grant, qu'elle choisit d'entreprendre à 21 heures, lorsqu'il serait de retour dans son « loft » plutôt qu'au bureau.

— Grant, je t'appelle pour te dire que Chess a rompu ses fiançailles. Le mariage est annulé.

— Annulé ?

— Annulé.

Silence. Birdie s'était demandé comment Grant prendrait la nouvelle. Le fait qu'elle n'en ait aucune idée, même après trente ans de mariage, en disait long. Elle imaginait qu'il se soucierait avant tout du bien-être de Chess. Après s'être rendu compte que Chess était seule responsable, il s'inquiéterait pour son argent. Birdie attendit ses questions, mais aucune ne vint.

— Grant ?

— Oui ?

— Qu'est-ce que tu en penses ?

— Qu'est-ce que je suis censé en penser ? Tu veux bien m'expliquer ce qui s'est passé ?

Évidemment, Birdie aurait dû se douter qu'il ne réagirait pas avant qu'elle lui ait dit ce qu'il devait en penser. Elle lui avait toujours mâché le travail.

— Chess voulait se libérer. Elle ne l'aime plus.

— Elle ne l'aime plus ?

— C'est ça, en gros.

Il n'était plus de la responsabilité de Birdie de protéger Grant des réalités déplaisantes au sujet de ses enfants. Elle devait y faire face, et lui aussi à présent.

— Elle ne l'aime pas. Elle ne veut pas passer le restant de ses jours avec lui.

— Je ne comprends pas, dit Grant.

Et c'était pour cette raison que Chess avait préféré laisser à Birdie le soin d'appeler ; Birdie était censée lui expliquer. Grant était de huit ans son aîné. Il avait trente et un ans et elle vingt-trois quand ils s'étaient mariés. Grant venait de devenir associé dans son cabinet ; on attendait de lui qu'il se marie, fonde une famille, s'installe en banlieue et rejoigne un country club. Il avait courtisé Birdie comme un taureau à la charge, c'est toi que je veux, toi, toi, toi, il l'avait traquée comme un tueur à gages. Ce n'étaient que dîners, spectacles à Broadway et week-ends de ski dans les Poconos, où ils prenaient des chambres séparées pour préserver les apparences. Birdie occupait un poste de débutante chez Christie's, où elle avait un goût affirmé pour les tapis. Elle admirait le responsable des tapis précieux, un homme du nom de Fergus Reynolds, toujours en route pour Marrakech ou la Jordanie. Il parlait couramment français, espagnol et arabe, portait des écharpes de soie à la manière d'Amelia Earhart. Birdie aspirait à être un Fergus au féminin. Elle voulait fumer des kreteks et expertiser des propriétés sur la Côte d'Azur. Au lieu de quoi, elle avait succombé à Grant. Au bout d'un an de mariage, elle démissionnait de son travail ; l'année suivante, elle était enceinte de Chess. Grant Cousins avait ruiné son potentiel.

Puis, une fois mariés, les filles nées et la famille établie, Grant avait disparu. Il était toujours présent physiquement – assis en tête de table pour le dîner, avec son verre de scotch et son sourire bienveillant quoique légèrement perplexe –, mais son esprit était ailleurs. Il vivait dans un état de constante distraction. Le bureau, les affaires, les clients, les heures à facturer, son handicap au golf, le match des Yankees, celui des Giants. Birdie en était venue à penser que tout et n'importe quoi comptait plus pour Grant qu'elle ou les filles. Il se montrait gentil, généreux même, mais elles ne parvenaient jamais à capter totalement son attention.

— Je ne sais pas comment te le dire autrement, reprit Birdie. Elle refuse de l'épouser. Et plutôt que de l'accabler, nous devrions la féliciter d'avoir annulé avant qu'il ne soit trop tard. Si elle était allée au bout et l'avait épousé, elle l'aurait regretté.

— De la même façon que tu regrettes pour moi ?

Birdie inspira. Franchement !

— Absolument pas.

— Bien sûr que si.

— Je ne regrette pas d'avoir élevé nos enfants. Ni de t'avoir épousé, pendant longtemps.

— Mais de t'être laissé enfermer dans un certain mode de vie, dit Grant. Tu aurais préféré avoir d'autres perspectives que les portes ouvertes scolaires et autres clubs de jardinage. Je t'écoute quand tu parles, tu sais.

Exaspérant. Il jouait la comédie à présent, tentant de passer l'examen sans avoir lu le livre.

— Voilà qui va sans doute te surprendre, mais sache que je ne suis pas encore morte. J'ai même rencontré quelqu'un.

— Félicitations, dit Grant.

Quelle condescendance. Birdie s'en voulut de le lui avoir annoncé. Sa vie sentimentale ne le regardait pas, et nulle réaction – pas même la jalousie, ce qui aurait été sournois – n'aurait pu la satisfaire. Sa rencontre avec Hank était une source de délectation secrète ; la rendre publique risquait de l'entacher.

— Enfin bref, reprit Birdie, il y a le problème des préparatifs pour le mariage. Je suppose que tu voudrais que j'essaie de récupérer tes acomptes ?

— Effectivement.

— Je ne peux rien te promettre.

Elle jouait avec l'idée de laisser l'argent de Grant sombrer au fond de l'océan, mais les ressources de Grant étaient les siennes, et il eût été stupide de les gâcher.

— Et puis, Grant ?

— Oui ?

— Je t'en prie, appelle ta fille.

— Pour lui dire quoi ?

— À ton avis ? Que tu l'aimes, bien sûr.

Les jours et les semaines qui suivirent, Birdie eut du mal à joindre Chess. Lorsqu'elle l'appelait au bureau, elle se voyait rembarrée par son assistante, Erica, qui l'assurait que Chess ne prenait plus d'appels privés au travail.

— Mais elle est bien là ? Elle est en vie ?

— Affirmatif, répondit Erica.

Lorsqu'elle essayait de la joindre sur son portable, elle tombait inévitablement sur le répondeur, où ses messages s'entassaient comme les journaux dans l'allée d'une maison dont le propriétaire a déménagé.

— Appelle-moi, implorait Birdie. Je m'inquiète.

Birdie trouvait refuge dans ses conversations avec sa fille Tate. Birdie n'avait pas spécialement plus d'affection pour Tate que pour Chess, mais Tate était plus facile à vivre.

— Tu as parlé avec ta sœur ? s'enquit Birdie.

— Une fois ou deux, répliqua Tate. En général je me contente de laisser un message.

— Oh, bien. Je pensais être la seule dans ce cas.

— Tu sais que je ne te laisserais jamais seule, maman.

À trente ans, Tate – Elizabeth Tate Cousins – était un génie de l'informatique que les plus grandes compagnies américaines s'arrachaient pour lui faire réparer les anomalies dans leurs systèmes. Elle possédait un savoir et des compétences si spécialisés qu'elle pouvait dicter ses termes : elle portait des jeans même dans les locaux les plus luxueux, travaillait en écoutant Bruce Springsteen à fond sur son iPod, déjeunait de sandwiches au thon et de velouté de tomate au basilic de chez Panera ou, dans les villes où Panera n'avait pas de boutique, de chez Cosi. Elle exigeait un salaire astronomique.

— Où es-tu aujourd'hui ? lui demanda Birdie.

Tate vivait à Charlotte, en Caroline du Nord, un lieu que Birdie ne comprenait pas. C'était une ville « nouvelle », connue comme une capitale de la finance. Charlotte avait été le lieu du premier contrat de Tate, et celle-ci avait spontanément acheté un appartement dans un lotissement doté d'une magnifique piscine et d'un centre de fitness dernier cri.

Mais pourquoi Charlotte ? lui avait demandé Birdie.

Et Tate avait répondu : parce que c'était là.

Tate avait connu une phase au collège durant laquelle elle s'habillait comme un garçon. Elle portait des jeans et un débardeur blanc, un bandana rouge enroulé autour du poignet ou de la cheville ; elle s'était coupé les cheveux très court, qu'elle ébouriffait ou lissait suivant les jours. Elle parlait même comme un adolescent ; elle faisait constamment des remarques sarcastiques. Birdie voulait l'emmener voir un thérapeute, mais les conseillers d'orientation du collège l'avaient assurée que ce n'était qu'une phase qui finirait par passer. Ce fut effectivement le cas, mais le jeune garçon qui habitait Tate n'avait jamais tout à fait disparu. Elle était toujours obsédée par Bruce Springsteen, les ordinateurs et la ligue de football américain. Elle avait acheté son premier bien immobilier dans une ville inconnue « parce que c'était là ».

— Je suis à Seattle, dit Tate.

— Quoi, Microsoft a des problèmes informatiques ?

— Je suis là pour une conférence.

— Que t'a dit Chess ?

— La même chose qu'à toi, j'imagine. Qu'elle avait changé d'avis. Qu'elle ne voulait plus épouser Michael.

Tate marqua une pause.

— Et aussi que tu avais été cool. Que tu n'avais pas flippé.

Birdie réprima un sentiment d'inquiétude. Elle n'aimait pas trop l'idée que ses filles parlent d'elle, même si Birdie et sa sœur India s'étaient employées à analyser et déconstruire leur mère dès qu'elles avaient pu discuter entre elles, à trois et cinq ans.

— Est-ce qu'elle t'a dit s'il était arrivé quelque chose en particulier ? demanda Birdie.

— Comment ça ?

— Est-ce que sa décision a été provoquée par quelque chose ? Ou bien est-ce venu comme ça, de nulle part ?

— Je crois que c'est venu de nulle part.

— OK. Parce que Michael pense qu'il y a anguille sous roche. Qu'il y a peut-être quelque chose qu'elle n'a pas envie de lui dire, à lui ou même à moi. Qu'elle aurait rencontré quelqu'un, par exemple.

— Elle n'a pas parlé de qui que ce soit, l'assura Tate. Mais n'oublie pas que c'est de Chess qu'il s'agit. Je suis sûre que quantité d'hommes doivent la traquer nuit et jour, ou la suivre du métro jusqu'à chez elle comme des chiens errants dans l'espoir de coller leur truffe sous sa jupe.

Birdie soupira.

— Franchement, Tate, tu es obligée d'être aussi vulgaire ?

— Oui, rétorqua Tate, avant de marquer une pause. Bon… et Tuckernuck, alors ?

— Oh.

Birdie avait complètement oublié Tuckernuck.

— Alors quoi ?

— Chess m'a dit que vous y alliez toutes les deux. Moi aussi je veux venir. Je voudrais rester deux semaines, comme autrefois. C'est possible ? Chess a dit que c'est ce qu'elle allait faire.

Birdie était prise à brûle-pourpoint. Incroyable, qu'à cinquante-sept ans, elle puisse encore se laisser surprendre par tant d'émotions à la fois. Ses deux filles avec elle à Tuckernuck pendant deux semaines ? C'était comme un vrai cadeau, dont Birdie n'aurait jamais osé rêver. Et pourtant, ce voyage avait été motivé par l'envie de passer un peu de temps seule avec Chess. Maintenant qu'elle n'épousait plus Michael Morgan, le besoin d'un tête-à-tête avec sa fille se faisait sans doute moins pressant. Et le trajet jusqu'à Tuckernuck serait plus amusant avec Tate. Birdie décida de s'autoriser un tel bonheur. Elle allait rester deux semaines entières avec ses deux filles à Tuckernuck !

— C'est faisable pour toi ? demanda-t-elle. Et ton travail ?

— Je suis mon propre patron, répondit Tate. Deux semaines, ce n'est rien. Je pourrais même prendre le mois entier si je voulais.

— Tu es sûre de vouloir venir ?

Birdie savait que ses deux filles aimaient Tuckernuck tout autant qu'elle. Mais elles étaient à présent des adultes, avec des responsabilités. Il n'y avait ni internet ni télévision à Tuckernuck, et la réception téléphonique y était très mauvaise.

— Grands dieux, oui ! s'exclama Tate. Bien sûr que je veux venir. La baraque est toujours aussi minable ? Je n'arrête pas d'y penser. Les toiles d'araignées ? Les chauves-souris ? Les étoiles le soir, les feux de joie sur la plage. Et la Scout ? J'adore cette bagnole.

— J'ai parlé à Barrett Lee, l'informa Birdie. Tu te souviens de Barrett, le fils de Chuck ? C'est lui qui a repris l'affaire familiale.

— Si je me souviens de Barrett Lee ? Évidemment ! C'était mon fantasme numéro un jusqu'à ce que George Clooney et Brad Pitt refassent *Ocean's Eleven*.

— Est-ce que c'est toi, alors, qui es sortie avec lui ? Le déjeuner, sur le bateau ?

— Non, moi, il m'a emmenée pêcher. C'est avec Chess qu'il est allé pique-niquer. Cette chère Mary Francesca a obtenu un rendez-vous avec l'homme de mes rêves, où elle s'est appliquée à vider un pack de bière, avoir le mal de mer, et vomir son sandwich au jambon depuis la poupe du bateau.

— Vraiment ?

Birdie savait qu'il y avait eu un rendez-vous, mais n'avait aucune idée de la façon dont il s'était déroulé.

— C'est typique de Chess, non ? Elle obtient tout ce qu'elle veut avant de tout gâcher. C'est son mode opératoire. Pareil dans la situation qui nous occupe.

— En tout cas, Barrett retape la maison. Il va refaire les bardeaux et réparer la toiture. Acheter un nouveau générateur. Vernir le parquet du grenier et peindre les bordures de fenêtres, je suppose. Je vais acheter des draps et des serviettes. Peut-être quelques ustensiles de cuisine, aussi, qu'on n'attrape pas Alzheimer à cause de la corrosion…

— Ne prends pas trop de choses, l'interrompit Tate. Le but du jeu…

— Je connais le but du jeu, coupa Birdie. C'est moi qui l'ai inventé.

Ce n'était pas tout à fait vrai ; il avait été mis au point par ses grands-parents, puis raffiné par ses parents. Le but était de vivre simplement.

— Donc c'est d'accord, toutes les trois, pour deux semaines ?

— J'ai hâte d'y être, répondit Tate.

Il s'ensuivit donc une nouvelle conversation avec Barrett Lee.

— Chess et moi viendrons passer deux semaines au lieu d'une, l'informa Birdie. Et mon autre fille, Tate, se joindra à nous.

— Merveilleux. Je me réjouis de vous revoir toutes.

— La raison de ce changement est que les fiançailles de Chess ont été annulées. Elle ne se marie plus.

— Aïe, dit Barrett.

— C'est Chess qui a annulé, précisa Birdie. Elle ne se sentait pas prête.

— Elle est encore très jeune, dit Barrett avant de s'éclaircir la gorge. Au fait, madame Cousins ? Je vous ai envoyé un devis. Cela fera vingt-quatre mille dollars.

— Vous avez reçu mon chèque ? De dix mille ?

La somme provenait des économies personnelles de Birdie. Elle ne tenait pas à demander de l'argent à Grant avant de savoir à combien s'élèverait le montant total.

— Oui, merci. Le devis en tient compte ; les vingt-quatre mille viennent en sus. La maison nécessite pas mal de travaux, le générateur à lui seul coûte huit mille dollars, et, je déteste devoir vous dire cela, mais je pense qu'il faut encore compter entre dix et douze mille de plus, au minimum.

Birdie fit le calcul. Cinquante mille dollars pour réparer la propriété de Tuckernuck. Elle essaya de ne pas paniquer. Tuckernuck était sa maison de vacances depuis toujours ; elle lui avait été léguée par ses parents, et irait un jour à ses enfants. Mais Grant, à n'en pas douter, n'y mettrait plus jamais les pieds. Alors pourquoi accepterait-il de débourser cinquante mille dollars pour son entretien et son aménagement ? Les intérêts des enfants constituaient-ils une raison suffisante ? Birdie serait obligée de ramper pour cela. Ce n'était pas juste : elle avait soutenu Grant pendant trente ans, ce qui lui donnait droit, comme le lui avait rappelé son avocat pour le divorce, à la moitié de ce que Grant avait pu gagner durant cette période.

C'est-à-dire des millions. Cinquante mille dollars constituaient une somme négligeable. Une broutille.

De plus, ces deux dernières semaines, Birdie avait récupéré soixante-quinze pour cent des acomptes de Grant pour le mariage. Elle avait quémandé et imploré, négocié – et même, dans un cas précis, pleuré – pour l'argent de Grant. Elle ne manquerait pas de le lui rappeler.

— Très bien, Barrett, pas de problème. La maison a besoin d'un toit, de murs, d'électricité. Merci pour tout le mal que vous vous donnez.

— Je vous en prie. Écoutez, je suis désolé d'apprendre que le mariage de Chess tombe à l'eau.

— C'est pour le mieux, déclara Birdie pour ce qui lui semblait la millième fois.

La dernière conversation, que Birdie redoutait et dont elle s'était quasiment convaincue de l'inutilité, fut avec la mère de Michael, Evelyn Morgan. Birdie n'avait jamais rencontré cette femme, qui avec son mari Cy constituait un couple réputé agressif, mais elle savait par le biais de Chess qu'Evelyn était un véritable ouragan. Non seulement elle co-dirigeait une monumentale agence de publicité sur Madison Avenue, mais elle siégeait également au conseil d'administration du Bergen Hospice, officiait comme Ancienne au sein de l'église presbytérienne, et présidait le Fairhills Country Club. C'était une marcheuse infatigable, qui lisait six journaux par jour. Elle avait deux fils – Michael et son cadet Nick – et une fille, Dora. Evelyn Morgan évoluait constamment à la vitesse d'une fusée sous amphétamines – virevoltant, gérant, s'entraînant, supervisant, chantant, et dansant.

C'était ce que Birdie avait perçu des e-mails frénétiques et excessivement détaillés qu'Evelyn lui avait envoyés concernant la répétition, qui devait se tenir à Zo, le nouveau restaurant le plus branché du Flatiron District. On avait prévu des caipirinhas et des tapas brésiliens pour tous les convives ; Evelyn avait engagé un groupe de samba mené par une chanteuse transsexuelle. *Nous aurions pu organiser le dîner dans notre country club*, avait écrit Evelyn. *Mais cela aurait été d'un ennui – filet mignon, martinis, et arrosoirs automatiques aspergeant le green dans le soleil couchant. Les enfants préfèrent sans doute être en ville !*

Tous les projets étaient à présent suspendus ; la répétition était passée à la poubelle, comme le reste. Chess et Evelyn s'étaient merveilleusement entendues ; elles faisaient de meilleures amies, il fallait bien l'admettre, que Chess et Birdie. Elles se retrouvaient pour déjeuner au sixième étage du Bergdorf, marchaient ensemble dans Central Park après le travail, écumaient les galeries d'art du centre-ville à l'affût de tableaux pour l'appartement que Chess et Michael devaient habiter une fois mariés. Mais Chess n'avait pas parlé directement à Evelyn de la rupture. Appeler Evelyn Morgan était une autre de ces tâches que Chess aurait dû accomplir mais elle s'y refusait. Et qui, par conséquent, incombait à Birdie.

Birdie ne savait pas trop comment s'y prendre. Peut-être compatiraient-elles un peu, exprimant leurs regrets de ne pas partager les mêmes futurs petits-enfants. Mais Birdie était tracassée par l'idée qu'on s'attendrait peut-être à ce qu'elle présente des excuses à Evelyn. Chess avait blessé le fils d'Evelyn. Quelle différence y avait-il entre cet appel et celui qu'elle avait dû passer à Helen Avery lorsque Tate avait poussé Gwennie Avery du haut du toboggan et que celle-ci s'était cassé le bras ?

Birdie opta pour un horaire civilisé – 10 heures du matin un samedi – pour s'atteler à la tâche. Elle avait rendez-vous chez le coiffeur à 11 heures, suivi d'une manucure, une pédicure, et un massage. Elle devait retrouver Hank à 18 heures. Sa journée s'annonçait merveilleuse, une fois ce coup de fil expédié.

Elle composa le numéro sur le comptoir de la cuisine, puis plongea son regard dans la corbeille de fruits, fixant l'ananas, les citrons, les granny-smith.

Evelyn décrocha à la première sonnerie.

— Je me demandais si vous auriez le courage de m'appeler, dit-elle.

— Allô ? fit Birdie.

— Je me demandais si vous, Birdie Cousins, la mère de Mary Francesca Cousins, auriez le courage de m'appeler moi, Evelyn Morgan, la mère du désespéré, bien que surprotégé, je l'admets, Michael Kevin Morgan.

Avait-elle bu ? Sa voix était forte et théâtrale, comme si elle parlait non seulement à Birdie mais également à un public que cette dernière ne pouvait voir.

— J'ai des tripes, confirma Birdie. Je vous appelle.

— Vous êtes une meilleure femme que moi, claironna Evelyn. À votre place, j'aurais trouvé un moyen de louvoyer pour me soustraire.

Birdie soupira.

— Je suis désolée, Evelyn.

— Vous n'avez aucune raison de l'être. Ce n'est pas vous qui avez mal agi.

— Chess est désolée aussi.

— Si c'était vraiment le cas, elle m'aurait appelée elle-même pour me le dire, déclara Evelyn. Dieu sait combien de messages je lui ai laissés. J'ai même téléphoné à son bureau, où l'on m'a répondu qu'elle n'acceptait plus les appels privés.

— Si cela peut vous consoler, elle ne prend pas mes appels non plus.

— Je ne comprends pas, continua Evelyn. C'est venu de nulle part ! J'étais là quand Michael lui a fait sa demande. Jamais une fille n'avait été aussi heureuse. C'est pour cela que j'aimerais lui parler. J'aimerais découvrir ce qui s'est passé.

— Je crois qu'il n'est rien arrivé de spécial, hasarda Birdie. Elle a simplement changé d'avis.

Il y eut une pause du côté d'Evelyn, et Birdie se demanda si son dernier commentaire avait été trop désinvolte : Chess avait-elle brisé le cœur de Michael sur un simple coup de tête ? Était-elle donc si frivole ? Si insensible ?

Lorsque Evelyn reprit la parole, sa voix avait retrouvé son timbre habituel.

— Chess ressent ce qu'elle ressent, ce n'est ni bien ni mal. On ne peut pas la forcer à se marier. Il faut que cela vienne d'elle. J'applaudis son courage de dire ce qu'elle pense.

— Vraiment ?

— Vraiment, confirma Evelyn.

— Comment va Michael ?

— Il est effondré. Il ne mange pas, il se néglige. Il travaille à longueur de journée parce que cela lui évite de gamberger, et comme vous le savez sans doute, ce sont les pensées qui sont les plus douloureuses. Il a prévu un voyage. Il va aller faire de l'escalade avec son frère à Moab, le week-end du Memorial Day.

— Cela lui fera du bien.

— Il survivra, dit Evelyn. Mais il a perdu quelque chose. C'est notre cas à tous. Chess est une fille merveilleuse. Je l'aime comme si c'était la mienne. Les perdants dans l'histoire, c'est nous.

— C'est gentil, dit Birdie.

Elle était surprise de voir qu'elle aimait bien Evelyn Morgan. Elle aurait apprécié de vivre liée à cette autre femme, chacune menant sa vie d'un côté de l'étang miroir qu'était New York.

— C'est très aimable à vous d'avoir appelé. Merci.

— Je vous en prie.

Birdie ne voulait pas mettre un terme à cette conversation. Peut-être n'aurait-elle plus jamais l'occasion de discuter avec cette femme.

— J'ai simplement pensé…

— Et vous avez vu juste, l'interrompit Evelyn. S'il vous plaît, encouragez Chess à m'appeler lorsqu'elle sera prête. J'aimerais vraiment lui parler.

— C'est entendu, l'assura Birdie. Au revoir.

Le 20 mai, ex-anniversaire de mariage de Birdie et Grant, Chess téléphona pour annoncer qu'elle avait démissionné de *Glamorous Home*. D'après les bruits de circulation et de sirènes derrière, Birdie comprit que Chess était dans la rue. Elle était stupéfaite.

— Alors comme ça tu as vraiment démissionné ? Tu as rendu le tablier ?

— J'ai rendu le tablier, exactement. On a mis le point final à l'édition de juillet, et je me suis dit : « Voilà. »

Birdie se demanda ce qui se passait. Cet abandon successif de deux engagements majeurs – apparemment sans calcul ni réflexion – était-il chez sa fille le signe précurseur d'une maladie mentale ?

— Je n'arrive pas à y croire, dit Birdie. Après toutes ces années !

— Huit ans.

Elle travaillait dans la revue depuis huit ans ; elle avait été nommée rédactrice à un mois de son trentième anniversaire. Birdie avait été si fière. Sa fille était un prodige ; le Yo-Yo Ma des magazines gastronomiques. Un jour, elle passerait directrice artistique ou rédactrice en chef. Mais pour le moment elle ne pouvait se permettre le moindre écart. Si Birdie avait bien compris, Chess avait démissionné sans même un préavis de deux semaines.

Birdie redoutait depuis toujours que ses enfants aient à souffrir de leurs privilèges au lieu d'en tirer les avantages. Cette inquiétude remontait à la surface à présent : rompre ses fiançailles avant de démissionner de son poste ? Qu'est-ce que Chess comptait faire côté finances ? Demander de l'aide à son père ? (Intérieurement, Birdie grinça des dents. C'était, bien entendu, ce qu'elle-même faisait lorsqu'elle avait besoin d'argent.)

Birdie avait envie d'appeler Hank pour solliciter son avis. Elle le voyait tous les week-ends, et il restait souvent dormir. C'était l'homme le plus chaleureux, le plus gentil, le plus évolué que Birdie ait jamais rencontré. Non seulement il lui apportait des fleurs, mais il passait deux heures à genoux dans son jardin pour l'aider à déraciner les mauvaises herbes. Il l'avait emmenée voir *Jersey Boys*, après quoi ils avaient bu une coupe de champagne et partagé un cornet de frites au Bar Américain. Hank lui avait chanté la sérénade sur le chemin du retour, puis l'avait portée jusqu'à son lit comme une mariée. Une autre fois, ils avaient erré dans Greenwich Village, et il avait encouragé Birdie à entrer dans des boutiques destinées à des femmes vingt ans plus jeunes pour y essayer des vêtements. Cela avait viré au défilé de mode érotique, durant lequel Hank jetait de temps à autre un regard par-dessus la porte de la cabine. Birdie ne voulait pas que ses inquiétudes au sujet de Chess ne viennent peser sur sa relation avec Hank. Elle ne souhaitait pas qu'il pense que Chess était complètement paumée. Chess était sa petite marquise, sa fille en or. Elle n'aurait quitté son poste à *Glamorous Home* qu'après s'être assuré une place plus prestigieuse encore à *Bon appétit* ou à *Food and Wine*. Et pourtant, voilà qu'elle l'appelait depuis le trottoir. Était-elle donc vraiment paumée ?

— Qu'est-ce que tu vas faire ? demanda Birdie à Chess. Tu as un filet de secours ?

— Non.

La voix de Chess était si indifférente que Birdie se demanda si c'était bien sa fille au bout du fil. Peut-être était-ce une plaisanterie ?

— Je pense voyager un peu.

— Voyager ? Comment ça ?

— Je pensais aller en Inde. Ou pourquoi pas au Népal.

— En Inde ?

Chess essayait de ne pas céder à l'hystérie.

— Au Népal ?

— Écoute, Bird, est-ce qu'on pourrait reparler de tout ça quand je serai à la maison ?

— À la maison ?

— J'ai sous-loué mon appartement pour l'été. Je rentre chez toi le week-end prochain.

Le « week-end prochain » serait celui du Memorial Day, et Birdie avait prévu d'aller sur la péninsule de North Fork, à Long Island, avec Hank. Elle annula à contrecœur.

— Chess a démissionné et sous-loué son appartement, expliqua-t-elle à Hank, et elle vient s'installer chez moi. Je me dois d'être présente pour elle. Je suis sa mère.

— Est-ce que tu veux en discuter ? questionna Hank.

Birdie réfléchit un instant. Hank avait fait face avec tact à la rupture de Chess, convainquant Birdie que si Chess n'aimait plus Michael, rompre ses fiançailles était la seule solution humaine et décente. Il finirait bien par digérer ces récents changements. Mais Birdie hésitait.

— Non, dit-elle. Je ne pense pas.

— Tu en es sûre ?

— Oh, que oui.

— Très bien, dans ce cas, on ira à North Fork une autre fois. Promis. Maintenant, va t'occuper de ta petite fille.

Birdie changea les draps dans la chambre de Chess et disposa des roses dans un vase à côté du lit. Elle prépara son plat préféré, du poulet au citron à la toscane, pour le dîner du vendredi. Elle songea à organiser un barbecue le dimanche après-midi et à inviter quelques-uns des amis de lycée de Chess, mais se ravisa, par chance ! Chess, à son arrivée, n'avait plus rien de la ravissante jeune femme de trente-deux ans fraîchement délivrée de son fiancé et d'un poste à haute responsabilité, avec son teint blême, ses yeux bouffis et sa ligne émaciée. Ses longs cheveux blonds étaient graisseux et emmêlés, ses épaules voûtées. Elle portait un t-shirt miteux à l'effigie du groupe Diplomatic Immunity et une paire de shorts militaires. Elle ne s'était pas donné la peine de se maquiller ni de mettre des bijoux ; ses oreilles percées étaient rouges et gonflées. On aurait dit une clocharde.

La drogue, pensa Birdie. Ou une secte. L'Inde ? Le Népal ?

Chess tira son téléphone portable d'un sac grotesque et le laissa tomber dans la poubelle de la cuisine.

— Plus de coups de fil pour moi, décréta-t-elle. Plus d'e-mails, plus de textos non plus. Je ne veux plus parler à Michael, ni parler de lui à qui que ce soit d'autre. Je ne veux plus expliquer à mes collègues pourquoi j'ai démissionné ni où je vais. J'en ai fini avec les discussions. OK ?

Elle regarda Birdie comme pour lui demander son accord. Ses yeux s'emplirent de larmes.

— Je suis complètement perdue, Bird. La façon dont tout ça s'est enchaîné… tous ces événements…

franchement ? J'en ai ma claque des gens. Je veux aller vivre en ermite dans une cave.

— Qu'est-ce qui ne va pas ? murmura Birdie. De quels « événements » parles-tu ?

— Tu n'as pas entendu ? Je ne veux pas en parler.

Ne sachant pas quoi faire, Birdie versa à Chess un verre de sancerre et la mena à la terrasse, où la table était dressée pour deux face au jardin. (Chess serait-elle mal à l'aise de contempler l'espace où aurait dû se tenir la réception ? Sans doute, mais Birdie n'y pouvait rien. C'était son jardin.) Elle ravitailla Chess de poulet à la toscane, de gratin de pommes de terre au fenouil, de pain et de beurre. Plus une part de tarte à la rhubarbe pour le dessert. Sous le regard vigilant de Birdie, Chess ingurgita quatre bouchées de poulet, un haricot vert, une bouchée de pain, et deux de tarte. Elle n'avait pas envie de parler, et Birdie – en dépit des quatre ou cinq sujets essentiels qui planaient au-dessus de la table tels des colibris – ne l'y forcerait pas.

Après le dîner, Birdie récupéra le téléphone de Chess dans la poubelle. Elle vérifia l'affichage – quatorze nouveaux messages. Elle fut tentée d'en regarder l'expéditeur. Quels étaient les « événements » auxquels Chess avait fait allusion ? Birdie supposa que sa curiosité était naturelle, mais elle était déterminée à s'illustrer comme mère modèle, ce qui impliquait de respecter la vie privée de sa fille. Elle essuya le mobile et le déposa sur le comptoir, à côté du fixe.

À l'étage, elle entraîna Chess dans un bain parfumé à la lavande et mit le *Canon* de Pachelbel à fond. Elle plaça un exemplaire du dernier livre sélectionné par son club de lecture sur la table de nuit.

Avant de se retirer dans sa chambre ce soir-là, Birdie jeta un coup d'œil dans celle de Chess, non sans avoir frappé légèrement et attendu d'être invitée à entrer. Elle fut heureuse de la trouver en train de lire, emmitouflée sous les draps frais. La lumière était douce ; les roses embaumaient.

Chess leva les yeux.

— Merci pour tout, Birdie.

Birdie acquiesça. C'était là sa vie, sa vocation : celle de mère. Chess était rentrée. Elle était en sécurité.

Ce qui était tout aussi bien, car trois jours plus tard, le lundi du Memorial Day, elles reçurent un appel leur annonçant la mort de Michael Morgan.

Il avait fait une chute de trente mètres pendant une ascension à Moab. Il était mort sur le coup, la nuque brisée.

Ça, c'était une crise. Une vraie crise d'hystérie. En apprenant la nouvelle – au téléphone, par le frère de Michael –, Chess se mit à hurler comme si on l'avait poignardée. Birdie se précipita dans sa chambre, où elle la trouva assise par terre dans son bikini mouillé. (Chess et Birdie avaient passé la majeure partie du week-end à la piscine du country club, picorant des sandwiches et évitant leurs connaissances en se cachant derrière des exemplaires de *Vogue*.)

— Chess, qu'est-ce qu'il y a ?

Chess reposa le combiné, regarda Birdie, et lui annonça :

— Il est mort, maman ! Il est mort !

L'espace d'un instant, Birdie pensa qu'il s'agissait de Grant. Elle se dit, Grant est mort, et se sentit prise d'un vertige qui l'attira presque au sol à son tour. Les enfants avaient perdu leur père ; elle était tout ce qui leur restait, il fallait se montrer forte. Mais comment être forte si Grant était mort ? Birdie ne savait pas avec certitude ce qui l'avait amenée à comprendre que c'était Michael Morgan et non Grant qui était décédé. Quelque chose que Chess avait dit à Nick au téléphone, ou peut-être le fait que c'était Nick qui avait appelé, lui avait mis la puce à l'oreille. Birdie démêla le fil de l'histoire : Michael et Nick faisaient de l'escalade à Moab. Tout se déroulait normalement ; l'ascension se déroulait bien. Ils avaient beau temps, des conditions parfaites. Le lundi matin, Michael s'était levé à l'aube pour aller grimper tout seul dans Labyrinth Canyon. Il ne s'était pas harnaché correctement ; il avait perdu pied et chuté. Un garde du parc l'avait retrouvé.

Les funérailles se tiendraient le vendredi, à l'église presbytérienne de Bergen County.

Birdie ne savait que faire. Elle appela Hank, mais il était sur la route de Brewster avec ses enfants pour aller voir Caroline dans sa maison de repos et ne pouvait être dérangé. Elle appela Grant et fut aiguillée vers sa boîte vocale : il était au golf. (Évidemment : il y allait toujours pour Memorial Day.) Birdie appela leur médecin de famille, Burt Cantor, chez lui. Burt, lui aussi, était au golf, mais son épouse, Adrienne, officiait comme infirmière et elle établit une prescription d'Ativan pour la pharmacie. La tête enfouie dans l'oreiller, Chess hurlait, sifflant et hoquetant. Birdie s'assit à côté d'elle sur le lit et posa une main sur son dos, avec le sentiment de n'avoir jamais été aussi inutile de sa vie. Elle se dit : si Chess est dans un état pareil maintenant, qu'est-ce que cela aurait donné si Michael était toujours son fiancé ? Mais peut-être était-ce pire encore ; Birdie n'en savait rien.

Les larmes dévalaient de ses yeux tandis qu'elle pensait à Evelyn Morgan. Quel enfer pouvait-elle bien traverser en ce moment même ? Perdre un enfant. Perdre son aîné, grand, beau, intelligent, talentueux, charmant, athlétique – qui devait être resté un petit garçon aux yeux de sa mère. Birdie frotta le dos de Chess et lissa ses beaux cheveux, raidis par le chlore de la piscine. Il n'y avait pas plus grand privilège au monde que celui d'être mère. Mais Dieu sait combien c'est également un fardeau.

— Adrienne Cantor t'a prescrit un sédatif, dit-elle. Je vais aller le récupérer vite fait chez Fenwick.

Chess leva la tête. Son visage se liquéfiait. Elle tenta de parler, mais ne prononça que du charabia. Birdie la fit taire et lui tendit un mouchoir. Chess se moucha un grand coup avant d'articuler :

— C'est ma faute, tout ça.

— Mais non, Chess.

Birdie saisit Chess dans ses bras pour la bercer.

— Chérie, tu n'y es pour rien. Il a fait une chute. C'était un accident.

— Mais il y a des choses que tu ne sais pas.

— On pourra en parler si tu veux. On pourrait envisager tout ça de trente-six manières différentes, mais ça ne sera jamais ta faute.

Chess s'enfouit la tête sous l'oreiller. Elle gémissait.

— Allez.

Birdie se leva. Était-ce prudent de la laisser seule ? Une chose était sûre : il lui fallait un calmant.

— Je reviens tout de suite.

Birdie tremblait quand elle monta dans sa voiture. C'était une fin d'après-midi spectaculaire, teintée de vert et d'or comme jamais. Elle sentit une odeur de charbon. Ses voisins préparaient le premier barbecue de l'année. Birdie elle-même avait pensé faire griller des hamburgers une heure à peine auparavant, alors qu'elle et Chess se garaient dans l'allée. Ce n'était pas juste ; les choses arrivaient sans prévenir. Un homme tombait, une nuque se brisait, un téléphone sonnait, et c'était votre réalité tout entière qui s'en trouvait bouleversée à jamais. Birdie sortit sur la rue en marche arrière, incrédule.

Le trajet pour aller chercher des sédatifs à la pharmacie lui rappelait quelque chose. C'est ma faute. La journée magnifique narguait la maison et ses occupants. Cela lui rappelait… quoi ? La réponse tomba d'un coup : India.

Le lendemain, mardi, Birdie appela India à son bureau de l'école des Beaux-Arts de Pennsylvanie. Son assistante semblait vouloir filtrer l'appel ; elle prétendit qu'India était descendue au coffre jusqu'à ce que Birdie lui dise :

— Je suis sa sœur. C'est urgent.

Alors, comme par magie, l'assistante transmit l'appel.

— India, c'est moi.

— Que se passe-t-il ?

Birdie lui expliqua donc la situation sans détour, comme elle ne pouvait le faire qu'avec sa sœur : la rupture, la démission de Chess, le décès de Michael Morgan.

— Il est mort ? demanda India, comme si Birdie avait pu se tromper.

— Mort.

— Quel âge ?

— Trente-deux.

Toutes deux se turent un instant, et Birdie s'imagina à cet âge : mariée à Grant, mère de Chess, sept ans, et de Tate, cinq ans. Pourtant si jeune encore. Elle dit alors :

— J'ai une proposition.

— Mon dieu.

— J'emmène les filles à Tuckernuck. Ça devait être pour deux semaines, mais maintenant j'ai envie d'y passer tout le mois de juillet. Chess va avoir besoin de temps… loin, vraiment loin de tout ça… et je me disais… eh bien, tu as déjà dû faire face à ce genre de situation. Tu pourrais aider Chess bien mieux que moi. J'aimerais que tu viennes avec nous.

— À Tuckernuck ? s'étonna India. Tout le mois de juillet ?

— C'est de la folie. Je sais que tu es occupée. Mais il fallait que je te le demande.

— Tu ne connais pas ta chance. Il se trouve justement que j'ai besoin de m'éloigner. Ne te méprends pas – je pensais aller à Capri, ou aux Canaries. Je ne songeais pas à Tuckernuck la tristounette. Je rêvais à des limoncelli frappés, pas à un mois de douches glacées.

— S'il te plaît ? Tu veux bien ?

— Tu es sûre de vouloir que je vienne ? Tu es sûre que je ne vais pas être de trop ?

— Ce n'est pas que je le veux. J'en ai besoin. Et les filles t'adorent, tu le sais bien.

India renifla. Birdie la voyait très bien polir les verres des lunettes de lecture de son défunt mari comme elle avait l'habitude de le faire lorsque les mots lui manquaient.

— Qu'est-ce que je raconte ? dit India. C'est moi qui ai de la chance.

Plus tard, Birdie entrouvrit la porte de la chambre de Chess. Endormie, Chess ronflait comme un sonneur. Birdie entendit un carillon. Elle scruta la pièce et trouva le portable de Chess dans la poubelle. Elle vérifia l'affichage : un appel entrant de Nick Morgan. Doucement, elle reposa le téléphone et attendit que la sonnerie cesse. (Elle eut une vision de l'allée menant chez Bill et India à l'annonce du suicide du sculpteur. Il y avait eu tellement de voitures : avocats, reporters, marchands d'art, tous pendus à leurs téléphones. India avait regardé par la fenêtre panoramique et s'était mise à hurler. « Qu'est-ce qu'ils peuvent bien être en train de dire ? Fais-les taire, Bird ! Fais-les taire ! »)

Trente jours sur Tuckernuck la tristounette, pensa Birdie. Voilà qui leur ferait du bien à toutes.

Chess

Avant de partir pour Tuckernuck, elle coupa l'intégralité de sa chevelure.

Et quand elle disait l'intégralité de sa chevelure, elle ne plaisantait pas : plus de soixante centimètres de boucles couleur de miel s'enroulaient autour des avant-bras du coiffeur comme un écheveau de laine. Chess avait exigé qu'il lui rase le crâne, et les derniers fragments de duvet soyeux flottaient sur le sol poli comme de la neige hors de saison.

Elle était dans un salon luxueux de Nolita, où tout était possible et où l'on ne posait pas de questions. Elle s'était sentie obligée de dire au coiffeur qu'elle donnait sa chevelure à une association caritative. Elle paya à la réception ; l'hôtesse lui tendit son reçu de carte de crédit et sourit comme si de rien n'était. Son scalp lui semblait aussi fin et nu qu'un ballon d'hélium. Elle avait emporté un bonnet de laine bleu, qu'elle enfila, non par vanité, mais parce qu'elle ne voulait pas qu'on la prenne en pitié. Elle ne méritait la pitié de personne.

Sa mère l'avait dévisagée avec effroi, répulsion, ou tristesse – Chess ne parvenait pas à identifier ses propres émotions, encore moins celles des autres. Se faire raser la tête – qu'était-ce ? Une déclaration d'intention ? Une alternative au taillage de veine ? Une dénonciation de sa beauté ? Un dépouillement de son identité ? Un caprice ? Enfant, Chess s'était un jour coupé les cheveux à l'aide d'une paire de ciseaux à bouts arrondis, dans un accès de colère. Les mèches avaient été tranchées à cinq millimètres à peine du cuir chevelu. Alors, déjà, sa mère était restée bouche bée, en état de choc, mais Chess n'avait que cinq ans à l'époque.

— Tes cheveux, dit Birdie.

— Je les ai coupés, expliqua platement Chess. Je les ai rasés. Je les ai donnés.

Birdie acquiesça. Elle tendit la main et effleura le bonnet de tricot.

À présent, Chess, accompagnée de sa mère, de sa sœur et de sa tante India, était à bord de la Mercedes maternelle, direction le nord sur la I-95 à destination de Cape Cod, vers Nantucket, vers Tuckernuck Island, où elles allaient vivre dans une simplicité rustique un mois durant. Ni Tate ni tante India n'avaient adressé un mot à Chess au sujet de son crâne rasé, ce qui voulait dire que Birdie les en avait dissuadées par avance. Qu'avait-elle pu leur dire ?

C'est plus grave que nous le pensions.

Chess effleura sa tête sous le bonnet, une nouvelle habitude irrésistible. Son cuir chevelu était rugueux et bosselé ; il la démangeait. Sa tête lui semblait si légère qu'elle devait vérifier qu'elle était toujours là, reliée à son cou. Elle supposait qu'elle avait voulu accomplir quelque chose, quelque chose d'énorme, de drastique, quelque chose qui puisse exprimer ne serait-ce qu'une fraction de sa peine. Elle aurait pu s'immoler sur le parvis du Flatiron Building, ou se suspendre par les deux mains à la balustrade supérieure du George Washington Bridge, mais elle s'était contentée d'une visite au salon Nolita, ce qui, d'après elle, était une solution de facilité. Car après tout, ses cheveux finiraient par repousser.

Ces quatre dernières semaines, Chess avait consulté une thérapeute prénommée Robin. Robin avait dit à Chess qu'il fallait mettre « tout ce qui était arrivé » dans un tiroir bordé de soie et y retourner lorsque la douleur serait moins vive. Pendant ce temps, disait Robin, Chess devrait essayer de penser à autre chose : le menu du déjeuner, ou la couleur du ciel.

Robin était psychiatre, un authentique médecin de l'esprit, diplômé de John Hopkins. Le père de Chess avait insisté pour consulter le meilleur spécialiste, ce qui, pour Grant Cousins, revenait à consulter le plus cher. Pourtant, à trois cent cinquante dollars de l'heure, Robin (qui insistait pour que Chess l'appelle Robin et non Dr Burns) lui parlait de tiroirs bordés de soie, un exercice mental qui la dépassait totalement. Lui dire de ne pas penser à « tout ce qui était arrivé » équivalait à lui demander de passer la journée entière à faire le poirier, alors qu'elle pouvait tenir trois ou quatre secondes tout au plus.

Elles auraient dû faire demi-tour. Chess ne se sentait pas capable de faire ce voyage. Elle était « dépressive ». L'étiquette lui barrait le front ; elle avait été chuchotée par sa mère, sa sœur et sa tante. (Et après sa visite chez le coiffeur, « dépressive » s'était encore rapproché de « folle », même si tout le monde dans la voiture se donnait beaucoup de mal pour faire comme si tout semblait normal.) Chess prenait un antidépresseur qui, selon les dires de Robin, lui rendrait ses anciennes sensations.

Chess savait que le médicament n'aurait aucun effet. Les antidépresseurs ne pouvaient inverser le cours du temps ; ils ne pouvaient changer sa situation. Et celui-ci n'était pas particulièrement efficace quand il s'agissait de faire taire les voix dans sa tête, d'apaiser son angoisse, d'assagir sa culpabilité, ou de combler le vide qui l'habitait. Elle pensait jusque-là que la « dépression » se résumait à s'asseoir dans un rocking-chair sans réussir à le faire bouger. Elle savait que la dépression s'abattrait sur elle comme la brume, brouillant son environnement, le teintant de gris. Mais la dépression était active, elle faisait les cent pas en se tordant les mains. Chess ne pouvait s'empêcher de penser ; elle ne parvenait pas à se défaire de son appréhension. De quelque côté qu'elle se tournât, elle se trouvait face à sa situation, à tout ce qui était arrivé. Chess avait l'impression de nager à travers une inextricable jungle d'algues. Elle sentait ses poches se remplir de cailloux : de plus en plus lourde, elle s'enfonçait dans le sol. Robin lui avait un jour demandé si elle nourrissait des pensées suicidaires. La réponse était oui, évidemment ; Chess ne désirait rien tant qu'échapper à la situation présente. Mais elle n'avait pas l'énergie de se suicider. Elle était condamnée à rester assise, coite, inutile.

Dans ses rares moments de lucidité, elle se rendait compte du manque d'originalité de sa situation. Elle avait étudié la littérature à Colchester. C'était shakespearien ; *Hamlet*, tout simplement. Elle était tombée amoureuse du frère de son fiancé – passionnément, éperdument, follement amoureuse de Nick Morgan.

Reconnaître ces sentiments avait eu l'effet d'une grenade – Michael en était mort, Chess émotionnellement amputée. Si les chirurgiens l'ouvraient, ils trouveraient une bombe à retardement en lieu et place de son cœur.

Va donc mettre ça dans ton tiroir bordé de soie pour y revenir quand la peine se fera moins vive.

Comment cela lui était-il arrivé ? Elle, Mary Francesca Cousins, avait vécu avec facilité dans le monde. Elle était à sa place ; elle avait réussi.

Depuis toute petite, on la considérait comme une étoile. Elle était jolie, souriante, gracieuse ; elle virevoltait et faisait des révérences. Son professeur de danse la plaçait devant, au centre. Elle avait la meilleure posture, la présence la plus saisissante. Elle brillait en classe, obtenait de meilleures notes que les garçons, levait toujours la main la première ; les enseignants des classes supérieures connaissaient son nom. Elle était appréciée, une véritable reine des abeilles ; c'était une meneuse douce et bienveillante. Elle s'occupait de l'album de l'école, dansait avec les pom pom girls, présidait le conseil des élèves. Elle jouait au tennis, dans sa version country club, sociale plutôt que compétitive, et faisait du golf avec son père. Elle était bonne nageuse, excellente skieuse. Admise à Brown, elle choisit Colchester, qu'elle trouvait plus coquet. Elle était secrétaire de sa fraternité ; elle écrivait pour le journal de la fac les deux premières années, avant d'en devenir l'éditrice. Elle réussit toutes les matières haut la main et termina ses études Phi Beta Kappa, en dépit du fait qu'on pouvait la voir tous les samedis boire de la bière et danser sur le bar de la SigEp.

Après l'université, Chess s'installa à New York. Elle obtint un poste dans le département publicitaire de *Glamorous Home*, puis elle se vit promue à l'éditorial, où ses talents seraient mieux mis à profit. Elle s'adonna à son éternel amour de la cuisine en allant aux week-ends de l'Institut culinaire français pour y apprendre comment émincer un oignon et mesurer les ingrédients suivant le système métrique. Elle découvrit Zabar, Fairway, et le marché aux légumes d'Union Square. Elle organisait des dîners dans son appartement, où elle invitait de quasi-inconnus qu'elle tentait d'impressionner en préparant des plats compliqués. Elle arrivait en avance au bureau et repartait tard. Elle souriait à tout le monde, connaissait le nom de tous ses portiers, allait à l'église épiscopale sur la 71e Rue Est et servait à la soupe populaire. Elle avait obtenu une nouvelle promotion, qui faisait d'elle, à vingt-neuf ans, la plus jeune rédactrice du groupe Diamond Publishing. La vie de Chess était un ruban de soie qui se déroulait exactement comme prévu – mais quand elle s'était retournée pour le contempler, ce n'était plus qu'un sac de nœuds tout emmêlé. Alors, Chess avait jeté le ruban – bobine comprise.

La thérapeute de Chess lui avait suggéré de tenir un journal. Il fallait un exutoire à ses sentiments pendant le voyage. Chess avait acheté dans un drugstore un cahier à spirale basique de soixante-dix pages, avec une couverture cartonnée rose – le genre de carnet dans lequel elle notait ses formules de chimie au lycée. Elle pouvait y consigner « tout ce qui était arrivé », disait Robin, mais rien ne l'y obligeait. Elle pouvait décrire les paysages de Tuckernuck ; ou le chant des oiseaux, la forme des nuages.

Un tiroir bordé de soie, la forme des nuages. Robin était-elle bien docteur en médecine ? Un diplôme de Hopkins ornait son mur, mais Chess demeurait sceptique. Elle n'était pas sûre de sa capacité à écrire tout court. C'était là une position de yoga qu'elle ne pouvait atteindre.

Essayez donc, disaient Robin et son diplôme de médecine. Vous serez surprise.

Bon, très bien. Là, dans la voiture, Chess tira le carnet de son sac. Elle trouva un stylo. L'effort que cela nécessitait lui coupa le souffle. Exprimer une pensée ou un sentiment par écrit… Elle en était incapable. Elle ne parvenait pas à s'extraire des algues. Épaisses, d'un vert éclatant, elles ondulaient comme du papier gaufré, l'étranglaient, entravaient ses poignets et ses chevilles. Elle était prisonnière. Michael. Nick. L'un mort, l'autre parti. Sa faute. Elle était incapable d'écrire là-dessus.

Elle jeta un regard à sa sœur. Les dix premières années de leurs vies, elles avaient été des compagnes inséparables, mais pas les dix années suivantes. Durant cette décennie déterminante – soit entre les âges de dix et vingt ans pour Chess, huit et dix-huit pour Tate –, elles avaient fait de leur mieux pour démêler les aspérités de leurs identités respectives. Ce fut plus facile pour Chess, car elle était plus âgée et plus à son aise dans le vaste monde. Elle était intelligente, populaire, accomplie ; aussi le moyen le plus prévisible pour Tate de se distinguer fut-il de décevoir et de fréquenter des ratés. Douée pour les maths, Tate était un génie de l'ordinateur ; à quatorze ans, elle s'était prise d'un goût quasi irrationnel pour la musique de Bruce Springsteen. Alors que Chess participait à un concours de Miss Junior et organisait le voyage scolaire de terminale à Paris, Tate traînait en salle d'informatique, vêtue d'un jean déchiré, communiant avec la tribu de nerds et de geeks du lycée, tous des garçons, tous affectés d'une vue faible, d'acné et d'épis.

En voyant Tate aujourd'hui, jamais on n'aurait pu deviner à quel point elle avait été paumée. À présent mince et musclée, elle avait de beaux cheveux – blonds, épais, bien coupés – et sa réussite ne connaissait pas de limites. Elle était célibataire, et Chess ne se rappelait pas lui avoir connu de petit ami depuis la terminale. Tate s'en souciait-elle ? Se sentait-elle seule ? Chess ne le lui avait jamais demandé ; depuis qu'elles avaient grandi et quitté le domicile familial, elles ne se parlaient plus que lorsque les circonstances l'exigeaient – afin de convenir d'un cadeau d'anniversaire pour leur mère, planifier des vacances, et, dernièrement, au sujet du divorce de leurs parents. Tate ne comprenait pas : ils avaient tenu jusque-là, trente années durant, traversant l'enfance de leurs filles et l'ascension professionnelle de Grant. Maintenant ils étaient riches et les enfants avait déserté le nid. Quel besoin avaient-ils de se séparer ? Cela avait donné lieu à des conversations difficiles, où Tate pleurait, consolée par Chess, et les deux filles s'étaient rapprochées à tel point que, lorsque Michael avait fait sa demande, Chess avait prié Tate d'être sa demoiselle d'honneur.

Tate avait répondu :

— J'accepte si tu me promets de ne jamais divorcer.

— C'est promis, avait dit Chess.

— Dans ce cas, d'accord, avait conclu Tate.

Après « tout ce qui était arrivé », Tate ne s'était pas montrée avare de soutien et d'affection, en dépit du fait que Chess ne lui avait rien dit. Tate n'était pas connue pour sa sensibilité. Si Chess lui avait parlé de sa jungle d'algues ou des cailloux dans ses poches, sa sœur n'aurait rien compris. Chess allait devoir trouver une explication rationnelle pour son changement de coupe. Le cancer d'une amie. Un moment de folie passagère.

Le cœur de Chess cognait dans sa poitrine. C'était ça, la dépression : ce besoin urgent de se fuir soi-même. De dire, j'en ai fini, et de sortir de sa propre vie. Par la fenêtre de la voiture, le paysage – une infinité d'arbres ponctués par d'odieuses aires de repos (McDonald's, Nathan's, Starbucks) – défilait. Robin avait promis qu'un voyage lui ferait du bien, mais Chess sentait une angoisse maladive remonter dans sa gorge comme du vomi.

— Bird ?

La voix de Chess n'était pas plus qu'un murmure, mais Birdie était tellement à l'affût de chacun de ses faits et gestes qu'elle baissa immédiatement la radio.

— Oui, ma chérie ?

Chess voulait demander à Birdie de ralentir ; elles roulaient comme en cavale. Mais elle ne parvenait pas à formuler sa phrase ; elle ne trouvait pas le ton adéquat. Si elle le lui demandait, Birdie s'arrêterait carrément. Elle se rangerait sur la bande d'arrêt d'urgence pour s'assurer que sa fille allait bien. Avait-elle besoin d'air, ou d'eau glacée ? Elle lui proposerait de prendre la place d'India à l'avant.

— Rien, laisse tomber, dit Chess.

Birdie la dévisagea dans le rétroviseur. Sa voix grimpa d'une octave sous le coup de l'inquiétude.

— Tu es sûre, chérie ?

Chess acquiesça. Votre mère se fait énormément de souci pour vous, avait dit Robin. Du souci, oui ; Birdie la traitait comme si elle souffrait d'une maladie incurable. Mais leurs rapports avaient toujours été bancals. Comment l'expliquer ? Lorsque Chess avait terminé ses études secondaires, sa mère lui avait tendu un gros classeur, préparé à grand-peine, débordant des témoignages de sa réussite. Il y avait là tous ses bulletins scolaires, le programme de chacun de ses récitals de danse et de chacune de ses remises de prix ; la nouvelle qu'elle avait publiée dans le magazine littéraire de son lycée, son discours de lauréate, son premier article signé pour le journal de la fac. Le classeur contenait des lettres de recommandation de ses professeurs de lycée et ses lettres d'admission à Brown, Colchester, Hamilton et au Connecticut College. Sa mère avait conservé tout ce bazar ? Elle avait parsemé l'ensemble de clichés : Chess dans sa robe noire chic avant le bal de promo, Chess sur le plongeoir de la piscine au country club, Chess bébé en couches, un esquimau dégoulinant à la main. Chess était à la fois impressionnée et embarrassée. Sa mère avait considéré son existence digne d'être classifiée, alors qu'elle-même n'avait pas réfléchi une seule fois à la vie de sa mère. Birdie, elle s'en était alors rendu compte, ne l'avait jamais intéressée.

Chess s'était mise à appeler sa mère Birdie à douze ans, âge auquel elle avait commencé à se sentir l'égale de sa mère – et ni sa mère ni son père n'y avaient trouvé à redire. Birdie pensait peut-être que Chess s'en lasserait, ou que cela signifiait qu'elles devenaient amies, alors qu'en réalité elle affirmait par là son pouvoir en tant qu'adolescente. Maintenant, elle continuait par la simple force de l'habitude.

Leurs rapports avaient changé avec le divorce. Chess s'était prise d'admiration pour sa mère : Birdie avait mis Grant Cousins à la porte. À cinquante-cinq ans, elle avait changé de vie. Elle avait dit non au malheur, s'était ouverte à de nouvelles possibilités. Chess l'avait encouragée à retravailler, et l'idée semblait lui plaire, même si elle se montrait hésitante, ce qui était compréhensible.

Qu'est-ce que je pourrais bien faire ? Qui m'engagerait, à mon âge ? Et qui va s'occuper de toi ?

Chess avait répondu, Birdie, je suis grande maintenant. Je peux prendre soin de moi.

Et pourtant, maintenant que Chess avait passé sa vie au rouleau compresseur, c'était un travail à plein temps pour sa mère.

Chess pouvait-elle parler à sa mère de « tout ce qui était arrivé » ? Pouvait-elle lui dire qu'elle était tombée amoureuse de Nick Morgan ? Si elle le lui racontait, elle ne cesserait pas de l'aimer. Après tout, Birdie était sa mère. Mais elle serait mortifiée, et la vision qu'elle avait de Chess – celle de la jeune fille en or, resplendissante – s'en trouverait ternie.

Mets ça dans ton tiroir bordé de soie pour y revenir quand la peine se fera moins vive.

La personne dont Chess se sentait le plus proche était à présent sa tante India. India avait eu droit à son propre aller-retour express en enfer. Chess se rappelait cette matinée d'octobre où elle avait téléphoné pour leur annoncer le suicide d'oncle Bill. Chess était en terminale ; c'était le week-end de la fête en l'honneur de l'équipe de foot à laquelle tous les anciens étaient invités. Birdie avait pris l'appel à 4 heures ; elle était montée dans le mini van familial en robe de chambre. Elle s'apprêtait à faire la route jusqu'en Pennsylvanie, bien que le soleil ne fût pas encore levé. C'était Tate, âgée de quinze ans, qui s'était élancée hors de la maison avec un sac de vêtements rempli à la hâte pour leur mère. Chess aurait voulu qu'elle attende le lendemain, dimanche, pour partir, à cause du bal. C'était sa dernière année, et ses parents devaient assister à la réception pour la conduire lorsque son nom serait appelé. L'absence de sa mère aurait semblé bizarre.

Chess avait imploré sa mère de rester. Elle se rappelait l'expression contrite de Birdie à travers la vitre baissée. Sa mère avait dit : « J'y vais parce qu'India est ma sœur. Elle est tout ce que j'ai. »

Chess ne comprit que plus tard ce que cela signifiait pour l'oncle Bill de se suicider en laissant une femme et trois fils, ainsi qu'un immense héritage artistique. Et ce n'était que maintenant qu'elle prenait conscience de ce que sa tante avait dû ressentir alors. Et pourtant, il suffisait de voir India : elle riait en écoutant Birdie. Elle était capable de rire ! Elle était entière. Elle avait été tout aussi brisée que Chess à l'époque, peut-être même pire encore, et pourtant, les fissures n'étaient même plus visibles.

En glissant son carnet et son stylo dans son sac, Chess fut assaillie d'une vision : Michael, qui glissait, lâchait prise, tombait. Qui tombait ! Qui lâchait prise ! Ses bras ballants, ses yeux exorbités. Attends ! Attends ! Il était mort à trente-deux ans. La mort, parfois, trouvait un sens – à un âge avancé, ou après une longue maladie. Michael mort – sa nouvelle affaire démantelée, ses projets soigneusement établis vidés de leur substance. Cela n'avait aucun sens !

Chess imagina Nick, un jeu de cartes à la main, les paupières baissées, ses doigts taquinant les jetons. Lorsqu'elle voyait Nick dans sa tête, il était toujours en train de jouer. Pourquoi ? Elle avait besoin d'air. Elle entendait de faibles bribes de Springsteen venant de l'iPod de Tate. Elle n'y tenait plus ! Elle ne pouvait faire semblant d'aller bien. Il fallait que sa mère arrête la voiture. Elle sortirait du véhicule et rentrerait à pied jusque chez Nick. Mais Nick ne voudrait pas d'elle. Mets ça dans ton tiroir bordé de soie.

Elle inspira par le nez et expira par la bouche. C'était la méthode qu'employaient les femmes enceintes pour canaliser la douleur. Elle reposa la tête contre la vitre, où elle vibra à l'unisson de l'accélération des pneus sur l'asphalte.

Un sandwich poulet crudités, pensa-t-elle. Bleu.

Tate

Tate n'avait jamais aimé auparavant. C'est sans doute mieux ainsi, pensait-elle. Car que vous apportait l'amour ? Le malheur. Pièce à conviction numéro un, dans le siège voisin : sa sœur, Mary Francesca Cousins. Chess tombait amoureuse, puis n'était plus amoureuse, et là – bam ! Au lieu de la laisser se relever, s'épousseter, et reprendre son bonhomme de chemin, son fiancé éconduit se tuait. Lorsque Tate avait eu vent du projet de mariage, elle s'était prise de pitié pour sa sœur (et pour elle-même, qui allait devoir porter une robe de demoiselle d'honneur en satin bronze à quatre cents dollars signée Nicole Miller). Lorsque Chess avait annoncé qu'elle s'était délestée de Michael Morgan tel un bronco capricieux dans un rodéo, Tate avait ressenti comme un élan de fraternité. Peut-être étaient-elles bien sœurs après tout et choisiraient-elles, au grand désespoir de leur mère, de passer le reste de leur vie dans le célibat. Lorsque Michael Morgan était mort, dans un accident que Chess considérait de sa faute bien qu'elle fût à plus de cinq cents kilomètres des lieux, Tate pensa : Oh merde. La tragédie suivait Chess comme son ombre. C'était le cas de certaines personnes, comme avait pu l'observer Tate, et il revenait aux gens comme elle d'assister au spectacle.

Tate allait à Tuckernuck par affection et par sollicitude pour sa sœur. Car enfin, il suffisait de la voir : elle s'était rasé la boule à zéro, comme une star de la NBA ou un militant néo-nazi. Birdie avait accusé le coup. Elle avait téléphoné à Grant, qui lui avait conseillé d'appeler la psy de Chess, laquelle lui avait dit de ne pas céder à la panique. Se raser la tête était pour Chess le moyen d'exposer sa peine aux yeux du monde. Elle avait toujours tiré grande fierté de ses cheveux, à juste titre (ils étaient longs, épais, naturellement ondulés, couleur d'or filé), aussi devait-elle en effet se complaire dans sa douleur pour en arriver à tondre l'intégralité de sa tignasse. Et pourtant, pensa Tate, elle s'était infligé elle-même cette punition. Ce n'était pas comme si, atteinte d'un cancer, elle avait perdu ses cheveux suite à une chimio. Cette pensée était bien peu charitable ; elle décida de l'écarter, étant venue pour sa sœur.

Tate s'était fait son programme pour Tuckernuck : tour complet de l'île tous les matins, traversée (aller-retour) de North Pond à la nage et cent cinquante abdos quotidiens suspendue par les genoux à une branche de l'unique arbre planté sur leur propriété venteuse. Elle allait s'étendre au soleil, faire des sudoku, boire du vin et se laisser gaver par sa mère. Tout comme Chess, Tate voulait fuir le monde. Sur Tuckernuck il n'y aurait ni écran, ni clavier, ni interaction avec un foutu système en plein bug, ni pirate, ni virus, ni matos, ni logiciel, ni incompatibilité. Pas d'iPhone sur lequel consulter ses mails et ses textos, la météo, la Bourse, jouer au ping-pong bière, ou écouter E Street Radio en ligne. Bye bye à tout ça.

Programmeuse certifiée de niveau 4++, Tate était une magicienne capable de réparer n'importe quel système, même attaqué par un Martien à coups de rayons bêta ou envahi par une solution saline (c'était arrivé une fois, dans un hôtel cinq étoiles de Cabo). Mais le métier de Tate se résumait surtout à voyager. Elle était constamment en déplacement à Toledo, Detroit, Cleveland, San Antonio, Peoria, Bellingham, Cheyenne, Savannah, Decatur, Chattanooga ou Las Vegas. Sa vie tout entière n'était qu'une longue course ; une succession ininterrompue de Au Bon Pain et de Hudson News. De sacs à vomi, de bretzels carrés dans des sachets fraîcheur et de magazines d'avion. Veuillez enlever et remettre vos chaussures. Produits liquides, gels ? Un des employés de TSA à Fort Lauderdale, roux et baraqué, reconnaissait systématiquement Tate, qu'il surnommait « Rosalita » parce que c'était le titre de la chanson qu'elle écoutait sur son iPod au moment où elle avait franchi sa ligne de sécurité pour la première fois. Tate disposait de 1,6 million de miles sur sa carte ; elle avait suffisamment de points bonus pour acheter des parts dans une résidence secondaire à Destin ou un Range Rover. Elle avait parfois des flashes de ce que serait un vrai foyer : une maison quelque part en banlieue, maman, papa, les enfants, un chien – tous sur la pelouse du jardin, à laver la voiture ou jouer au frisbee. Il lui arrivait de penser que c'était ce qu'elle était censée désirer : un point de chute. Elle ne devait pas être constamment en transit. Elle était présumée se poser quelque part, s'y sentir chez elle.

Ce 1er juillet-là était différent, elles avaient un point de chute. Un abri. La mère de Tate, Birdie (diminutif d'Elizabeth, prénom que portait également Tate), les amena à Hyannis et gara sa Mercedes dans un parking longue durée. Puis les quatre femmes sautèrent dans le petit avion pour Nantucket. Elles prirent un taxi de l'aéroport jusqu'à Madaket Harbor. Une fois à Madaket, le cœur de Tate commença à s'assagir, comme un chien dans son panier ou un nourrisson dans son couffin. Elle avait parcouru les États-Unis en long, en large et en travers une bonne douzaine de fois, sans tambour ni trompette, mais la simple vue du port de Madaket, scintillant de bleu et de vert sous le soleil de juillet, avec ses effluves salés et vaseux, pareil au souvenir qu'elle en avait gardé depuis l'été de ses dix-sept ans, fit fondre Tate.

Son foyer !

Et là, sifflotant, décrivant un arc de son bras cuivré, fendant les eaux placides du port à grand renfort de vaguelettes écumeuses, se tenait son prince sur son cheval blanc – Barrett Lee, sur un Boston Whaler Outrage de dix mètres de long propulsé par deux moteurs de deux cent cinquante chevaux. L'arrière portait, inscrit en lettres dorées, le nom du bateau : *Girlfriend, NANTUCKET, MASS.*

— Barrett Lee, dit Chess.

Elle semblait surprise, comme s'il était apparu du tréfonds de sa mémoire. Tate, pendant ce temps, n'avait cessé de penser à lui depuis que sa mère avait cité son nom.

Elle se demanda s'il était marié. Ses recherches sur Facebook étaient restées infructueuses. Elle avait consulté Google, mais n'avait pu l'identifier avec certitude parmi les sept cent quatorze autres Barrett Lee qui avaient laissé leur empreinte dans le cyberespace. Elle avait écumé les archives en ligne de l'*Inquirer and Mirror*, hebdomadaire de Nantucket, et découvert – haha ! – que Barrett Lee avait participé à la ligue de fléchettes du jeudi soir en 2006 et 2007.

Tate se demandait si elle ressentirait encore quelque chose pour lui, et dans ce cas, si ce seraient de nouveaux sentiments ou bien les anciens, ressuscités. Elle n'était plus la même personne que treize ans auparavant, et lui non plus. À quoi bon ressasser de vieilles histoires, tous deux ne se connaissaient plus de toute façon ?

Tout cela représentait une réflexion plutôt profonde pour Tate. Elle préférait œuvrer dans le domaine du tangible, qui ici se résumait à une seule donnée : Barrett Lee était plus séduisant que jamais. Tate avait l'impression qu'on lui extrayait le cœur par les narines. Était-ce suffisamment tangible ?

— Sa copine est juste ici, dit-elle.

Chess pouvait bien avoir le cœur brisé, prendre des médicaments et arborer sa boule à zéro, il était hors de question qu'elle mette le grappin sur Barrett Lee. Tate se campa sur ses deux jambes, ôta les écouteurs de son iPod, et retourna son salut au jeune homme.

Barrett Lee évoquait pour Tate une nostalgie profonde et poignante. Elle l'avait aimé depuis qu'il avait six ans et elle cinq. À l'époque, ses parents surnommaient Barrett le blondinet. Les souvenirs les plus vifs de Tate remontaient tous à l'été de ses dix-sept ans, le dernier été vécu en famille sur Tuckernuck. C'était pour elle, comme sans doute nombre d'adolescents de cet âge, l'été déterminant de sa vie. Elle s'apprêtait à passer en terminale. Barrett Lee venait de finir ses études, et bien que Plymouth State ait exprimé le souhait de faire de lui son *wide receiver*, il ne voulait pas aller à la fac. Tate trouvait cela très exotique. Chess venait de finir sa première année à Colchester, dans le Vermont. C'était exactement ce que recherchaient les camarades de Tate. Les bâtiments universitaires en brique avec leurs piliers blancs, le quadrilatère de verdure, les érables orange vif, les pulls en tricot, les queues-de-cheval, les soirées de beuverie, les chorales *a cappella* qui écumaient les fêtes d'avant-match tandis que Colchester s'apprêtait à affronter sur le terrain l'école rivale de Bowdoin. Au lieu d'intégrer une de ces institutions, Barrett Lee préférait travailler avec son père ; il allait apprendre à bâtir des maisons puis à en prendre soin ensuite. Carreler des salles de bains, raccorder des lave-linge, installer des becs de gaz. Monter des étagères et des banquettes. Il voulait gagner de l'argent, s'acheter un bateau, pêcher le bar, rouler en Jeep jusqu'à Coatue le week-end, aller au Chicken Box, boire de la bière, écouter des groupes, draguer des filles. C'était ça vivre, pour de vrai. Grands dieux, Tate se rappelait comme si c'était hier à quel point cela semblait plus exaltant que d'aller à l'université et partager une chambre sur le campus, aux crochets de ses parents.

Elle avait passé tout l'été à observer Barrett Lee. C'était lui qui apportait les courses, le bois de chauffage, le journal et les livres de poche. Il ramassait leurs poubelles, qu'il déposait à la décharge, et leur linge sale, qu'il portait à Holdgate et qu'il ramenait dans de jolies boîtes blanches, comme des pâtisseries. Les jours de beau temps, il faisait des réparations dans la maison, généralement torse nu. Tate ne se lassait pas de le voir – le bronzage de son dos, l'incroyable blancheur de ses cheveux éclaircis par le soleil. Il était superbe, ce qui aurait suffi à Tate ; elle n'avait que dix-sept ans, après tout. Mais il était gentil par-dessus le marché. Il souriait et s'esclaffait avec tous les membres de la famille Cousins – y compris son père maussade, qui en ce dernier été exigeait d'avoir son *Wall Street Journal* à 10 heures précises tous les matins, intact, ce qui obligeait Barrett à le transporter dans un sac à pain. Barrett Lee rendait le séjour à Tuckernuck agréable ; il le rendait possible. Tout le monde était d'accord là-dessus.

C'était tante India qui avait dit que Barrett devait se sentir motivé par la présence de deux adolescentes en bikini étendues sur la plage. Tate avait senti son cœur tressaillir, mais, en son for intérieur, la crainte et la jalousie pointaient. Si Barrett Lee s'intéressait à l'une des sœurs Cousins, ce serait Chess – et Tate ne pouvait lui en vouloir. Chess avait les cheveux longs, ondulés, couleur de miel, elle avait une poitrine magnifique, la vie sur le campus lui avait appris comment sourire et charmer les garçons en quelques mots, comment flirter, avoir l'air sûre d'elle et maîtriser sa consommation de bière. Elle lisait quelques pavés cet été-là – Tolstoï, DeLillo, Evelyn Waugh – qui lui donnaient une aura d'intelligence, d'inaccessibilité, qui semblait attirer Barrett. Tate, en revanche, était maigrichonne, plate comme une limande. Elle faisait rebondir sans fin une balle de tennis sur une vieille raquette en bois qu'elle avait trouvée dans le grenier ; elle écoutait sa cassette de *Born to Run* en boucle sur son walkman jusqu'à ce que les piles se vident et que Bruce marmonne comme un vieillard après dix verres de whisky. Dès qu'ils avaient besoin d'acheter quelque chose à la boutique de Nantucket, ils devaient l'écrire au marqueur sur « la liste », la plupart du temps tenue sur un sac en papier kraft. Mais son père maussade refusait de payer le paquet de seize piles AA nécessaire à l'alimentation de son walkman tant qu'elle n'aurait pas fini sa lecture estivale, *Une femme noire*, que Tate trouvait incroyablement laborieux. Elle ne put venir à bout du livre, et Barrett n'apporta jamais les piles neuves qui auraient tellement embelli son été.

Garçon manqué, Tate s'était épanouie tardivement. Un soir après dîner, elle avait surpris tante India en train de demander à Birdie si Tate n'était pas lesbienne. Birdie avait rétorqué : « Nom d'un chien, India, ce n'est qu'une enfant ! » Tate s'était sentie emplie de gêne, de honte, et de rage. Elle avait été traitée de gouine une fois, au lycée, mais c'était par une fille extrêmement ignorante qui ne comprenait pas sa dévotion pour le Boss ou pour les Mac de la salle d'informatique. Que tante India, une femme du monde, puisse la soupçonner d'être homosexuelle était autrement perturbant. Étendue sur son lit dans les ténèbres de la maison – et les ténèbres de Tuckernuck étaient bien plus sombres qu'à n'importe quel autre endroit –, Tate écoutait le bruissement de ce qu'elle savait être des ailes de chauves-souris (Chess dormait la tête sous la couette en dépit de ses explications sur l'écholocation, grâce à laquelle les chauves-souris n'avaient aucun risque de venir effleurer son visage ou ses cheveux) en pensant combien il était ironique que tante India s'interroge sur son orientation sexuelle alors même qu'elle était éperdument amoureuse. Elle en vint également à la conclusion que, quelle que fût la raison qui poussait tante India à penser qu'elle aimait les filles, ce devait également être l'obstacle qui empêchait Barrett de la regarder de la même façon qu'il regardait Chess.

Comme il fallait s'y attendre, cet été-là avait été tendu. Un jour, on avait invité Barrett à rester déjeuner. La famille avait mangé des burgers grillés au charbon de bois autour de la table du jardin sur la falaise qui surplombait la plage, et le père de Tate avait interrogé Barrett sur ses aspirations et ses projets d'avenir. C'était comme cela que Tate avait appris tout ce qu'elle savait sur Barrett Lee. Pendant le déjeuner, Barrett avait regardé Chess quatorze fois. Tate avait compté, et c'étaient autant de clous qui venaient fermer le cercueil dans lequel reposaient ses espoirs de romance.

Elle avait passé sa vie entière à perdre contre Chess, mais elle ne pouvait supporter l'idée de lui concéder Barrett, aussi avait-elle employé la seule stratégie qui lui eût jamais réussi avec les garçons : faire mine de s'intéresser aux mêmes choses que lui. Cela avait marché tout naturellement à l'école – elle aimait Lara

Croft, elle aimait Bruce Springsteen, et c'était aussi le cas de certains garçons. Ils la regardaient d'un autre œil, la trouvaient « cool », contrairement au reste de la population féminine de l'école, qui ne pensait qu'au maquillage et à Christian Slater.

Et Barrett aimait la pêche. Vers la fin de ce fameux déjeuner, Tate avait proclamé à plusieurs reprises, trop fort pour qu'on l'ignore, son désir brûlant d'aller à la pêche. Elle en mourait d'envie. Elle ferait n'importe quoi pour. Si seulement elle connaissait quelqu'un susceptible de l'emmener… à la pêche.

— C'est bon, chérie, on a compris, avait déclaré son père. Barrett, tu veux bien emmener ma fille à la pêche ?

Barrett, souriant d'un air gêné, avait jeté un coup d'œil furtif à Chess.

— Euh, toutes les deux, ou…

— Grands dieux, non, avait répondu Chess. Pour moi, la pêche n'est qu'une forme supplémentaire de cruauté envers les animaux.

Tate avait levé les yeux au ciel. Cela ressemblait à s'y méprendre à l'une de ces prises de position radicales que Chess avait attrapées, comme un virus, à l'union des étudiants de Colchester.

— Tu en manges bien, avait-elle fait remarquer. C'est pas de la cruauté, ça ?

Chess l'avait fusillée du regard.

— Je n'ai pas envie d'y aller, c'est tout.

— Eh bien moi si.

Tate avait souri à Barrett, se moquant éperdument de ne tromper personne.

— Alors, tu veux bien m'emmener ?

— D'accord, pourquoi pas. À moins que mon père…

— Je suis sûr que Chuck est trop occupé pour emmener Tate à la pêche, l'avait interrompu Grant. Si tu acceptes, Barrett, je serai content de te payer.

Tate était mortifiée.

— OK, d'accord, ça me semble une bonne idée, avait dit Barrett. Donc… il faudra partir assez tôt. Je passe te chercher à 7 heures, OK ?

Elle ne représentait rien de plus à ses yeux qu'une heure de salaire, mais il était trop tard pour reculer.

— OK.

Tate n'avait pas dormi cette nuit-là. Fermant les yeux, elle avait imaginé les bras de Barrett qui l'entouraient tandis qu'il lui montrait comment lancer. Elle s'imaginait l'embrasser, touchant son torse dénudé, réchauffé par le soleil. Avec un soupir, elle s'était détendue en pensant qu'elle était indéniablement attirée par le sexe opposé.

Elle s'était levée à l'aube pour enfiler un bikini, un short en jean, ainsi qu'un t-shirt minimaliste chipé dans le tiroir de Chess. Celle-ci dormait profondément et ne s'en apercevrait pas avant son retour, quand il serait trop tard – la magie du t-shirt aurait fait son effet. Si Chess voulait râler, elle pouvait le faire. Tate serait anesthésiée par la puissance de l'amour de Barrett.

À 7 heures moins le quart, Tate était sortie avec un sac imperméable contenant un sweat, trois sandwiches au beurre de cacahuète et au miel, deux bananes et un thermos de chocolat chaud pour aller attendre sur la plage. Son bikini et le t-shirt étriqué de Chess ne la réchauffaient guère tandis qu'elle attendait sur la berge brumeuse, les bras croisés sur sa poitrine, ses tétons aussi durs et froids que les galets sous ses pieds. En entendant le moteur du bateau de Barrett, elle avait essayé de prendre un air sexy et affriolant, en dépit de ses dents qui claquaient et de ses lèvres, probablement bleues.

Son cœur cognait dans sa poitrine tandis qu'elle pataugeait jusqu'au bateau.

Barrett l'avait aidée à monter. L'espace d'une délicieuse seconde, ils s'étaient tenu les mains !

— J'ai emporté de quoi pique-niquer, avait dit Barrett, des bières, tout ça, pour après la pêche.

Tate s'en rendait compte à présent : elle n'avait pas envisagé un seul instant la possibilité que ce pique-nique eût été pour Barrett et elle-même, ce qui en disait long sur son manque d'amour-propre.

— Et tu vas…

Barrett avait acquiescé.

— Demander à ta sœur si elle veut venir avec moi. Qu'est-ce qu'elle va répondre, à ton avis ?

Tate avait pressé ses lèvres pour se retenir de hurler.

— Elle dira oui.

— Tu crois ?

— Je le sais.

Tate et Chess n'avaient pas discuté de l'incroyable pouvoir de séduction de Barrett Lee, mais elles étaient sœurs. Il était entendu, de façon tacite, que Tate aimait Barrett, lequel aimait Chess, et que tout ceci serait bientôt révélé, au grand désespoir de Tate et pour le plaisir gêné de Chess.

— Super, avait-il dit.

La pêche avait été incroyablement fructueuse. Barrett avait attrapé trois tassergals et un bar rayé, Tate deux tassergals et deux bars, parmi lesquels un monstre d'un mètre de long. Tate rêvait d'être enlacée par Barrett, celui-ci lui montrant comment jeter sa ligne. Mais son premier lancer avait plongé à trente mètres.

— Tu es douée ! s'était exclamé Barrett. À croire que tu as fait ça toute ta vie.

Barrett était de bonne humeur – non parce qu'il pêchait avec Tate, mais parce qu'il était payé (grassement, car le père de Tate était très généreux) pour faire ce qu'il aimait. Et ils faisaient un carnage.

— Ce sont mes meilleures prises depuis des années.

Barrett n'avait pourtant que dix-huit ans, de combien d'années pouvait-il bien parler ? Il était heureux, Tate le savait, à la seule pensée de son déjeuner imminent avec la belle et distante Chess. Lorsque Tate avait attrapé son dernier poisson, le monstre rayé, Barrett, en le mesurant, avait laissé échapper un sifflement impressionné.

— On devrait le garder, celui-là. Mais j'ai peur que sa vue n'effraie ta sœur.

Il avait rejeté le poisson par-dessus bord.

Lorsque Barrett et Tate avaient regagné la crique, Chess lisait, en bikini, étendue sur la plage. Elle avait levé les yeux tandis que Barrett lui faisait signe.

— Allez. Maintenant c'est ton tour !

Tate espérait que Chess déclinerait l'invitation, mais elle était déjà debout. Les deux sœurs s'étaient croisées sans un mot – pas même un reproche au sujet du t-shirt –, de l'eau jusqu'aux mollets, et un instant plus tard, elles avaient échangé leurs places, Chess sur le bateau de Barrett et Tate sur la rive.

La seule différence était que leur père n'avait pas payé Barrett pour emmener Chess en balade.

Tate avait remonté l'escalier d'un pas lourd, décidée à passer une corde autour de son cou non lesbien pour se pendre à la branche du seul arbre de leur propriété sur Tuckernuck.

Au lieu de cela, elle avait volé une des bières que son père laissait au frais ainsi que deux piles du transistor qu'il gardait avec lui dans l'espoir de capter des bribes d'un match des Yankees contre les Red Sox (c'était peine perdue), et avait passé l'après-midi dans le grenier, à boire, roter, pleurer, et chantonner doucement *Thunder Road* à l'intention des chauves-souris endormies sur les poutres. Tout ceci était prévisible. Une chose l'était moins – Chess était plus nerveuse à l'idée de ce rendez-vous que Tate ne l'avait imaginé. Elle avait bu l'intégralité d'un pack de bière en deux heures. Au moment où Barrett allait tenter sa chance – en posant une main sur la taille dénudée de Chess dans l'attente d'une réaction –, les remous de l'océan avaient incommodé Chess, tout comme le soupçon que la mayonnaise de son sandwich au jambon avait tourné, et elle s'était mise à vomir à l'arrière du bateau.

Elle avait décrit plus tard l'incident à Tate.

— C'était trop dégueu. Ça faisait comme un grand torrent de bière qui giclait, comme un jet d'eau. Et puis il y avait des morceaux de sandwich et de salade de pommes de terre qui flottaient dans l'eau, et Barrett a dit un truc comme quoi le vomi allait attirer les poissons, et puis j'ai re-gerbé.

Elles gisaient étendues dans leurs lits, et Tate s'était sentie soulagée d'être dans le noir car elle ne tenait pas à ce que Chess voie la joie transparaître sur son visage. Cette mésaventure la ravissait. Chess avait raconté que Barrett lui avait proposé de l'essence de wintergreen, mais il ne l'avait plus touchée, il ne l'avait pas embrassée, et il n'avait pas non plus proposé de nouveau rendez-vous. C'était le scénario rêvé pour Tate. C'était mal, elle le savait. Elle n'avait aucune chance avec Barrett Lee, mais au moins Chess n'en avait aucune non plus.

Barrett était adulte à présent. Il avait les cheveux châtain doré, plutôt que platine comme dans sa jeunesse ; il arborait une barbe d'un jour. Il portait une visière sur laquelle reposaient ses lunettes de soleil, et un t-shirt bleu annonçant un concours de pêche au requin. Tate jeta un œil à ses mains : pas d'alliance.

Birdie fut la première embarquée sur le bateau. Barrett lui tendit la main.

— Bonjour, madame Cousins. Ravi de vous voir.

— Pas de ça, dit Birdie. Je te connais depuis ta naissance !

Barrett éclata de rire et embrassa Birdie.

— Oooh, moi aussi ! dit India. Je te connais depuis aussi longtemps, et j'ai même fumé une cigarette avec ton père quand j'avais quatorze ans !

Birdie donna une tape à sa sœur.

— Il n'y a pas de quoi être fière, India !

— Ah bon ? répondit-elle. C'est pourtant vrai.

Barrett rit de plus belle. Il serra India dans ses bras et lui fit la bise.

Puis ce fut au tour de Tate. Elle était nerveuse. Embrassade ? Bise ? Poignée de main ?

— Salut, moi c'est Tate, dit-elle.

— Comme si je pouvais t'oublier, répliqua Barrett. Je n'ai pas revu de bar rayé d'un mètre de long depuis le jour où on est allés pêcher ensemble.

— Vraiment ? demanda Tate.

Il la prit par la main pour l'aider à grimper dans le bateau ; elle pensa : *Oh et puis zut*, et glissa « En tout cas, ça fait plaisir de te voir » avant de déposer un baiser quelque part dans le no man's land entre le coin de la bouche et la joue, ce qui était plutôt embarrassant. Elle s'en voulut. *Imbécile !* Elle se montrait déjà lourde. Il se souvenait sans doute de cet aspect de sa personnalité.

Tate avança vers l'arrière du bateau, où des coussins blancs étaient disposés en fer à cheval. Il y en avait tout autour de la proue aussi, ainsi que deux chaises près des commandes. L'une pour Barrett, supposa Tate, et l'autre pour sa petite amie. Elle observa Barrett tandis qu'il remarquait le bonnet en tricot bleu de Chess, recouvrant ce qui était à l'évidence un crâne d'œuf. Il toucha l'épaule de Chess et lui dit :

— On m'a dit que tu avais des soucis. J'en suis désolé.

— Merci, murmura Chess.

Un instant, elle eut l'air sur le point de pleurer, et Tate vit Barrett vaciller d'inquiétude.

— Chess, viens t'asseoir avec moi ! dit-elle. Ça va être génial !

Chess s'installa à côté de Tate, et celle-ci lui attrapa la main. Chess souffrait, et Tate se demanda une seconde s'il fallait lui céder la préséance auprès de Barrett Lee. Mais elle décida que non. Chess avait besoin de prendre ses distances avec les hommes pendant quelque temps. Pour elle, plonger la tête la première dans une nouvelle relation serait la pire chose à faire.

Barrett chargea leurs bagages sur le bateau, et Tate regarda les muscles de ses avant-bras se tendre. Elle contempla ses jambes fines, l'ourlet frangé de son short kaki, le fragment de caleçon bleu clair qui pointait. Il était trop fidèle à lui-même, à ce garçon devenu homme qui habitait les rêves de Tate. Il était juste là, et elle pouvait tendre la main pour le toucher.

Barrett prit la barre et sortit le bateau de son point d'ancrage. Tate inhala les vapeurs de diesel qui, mêlées au soleil et à l'eau vaseuse, lui donnèrent une sensation de bien-être. Barrett manœuvra hors du port – Tate ne pouvait détacher les yeux de ses épaules puissantes –, puis laissa libre court au moteur.

Tate pressa la main de sa sœur. Ils volaient à la surface de l'eau en direction de Tuckernuck Island. Elle pencha la tête en arrière, laissant ainsi son visage prendre le soleil. Le bateau heurta les vagues, un fin jet d'eau de mer éclaboussant le côté. Tate adorait l'été en Nouvelle-Angleterre. C'était si différent de Charlotte, où tout le monde se traînait d'un endroit climatisé à un autre, et où « nager » voulait dire faire des longueurs dans une piscine chauffée pleine de chlore.

Tate décida qu'elle ne passerait plus jamais un seul été à travailler. L'année prochaine, elle prendrait non seulement son mois de juillet, mais aussi août. Elle habiterait la maison de Tuckernuck. Elle mourait d'envie de demander à Barrett de jeter l'ancre sur-le-champ, pour qu'elle puisse se déshabiller et piquer une tête ! Elle aurait voulu que Barrett Lee la voie nager nue comme une créature sauvage – comme une otarie, une sirène de Tuckernuck. D'accord, elle était heureuse, elle planait. Serait-il inconvenant de hurler ? Ils étaient arrivés ! Barrett coupa à demi le moteur. Le croissant de plage immaculée s'étalait devant eux. Leur maison attendait en surplomb.

Tuckernuck Island n'était guère plus qu'un caillou sur la paume de l'océan. Son nom signifiait « miche de pain », et cela correspondait bien à son apparence – vaguement ovale –, même si Tate avait toujours pensé qu'elle ressemblait plutôt à un œuf au plat. La côte changeait de forme au fil des ans, en fonction des tempêtes, supposait Tate, et du réchauffement climatique. L'île ne faisait que trois cent soixante hectares, dont la totalité appartenait à ses résidents ; elle possédait deux vastes étangs – l'un au nord-ouest, nommé North Pond, et l'autre au nord-est, East Pond. Tuckernuck comptait trente-deux maisons, ainsi qu'une caserne de pompiers qui abritait un camion avec un réservoir d'un mètre cube. Il n'y avait pas d'électricité en dehors de celle provenant des générateurs, ni d'eau courante hormis celle des puits actionnés par les générateurs. La maison des Tate se dressait sur la rive est, quelque peu aplatie, en face d'Eel Point sur Nantucket. Juste au sud se trouvait la flèche sablonneuse de Whale

Shoal. La maison la plus proche était à quatre cents mètres à l'ouest.

L'arrivée n'était pas devenue plus simple ni plus classe avec le temps. Barrett jeta l'ancre avant de sauter dans l'eau jusqu'aux genoux pour les aider à descendre. Pauvre Birdie ! Elle était en forme, elle n'avait que cinquante-sept ans, était toujours petite, leste, et, comme son nom l'indiquait, pareille à un oiseau. Elle ôta ses tennis blanches, se mit dans l'eau et pataugea jusqu'à la rive. Tante India portait une jupe transparente à la coupe asymétrique qui lui avait probablement coûté dans les six mille dollars et rendait toute descente gracieuse difficile. Elle finit par tomber dans les bras de Barrett comme une jeune mariée. Tate ne put qu'admettre une certaine jalousie.

Un escalier tout neuf reliait la plage à la falaise. Autrefois traître et instable, il était à présent solide, bâti dans des poutres traitées, d'un jaune brillant.

— Ouah, dit Birdie. Regardez ça, les filles !

Elles montèrent jusqu'à l'arbre solitaire avec ses branches biscornues, celui-là même auquel Tate avait prévu de se pendre. Elle était heureuse de voir qu'ils avaient tous deux survécu. Dans le jardin, la vieille table était juchée au centre d'un ovale en terre, d'où partait un sentier de coquillages menant à l'entrée principale de la maison. La toiture avait été refaite et il flottait une odeur de résine. La porte était du même bleu passé ; la vieille pancarte que Birdie et tante India avaient confectionnée dans leur enfance était suspendue à côté. Elles y avaient formé le mot *TATE* à l'aide de petits coquillages. La pancarte était ce que la maison comptait de plus antique ; lorsque la famille partait l'été, on la décrochait et la rangeait dans un tiroir de la cuisine, pour la ressortir à l'annonce de leur arrivée. *TATE*.

À l'extrémité de la maison, là où les coquillages blancs s'élargissaient pour former une allée, stationnait leur vieille voiture, une International Harvester Scout de 1969 avec un toit en vinyle blanc et un levier de changement de vitesse plus long que le bras de Tate. La Scout avait été rouge pompier dans le temps, mais elle était devenue rose grisâtre. Tate la contempla comme un animal longuement négligé, un vétéran fiable, quoique amoché, de ses étés en famille sur Tuckernuck Island. Son grand-père l'avait amenée par barge à Tuckernuck en 1971 ; Tate, Chess et les trois fils Bishop avaient appris à conduire avec dès l'âge de douze ans. Tate se rappelait son initiation, son père lui indiquant depuis le siège passager comment embrayer et passer les vitesses. En dépit de son apparence, l'embrayage se faisait comme dans du beurre, ce qui n'était pas plus mal, car les « routes » de Tuckernuck étaient difficiles ; en terre, en gravier, ou couvertes d'herbe, truffées de nids-de-poule et de crêtes, elles étaient un cauchemar pour le conducteur. Tate s'était toujours sentie à l'aise avec les machines ; elle avait appris à conduire avec une aisance déconcertante et savourait chaque seconde de liberté au volant. Liberté ! À treize, quatorze ans, elle sortait la Scout toute seule, explorait chaque recoin des routes de Tuckernuck, et causait à sa mère bien des angoisses en restant dehors après la tombée de la nuit alors que la Scout n'avait qu'un seul phare en état de marche.

Tate passa la main sur le capot. Fonctionnait-elle encore ? Certainement, comme une voiture magique – comme Herbie la Coccinelle, ou Chitty Chitty Bang Bang. Elle roulerait pour elle.

Birdie ayant laissé entendre que le père des filles avait accepté de « mettre un peu d'argent » dans la maison pour procéder aux améliorations jugées nécessaires par Barrett Lee, Tate avait craint de la trouver changée – polie, neuve, méconnaissable. Mais elle avait conservé son apparence. Tate fut la première à l'intérieur ; l'odeur était la même – un parfum de moisi, de naphtaline, de sève de pin et de brise marine. Elle s'engouffra dans la cambuse – longue et étroite, avec un évier, un bec de gaz et un petit réfrigérateur alignés le long d'un mur, et un comptoir en formica posé par-dessus les placards de l'autre côté, le tout séparé par un mètre de linoléum clair. La « table de la salle à manger », où l'on tenait à trois, voire quatre en se serrant, et qui n'était par conséquent jamais utilisée sauf en cas de pluie, était poussée contre le mur extérieur de la cuisine. Au-delà se déployait le « séjour », orné d'un tapis tressé, un canapé et deux fauteuils garnis d'une étoffe vert bouteille abrasive censée survivre à une catastrophe nucléaire, et une « petite table » consistant en un panneau de verre posé sur un piège à homards. C'était une autre antiquité de la maison ; une création d'Arthur Tate, le grand-père de Birdie et India.

Birdie et India poussèrent un soupir en voyant la table, et Tate fit de même. Mais pas Chess. Chess, Tate s'en rendit compte, n'était pas dans la maison. Elle était dehors, assise à la table du jardin, la tête entre les mains.

Tate ouvrit la porte moustiquaire.

— Hey, dit-elle à Chess. On partage toujours le grenier ?

Chess acquiesça d'un air morose. Bon, d'accord, ce n'était pas génial, de partager une chambre avec sa sœur pendant un mois, mais cela ne donnait-il pas un petit côté soirée pyjama à l'aventure ? Le but du jeu n'était-il pas en partie pour elles de baigner dans un réconfort mère/filles/tante ? Elles ne seraient jamais seules, et comme elles étaient toutes de la même famille, Tate n'aurait pas besoin de se doucher, de se couper les ongles des orteils ou de se préoccuper de son déodorant. Elle pourrait roter, péter ou se curer les dents sans retenue. On l'aimerait toujours.

Il n'y avait pas beaucoup de choix en matière de chambres. Le premier étage de la maison comptait deux chambres à coucher – celle des Cousins et celle des Bishop. La Cousins était un peu plus grande ; c'était la chambre « de maître », bien que meublée, bizarrement, de lits jumeaux. C'était là qu'avaient toujours dormi les parents de Tate. (Avaient-ils fait l'amour dans ces étroits lits de vieille fille ? Probablement, même si Tate préférait ne pas y penser.) La chambre des Bishop comportait un lit double au matelas moelleux et près du sol. C'était là que dormaient tante India et oncle Bill de son vivant. Tate jeta un coup d'œil en passant. Elle fut ravie de voir Roger, personnage énigmatique qu'oncle Bill avait sculpté dans du bois flotté, orné de coquillages, d'algues et de verre poli. Roger était une création de Bishop, bien qu'il fût de taille beaucoup plus réduite que le reste de son œuvre (fait de cuivre et de verre, et qui peuplait presque toutes les métropoles importantes du monde capitaliste). Roger aurait pu être vendu pour des dizaines de milliers de dollars à un musée, et c'était là ce qui faisait toute la valeur de sa présence sur une commode dans une résidence secondaire à l'abandon depuis des années.

Tate entendit des bruits de pas et se retourna pour voir Barrett grimper l'escalier avec les bagages.

— Deuxième étage ? hasarda-t-il.

— Bingo, répondit Tate. Les enfants au grenier.

Elle attrapa son sac.

— Laisse-moi t'aider, dit Barrett.

— Tu en as déjà bien assez fait. La baraque est magnifique.

— J'espère que tu ne t'attendais pas à des jacuzzis et des comptoirs en granit. Ta mère, en revanche…

— Non, ce n'est pas son genre.

— Ça m'a coûté une fortune de tout remettre à plat, dit Barrett.

Il monta au grenier, suivi de Tate. La pièce était chaude et sombre, comme toujours, ventilée par une petite fenêtre placée trop haut pour aérer complètement. On pouvait y loger six personnes : il y avait deux lits doubles et deux lits superposés. Le principe était de pouvoir y mettre les cinq cousins (les Cousins et les Bishop) tous ensemble au besoin, même si les trois fils Bishop – Billy, Teddy et Ethan – préféraient dormir en bas, sous le porche grillagé. Plus commode pour choper des bières dans la glacière et pisser dans la cour, supposait Tate. L'endroit supportait mal la pluie, alors on avait recours aux lits du grenier par mauvais temps. Tate remarqua un grand carton de Pottery Barn au pied des lits superposés. Elle regarda à l'intérieur et y trouva des draps d'été flambant neufs, de couleur vive.

— Qu'est-ce que c'est ? demanda-t-elle.

Les draps et couvertures dans la maison de Tuckernuck étaient habituellement usés et aussi troués que le costume d'Halloween de Charlie Brown – c'est ce qui faisait leur charme.

— UPS livre jusqu'ici ?

— Ils livrent chez moi. Je les ai apportés la semaine dernière. C'est ta mère qui les a commandés. Elle a dit qu'elle tenait à votre confort.

— Je n'ai pas besoin de deux cents fils au centimètre carré pour me sentir bien, objecta Tate.

Elle s'assit sur le lit double qui était traditionnellement le sien, le plus éloigné de l'entrée (la vessie de Chess n'était guère plus grosse qu'une balle de golf, et elle avait besoin de rester près de la porte pour fuir les chauves-souris).

— Les autres draps étaient vraiment en mauvais état, expliqua Barrett. Je les ai utilisés pour couvrir le sol quand j'ai repeint le rez-de-chaussée.

Tate inspira profondément l'air étouffant du grenier.

— Alors, Barrett, comment va la vie ?

Elle avait sa propre entreprise, deux cent mille dollars à la banque, un appartement, un écran plasma, seize jeans True Religion et un million de miles. Elle n'irait pas par quatre chemins avec Barrett Lee.

Il rit, comme si elle venait de raconter une blague. « Ha ! » Ses yeux bleus se posèrent sur elle une seconde avec hésitation, et elle pensa – avec extase ! –

qu'il allait lui dire quelque chose digne d'être médité plus tard. Peut-être combien elle était belle. Il ôta ses lunettes de soleil, passa la main dans ses cheveux châtain clair, puis les reposa au sommet de sa tête.

— Je ferais bien d'aller chercher le reste, glissa-t-il avant de disparaître dans l'escalier.

Tate se demanda si elle devait se sentir insultée. Barrett Lee ne s'intéressait pas plus à elle maintenant que dix-huit ans auparavant. Pas encore ! se dit-elle. Après tout, ce n'était que la première heure du premier jour. Elle avait tout le temps.

India

Elle avait fait une terrible erreur en venant.

Et mince alors, ce n'était pourtant pas dans ses habitudes de manquer de jugeote, elle qui ne se fiait qu'à son propre jugement. Elle, India Bishop, ne prenait de décisions que sur la base de ce qui ne lui faisait jamais défaut : son bon sens. Elle n'acceptait aucun compromis, ne se laissait pas persuader. Alors pourquoi diable était-elle donc là ?

India était la veuve d'un des plus grands sculpteurs américains et la mère de trois fils aussi beaux que brillants. Il fut un temps où son identité se résumait à ses fonctions d'épouse et de mère. Mais Bill s'était tiré une balle dans la tête (cela remontait à quinze ans) et les garçons avaient grandi, fini leurs études, entamé leurs carrières. Billy était marié et attendait son premier enfant, un fils, qu'il nommerait en souvenir de son père (évidemment), à la fin de l'été. Les garçons avaient de moins en moins besoin d'India, ce qui semblait normal. Elle était alors libre de se réinventer. Elle était devenue la femme la plus respectée de Philadelphie dans le domaine des arts. Conservatrice à l'école des Beaux-Arts de Pennsylvanie – un musée doublé d'une université –, elle officiait également comme consultante auprès du musée des Arts de Philadelphie et de la Fondation Barnes. D'aucuns (étroits d'esprit, émotionnellement défaillants) pensaient qu'India avait acquis son statut uniquement parce qu'elle était la veuve de Bill Bishop. Certes, la réputation de son mari avait permis à India de connaître les gens qu'il fallait, et certes, tout le monde dans la ville de l'amour fraternel et ses banlieues bucoliques éprouvait de la sympathie pour elle après le suicide de Bill, mais ce n'était pas cela qui faisait d'elle une brillante conservatrice de musée. India détenait une maîtrise en histoire de l'art de l'université de Pennsylvanie. Elle avait parcouru le monde avec Bill – du Pérou à l'Afrique du Sud, en passant par Bombay, Zanzibar, le Maroc, Copenhague, Rome, Paris, Dublin, Stockholm, Shanghai –, partout, elle avait côtoyé l'art sous ses formes les plus variées. De plus, India était intelligente – d'une intelligence supérieure aussi bien pratique que sociale. Elle s'habillait bien, disait ce qu'il fallait à qui il fallait, buvait du bourgogne blanc et écoutait du Mahler. Elle employait l'héritage de Bill – et il y en avait un foutu paquet – à s'entourer d'objets raffinés (une Mercedes décapotable, des lampes Jonathan Adler, une fine montre Philippe Patek, des premières éditions de *Madame Bovary* et d'*Anna Karénine*, des abonnements pour le Ballet de Pennsylvanie et l'Orchestre de Philadelphie). On ne lui avait pas accordé le succès par pitié. Elle l'avait mérité.

Mais assez d'autosatisfaction. Aujourd'hui, elle devrait se faire gronder ! Aujourd'hui, elle avait tout fichu en l'air. Elle avait accepté de passer un mois à Tuckernuck, un caillou de la taille de Central Park. Aussi isolé qu'une des lunes de Jupiter, et sur lequel elle allait devoir rester trente &%$# de jours ! (India adorait jurer, une mauvaise habitude empruntée à Bill qu'elle avait conservée, même si elle savait que Birdie détestait cela.) Dans les meilleures circonstances, lorsque Bill était encore sain d'esprit et que les garçons avaient le bon âge pour ce type d'aventure en plein air, ils y passaient deux semaines. Les deux étés qui avaient suivi la mort de Bill, India n'avait pu supporter d'y rester plus de cinq jours.

Alors que diable faisait-elle donc là ?

India avait répondu à l'appel de Birdie dans un moment de faiblesse. Quelques heures auparavant, elle avait découvert que la jeune artiste la plus prometteuse de l'école des Beaux-Arts de Pennsylvanie, Tallulah Simpson, s'était retirée du programme de formation en quatre ans pour fuir à Parsons, à New York. Tallulah Simpson, connue à travers l'école sous le sobriquet de « Lula », était une protégée d'India, non seulement une protégée mais une amie, et non seulement une amie mais une amie intime. Et, oui, c'était encore plus compliqué que cela, et, oui, ce qui s'était passé entre Lula et India avait probablement précipité sa fuite chez le plus grand rival de l'école. Si Lula rendait la chose publique, cela virerait au scandale. La nouvelle de la défection de Lula constituait un choc pour India – un véritable choc électrique de cent cinquante volts qui avait traversé son corps et hérissé ses cheveux – mais elle n'en avait rien laissé paraître. Lorsque Ainslie, sa secrétaire, la lui avait annoncée avec douceur tout en lui servant son habituel *latte*, India n'avait pas cillé, ou alors juste un tout petit peu. (Rien ne pouvait plus la surprendre, pensait-elle, après avoir appris que son mari s'était tiré une balle dans la tête.) India devait faire mine d'avoir vu arriver le coup. Elle devait se montrer nonchalante, indifférente, alors qu'elle se sentait blessée, effrayée, rongée par le regret.

L'école des Beaux-Arts était en effervescence : tout le monde n'avait à la bouche que le départ de Lula. India avait discrètement fermé la porte de son bureau et fumé une dizaine de cigarettes tout en essayant de déterminer la marche à suivre. Devait-elle la contacter ? La retrouver autour d'un verre à El Vez – ou quelque part à New York ? Devait-elle aller voir Virgil Seversen, le directeur de l'école, pour lui expliquer ce qui s'était passé ? Fallait-il ignorer Virgil et aller directement trouver son grand patron, le président du conseil d'administration, Spencer Frost ? La conduite d'India était au-delà de tout soupçon. Jusque dans les moments les plus intenses partagés avec Lula, elle avait toujours suivi sa doctrine d'un comportement irréprochable. Mais Lula était jeune (vingt-six ans), fougueuse, c'était une artiste, tombée éperdument amoureuse d'India. Qui sait comment elle allait présenter les choses ?

Les couloirs sacrés de l'école, qui avaient servi d'inspiration et de refuge à India depuis la mort de Bill, s'étaient transformés en champ de mines. Virgil Seversen la regardait-il de travers ? Ainslie se doutait-elle de quelque chose ? Lula avait-elle colporté des potins sur Facebook ? Lorsque India avait répondu à l'appel de Birdie, elle ne pensait qu'au moyen de fuir l'inconfort de la présente situation, et voilà que Birdie lui proposait une solution : Tuckernuck. India n'aurait pu espérer endroit plus isolé. Birdie s'était montrée convaincante : Chess avait besoin d'elle. Ainsi, India avait accepté. Un ex-fiancé disparu dans des circonstances dramatiques relevait pile de son champ d'expertise ; elle pourrait se montrer utile. Elle avait suffisamment de congés accumulés ; les étés aux Beaux-Arts étaient calmes. India renouerait des liens avec des personnes qu'elle aimait mais ne voyait pas souvent. Sa sœur. Ses nièces.

Ses intentions étaient louables, elles semblaient logiques sur le moment, mais la réalité était qu'India ne pouvait rester là. Elle n'avait jamais aimé Tuckernuck comme Birdie – c'était la raison pour laquelle leurs parents avaient légué la maison à cette dernière, donnant à India l'équivalent en espèces sonnantes et trébuchantes. India était trop urbaine pour Tuckernuck. Il lui fallait de l'action. Il lui fallait du cappuccino.

Les quatre femmes étaient assises autour de la table du jardin pour établir la liste des courses à l'intention de Barrett Lee. Barrett était aussi beau que son père à son âge, une beauté brute. India comparait Chess et Tate ; l'une des deux allait lui mettre le grappin dessus. Laquelle ?

— Du pain, dit Birdie. Du lait. Special K. Sucre. Myrtilles, cheddar, crackers.

Elle dictait la liste à Tate, qui notait tout.

— Du cheddar ? demanda India. Des crackers ? Essayons de penser en adultes, voyons… Quand les enfants étaient petits, on leur achetait du cheddar et des crackers, mais maintenant, on peut prendre du camembert et une baguette. Et un bon salami italien. Quelques abricots bien mûrs aussi, une livre de framboises, et une demi-douzaine de figues vertes.

Birdie regarda sa sœur. India se dit : Dans cinq jours on sera mercredi. Est-ce que je peux tenir jusque-là ? Elle n'avait pas fumé depuis son départ de Philadelphie, et le manque de nicotine dans son organisme prenait des proportions effrayantes. Elle avait une cartouche de Benson and Hedges dans sa valise à l'étage. Elle irait en chercher une dès que possible.

— Tu as raison, déclara Birdie. On peut manger des figues et du chèvre si on veut. Et on devrait prendre du vin.

— Grands dieux, oui, répondit India.

— Chess ? Il y a quelque chose qui te ferait plaisir ? demanda Birdie.

Chess haussa les épaules. India reconnut la courbe de ses épaules, l'expression distante de son visage. Elles étaient là, absorbées par leur mission du jour – établir la liste des provisions –, et Chess s'en fichait totalement. India connaissait trop bien ce sentiment. Elle ne s'était pas rasé le crâne après la mort de Bill, mais elle s'était adonnée à d'autres actes d'autodestruction : elle n'avait bu que du Coca light et mangé que des toasts des mois durant, jusqu'au jour où elle avait perdu connaissance au volant de sa voiture (dans l'allée de sa maison, heureusement). Elle avait refusé de rappeler son avocat jusqu'à ce que son compte en banque se trouve à découvert et qu'un chèque pour la tenue de football d'Ethan soit refusé. Avant de s'évader de cet enfer aride, elle allait prendre Chess entre quatre-z-yeux pour lui dire… quoi ? Tu vas t'en sortir. Cela va passer, comme tout le reste, sans exception.

Mais pour le moment, tout ce qu'India voulait, c'était une cigarette. Qu'elle était vilaine.

— Une terrine de tassergal, suggéra Birdie. Un paquet de ces crackers au thym de Toscane. Salade de homard, laitue, beurre, épis de maïs, papier alu.

India ôta ses lunettes de vue. Elles avaient appartenu à Bill et étaient sans conteste son bien le plus précieux. Elle considéra leur bellâtre à tout faire.

— Barrett, l'interpella-t-elle, tu es marié ?

Birdie interrompit sa litanie. Les joues de Tate prirent une charmante teinte rose.

— Euh, non. Plus maintenant.

— Divorcé ? s'enquit India.

— Non, murmura Barrett. C'est… c'est difficile. Ma femme, Stephanie… Elle est décédée. Elle avait la maladie de Charcot…

Il dit cela sur un ton mal assuré. India acquiesça en pensant : Ooooh, la maladie de Charcot. C'est ce qu'il y a de pire.

— Elle est décédée il y a deux ans. Un peu plus.

Le silence se fit autour de la table. India se sentit stupide d'avoir posé la question. Une preuve de plus qu'elle n'avait pas sa place ici. Elle ne regrettait jamais ses paroles ; jamais elle ne mettait les autres mal à l'aise. Et voilà qu'elle voulait disparaître sous terre. Elle qui venait de s'autoproclamer Reine des veuves, dotée d'un réservoir émotionnel sans fond à l'usage de ceux qui avaient perdu un être cher, voilà qu'elle avait réussi à griller Barrett tel un insecte sous la loupe.

— Toutes mes condoléances, dit-elle. Tu as des enfants ?

— Deux fils, de trois et cinq ans.

— Qui s'appellent ?

— Tucker et Cameron. Tucker, comme Tuckernuck.

— Merveilleux, s'exclama India. J'ai toujours adoré les petits garçons ! Tu nous les amèneras ? Qu'on fasse leur connaissance ?

— Peut-être, répondit Barrett. Dans la journée ils sont chez ma mère, et ils passent un week-end sur deux chez les parents de Stephanie, à Chatham.

Il se tut un instant, le regard perdu dans l'eau.

— Oui, je les amènerai.

De nouveau le silence ; était-il respectueux ou inconfortable, India n'en était pas sûre. Les filles étaient tout aussi perdues. Chess triturait un trou dans la table, tandis que Tate fixait Barrett de la seule façon possible – avec compassion et admiration.

— La liste est prête, Birdie ? demanda India. Le bateau de Barrett va couler avec tout ça !

— Pas de souci, dit Barrett. Finissez. Je vous rapporterai tout ça plus tard dans l'après-midi.

India soupira. La présence de Barrett Lee rendrait les choses supportables. Il serait leur héros romantique de l'été, de la même façon que Chuck Lee l'avait été pour India et Birdie à la fin des années 1960. À travers Chuck Lee, India avait découvert un certain type d'hommes ; il avait les cheveux coupés en brosse, le bras tatoué, et parlait avec un fort accent de Nouvelle-Angleterre. India l'avait désiré avant même de savoir ce qu'était le désir. Maintenant, c'était au tour de son fils : beau, serviable, et frappé par le sort. Barrett Lee et ses surprenantes révélations lui redonnaient de l'énergie.

Tandis qu'il remontait la falaise, India laissa échapper un sifflement carnassier. Les autres femmes s'étranglèrent, scandalisées.

— India, la gronda Birdie. Franchement !

Barrett se retourna et leur fit signe de la main.

— Il ferait mieux de s'y habituer, proclama India.

Chess

Premier jour.

Voici ma confession.

J'ai rencontré Michael et Nick le même soir, le premier vendredi d'octobre, il n'y a même pas deux ans. Je venais de boucler le numéro spécial Thanksgiving *– un jalon important de la saison dans le milieu des magazines gastronomiques – et fêtais l'événement avec ma meilleure amie new-yorkaise, Rhonda, une éternelle étudiante qui vivait à l'étage en dessous dans un appartement financé par son père influent. J'avais invité Rhonda à venir prendre un martini chez moi. On a écouté Death Cab for Cutie, on a bu, on s'est maquillées, coiffées, pomponnées. L'automne était enfin arrivé, après un été chaud et étouffant. Nous étions parées.*

Nous sommes allées au Bowery Ballroom voir un groupe appelé Diplomatic Immunity. Il y avait la queue tout autour du bloc, mais le père de Rhonda était une huile aux Nations unies, il détenait même je ne sais quelle immunité diplomatique. Il avait des connaissances partout à travers la ville, visiblement, y compris au Ballroom, aussi sommes-nous entrées direct. Et puis, Rhonda était canon. Elle l'était déjà naturellement, mais depuis qu'elle s'était fait refaire les seins, plus un seul cordon de sécurité ne lui résistait, à Manhattan et au-delà.

Michael se tenait près du bar. Un mètre quatre-vingts, impossible à manquer, une tête de plus que tous les autres. Il avait un genre de beauté qui me plaisait – net, élégant, l'œil brillant –, aussi je lui ai souri.

— Vous avez l'air heureuse d'être entrée.

— Oh, que oui. Très heureuse !

Son visage s'est illuminé. Le bonheur engendrait le bonheur.

— Laissez-moi vous offrir un verre, bienheureuse demoiselle.

— D'accord.

Cinq secondes à peine, et j'étais sienne.

Le groupe n'était pas encore sur scène, alors on a discuté. Il a dit Princeton, Upper East Side (une location), qu'il avait monté sa propre entreprise (chasseur de têtes, pas aussi violent qu'il n'y paraissait, promis). Il a dit Bergen County, New Jersey, parents toujours mariés, un frère, une sœur. Il a dit jogging dans le parc, manger et boire du vin, mots croisés du New York Times, *poker le mercredi.*

J'ai dit Colchester, journaliste gastronomique à Glamorous Home, *66ᵉ Rue Ouest (une location). J'ai dit New Canaan, Connecticut, des parents qui venaient d'annoncer leur séparation au bout de trente ans, une sœur. J'ai dit jogging dans le parc, manger et boire du vin, lecture, shopping, ski, et la plage.*

Il a dit R.E.M., Coldplay. Il a dit M. Smith au Sénat, Les Affranchis. *Il a dit Hemingway, Ethan Canin, Philip Roth.*

J’ai dit Death Cab for Cutie, Natalie Merchant, Coldplay. J’ai dit Le Patient anglais, Ghost, American Beauty. *J’ai dit Toni Morrison, Jane Smiley, Susan Minot.*

— Est-ce qu’on est compatibles ?

— Tu es un homme, je suis une femme. Si tu m’avais cité Ghost *comme film préféré, j’aurais tourné les talons.*

— Tu as des cheveux magnifiques.

— Merci.

C’était un compliment dont j’avais l’habitude.

Lorsque j’ai présenté Michael à Rhonda quelques minutes plus tard, il a tendu la main.

— Je suis le petit ami de Chess, Michael Morgan.

Je lui ai donné une tape.

— Ce n’est pas mon petit ami.

Michael a rectifié :

— Je suis son fiancé.

Le groupe s’est mis à jouer. J’en avais entendu dire du bien, à juste titre. Michael nous a menées, Rhonda et moi, à travers la foule en désordre jusqu’à la scène. C’est alors que j’ai vu Nick pour la première fois. Que dire ? Mon cœur s’est délité. Il était magnifique, comme peut l’être une rock star ténébreuse. Ses cheveux châtains lui tombaient dans les yeux, qu’il avait bleus. Son nez était un peu tordu, comme s’il avait été cassé. Il portait un t-shirt de Death Cab for Cutie. Il était grand, pas autant que Michael, mais plus mince et musclé. Sa voix était un mystère, riche et complexe, tour à tour rauque ou claire comme celle d’un enfant de chœur. À ce moment-là, je ne savais pas que c’était le frère de Michael. Je savais seulement qu'il était le leader du groupe, et qu'il semblait concentré sur moi. Nos regards se sont croisés, j'ai bu l'instant comme du petit-lait. Il chantait un morceau dont le titre devait être « Okay, Baby, Okay », puisque c'étaient les paroles les plus répétées, et quand il chantait ces mots, il me regardait. Il me les adressait, à moi. Michael a crié par-dessus le bruit de la foule : « Je crois que tu lui plais. » Sacrée position dans laquelle je me trouvais : je venais de faire la connaissance d'un homme merveilleux taillé sur mesure pour mon côté solaire, et j'étais nez à nez avec un chanteur de rock, plus sexy, plus intrigant, une âme sœur pour ma part d'ombre.

Michael, à son crédit, n'a pas essayé de me toucher pendant que le groupe jouait. Il était à fond dans la musique ; il connaissait les moindres paroles de chaque chanson.

— Alors comme ça, tu es fan ? lui ai-je demandé.

Il a souri.

— On peut dire ça.

À la pause, Michael a proposé :

— On fait un tour en coulisses ?

— En coulisses ?

— Nick, le chanteur. C'est mon frère.

— Ton frère ?

Son frère ? Je n'arrivais pas à savoir s'il fallait en rire ou en pleurer. Si le chanteur avait été n'importe quel autre homme, il aurait simplement disparu de ma vie, et je ne l'aurais plus revu que sur VH1. Là en l'occurrence, j'allais lui être présentée.

Michael nous a menées, Rhonda et moi, dans les coulisses. Le groupe, installé sur les canapés minables du foyer, buvait de l'eau minérale et s'épongeait. Michael a serré la main des autres membres – Austin, Keenan, Dylan nous ont tous été présentés rapidement – avant de prendre Nick dans ses bras. Nick semblait bien plus intéressé par Rhonda et moi.

— C'est laquelle la tienne ? a-t-il demandé à Michael.

— C'est Chess, a répondu Michael. On va se marier.

Nick m'a toisée. Jamais je n'oublierai la façon dont son regard m'a littéralement pénétrée.

— Salopard, a-t-il lancé.

Rhonda, qui ne se laisse jamais démonter, a dit :

— Mais moi, je suis libre.

Chess envisagea de se suicider sur Tuckernuck : elle pouvait remplir de cailloux les poches du ciré jaune de son grand-père et avancer dans l'océan. Elle pouvait brancher un tuyau sur le pot d'échappement de la Scout à l'aide de son t-shirt de Diplomatic Immunity et mettre le contact. Il y avait une boîte de mort-aux-rats dans le bas du placard à balais. Elle pouvait se taillader les poignets avec le tire-bouchon rouillé du tiroir de la cuisine ; à défaut de se saigner à mort, elle pourrait au moins s'inoculer le tétanos. Elle était capable d'en rire ; c'était toujours ça de pris. Elle faisait le choix de rester en vie ; c'était toujours ça de pris. Chaque jour, c'était comme une petite victoire.

Elle avait couché les cinq pages de sa confession dans son carnet. Elle le dissimula entre son matelas et le sommier, à l'abri des regards indiscrets.

Tate était heureuse. À leur arrivée, elle avait enfilé son bikini et couru jusqu'à la plage. Elle était à présent assise sur son lit défait, dégoulinante, et parcourait le guide de la faune et de la flore moisi qu'elle avait trouvé sur l'étagère du salon. Chess jeta un œil aux nouveaux draps colorés que sa mère avait achetés, puis plissa les yeux en direction des poutres à la recherche des chauves-souris qui avaient peuplé les cauchemars de son enfance. Elle ne les trouva pas, mais savait qu'elles étaient là. Ou qu'elles viendraient.

— J'adore cet endroit, dit Tate. Et j'adore le fait qu'on soit ensemble. Je me sens chez moi ici. Bien plus que dans mon appartement de Charlotte. Ou même que dans la maison à New Canaan.

Le grenier était caverneux, poussiéreux, il y régnait une odeur âcre et une chaleur étouffante. Chess ouvrit sa valise aux dimensions de cercueil. Michael, heureusement, n'avait pas été mis en bière. Il avait été incinéré, et ses cendres disposées dans une urne luxueuse en acajou avec des charnières en laiton. Lors de la cérémonie, ses parents avaient porté ensemble l'urne jusqu'à l'autel pendant que l'assemblée se tenait debout. Chess s'était sentie engourdie ; elle avait pris trois comprimés d'Ativan avant le service. C'était le seul moyen. Evelyn Morgan l'avait invitée à s'asseoir avec la famille. Cette attention l'avait surprise. Dans son état brouillé par la drogue, elle ne parvenait pas à deviner la motivation d'Evelyn. Avait-elle pitié de Chess ? Voulait-elle sauver les apparences en intégrant Chess au reste de la famille, comme si la rupture n'avait jamais eu lieu ? Voulait-elle être perçue comme une personne généreuse ? Était-elle généreuse ? Pensait-elle que faire asseoir Chess à l'avant avec la famille était ce que Michael aurait voulu ? Nick avait-il fait pression en sa faveur ? Chess n'en savait rien, mais elle n'avait pu accepter l'offre. Elle s'était assise de l'autre côté, flanquée de ses parents qui la gardaient comme des agents secrets. Elle espérait un peu d'anonymat, mais les personnes qui assistaient à la cérémonie étaient les mêmes qui auraient été invitées au mariage. C'était le premier point négatif ; des gens qu'elle ne connaissait pas la montraient du doigt en chuchotant, et Chess se retournait, pensant que quelqu'un d'important était assis derrière elle, mais c'était elle qu'ils désignaient. L'ex-fiancée. Le deuxième point négatif avait été l'éloge funèbre. Le prêtre avait commencé. Il avait dit à quel point la vie de Michael avait été remplie pour quelqu'un d'aussi jeune.

— Il avait aimé, avait dit le prêtre. Et il avait perdu l'amour.

Chess avait senti son cœur s'embraser telle une pile de détritus imbibés d'essence. Son père avait toussé discrètement.

Puis cela avait été le tour de Nick. Chess avait trouvé difficile de le regarder, bien qu'elle ait pu sentir ses yeux sur elle. Nick s'était remémoré les moments les plus heureux de la vie de son frère défunt : la victoire contre le lycée d'Englewood dans les championnats de hockey en seconde, l'achat de sa propre affaire, et la demande en mariage à Chess à la Knitting Factory devant une foule d'inconnus.

Nick s'était éclairci la voix avant de s'adresser à elle directement. « Il voulait que le monde entier sache combien il t'aimait, Chess. »

Son regard avait croisé celui de Nick le temps d'une atroce seconde, et elle s'était sentie perdue, trahie. Nick venait-il réellement de dire ça tout haut ? Birdie lui avait pris la main, le livret qui reposait sur ses genoux était tombé au sol. Son père avait toussé de nouveau. Chess s'était baissée pour ramasser le papier ; le sang battait dans ses oreilles. Elle voulait s'enfuir de l'église, zigzaguer entre les vieilles pierres tombales du cimetière jusqu'à trouver une cachette.

Nick.

Elle était demeurée assise, sous l'effet des sédatifs et par sens des convenances. Elle ne voulait pas mettre ses parents mal à l'aise. Mais lorsque le dernier hymne avait retenti, elle avait promptement battu en retraite vers la porte de service, laissant à ses parents le soin de l'excuser. Elle les avait attendus en pleurnichant comme un enfant à l'arrière de la Jaguar de son père. Ils avaient cédé lorsqu'elle s'était déclarée incapable d'assister à la réception au country club, puis, sur le chemin du retour dans le Connecticut, son père lui avait demandé si elle voulait s'arrêter manger une glace. Une glace ? Chess n'en revenait pas. Croyait-il vraiment qu'une simple glace résoudrait ses problèmes ? Mais on était début juin, il faisait chaud, et une glace, s'était-elle dit, lui ferait du bien. Ils s'étaient donc arrêtés à un Dairy Queen et avaient trouvé une table à l'ombre. Vêtus de noir pour les funérailles, Chess et ses deux parents divorcés avaient mangé des glaces à l'italienne enrobées de chocolat. Ils n'avaient pas échangé un mot – qu'auraient-ils bien pu se dire ? –, mais Chess avait apprécié leur compagnie. Elle ne savait pas ce qu'elle devait penser du reste, mais elle savait qu'elle aimait ses parents et qu'eux, bien sûr, l'aimaient en retour.

Chess ouvrit sa valise et y trouva l'intégralité de sa garde-robe estivale, soigneusement pliée.

— Nom d'un chien, t'en as ramené des choses, dit Tate.

— Va te faire foutre, rétorqua Chess.

Tate jeta un coup d'œil à son poignet, orné d'une énorme montre de course en plastique noir couverte de tellement de boutons et de voyants qu'elle pouvait probablement diriger une navette spatiale avec.

— Il t'a pas fallu longtemps.

— Je suis désolée, dit Chess.

— T'as pas l'air. T'as plutôt l'air en colère.

— En colère, oui. Une colère générale, et non spécifiquement dirigée contre toi.

— Mais tu te défoules sur moi parce que tu en as la possibilité, dit Tate. Parce que je suis là, dans cette chambre, avec toi. Parce que je suis ta sœur, que je t'aime de façon inconditionnelle, que tu peux me dire tout ce qui te passe par la tête, que je suis prête à l'accepter et à te pardonner.

Tate se releva et ôta le haut de son bikini trempé.

— C'est pas grave. Je suis là pour ça. Pour te servir de punching-ball.

Elle fit glisser le bas de son maillot. Depuis quand n'avaient-elles pas été nues l'une devant l'autre ? Le corps de Tate était fin et musclé. Elle rappelait à Chess une gazelle ou un impala. Tout ce qui contenait de l'énergie, de la puissance.

— Je suis là pour toi. Si tu veux te battre, on peut se battre. Si tu veux en discuter, on peut en discuter. Mais tu ne peux pas me mettre à l'écart. Je t'aime avec ou sans cheveux. Tu es mon…

— Unique sœur, l'interrompit Chess.

Tate enfila un short et un t-shirt.

— Je vais me balader, annonça-t-elle. Tu veux venir ?

— Non, répondit Chess.

Tate sortit, et Chess en fut soulagée. En plus de sa colère, elle était le foyer d'un millier d'autres émotions, comme autant d'invités indésirables – parmi lesquels tristesse, désespoir, pitié de soi, culpabilité, jalousie. La jalousie avait fait son entrée au moment où il était devenu clair que Tate était heureuse. Elle avait toutes les raisons de l'être. Elle dirigeait sa propre affaire avec succès ; elle était, à toutes fins, son propre patron. Et elle était devenue magnifique. Mais le bonheur de Tate venait d'ailleurs ; de cet endroit mystérieux d'où vient toujours le bonheur. Elle pouvait se permettre de se montrer gentille parce que ce n'était pas elle qui souffrait.

Jamais, en trente-deux ans, Chess n'avait éprouvé de la jalousie à l'égard de Tate. Cela avait toujours été le contraire ; c'était le sens du courant. Chess était première en tout ; elle était meilleure en tout. Elle était jolie, intelligente, accomplie d'une façon qui poussait Tate à abandonner avant même d'essayer. Chess était fiancée et allait se marier alors que Tate n'avait pas encore aligné trois rendez-vous galants avec la même personne depuis la fin de ses études. Chess était la mariée, Tate la demoiselle d'honneur.

Chess se sentait narguée par sa valise soigneusement pliée. Elle la repoussa sur le parquet poussiéreux jusqu'à la vieille commode qui avait toujours été sienne. À l'intérieur, le papier d'étagère avait desséché et rebiquait aux coins ; Chess soupira devant les crottes de souris. Mais c'était ça, la vie à Tuckernuck. Tout était exactement pareil à ses souvenirs, treize ans auparavant, et pareil encore aux décennies précédentes. Tate avait dit se sentir « chez elle » dans la maison de Tuckernuck, et Chess voyait ce qu'elle voulait dire. Chaque centimètre carré du lieu était familier, fiable, immuable. Chess savait exactement où elle était. Pourquoi, alors, se sentait-elle aussi perdue ?

Birdie

Lorsque Barrett revint avec ses huit sacs de provisions, il surprit Birdie en train de tripoter son téléphone portable sur la table de la salle à manger. Elle fut si étonnée en le voyant qu'elle serra le téléphone sur sa poitrine dans un sursaut. Si elle avait été assez rapide, elle l'aurait glissé dans son décolleté.

— Oh, désolé, dit-il. Je ne voulais pas vous faire peur.

Elle n'essaya même pas de se reprendre. Elle était éreintée, il faisait chaud, elles s'étaient levées à 6 heures du matin, et Birdie avait conduit tout le trajet. Il était près de 17 heures à présent et elle était morte.

— Un de ces sacs contiendrait-il du vin par hasard ? demanda-t-elle.

— Le vin est toujours sur le bateau, dit Barrett. Je vais le chercher.

— Ça ne te dérange pas ?

— Pour vous, madame, je ferai tout ce que vous voudrez.

Barrett lui adressa un sourire et elle se sentit rougir, plus de honte qu'autre chose. Barrett Lee avait dû faire la navette des dizaines de fois entre Nantucket et Tuckernuck pour elles, après quoi Birdie avait découvert que le pauvre garçon avait perdu sa femme et élevait seul ses deux enfants, ce qui ne l'empêchait pas de rester positif et charmant. Elle devait se ressaisir.

Lorsque Barrett partit chercher le vin, elle retrouva son chèque. Les réparations de la maison avaient coûté 58 600 dollars. Elle avait enfilé son tailleur en lin et pris la route jusqu'au bureau de Grant en centre-ville pour lui soumettre les factures. Depuis la mort de Michael Morgan, Grant appelait tous les jours – pour parler à Chess, consulter Birdie à son sujet. Il les avait accompagnées à l'enterrement, avait même payé un prix exorbitant pour que Chess puisse voir un psychiatre tous les jours. Le Dr Burns pensait que Tuckernuck était une bonne idée, ce qui permettait de valider les réparations. Si Chess avait besoin d'un séjour à Tuckernuck, alors il fallait bien remettre les lieux en état. Non ? Birdie n'était pas sûre que Grant verrait les choses de cette façon ; elle allait lui faire face pour plaider sa cause.

Les murs du bureau de Grant étaient sang de bœuf. Birdie en avait choisi personnellement la couleur près de vingt ans plus tôt, lorsque Grant était passé associé principal. Elle avait dicté l'ameublement de la pièce ; c'était incroyable, deux ans après leur divorce, de voir combien rien n'avait changé. Il y avait toujours les photos de Birdie et des enfants, les paysages de golf – Pebble Beach, Pinehurst, Amen Corner à Augusta.

Birdie avait remis les factures à Grant. Elle se faisait l'effet d'une ado.

— Désolée de te coûter si cher, avait-elle dit.

Grant avait parcouru les documents avant de les jeter dans sa bannette de courrier, signe qu'il allait payer.

— Bird, tu n'as toujours pas saisi ? Ce n'est que de l'argent.

Birdie plaça le chèque devant elle sur la table du salon. Barrett apparut avec le vin ; les bouteilles tintèrent les unes contre les autres. Birdie attrapa un tire-bouchon et deux verres.

— Tu m'accompagnes ? demanda-t-elle.

— Je vais vous laisser profiter de votre famille, répondit Barrett.

— Allez, insista Birdie. Tout le monde s'est dispersé.

Barrett marqua une pause. Ses yeux l'effleurèrent ; peut-être aperçut-il le chèque sur la table.

— D'accord. Juste une minute.

— Très bien, dit Birdie.

— Permettez-moi.

Barrett lui prit le vin et le tire-bouchon des mains, et ouvrit la bouteille comme un professionnel.

— J'ai été serveur au Boarding House quelques étés. J'ai attrapé le truc.

— Je vois ça.

Il versa deux verres de sancerre.

— Il n'est sans doute pas assez frais à votre goût. Comme vous le savez, le réfrigérateur n'est pas vraiment dernier cri. J'apporterai de la glace dans une bonne glacière demain. Et du carburant pour la Scout. Elle fonctionne toujours. Je l'ai démarrée la semaine dernière.

— Formidable, s'exclama Birdie. Tu sais, j'ai planté la Scout à Bigelow Point quand j'était enceinte de Tate. Chess n'était qu'un bébé. Elle pleurait pendant que Grant essayait de dégager les roues avec un seau en plastique alors même que la marée montait. J'étais persuadée que la voiture allait y rester, mais Grant a creusé et poussé, et on a dû recevoir un petit coup de main de là-haut, parce qu'on s'en est sorti. Je m'en souviens comme si c'était hier.

Barrett sourit. L'ennuyait-elle avec ses histoires ?

— Voici le chèque pour la maison, dit-elle. On s'est mises d'accord pour te verser sept cent cinquante dollars par semaine durant notre séjour, plus les dépenses et le carburant pour le bateau. Je sais que ce n'est pas donné.

— C'est très généreux de votre part.

— Alors tu viendras tous les jours, le matin et l'après-midi ?

— Entendu.

— Ça sera comme d'habitude, expliqua Birdie. Provisions, journal, carburant, glace, poubelles, bois de chauffe, transport du linge chez Holdgate's, débouchage des toilettes…

— Rappelez-vous de ne rien jeter dans la cuvette, pas même du papier. Mettez une affichette s'il le faut.

— La douche extérieure marche ? demanda Birdie.

— Juste un filet d'eau froide.

Birdie sourit.

— Ça rendait Grant fou.

— Ça fait partie du charme de Tuckernuck.

— Et…

Elle marqua une pause assez longue pour attirer son attention, mais une fois celle-ci obtenue, elle se sentit gagnée par la timidité.

— Oh, je ne sais pas comment te le dire…

— Qu'y a-t-il ? demanda Barrett.

— Eh bien, je ne voudrais pas que tu passes tout ton temps à travailler uniquement. Tu n'es pas notre esclave, après tout. J'aimerais que tu te détendes aussi, que tu prennes un verre de vin de temps à autre, que tu amènes tes fils si tu le peux. Je sais que Tate et Chess seraient ravies de… passer un peu de temps avec toi. Surtout Chess. Je t'ai dit qu'elle allait se marier, et que tout avait été annulé, mais ce que je ne t'ai pas dit, c'est que son fiancé, ou plutôt ex-fiancé, est mort dans un horrible accident, le week-end de Memorial Day.

— En effet, dit Barrett.

— Il faisait de la varappe à Moab. Il s'est brisé le cou en tombant.

— Mince alors.

— C'était un gentil garçon. Et Chess se sent coupable de ne pas l'avoir très bien traité à la fin.

Elle ferma son clapet. Deux gorgées de vin avaient suffi à lui tourner la tête.

Barrett acquiesça.

— Chess est déprimée, elle a besoin d'aide, et je ne sais pas quoi faire. Tu as vu qu'elle s'était rasé la tête ?

— J'avais remarqué.

— Je me fais un sang d'encre pour elle. Tout à l'heure, quand tu as dit que tu avais perdu ta femme…

Barrett fixa la table des yeux.

— … Je me suis dit que ça vous faisait quelque chose en commun, à tous les deux. D'une certaine manière. Et peut-être que le fait d'en parler avec toi pourrait l'aider.

Barrett sirota son vin, puis reposa son verre, qu'il fit tourner sur son axe.

— Je ne suis pas très branché thérapie de groupe.

— Je ne pensais pas à quelque chose d'aussi structuré…

— Mon truc, à moi, c'est la survie, déclara Barrett. J'ai deux petits garçons auxquels je dois penser. Ils ont terriblement besoin de moi. Je n'ai pas le temps de m'apitoyer sur mon sort avec d'autres personnes ayant perdu leur âme sœur…

— Je comprends, fit Birdie.

— Peut-être, répliqua Barrett. Mais j'en doute.

Birdie le regarda.

— Oh, mon dieu, tu as raison. Sans doute pas. J'ai simplement pensé que vous pourriez peut-être passer un peu de temps ensemble.

— Ensemble ?

— Une balade en bateau, par exemple.

Barrett scruta Birdie par-dessus son verre de vin.

— Vous êtes bien sortis ensemble, adolescents ?

— Je l'ai emmenée à Whale Shoal pour un pique-nique, dit Barrett. J'avais un gros faible pour elle, à l'époque.

Birdie s'efforça de ne pas paraître anxieuse. Et de ne pas penser à Chess comme elle l'avait vue vingt minutes plus tôt – seule dans sa chambre du grenier, le regard dans le vague, l'air aussi perdu que Sylvia Plath ou quelque autre âme torturée. Elle avait ôté son bonnet, son crâne chauve exposé. Birdie avait dû détourner les yeux. Sans ses cheveux, Chess semblait malade, extraterrestre. On aurait dit un bébé gigantesque. Birdie avait besoin d'aide. Elle essayait de ne pas avoir l'air de payer Barrett sept cent cinquante dollars par semaine pour servir d'escorte à sa fille, même si rien n'aurait pu lui faire plus plaisir que de voir naître une amitié entre les deux jeunes gens. Il pourrait lui redonner confiance, la faire rire. De telles réflexions lui auraient valu les réprimandes de Grant. Mais enfin, Bird, à quoi penses-tu ? Mêle-toi de tes affaires !

Birdie poussa le chèque sur la table.

— Ce serait bien si tu pouvais passer un peu de temps ici, dit-elle. On t'aime bien, toutes les quatre.

— Moi aussi je vous aime bien, répondit Barrett.

Il fit un signe de tête en direction du téléphone portable de Birdie qui gisait sur la table, oublié.

— Ce n'est même pas la peine d'y songer.

— Oh, je sais, rétorqua hâtivement Birdie avant d'attraper son téléphone et de l'étudier. Vraiment ? Aucune chance ?

— En fait, dit Barrett, il y a un endroit sur l'île qui capte le réseau.

— Vraiment ? Où donc ?

— Si vous êtes sage, je vous le dirai.

Barrett se leva et empocha le chèque.

— Merci pour le vin, madame Cousins. À demain.

— Oh, dit Birdie. Bon dieu. J'ai horreur d'insister…

C'était vrai, mais elle était désespérée, sans pouvoir l'expliquer ni le justifier. Il lui fit face avec un regard méfiant ; il pensait sans doute qu'elle allait en rajouter une couche sur Chess.

— Tu veux bien me dire où on peut avoir du réseau ? S'il te plaît ?

Barrett se dérida.

— Vous cherchez à joindre quelqu'un ?

Birdie ne savait quoi répondre. Lors de sa dernière soirée avec Hank, il l'avait emmenée dîner chez Lespinasse, puis ils étaient montés au dernier étage de la

Beekman Tower où ils avaient dansé en buvant du champagne. Hank avait pris une chambre au Sherry-Netherland pour la nuit, et ils avaient fait l'amour sur des draps ravissants. La fenêtre au pied du lit donnait sur la Cinquième Avenue. Hank avait fait envoyer des roses avec un petit déjeuner de champagne, melon et fraises. Ils avaient demandé à rendre la chambre plus tard afin de savourer le champagne et le temps passé ensemble et s'étaient rendormis. Birdie craignait que tout cela ne coûte une fortune, mais Hank l'avait rassurée : « Peut-être bien, mais nous sommes en vie, nous nous aimons, et je serais heureux de me ruiner pour te faire la cour, Birdie Cousins. » Elle aurait presque préféré qu'ils passent leur dernière nuit ensemble dans une salle de bingo ou une pizzeria, car alors son cœur ne se serait pas serré ainsi. Le simple souvenir des roses dans leur adorable petit vase sur le plateau lui donnait envie de pleurer.

— Oui, dit Birdie à Barrett.

— Bigelow Point, déclara ce dernier. Tout au bout, probablement à l'endroit même où vous avez planté la Scout. La réception y est claire comme de l'eau de roche. Mais que ça reste entre nous. La dernière chose que souhaitent les habitants de l'île serait de vous voir, toutes les quatre, debout sur la plage, accrochées à vos portables.

— Bien sûr, répondit Birdie. Merci pour tout, Barrett. Vraiment.

— Je vous en prie.

Elle était triste de le voir partir, mais soulagée qu'il lui ait dit où utiliser son téléphone, soulagée qu'il ait admis avoir eu un faible pour Chess des années auparavant, soulagée qu'il n'ait pas refusé tout de go de passer un peu de temps avec sa fille. C'était tout ce qu'elle souhaitait, en tant que mère inquiète ; elle ne pouvait pas les forcer à se faire des confidences. Barrett aurait raison de la prendre pour une folle. Elle était fatiguée, l'esprit embrouillé par le voyage, elle n'avait pas encore trouvé ses marques, et se faisait du souci pour sa fille. Elle se demandait comment il lui était possible de se sentir plus seule avec trois autres personnes que dans la solitude de sa maison à New Canaan.

Hank lui manquait, d'une façon qu'elle n'aurait jamais crue possible à son âge.

Dieu merci, elle avait huit sacs de provisions à ranger. Dieu merci, elle avait un dîner à préparer. Birdie se leva pour se mettre au travail.

La maison de Tuckernuck avait été construite soixante-quinze ans plus tôt par Arthur et Emilie Tate, les grands-parents paternels de Birdie et India. Arthur Tate avait une formation d'orthopédiste et était l'auteur d'un texte médical fondateur qui faisait référence parmi les kinés de tout le pays. Il occupait une chaire bien dotée à l'Harvard Medical School et vivait avec Emilie dans une magnifique maison brownstone sur Charles Street. Ils passaient leurs étés à Nantucket. Ils possédaient une maison en bois jaune sur Gay Street ; le porche était orné de fuchsias et de fougères. Deirdre, la demi-sœur d'Emilie issue des secondes noces de son père, avait épousé un riche homme d'affaires parisien, et eux aussi passaient leurs étés à Nantucket, dans une maison d'Orange Street qui donnait sur le port scintillant.

Emilie détestait Deirdre. C'était une légende familiale, mais le père de Birdie avait conservé les journaux d'Emilie, aussi Birdie pouvait-elle le constater par elle-même : *abhorre, déteste, nouveau riche, mal élevé, sans gêne, Français, Franco, franchouillard, faux, factice, faux-jeton !* Les demi-sœurs ne se voyaient qu'à Nantucket, et même là elles ne se côtoyaient guère souvent, car les cercles de Gay Street et d'Orange Street ne se mélangeaient pas. Arthur faisait de la voile. Il était membre avec Emilie du Yacht Club de Nantucket, où ils dînaient en plein air, se rendaient à des bals, naviguaient, jouaient au tennis. Ce n'est qu'à l'aube de la Grande Dépression que des problèmes s'étaient fait jour entre Emilie et Deirdre. Personne n'avait d'argent, le pays partait à la dérive, sa monnaie dévaluée. Pourtant, Hubert, le mari français de Deirdre, avait réussi à se procurer une carte de membre du Yacht Club de Nantucket grâce à ses devises plutôt que par ses connexions, comme cela était la coutume – ou tout du moins Emilie le soupçonnait-elle. C'est ainsi qu'à l'été 1934, lorsque Arthur et Emilie étaient arrivés à Nantucket, ils avaient trouvé Deirdre et Hubert assis à la table d'à côté pour le dîner et jouant au double sur le court voisin. L'ennemie mortelle d'Emilie était venue la narguer jusque dans son club ! À la fin de l'été, une dispute avait éclaté entre les deux sœurs sur le parquet de danse, au beau milieu du Bal de l'Amiral. L'orchestre s'était arrêté de jouer. Emilie avait insulté Deirdre. Deirdre avait levé la main sur Emilie. Les deux femmes avaient quitté le club en larmes.

L'été suivant, en 1935, Arthur et Emilie avaient vendu la maison de Gay Street et acheté une parcelle de terrain sur le front de mer de Tuckernuck pour cent cinq dollars. Ils avaient construit la maison, grandiose pour l'époque. Dans son journal, Emilie avait noté qu'ils voulaient « quelque chose de plus simple. Une vie simple ». Leur quotidien citadin à Nantucket s'était alourdi d'obligations sociales. « Ce n'est plus si différent de la vie à Boston, écrivait Emilie. Nous recherchons un endroit plus calme, une évasion plus solitaire. »

Tuckernuck.

Alors qu'en vérité, Emilie était venue à Tuckernuck pour échapper à sa sœur.

Birdie rappela cette histoire à India tandis qu'elles traînaient devant leurs chambres respectives avec leurs lampes torches pour seul éclairage. Birdie était épuisée, mais India semblait chercher de quoi s'occuper à 21 heures. Elle savait qu'il n'y avait pas de clubs à Tuckernuck, bien entendu ? Ni bars, ni restaurants, ni bordels. Rien que la paix et le silence, et le poids de leur histoire familiale. Elles étaient venues enfants, leur père avant elles, leurs grands-parents avant lui.

— Emilie a construit cette maison pour fuir sa sœur, dit Birdie. Mais maintenant, les sœurs sont réunies par cette maison. Toi et moi. Chess et Tate.

India ricana.

— Serais-tu donc toujours aussi fleur bleue, Bird ?

Birdie ne mordit pas à l'hameçon. Elle n'allait pas crêper le chignon d'India, dès le premier soir, pour pareille broutille.

— Tu le sais bien, dit-elle avec un sourire doux. Bonne nuit.

Tate

Elle se réveilla le matin et pensa, paniquée : Plus que vingt-neuf jours !

Chess se cramponnait à son dos comme un parasite. Tate en était à la fois irritée et touchée. La veille, après un dîner silencieux, presque lugubre (Mais qu'est-ce qu'elles ont toutes ? s'était demandé Tate. Même Birdie avait semblé effacée et distraite), Chess et elle étaient montées, armées de lampes torches, et avaient fait leurs lits avec les plus jolis draps. Tate avait prévu d'entamer une longue et importante conversation avec sa sœur – car c'était là, après tout, sa mission principale –, mais Chess lui avait fait comprendre qu'elle ne souhaitait pas parler.

— Ça ne va pas s'arranger si tu ne vides pas ton sac, avait dit Tate. C'est comme une plaie non nettoyée. Ça s'infecte. Tu le sais, non ?

Chess avait calé un oreiller sous son menton pour le glisser dans une taie. Pas de réponse.

Tate avait simplement pensé : OK, très bien, comme tu voudras. Elle n'avait pas senti Chess grimper dans son lit pendant la nuit, mais elle n'était pas surprise. Chess avait peur du noir ; depuis toujours, elle avait l'habitude de se blottir dans le lit de sa sœur.

Tate se glissa hors des draps sans la réveiller. Celle-ci avait du mal à s'endormir comme à se lever. Mais pas Tate. Tate était du matin. Elle enfila son débardeur (maladroitement, car elle s'était pris un coup de soleil à la plage la veille), son short, ses tennis, et descendit à la salle de bains du premier.

La maison de Tuckernuck n'avait qu'une salle de bains, coincée entre les deux chambres à coucher. Elle avait été installée alors que Tate était enfant, et tout le monde s'était extasié devant la chasse d'eau. (Avant cela, ils avaient des latrines.) Le lavabo et la baignoire ne donnaient que de l'eau froide. Si l'on voulait prendre un bain chaud, il fallait faire chauffer l'eau sur la cuisinière et la porter à l'étage. L'eau de la salle de bains avait une teinte brunâtre et un goût de rouille. (On peut la boire sans danger ! leur avait toujours assuré Birdie.) Tate était la seule que l'eau ne dérangeait pas. C'était affaire de tradition ; l'eau dans la maison de Tuckernuck avait toujours été crado et métallique, et si elle avait trouvé en arrivant cette année que le robinet donnait à présent une eau claire, au goût neutre et à la pression idéale, elle aurait été déçue.

Elle se brossa les dents et passa rapidement en revue les produits entassés derrière les toilettes (seule surface plane de la pièce). Il y avait là des produits pour femme jeune – Noxzema, Coppertone – et moins jeune (elle tenta de ne pas les examiner de trop près). Elle remarqua une nouvelle affichette accrochée au mur en face de la cuvette, de la main de sa mère : *Merci de ne rien jeter dans les toilettes, pas même du papier !*

La porte de la chambre de Birdie était grande ouverte, les rideaux tirés, et les lits jumeaux si impeccablement faits que Tate n'aurait su dire dans lequel des deux sa mère avait dormi. Le soleil brillait. (Au grenier, on ne voyait même pas que le jour était levé.) La fenêtre laissait entrer la brise. La chambre de Birdie avait une vue à tomber, sur la falaise et l'océan. Le ciel était tellement dégagé que Tate pouvait presque distinguer les silhouettes des pêcheurs matinaux sur les rives de Nantucket.

Dans la cuisine, Birdie avait préparé du café dans une cafetière à presse française. Lorsque les parents de Tate avaient divorcé et que Birdie avait annoncé vouloir se trouver un emploi, Tate avait joué avec l'idée de l'engager pour vivre chez elle et jouer les… mères. Car c'était ce dont elle avait besoin – une mère. Quelqu'un pour lui faire du café le matin (Tate dépensait une petite fortune au Starbucks), pour laver son linge, préparer ses repas, l'appeler et s'assurer que tout allait bien quand elle passait la nuit à l'hôtel.

« Viens t'installer avec moi pour t'occuper de ta fille », avait-elle suggéré. Birdie s'était contentée de rire, même si Tate sentait qu'elle y avait réfléchi.

Elle se servit une tasse de café.

— De la crème ? demanda Birdie.

Tate embrassa sa mère et la souleva du sol. Elle ne pesait rien. Birdie laissa échapper un rire ou un petit cri étranglé, et Tate la reposa.

— J'adore cet endroit, dit-elle.

Birdie cassa deux œufs dans le vieux bol en céramique bleu dans lequel elle préparait toujours les pancakes à Tuckernuck.

— Tu veux des pancakes aux myrtilles ? proposa-t-elle.

— À mon retour, répondit Tate. Là, je vais courir.

— Sois prudente.

Tate emporta son café jusqu'à la table du jardin pour faire ses étirements. Il n'y avait rien à craindre d'un footing sur Tuckernuck, mais Tate aimait entendre sa mère lui dire : Sois prudente. Ce serait agréable de l'entendre à New York, par exemple, lorsqu'elle partait pour Central Park à 5 heures du matin. Ou à Denver, où elle s'était perdue et avait rapidement atterri dans un coin mal famé. Ou à San Diego, où elle avait croisé une bande de matelots avinés vêtus d'uniformes bleu marine à bordure blanche comme des enfants à la garderie ; ils avaient l'air prêts à la dévorer si seulement ils avaient pu l'attraper.

Sois prudente !

Elle descendit le nouvel escalier jusqu'à la plage. Elle était prête ! Elle s'élança.

L'île faisait huit kilomètres de circonférence ; Tate mit une heure pour en faire le tour. Cela se révéla plus difficile qu'elle ne le pensait. Certains endroits étaient rocheux, et même marécageux dans la zone de North Pond, où elle eut de l'eau jusqu'aux chevilles. Mais pour la majorité de la course, le parcours était somptueux et exaltant. Elle vit deux mouettes grosses comme des terriers se disputer les restes d'un tassergal échoué sur la plage. Elle se demanda si les mouettes étaient sœurs. L'une d'entre elles tirait sur la carcasse pendant que l'autre lui piaillait dessus – son bec s'ouvrant et se refermant dans une protestation quasi humaine, indéniablement féminine. Puis la plaignante picorait le poisson et c'était au tour de la première de japper d'une voix nasillarde. Et ainsi de suite, à tour de rôle, elles mangeaient et se plaignaient.

Soudain, Tate se rappela un événement de la nuit précédente. Elle revit Chess grimpant dans son lit, jetant son bras autour d'elle, et lui demandant : « Tu as déjà été amoureuse ? »

Tate avait ouvert les yeux. Il faisait excessivement sombre, elle était perdue. Puis cela lui était revenu : le grenier de Tuckernuck, Chess. Tate n'avait pas donné suite à la question, mais Chess avait dû sentir que la réponse était non. Ou peut-être pensait-elle que c'était oui ; après tout, que savait-elle exactement de la vie de sa sœur ? Tate aurait très bien pu être amoureuse du patron de Kansas City Tool and Die, pour qui elle avait travaillé des centaines d'heures cette année ; elle aurait pu être amoureuse du concierge du Hard Rock Hotel and Casino, où elle aimait descendre quand elle se rendait à Las Vegas. Tate avait affaire à des dizaines d'hommes au quotidien ; elle prenait, en moyenne, six avions par semaine. Elle aurait pu tomber amoureuse de l'homme marié, père de quatre filles, assis à côté d'elle en première classe entre Phoenix et Milwaukee, ou du charmant pilote d'United Airlines avec sa fossette au menton.

Mais la réponse était non. Tate n'avait jamais été amoureuse. Pas même un peu. Elle avait eu un petit ami au lycée, un certain Lincoln Brown. C'était le seul élève noir de sa promo. Beau garçon, il était quatrième batteur de l'équipe de base-ball et, à l'instar de Tate, un génie de l'informatique. Elle adorait Linc, vraiment, mais d'un amour fraternel, protecteur, empreint de fierté. (Elle était fière que Linc soit noir et elle blanche, fière que ses parents ne trouvent rien à y redire, fière de pouvoir appeler une personne aussi fabuleuse son petit ami.) Elle avait perdu sa virginité avec lui et y avait pris du plaisir. Mais elle n'était pas amoureuse de Lincoln Brown. Il n'était pas l'objet le plus cher à son cœur.

Il y avait eu d'autres garçons à l'université – les goûts de Tate allaient des geeks réservés aux golden boys drôles et extravertis –, mais uniquement pour le sexe, pour le fun. Elle n'était tombée amoureuse d'aucun d'entre eux.

Elle n'était jamais tombée amoureuse, une fois adulte. Il arrivait qu'un employé de telle ou telle société lui fasse des avances pendant qu'elle s'efforçait de travailler. Elle levait alors les yeux de son écran pour regarder le visage fadasse de je-ne-sais-qui, avec sa chemise Van Heusen, sa cravate Charter Club et son pantalon à pinces, en se disant : « Tu te fiches de moi ? Je suis en train d'essayer de réparer ton système ! »

Non, elle n'était jamais tombée amoureuse. Mais elle était trop fatiguée pour le dire la nuit dernière. Et puis, au vu de l'état actuel de sa sœur, elle craignait d'avoir l'air de s'en vanter.

À la fin de son parcours, Tate remonta les marches quatre à quatre, les bras levés comme Rocky, avec l'espoir de trouver sa mère et sa sœur assises à la table du jardin, prêtes à la couvrir d'applaudissements – mais la maison était silencieuse. À bout de souffle, elle entra dans la cuisine. Sa mère était en train de presser à la main une caisse d'oranges. Tate avait tellement soif qu'elle but directement à la carafe. Dégoûtant, elle le savait, et grossier. Si sa tante ou Chess avaient été là, elle se serait retenue, mais être avec sa mère revenait au même que se trouver seule. Birdie ne la gronda pas et ne soupira pas non plus.

— Délicieux, n'est-ce pas ? dit-elle.

Il fallait à Tate une mère pour lui presser un jus d'orange frais tous les matins.

— Et l'eau ? demanda Tate.

Birdie sortit une bouteille du réfrigérateur.

— Elle y est depuis hier soir, mais elle n'est toujours pas fraîche, expliqua-t-elle. Désolée. Barrett doit apporter une glacière aujourd'hui.

Tate ingurgita l'eau. Elle rota avec enthousiasme. La pâte à pancakes bullait dans le bol en céramique bleu.

— Tout le monde dort encore ?

— Oui.

Tate acquiesça tandis qu'un accord tacite était passé entre elle et sa mère. Il était presque 9 heures ! Comment pouvait-on encore dormir ? La vie était mille fois meilleure lorsqu'on profitait du petit matin.

— Je vais faire mes abdos dehors, annonça-t-elle.

Birdie sourit.

— Sois prudente.

Tate était suspendue par les genoux à la branche la plus longue et la plus robuste de leur unique arbre. Elle avait visualisé la scène dans le confort climatisé de sa salle de sport dernier cri à Charlotte, mais sans savoir si la branche en question serait assez solide ou assez élevée pour rendre l'exercice possible. Elle fut ravie de découvrir que la branche était parfaite. Elle se souleva une fois, puis deux. Ses abdominaux protestaient à grands cris au bout de cinq flexions tandis que le jus d'orange et l'eau faisaient des remous dans son estomac. Après dix flexions, le creux de ses genoux était irrité par l'écorce rêche. Impossible d'en faire cent cinquante. Peut-être, avec de la volonté, pourrait-elle en faire vingt-cinq. Mais à vingt-cinq, ce devint plus facile. Elle en fit trente, trente-deux.

Puis elle entendit une voix dire « Wahou ».

Elle redressa le torse, toujours suspendue par les genoux. Même à l'envers, il était beau. Mince alors. Elle sentit ses cuisses faiblir ; son cœur remonta dans sa gorge. Elle saisit la branche des deux mains, se renversa, et se laissa retomber au sol.

— Bonjour, dit-elle.

— Je suis impressionné, déclara Barrett.

Il la fixait d'une façon qui la fit grésiller. Elle s'exerçait dans un centre de fitness aux murs couverts de miroirs ; elle savait quelle tête elle avait. Trempée de sueur, cramoisie, les cheveux aplatis, les yeux exorbités. Sans parler de l'odeur. Barrett lui semblait cependant enjoué et intéressé. Elle le tenait dans ses rets.

Mais vite, que faire de sa proie ?

— J'ai fait le tour de l'île, annonça-t-elle.

Mauvaise idée. Elle avait l'air de s'en vanter.

— Tout le tour ? Vraiment ?

Elle était essoufflée. Difficile de paraître adorable et séduisante tout en suffoquant comme un saint-bernard.

— Qu'est-ce que tu as là ? demanda-t-elle, même si elle savait qu'il s'agissait d'une glacière remplie de glace.

— Une glacière remplie de glace.

— Je peux m'allonger dedans ?

— Il ne vaut mieux pas, répondit Barrett en riant. C'est pour le vin de ta mère.

Ils riaient tous les deux. Barrett portait un short kaki sombre dont dépassait un caleçon de coton bleu, ainsi qu'un t-shirt à l'effigie des bières Cisco. Il arborait une visière et des tongs ; ses lunettes de soleil pendaient au bout d'un cordon mousse bleu autour de son cou. Chaque détail de Barrett Lee s'avérait infiniment fascinant. Et maintenant, Tate savait que sa femme était morte. Elle trouvait ce détail inexplicablement romantique. Et il avait deux petits garçons. Il était père. Pouvait-on imaginer plus sexy ? Lorsqu'il se tourna vers la maison, Tate l'observa. Il lui restait vingt-neuf jours. L'embrasserait-elle ? Coucherait-elle avec lui ? Cela semblait impossible, mais… et si la réponse était oui ?

Et si la réponse était oui ?

— Bonjour.

À l'instant même, Chess sortit de la maison, vêtue d'une nuisette blanche et de son bonnet en tricot bleu. Le teint de Barrett s'accentua, sa voix se fit rauque lorsqu'il prit la parole.

— Salut, Chess. Comment va ?

Elle tenait deux assiettes de pancakes aux myrtilles.

— Il y en a une pour toi, dit-elle.

— Pour moi ?

— Birdie insiste.

— OK. Je pose ça et j'arrive.

Tate contempla avec horreur Barrett tandis qu'il plaçait en hâte la glacière dans l'ombre de la maison et s'installait avec Chess à la table du jardin. À quoi jouait Birdie ? Elle était censée être dans son camp, celui des lève-tôt. Mais voilà qu'elle faisait des pancakes pour Barrett et Chess ? Ça n'allait pas du tout. Dès le premier jour, tout partait de travers. Chess s'était assise au bout de la table, en face de Barrett. Tate se serait assise juste à côté de lui ; elle lui aurait fait manger ses pancakes à la petite cuiller. Barrett demanda à Chess ce qu'elle faisait dans la vie.

— Eh bien, j'étais journaliste gastronomique à *Glamorous Home*, mais j'ai démissionné.

— Tu écrivais toi-même ? Je me rappelle qu'à l'époque où tu étais à Colchester, tu disais vouloir écrire.

Il se rappelait une déclaration vieille de treize ans ? Tate essaya de ne pas céder à la panique. Barrett Lee était la personne de son passé qui évoquait la nostalgie la plus profonde, la plus poignante – et si, de son côté, il en était de même pour Chess ? Et si, même marié et père de famille, il avait toujours songé à elle, se demandant ce qu'elle devenait, soupirant en pensant à elle ? Et si, dans les nuits qui avaient suivi le décès de sa femme et l'avaient laissé veuf, ses pensées s'étaient tournées vers Mary Francesca Cousins, la résidente estivale temporaire de Tuckernuck au père grincheux et au corps de rêve, qui aimait lire des pavés ? Et si, lorsque Birdie l'avait appelé au printemps pour lui demander de réparer la maison, parce que je viens avec Chess, son cœur avait bondi d'impatience, de la même façon que celui de Tate avait bondi lorsque Birdie avait prononcé le nom de « Barrett Lee » ? Et si les sentiments de Barrett Lee faisaient écho à ceux de Tate, mais pour la mauvaise sœur ?

Elle les regarda manger. Elle ne savait que faire. Sentant une odeur de tabac, elle leva les yeux et vit India encadrée dans la fenêtre à l'étage comme une vignette sur un calendrier de l'Avent. Elle tenait une cigarette. Pensée temporairement distrayante : India fumait toujours. (Tate se rappela qu'India et l'oncle Bill fumaient quand elle et Chess étaient enfants. Ils fumaient avec classe : cela allait avec le fait qu'ils passaient leurs vacances à Majorque, fréquentaient des soirées dans les lofts de SoHo et connaissaient des célébrités comme Roy Lichtenstein et Liza Minnelli.) Sauf qu'à présent, India fumait à l'intérieur de la maison de Tuckernuck, qui n'était qu'une pile de bois et qui allait absorber l'odeur de ses cigarettes qu'elle retiendrait pour les soixante-quinze ans à venir. Birdie allait avoir une attaque. Tate manqua de le crier à India : elle s'en foutait de toute façon.

Elle avait également été dissuadée par la façon dont India les observait tous les trois, et dont elle paraissait voir très précisément ce qui était en train de se passer. Elle assemblait le puzzle pour former… un triangle amoureux.

Tate était en colère à présent. D'une voix forte, elle annonça qu'elle allait prendre une douche.

Chess et Barrett la regardèrent tous les deux. Elle sourit.

— Chess, dit-elle, tu veux bien être un ange et aller me chercher une de ces serviettes pimpantes que Birdie a achetées ?

— OK, tout de suite, acquiesça Chess.

— S'il te plaît ? Je suis toute cradingue. Il faut vraiment que je me lave.

Elle marcha d'un pas décidé vers la douche extérieure pour s'y enfermer. La cabine avait gardé ses cloisons aux planches espacées de trois millimètres et au « plancher » de lattes, qui n'était qu'une palette posée dans l'herbe. Le pommeau et les robinets de douche étaient recouverts d'un dépôt minéral. Tate ouvrit l'eau, et il en sortit un fin jet glacé.

— Wouuuuuuh, s'exclama-t-elle. C'est gelé !

— Ah, les joies de la vie à Tuckernuck, répondit Barrett.

Tate le vit pivoter sur son banc pour regarder dans sa direction. Était-il en train de l'imaginer nue et ruisselante ? Pouvait-il discerner sa silhouette par les interstices de la cloison ? Avait-elle réussi ? Avait-elle évincé Chess ?

Celle-ci réapparut et jeta une serviette à pois neuve et moelleuse sur la paroi de la douche.

— Tiens.

— Merci, ma belle ! dit Tate. Tu veux bien m'apporter aussi du shampooing, ou un morceau de savon ? Il n'y a rien, ici.

— Dans tes rêves, répliqua Chess. Birdie est peut-être ton esclave, mais pas moi.

Elle attrapa son assiette et retourna dans la cuisine.

— Tu as à peine mangé, remarqua Barrett.

— J'ai besoin de savon ! cria Tate, mais personne ne l'écoutait.

— Je n'ai pas tellement d'appétit ces temps-ci, expliqua Chess.

— Oui, je sais ce que c'est, dit Barrett.

Chess inclina une fois la tête, sèchement, avant de disparaître dans la maison. Barrett la suivit du regard. Il ouvrit la bouche pour parler, puis la referma. Il termina son assiette de pancakes. Oubliées, Tate et sa douche.

Tate renversa la tête et laissa l'eau dévaler sur son visage. Barrett était une cause perdue. Mais elle l'aimait. Elle ne pouvait s'en empêcher.

Elle émergea de la douche enveloppée dans sa serviette, les cheveux lisses et mouillés. Au même instant, Chess ressortit de la maison, un morceau de savon à la main.

— Voilà, dit-elle.

— Trop tard, répondit Tate.

Elle s'assit près de Barrett à la table du jardin.

— Tu ne vas pas t'habiller ? demanda Chess.

— Et toi alors ? répliqua Tate.

Elles se fusillèrent du regard.

Barrett se leva avec son assiette tachée de sirop.

— Les pancakes étaient délicieux. Est-ce que l'une de ces dames a besoin de quelque chose sur la grande île ?

Tate sentit à nouveau une odeur de cigarette. Elle leva les yeux. Tante India lui fit signe.

India

Bill était partout sur l'île. Elle entendait sa voix, sentait la fumée de ses cigarettes et le citron de son gin tonic. Elle le voyait de dos sur la plage – les cheveux noirs, comme ils l'étaient avant de grisonner et de se clairsemer, le dos et les bras assez forts pour transporter l'un ou l'autre des garçons sur ses épaules. Elle pouvait même l'imaginer dans son maillot de bain – un caleçon orange fluo. Un maillot vraiment criard. Tout doux, Bill, avec le maillot ! Je n'arrive pas à réfléchir !

Il avait été heureux, ici à Tuckernuck, durant les deux semaines qu'ils y passaient chaque été. Contrairement à Grant, il adorait déconnecter. Pas d'appels de marchands, pas de délai à tenir, rien de cette pression qui pèse sur les grands artistes. Ici, il était père. Il construisait les feux de joie, taillait les piques à marshmallows, racontait les histoires de fantômes (toujours avec une fin ridicule pour que les enfants ne se couchent pas traumatisés). Il organisait courses pédestres, tournois de gin-rami et randonnées. Il donnait des leçons de conduite dans la Scout. Il ramassait coquillages, bois flotté et verre poli pour en faire des objets (parce qu'il ne pouvait cesser d'être un artiste). Il avait sculpté « Roger » pour India au lendemain d'une terrible dispute, laquelle était partie du bonheur d'India, plutôt que de son mécontentement. C'était durant la période où la maladie de Bill avait commencé à se manifester par des symptômes qu'elle ne pouvait plus ignorer. Sur Tuckernuck, Bill se montrait détendu, libre. Capable de rire et de l'aimer. Ils faisaient l'amour sur le matelas mou (rempli de gelée, disaient-ils en riant), ils faisaient l'amour dehors – sur la plage, dans la Scout, au bout de la piste, et même une fois, par défi, dans la vieille école. Pourquoi Bill ne pouvait-il pas être comme ça à la maison ? s'était demandé India. En pleurant. Elle était si heureuse ici, comme ça, à ce moment-là ! Mais à la maison, dans la vraie vie, ils étaient malheureux.

À la maison, dans la vraie vie, Bill travaillait dans l'urgence et la fureur. Il passait des jours sans dormir ni manger. Il restait enfermé dans son atelier, où India lui portait cigarettes et bouteilles de Bombay Saphire, qu'il ingurgitait d'un trait avec des glaçons. Il avait engagé un fabricant pour construire ses plus grandes œuvres ; la difficulté de ces pièces résidait dans le croquis – d'abord l'effet général, puis les détails les plus précis –, dont les proportions devaient être exactes. Bill était un perfectionniste – tous les grands artistes, tous les grands hommes le sont –, mais la perfection ne pouvait être jugée que par ses yeux. Une pièce qu'India trouvait magnifique lui semblerait porteuse de défauts. Il jurait à tue-tête, jetait et cassait tout ; même enfermé dans son atelier à cent mètres de la maison, les enfants l'entendaient. India tentait d'intervenir, mais il l'en empêchait. Il était son propre négrier.

C'était Bill le Fou, un véritable monstre, qu'il fallait craindre et fuir comme un ouragan. Merci d'emprunter les issues de secours.

Bill le Fou était toujours suivi de près par Bill le Dépressif, encore moins le bienvenu. Bill le Dépressif était triste et pathétique. Capricieux, il devenait incapable de travailler, de décrocher le téléphone, manger un sandwich ou avoir une érection, ou même, souvent, de sortir du lit, à part, heureusement, pour aller aux toilettes. Son tout premier épisode de dépression était survenu à la suite d'un certain nombre d'événements en 1985 : le *New Orleans Times-Picayune* avait fait une critique assassine d'une de ses sculptures que l'on venait d'installer au City Park. Le journal la qualifiait de « hideuse et inorganique » tout en reprochant au conseil municipal d'avoir dépensé deux cent mille dollars de la poche du contribuable pour « un faux pas grotesque de la part d'un artiste par ailleurs louable ». La critique avait été publiée à La Nouvelle-Orléans, si bien qu'aucune des connaissances de Bill et India ne la lirait ; malheureusement, le *Philadelphia Inquirer*, ayant mis la main dessus, avait publié un dossier sur ce qui arrivait lorsque de grands artistes produisaient des « œuvres défectueuses », citant Bill et la sculpture de La Nouvelle-Orléans en toutes lettres. À la même époque, Bill avait contracté une bronchite, qui s'était muée en pneumonie. Il était resté alité des jours, des semaines. Il était sale et barbu. India s'était mise à dormir dans la chambre d'ami. Elle pensait être une infirmière correcte. Elle lui apportait des minestrones maison et de la foccacia achetée chez son traiteur préféré de South Street, préparait du pudding gluant aux dattes suivant la recette de sa mère anglaise. Elle lui donnait ses antibiotiques toutes les quatre heures et veillait à ce que son verre d'eau soit toujours frais et plein de glaçons. Elle empruntait des livres à la bibliothèque pour les lire à son chevet. Sa santé physique s'était améliorée ; ses poumons s'étaient vidés de leur fluide. Mais sa santé mentale restait la même. Il ne quittait pas son lit. Il manquait les matchs de foot de ses fils ; il avait même manqué le vernissage du MOMA en son honneur. Une nuit, India avait entendu du bruit venant de la chambre à coucher, et, en ouvrant la porte, avait trouvé Bill en sanglots. Elle s'était assise au bord du lit, lui avait caressé les cheveux, et envisagé de le quitter.

Puis son joueur de hockey préféré, Pelle Lindbergh, s'était tué dans un accident de voiture, et d'une certaine manière, cela avait procuré à Bill le déclic nécessaire pour le tirer du lit. La mort de Lindbergh ne l'avait pas attristé ; elle l'avait mis en colère. Que de talent gâché, bordel. Il était de retour à l'atelier, passait des coups de fil, esquissait une nouvelle commande pour un jardin privé à Princeton, dans le New Jersey.

Entre Bill le Fou et Bill le Dépressif, il y avait un homme normal. C'était le Bill Bishop du 346 Anthony Wayne Way, propriétaire d'un terrain de six hectares, d'une ferme en pierre et d'une grange atelier, marié à India Tate Bishop et père de Billy, Teddy et Ethan.

Bill et India vivaient en banlieue, leurs fils allaient à Malvern Prep et faisaient du sport. Bill et India se rendaient à des soirées et des fêtes, allaient au cinéma et au restaurant, profitaient des jours fériés. Ils portaient leurs poubelles à la décharge, ratissaient les feuilles mortes et tondaient la pelouse. C'était bien beau que Bill fût un « artiste célèbre », mais ils avaient une existence à mener, et il leur fallait de la stabilité.

À cette époque-là, India comptait sur Tuckernuck pour clarifier l'esprit de Bill. Il était bien à Tuckernuck. Il était fort ; il était sain. À cette époque-là, quand arrivait le jour du départ, India ne voulait jamais rentrer.

India s'étira sur le matelas – rempli de gelée, de dentifrice, de confit de citron, de caviar, bref d'une matière incroyablement spongieuse – et scruta Roger. C'était le surnom qu'ils lui avaient donné, mais en réalité, le bonhomme au torse de bois, avec ses yeux de verre poli bleu et ses dreadlocks d'algues, n'était autre que Bill dans ses moments de bonheur.

Dieu, qu'il lui manquait.

Elle avait pris la décision de quitter Tuckernuck mercredi. Pour commencer, elle fumait. Cela l'aidait à calmer ses nerfs, occupait ses mains, lui permettait de réfléchir – mais lorsque Birdie le découvrirait, elle la mettrait dehors. Tout comme la directrice de l'école Miss Porter avait exclu India pour avoir fumé à l'âge de quatorze ans. (India était ensuite allée à Pomfret, où la cigarette était tolérée, puis à la fac à Bennington, où là c'était obligatoire.)

On frappa à la porte. India paniqua. Elle se rassit et tenta de chasser la fumée par la fenêtre ouverte – en vain. N'importe quel intrus s'en douterait. Elle avait cinquante-cinq ans ; elle devait être responsable de ses actes. Mais Birdie était une telle sainte-nitouche. Et ce, depuis toujours. Elle n'avait pas épousé un sculpteur imprévisible et dérangé, n'avait jamais sniffé de cocaïne dans un club underground, n'avait jamais embrassé une autre femme sur la bouche. Birdie faisait des pancakes et pressait des oranges ; elle allait à l'église. C'était la réincarnation de leur mère.

— Entrez !

India pria pour que ce fût une des filles.

La porte s'ouvrit. C'était Birdie.

— Tu fumes ? demanda-t-elle.

India inhala avec défi et acquiesça.

Birdie s'assit sur un coin du matelas gélatineux.

— Je peux ?

— Tu peux quoi ?

— Te piquer une cigarette.

India sourit. Elle ne put s'en empêcher. Après tout, c'était drôle. Birdie aurait pu plaisanter, mais elle était incapable d'émettre le moindre sarcasme ou ironie ; sa voix était comme toujours pleine de sérieux. La petite Birdie, Maman Bird n'allait pas renvoyer India chez elle pour avoir fumé. Elle allait se joindre à elle dans son pire vice.

India s'abstint de tout commentaire. Elle ne voulait pas la faire fuir. Elle tira une cigarette du paquet et la tendit à sa sœur. Celle-ci la plaça entre ses lèvres, et India l'alluma à l'aide de son magnifique briquet Versace orné de pierres précieuses. Birdie inhala. India l'observait, fascinée. Birdie présentait les mouvements fluides d'une fumeuse aguerrie. India se rendit compte à quel point elle connaissait mal sa sœur. Birdie et Grant ne fumaient pas chez eux ; elle en était sûre. Grant tirait sur des cigares le long du parcours de golf et pour accompagner son brandy, mais quand Birdie trouvait-elle l'occasion de fumer ? Lors des soirées dansantes du country club, peut-être, dans les toilettes des dames, lorsque les invitées se poudraient le nez et s'imaginaient coucher avec les maris des autres ? Ou peut-être était-ce une habitude récente, prise après le divorce. Peut-être était-ce un signe de rébellion supplémentaire. Car même si Birdie était une sainte-nitouche comme leur mère, elle avait fait l'impensable : elle avait quitté son mari. India était à présent médusée du peu qu'elle savait concernant le divorce de sa sœur.

Birdie avait passé un coup de fil au bureau d'India à l'école des Beaux-Arts. India se doutait que c'était grave ; Birdie n'appelait jamais, sauf en cas de décès ou de maladie.

— Qu'est-ce qui se passe ? avait-elle demandé.

— Je divorce.

La voix de Birdie était exsangue, pragmatique.

— Vraiment ?

— Oui, vraiment. Le moment est venu.

On aurait dit qu'elle parlait de faire piquer son chien.

— Tu l'as surpris en train de te tromper ?

— Non. Je ne pense pas que les femmes l'intéressent. Moi y compris.

— Il est gay ? avait interrogé India.

C'était impossible – pas Grant ! –, mais elle vivait dans le milieu artistique, où elle avait vu les personnes les plus improbables faire leur coming-out.

— Grands dieux, non, avait répondu Birdie. Mais il a son golf, ses Yankees, sa Bourse, son boulot, sa voiture, son scotch. J'en ai assez.

— Je te comprends. Tu as tout mon soutien.

— Oh, je le sais. Je voulais simplement te le dire en premier. Tu es la seule à le savoir, en dehors des enfants.

— Oh, avait dit India. Dans ce cas… merci.

Cela avait été leur seule conversation sur le sujet, même si India regrettait désormais de ne pas avoir posé plus de questions. Quel avait été le déclic ? Est-ce qu'il était arrivé quelque chose, s'étaient-ils disputés, Grant avait-il consulté son BlackBerry une fois de trop, avait-il négligé de lever le nez de son *Wall Street Journal* lorsqu'elle lui avait adressé la parole, ou de la remercier pour ses œufs au plat (le jaune coulant, salés et poivrés à la perfection) ? Ou bien un changement s'était-il opéré dans l'esprit même de Birdie ? Avait-elle lu un livre, vu un film ? Une de ses amies de New Canaan avait-elle divorcé ? Birdie était-elle tombée amoureuse ?

India n'avait rien demandé alors, mais elle pouvait se rattraper à présent. Maintenant qu'elles étaient seules, face à face, avec des heures d'oisiveté devant elles. Elles fumaient ensemble.

— C'était quoi ? demanda India. Ce qui t'a fait quitter Grant.

— Oh, mon dieu…, dit Birdie.

— Non, je veux dire, le déclic. L'instant précis.

— L'instant ?

— L'instant où tu as su. Où tout s'est mis en branle.

La nicotine et ce rapprochement inhabituel avec sa sœur mettaient India en joie.

— Parce que tu sais que Bill et moi on a eu nos problèmes, de gros problèmes, merde, des problèmes monumentaux. Combien de fois ai-je pensé le foutre dehors ! L'abandonner dans le métro de Stockholm… Lui servir une demande de divorce sur le court de squash… Et pourtant, j'en étais incapable. Je n'en ai jamais eu la force. Je ne voulais pas voir notre monde sens dessus dessous. Je ne voulais pas bouleverser l'équilibre.

India exhala.

— Et alors, bien sûr, il a tiré sa révérence.

Birdie acquiesça d'un air pensif, et India se sentit envahie par la honte. Voilà, elle venait de poser une question à sa sœur, après quoi elle avait déballé sa vie. Elle n'était qu'une garce égocentrique, comme toujours, et c'était exactement pour ça que Bill s'était grillé la cervelle.

— Eh bien…, commença Birdie.

India se pencha en avant. Elle voulait savoir.

— C'était une suite de choses. D'abord, il y a eu le voyage à Charlotte. Tate venait de s'installer toute seule dans cette ville, et je voulais voir comment elle se débrouillait. On est arrivés un vendredi soir et repartis le dimanche, mais ça agaçait Grant, parce que, vois-tu, c'était ce qu'il appelait une « activité familiale imposée ». Il était obligé d'interagir avec nous, d'être présent. La soirée du vendredi s'est bien passée – Tate nous a montré un peu la ville, on a vu le stade illuminé de nuit, tout ça. Le samedi, on a retrouvé Tate au parc où elle aime courir, et puis on est allés déjeuner et faire un peu de shopping. Je voulais acheter des vêtements pour Tate, de jolies choses… pour changer de ses jeans. Tout l'après-midi, Grant a traîné ses basques comme un saint-bernard récalcitrant pendant que je tirais sur sa laisse. Le soir, au dîner – on était au grill –, Grant a quitté la table. J'ai cru que c'était pour aller aux toilettes, mais il n'est pas revenu. Il était au bar, évidemment, et regardait la télévision. Il discutait avec un parfait inconnu des chances qu'avaient les Giants face aux Panthers le lendemain.

— Du pur Grant, dit India.

— Il a toujours été comme ça, je le sais. Mais ça m'a fait de la peine. Il nous aimait, mais il ne nous appréciait pas.

— Tu sais bien que c'est faux…

— Il nous appréciait, mais il ne voulait pas passer du temps avec nous, continua Birdie. Je suppose que c'était ça, le premier « déclic ». Le moment crucial est venu quelques semaines plus tard.

— Qu'est-ce qui s'est produit ?

— C'était un magnifique dimanche d'automne. Grant avait joué tout le samedi au golf. On avait cet accord, qu'il ne consacrait qu'un seul jour du week-end au golf. Donc, le dimanche, il était entièrement à moi, n'est-ce pas ?

— Tout à fait.

— Alors on s'est réveillés, et… on a fait l'amour.

— C'était comment ?

— Oh, c'était très bien.

Là, Birdie souffla un ruban de fumée par la fenêtre. C'était étrange de la voir fumer. C'était comme regarder Obama la clope au bec. Ou le pape.

— Mais ce n'était pas comme entendre « Unchained Melody » dans ma tête. On était mariés depuis trente ans. J'espérais un autre genre de connexion, quelque chose de plus profond. J'avais envie de faire des choses avec lui. Je voulais être son amie.

— Je vois, murmura India.

— Il disait qu'il ne voulait pas m'accompagner à l'église parce qu'il ne le sentait pas… Son seul dieu, tu le sais comme moi, c'est l'argent. OK, très bien, chacun son truc. Alors je lui ai demandé s'il viendrait prendre un brunch avec moi après la messe. Un bon petit brunch à la Silvermine Tavern, avec des mimosas et des Bloody Mary. Est-ce que tu as déjà vu Grant refuser un verre ? Mais il a dit que non, qu'il ne voulait ni s'empiffrer ni boire, parce qu'il avait prévu de faire un jogging avec Joe Price à 14 heures. C'était là. À ce moment-là.

— Sérieux ?

— Grant n'avait jamais fait de jogging, de toute sa vie. Mais ce dimanche-là, il allait en faire un avec Joe Price. Parce qu'il était prêt à accepter n'importe quoi pour éviter de rester un peu avec moi.

India exhala et ôta un fragment de tabac de sa langue. Que dire ? Birdie avait probablement raison. Grant s'entendait mieux avec les hommes. Il excellait dans les activités viriles. C'était ce qu'il connaissait le mieux.

— Je ne voulais pas en arriver là. J'ai passé beaucoup de temps à songer aux Campbell, aux Oliver, aux Martinelli, aux Alquin, à tous nos amis qui ont essuyé la première vague de divorces survenue quand on approchait de la quarantaine. On pensait être les survivants. On a évité les familles recomposées et les pensions alimentaires. On en était fiers ; moi, j'en étais fière. Fière d'être toujours mariée. Mais je me suis rendu compte que la seule chose à laquelle je me raccrochais, c'était mon propre malheur. Alors, avant qu'il ait pu lacer ses tennis, je l'ai prié de déménager. Il m'a demandé : « Tu es sûre, Bird ? » de la façon la plus gentille qui soit, mais en me faisant comprendre qu'il ne considérait pas que le mariage avait suffisamment de valeur pour se battre. Je lui ai répondu : « Oui, je suis sûre. » Et il est parti – pas ce soir-là, mais quelques jours plus tard.

— Ça ne t'a pas fait bizarre ? s'enquit India. De le regarder faire ses valises ?

Birdie tapota la cendre dans le coquillage qu'India utilisait en guise de cendrier.

— Ce qui était bizarre, c'était le peu de choses qu'il avait à emporter. Ses costumes, sa brosse à dents, son peignoir et ses pantoufles. Son humidificateur. Ses raquettes de tennis et ses deux sets de clubs de golf. Quelques photos des enfants, mais ça c'est moi qui le lui ai suggéré. Il a pris l'écran plat et le très bon scotch qu'il gardait avec ses spiritueux. Il n'a fait qu'un voyage, et tout rentrait dans la Jaguar. Et c'était tout.

— C'était tout, répéta India.

Bon dieu, Bill avait tellement d'affaires. Son atelier était rempli de carnets de croquis, d'argile, de rouleaux de fil de cuivre, feuilles de cuivre, canevas, peintures, palettes de couleur du magasin, et d'études inachevées pour des sculptures. Il avait des centaines de CD – de Mozart aux Beatles en passant par The Cure. Il adorait la musique ; il voulait toujours savoir ce qu'écoutaient les garçons. Certains objets venaient de l'étranger – un châle de prière tibétain, une flûte indienne, des masques, des sarbacanes et des kriss, un service à thé chinois. Il avait des sculptures et des tableaux d'autres artistes. Il gardait son propre set de couteaux de cuisine et des épices indiennes spéciales commandées chez Harrods. Sa bibliothèque était remplie de livres. Des milliers et des milliers de livres. Si India lui avait demandé de partir, il lui aurait fallu des mois pour rassembler tout son bazar. Quoi qu'il en soit, après sa mort, India avait tout gardé. C'était son notaire qui le lui avait proposé. Ne jetez aucune des possessions personnelles de Bill Bishop. Un jour, bien plus tard, ils pourraient discuter donations. Ou même fondation. Ou transformation de la maison en musée.

— N'importe quelle personne normale aurait pu se promener à travers la maison sans remarquer qu'il manquait quoi que ce soit, poursuivit Birdie. Ce qui en dit long. Grant ne s'était jamais investi dans notre vie quotidienne. Sa vie à lui était ailleurs – au bureau, sur le green. Il se sentait plus chez lui au Gallagher's qu'à la maison. Alors, quand il est parti, tout ce que j'ai ressenti, c'était le regret de ne pas lui avoir demandé plus tôt.

— Vraiment ? s'étonna India.

— Vraiment, répondit Birdie.

Elle éteignit sa cigarette, puis en prit une autre, qu'India se dépêcha de lui allumer.

— J'ai gâché ma vie avec lui.

— Tu n'as rien gâché du tout. Tu as deux beaux enfants.

— Et à part ça ?

— Une jolie maison.

— Tu ne crois pas que j'attendais plus de moi-même ? demanda Birdie. On a reçu une bonne éducation. Je suis allée à Wellesley, nom d'un chien. Je pensais accomplir de grandes choses.

— Tu as fait de grandes choses.

— J'ai remporté la coupe féminine des membres invités de 1990, dit Birdie. Un tournoi de golf. De golf, que je méprise, auquel je ne me suis mise que pour passer plus de temps avec Grant, qui n'aimait pas jouer avec moi de toute façon parce que je n'étais pas assez bonne. Je n'ai remporté ce tournoi que pour l'embêter. J'ai lancé un cercle de lecture, le premier de ce genre dans le comté de Fairfield, parce que je voulais lire de la littérature contemporaine de qualité et en discuter, et tu sais quoi ? C'est devenu comme dans tous les autres clubs de lecture – on y buvait du chardonnay Kendall-Jackson en lisant *Le Secret des abeilles*.

— Mais tu as élevé les filles, insista India.

— Les filles, c'est les filles. Je ne vais pas m'attribuer leur réussite.

— Tu es une personne merveilleuse, Birdie. Tu es trop dure avec toi-même.

— Quand je vois Chess, je suis jalouse.

— Jalouse de Chess ? Mais elle est malheureuse !

— Elle l'est peut-être maintenant, concéda Birdie, mais elle sera plus heureuse sur le long terme. Elle s'est défendue. Elle a défendu sa vie. Et si j'avais fait la même chose ? Si j'avais éconduit Grant Cousins et sa fortune pour me concentrer sur moi ? J'aurais pu devenir une experte en tapis précieux.

India s'alluma une nouvelle cigarette.

— C'est vrai, tu as toujours adoré les tapis.

— Le langage des tapis est fascinant. J'en savais pas mal à ce sujet. À présent… c'est comme la trigonométrie. J'ai tout oublié.

— Tu as la main verte, dit India.

— Tu vois ? J'aurais pu devenir paysagiste. Je me serais fait une fortune rien qu'à New Canaan. J'aurais ma propre affaire. Je serais devenue une sommité du paysagisme.

— Tu en parles comme si tu étais déjà finie. Mais tu peux encore le faire.

Birdie se leva du lit pour regarder dehors. La fenêtre d'India donnait nord-ouest, sur North Pond et Muskeget.

— Je veux retourner à la maison, dit-elle.

— Vraiment ? demanda India.

— Oui.

Lorsque Birdie était entrée dans sa chambre, India s'était demandé comment elle allait lui annoncer qu'elle partait mercredi. Mais au fil de la conversation, elle s'était aperçue que c'était agréable, et qu'elle avait une vraie connexion avec sa sœur, ce qui était bien plus important que de gérer les idioties probablement en train de se tramer dans le chaudron de Center City, à Philadelphie, en juillet. (India frémit en imaginant le 4 Juillet au centre commercial, envahi par les touristes venus du Kansas et de Bulgarie.) Et voilà que, juste au moment où India s'était pour ainsi dire décidée à rester tranquille, Birdie lui annonçait que c'était elle qui voulait partir ?

— Laisse-toi une chance de te poser un peu, suggéra India. Je t'en prie.

Birdie exhala de la fumée, sans rien dire. Ses yeux étaient posés au loin.

Chess

Deuxième jour.

Ce soir-là, j'ai quitté le Bowery Ballroom avec Michael, et Rhonda avec Nick. Mon cœur était tailladé, émincé comme un oignon, ou peut-être de façon moins nette. J'aimais bien Michael, vraiment. Sur le papier, il était parfait pour moi. Il représentait ce que je pensais chercher depuis toujours : un universitaire d'élite doublé d'un athlète, avec le projet de conquérir le monde. Un jour, il deviendrait riche et célèbre ; il transmettrait ses gènes d'excellence à nos enfants. Il était sincère et gentil. Mais je désirais Nick ; je l'ai su dès le premier soir. Nick, c'était le chocolat, les cigarettes, le whisky, le danger, bref tout ce dont je devais me méfier. J'ai interrogé Michael à son sujet dans le taxi qui nous ramenait à mon appartement. Il avait toujours été un garçon à problèmes, d'après Michael. Sa vie ne prenait pas une direction précise. Il avait fini le lycée de justesse, puis il lui avait fallu sept ans pour boucler ses études à l'université de Pennsylvanie. Il jouait de la guitare dans les bars du quartier universitaire ; il avait enregistré un album avec son groupe, après quoi ils s'étaient séparés. Il vivait à présent dans un studio sur la 121e Rue. Leurs parents payaient le loyer, mais Nick n'avait même pas de quoi se meubler, régler le câble, ni se nourrir. Il dépensait ses maigres revenus dans l'achat de guitares, la location de studios d'enregistrement, ou dans de l'équipement pour l'escalade, son autre obsession en dehors de la musique. Son nouveau groupe, Diplomatic Immunity, était bon, pourtant, il était même génial. Il fallait que Nick tienne le coup, qu'il ne fiche pas tout en l'air. Il buvait beaucoup, il était caractériel. Michael se faisait du souci pour lui.

J'ai acquiescé. « Hmmmm », ai-je dit. Nick, comme je m'en doutais, n'était pas celui des deux frères à fréquenter.

Mais c'était lui que je voulais.

J'étais perturbée par le fait que Nick ait quitté le bar avec Rhonda. Elle était irrésistible, et je ne supportais pas l'idée qu'ils passent la nuit ensemble à l'étage en dessous. Mais Rhonda m'a rapporté que Nick s'était comporté en vrai gentleman. Il l'avait raccompagnée jusque dans le hall de l'immeuble, mais avait refusé de monter. (« C'était nul ! disait Rhonda. Quelle meilleure façon de terminer la soirée qu'en sautant une rock star totalement canon ? ») Il l'avait embrassée devant l'ascenseur, avant de partir, sans lui demander son numéro.

— Je crois que tu lui as tapé dans l'œil, m'a dit Rhonda. Il m'a posé tout un tas de questions sur toi.

— Moi ? ai-je répondu.

J'ai commencé à sortir avec Michael. Je l'aimais bien. On s'amusait bien ensemble. On faisait du jogging après le boulot, puis on allait acheter de la nourriture vietnamienne. Je la lui préparais dans mon appartement. C'était un bon mangeur, il appréciait les ingrédients et la technique, il m'aidait en cuisine. On aimait les mêmes films ; on a commencé à lire les mêmes livres et à en discuter. C'était un romantique – il m'envoyait des fleurs, m'emmenait au Café des Artistes, faisait le café et m'en apportait une tasse au lit. C'était un bon amant, attentionné, sincère, qui cherchait à faire plaisir. Trop ? Au lit, je pensais à Nick plus souvent que je ne voulais l'admettre. Je voulais me consumer. Il n'y avait pas de combustion possible avec Michael. Avec lui, l'amour était net et athlétique.

Michael a rencontré mes parents et ça a été un immense succès. Mon père l'a adoré. Il n'aurait pas adoré Nick.

J'ai rencontré les parents de Michael. Ça s'est passé dans leur maison du New Jersey, et Nick était là aussi. Il portait un jean et un t-shirt taché de peinture ; pour gagner un peu d'argent, il repeignait les chambres à l'étage. C'était la première fois que je le revoyais depuis cette nuit au club, mais comme Michael avait une affiche de Diplomatic Immunity encadrée sur le mur de sa cuisine, Nick et moi nous dévisagions mutuellement quand je préparais le dîner et quand je mangeais mes œufs au petit déjeuner.

— Ravie de te revoir, lui ai-je dit.

— Tout le plaisir est pour moi.

À nouveau, ce regard pénétrant. Il me voulait, j'en étais sûre, et en même temps je n'en avais aucune certitude. J'avais de la chance d'être aimée de Michael.

Je n'étais pas suffisamment narcissique ni confiante pour croire que je pouvais également paraître séduisante aux yeux de Nick.

Le dîner était tendu, mais Cy et Evelyn n'y étaient pour rien. Cy et Evelyn étaient simples, ils étaient délicieux, ils m'aimaient bien, je le sentais, et je les aimais bien aussi. J'ai répondu correctement à toutes leurs questions ; j'ai reçu un bon point. Nick me dévisageait. Lorsque je le regardais, ses yeux me tenaient comme si j'étais dans ses bras.

La tension était sensible entre les deux frères. Ils ont échangé des piques tout au long du repas. Nick traitait Michael de sale larbin capitaliste, Michael traitait Nick de crétin de parasite bon à rien. Cy et Evelyn ne semblaient pas s'en émouvoir, ou alors peut-être y étaient-ils simplement habitués. En débarrassant les assiettes, Evelyn a laissé entendre que la raison pour laquelle Nick avait le nez tordu était que Michael lui avait donné un coup de poing dans la figure quand ils étaient encore au lycée.

J'étais sidérée.

— Pourquoi ? ai-je demandé.

Ni Michael ni Nick n'ont répondu. Ils se regardaient en chiens de faïence.

Evelyn a lancé de la cuisine :

— Ils se disputaient une fille.

Je me suis excusée pour aller aux toilettes avant le dessert. J'ai erré dans le long couloir en regardant les photographies de Michael, Nick et Dora enfants. J'adorais leurs vêtements et coiffures des années 1980, Michael dans sa tenue de hockey, Nick dans son complet de velours côtelé, le nez parfaitement droit.

J'ai trouvé la salle de bains. Elle était élégante et raffinée, pareille à celle de la maison de Birdie. Il y avait un porte-savon qui ressemblait à des galets de rivière.

Lorsque j'ai ouvert la porte, Nick était là. J'ai sursauté. Il m'a embrassée. Il avait les lèvres tièdes, salées, acidulées. Puis il a reculé. Il a dit : « Tu as exactement le même goût que dans mes rêves. » Et il s'est éclipsé dans le tréfonds de la maison. Il n'a pas réapparu pour la mousse au chocolat. Je ne l'ai pas revu de la soirée.

Chess jeta le carnet à travers le grenier. Il glissa sous la commode, dérangeant sans doute quelque araignée au passage. La confession, douloureuse, ne lui était d'aucune aide. Robin n'était qu'un charlatan.

Quelques secondes plus tard, Chess se souleva du lit pour aller récupérer le carnet et le ranger entre le matelas et le sommier. Elle ne voulait pas que Tate tombe dessus.

Robin et son diplôme de médecine lui avaient assuré que le plus important en arrivant à Tuckernuck était de s'établir une routine. Rien de trop compliqué, ni de stressant. Cela la faisait rire. Rien sur Tuckernuck n'était compliqué ni stressant ; tout y était simple, ennuyeux.

Elle essayait quand même. Elle se levait entre 9 heures et 10 heures tous les matins, alors que Tate, debout depuis trois heures, avait déjà fait le tour de l'île, suivi de six cents abdos suspendue par les genoux à sa branche d'arbre, pris une douche, mangé un copieux petit déjeuner préparé par leur mère, enfilé son bikini, mis de la crème solaire, et rejoint la plage. Tate encourageait Chess à la suivre.

— Je descends dans un instant, disait Chess.

Elle se brossait les dents et se traînait dans l'escalier comme une limace, toujours en robe de chambre. On ne se sentait pas mieux après une grasse matinée ; on se sentait négligé. Birdie restait toujours un peu dans la cuisine après que tout le monde eut fini de manger afin de pouvoir préparer un petit déjeuner bien chaud pour Chess. Et comment la remerciait-elle ? En chipotant sur la nourriture, dont elle faisait tomber des morceaux exprès par terre, à l'intention des fourmis. Après avoir snobé son petit déjeuner, elle regagnait son grenier étouffant, où elle rédigeait sa confession dans son carnet.

Puis elle enfilait son maillot de bain en tentant d'ignorer le fait que son corps changeait pour le pire. Sa cage thoracique se faisait saillante, sa poitrine rapetissait. La peau de chaque côté de ses seins, autrefois tendue, se relâchait ; elle pouvait tirer dessus. Pourtant, ses fesses ne rentraient pas correctement dans son slip ; elle devait le remonter pour bien le mettre en place. Il n'y avait pas de miroir en pied dans la maison de Tuckernuck – en fait, il n'y avait pas de miroir du tout, hormis la glace abîmée au-dessus du lavabo –, ce qui n'était pas plus mal, car Chess était, pour la première fois de sa vie, laide. Ses cheveux avaient disparu. Tous les matins, elle se réveillait en pensant qu'elle arborait une longue chevelure soyeuse à rendre jalouse toute femme jamais croisée, avant de s'apercevoir que son crâne était aussi pelé qu'un terrain vague. Le scalp lui démangeait. Ce qui engendrait un nouveau raisonnement : peu importe si elle était laide. Elle n'aimait qu'un seul homme, Nick, et il avait disparu. Et Michael était mort. Mort ? Non. Mais si. Elle détestait réfléchir. Elle avait besoin d'étancher son hémorragie mentale.

Sa routine consistait à se lever tard, tripoter son petit déjeuner, coucher sa douleur sur le papier et se repaître de son mépris envers elle-même.

À la plage, Chess portait son bikini mal ajusté, son t-shirt Diplomatic Immunity déformé, son short militaire, et son bonnet bleu. Elle s'équipait d'une serviette, d'un livre et d'une bouteille d'eau. Elle avait décidé de ne lire que des classiques pendant son séjour, aussi n'avait-elle emporté pour seule lecture que *Guerre et paix* et *Le Bûcher des vanités*, pensant que puisque ces livres se passaient à une époque révolue, leurs personnages auraient des problèmes pittoresques, surannés. Elle commença par *Guerre et paix*. Elle peinait à venir à bout des scènes de bataille, s'identifiait beaucoup trop aux peines de cœur de Natasha. Lire *Guerre et paix* se révélait tour à tour ennuyeux et pénible. Elle aurait dû choisir quelque chose de léger, de drôle, mais Chess n'aimait pas les livres légers et drôles ; elle préférait les livres profonds, des livres auxquels sa psyché, pour le moment, ne pouvait s'atteler.

Quoi qu'il en soit, cela n'avait que peu d'importance puisque après cinq, peut-être dix minutes de lecture, Tate l'interrompait.

— Bon dieu, Chess, tu passes ta vie à lire !

Et Chess reposait son livre, car Tate avait besoin qu'on lui applique de l'écran total sur le dos, ou Tate voulait nager, ou Tate voulait jouer au frisbee, ou Tate voulait se promener pour voir si elle pouvait reconnaître les oiseaux du livre qu'elle « lisait », à savoir le vieux guide de la faune et de la flore qu'elle avait pris sur l'étagère dès la minute où elles avaient mis le pied dans la maison. Aller à la plage avec Tate, c'était comme aller à la plage avec un petit garçon de cinq ans. Elle ne tenait pas en place, elle ne tenait pas sa langue. Elle voulait de la conversation, du mouvement, de l'activité. Chess était soulagée de voir Birdie et India descendre l'escalier avec leurs chaises, le déjeuner dans une petite glacière et du thé froid dans un thermos. Birdie et India, dans leurs maillots de bain une pièce, avaient meilleure allure que Chess dans son bikini. Elles fumaient comme des sapeurs, une découverte qui avait tout d'abord choqué Chess, avant de la consoler, car c'était un comportement autodestructeur qu'elle n'avait pas (encore) adopté. Entre les cigarettes et les tartines de camembert, Birdie et India se relayaient pour distraire Tate. Elles marchaient avec elle, nageaient avec elle, et tante India allait même jusqu'à jouer au frisbee avec elle, jetant et attrapant avec une certaine adresse la galette d'une main tout en tenant sa cigarette de l'autre. Cela permettait à Chess de rester au bord de l'eau pour y jeter des cailloux, un exercice symbolique censé alléger son fardeau. Débarrassez-vous de tout ce qui vous pèse, lui avait dit Robin. Chess donnait tout d'abord des noms aux galets : chagrin, culpabilité, éloge funéraire, harnais. Puis elle les lançait aussi loin que possible. L'acte même était thérapeutique en soi ; trois douzaines de cailloux et elle était épuisée. India disait que Chess

« s'entraînait au lancer de poids », mais celle-ci était persuadée que sa tante la comprenait. Elle s'endormait ensuite au soleil.

Sa routine consistait à lire cinq à dix minutes de classiques pénibles, pratiquer à contrecœur des jeux de plage imposés par sa sœur hyperactive, tripoter un sandwich prosciutto-beurre emballé dans du papier sulfurisé, « s'entraîner au lancer de poids » et faire la sieste.

Elles quittaient la plage à 15 h 30, après quoi elles prenaient toutes une « douche ». Chess ne supportait pas l'eau glacée, et le savon ne moussait pas correctement de toute façon, alors elle se contentait d'un rapide rinçage. Heureusement, elle n'avait pas à se soucier de ses cheveux. Après la douche, Tate réussissait à convaincre Chess de faire une « promenade dans la nature », en réalité une excursion de cinq kilomètres le long de la route poussiéreuse qui traversait Tuckernuck. Il faisait chaud, il y avait des moustiques et des taons, et le moindre pas hors de la piste atterrissait dans le sumac vénéneux, auquel elle était terriblement allergique. Pourquoi Tate insistait-elle pour faire cette randonnée alors qu'elle avait déjà couru huit kilomètres le matin même ? La nature ici se résumait aux mouettes, qui étaient aussi omniprésentes que les rats dans les égouts de la Bastille, et aux buses à queue rousse, dont un individu avait une fois plongé dans les broussailles à quelques mètres d'elles pour en émerger avec un campagnol. Le phénomène avait fasciné Tate, tandis que Chess le trouvait triste et perturbant. Elles passaient devant toutes les maisons dont elles avaient des souvenirs d'enfance, y compris la « maison hantée » qui avait appartenu, du temps de leurs grands-parents et peut-être même avant, à Adeliza Coffin. Adeliza, leur avait-on raconté, avait pour habitude de se camper devant la maison, un fusil à la main, pour effrayer les intrus. Elle et son mari, Albert, étaient enterrés juste là, dans leur jardin ; leurs pierres tombales pointaient, de guingois, comme des dents de lapin. Par réflexe, Tate et Chess accéléraient le pas devant la maison en n'y jetant qu'un rapide coup d'œil.

Pour la plupart, les citoyens de Tuckernuck étaient des gens francs, sains et joyeux, dont les familles possédaient leurs maisons depuis deux siècles et étaient toutes liées de façon plus ou moins directe.

— La vie est belle ! leur lançait un homme au chapeau de pêcheur élimé.

— La vie est belle ! lui répondait avec enthousiasme Tate, l'ambassadrice.

C'était le salut traditionnel sur Tuckernuck. Comme un mot de passe. En criant « la vie est belle ! », Tate clamait leur appartenance au lieu, en dépit de leurs treize ans d'absence.

Le meilleur moment de la journée pour Chess se résumait au retour à la maison, trempées et épuisées par leur promenade, lorsqu'elles rejoignaient Birdie et India autour d'un verre de vin à la table du jardin. C'était, officiellement, l'« happy hour », le moment de la journée que Chess préférait. Cela avait toujours été le cas, mais plus particulièrement maintenant. Qu'est-ce que cela disait d'elle ? Tate était du matin, comme leur mère, lorsque le jour pointait, encore plein de possibilités. Chess, en revanche, préférait la fin de journée, lorsque, ayant survécu au matin et à l'après-midi, elle se voyait récompensée d'un verre de vin – lequel lui montait directement à la tête, car elle n'avait presque rien mangé. Birdie préparait des assiettes d'amandes de Marcona et de terrine de tassergal accompagnée de crackers au thym, et bien que Chess n'ait pas faim de toute la journée, elle acceptait de grignoter. Seule la présence de Barrett Lee compromettait cette « happy hour ».

Barrett Lee mettait Chess mal à l'aise, et ce pas seulement parce qu'il était membre de la gent masculine et par conséquent une personne à éviter. Elle était mal à l'aise à son contact en raison de leur passé, qui incluait un rendez-vous maudit, ici à Tuckernuck, et un périple encore plus maudit que Barrett avait entrepris l'automne suivant. Chess l'avait traité plus mal que n'importe qui d'autre dans sa vie, Michael Morgan y compris. Et même si Barrett n'avait cessé de se montrer sympathique et gentil depuis son arrivée, elle le soupçonnait de jouer la comédie. Elle l'avait blessé, or les hommes n'oublient jamais ce genre de choses. Ou peut-être que si. Peut-être Barrett lui avait-il pardonné ; sa vie comptait sans doute des défis autrement plus importants qu'un rejet par une étudiante récalcitrante.

Chess avait été surprise d'apprendre que Barrett avait perdu sa femme. Aux yeux de tous, cela faisait de lui un héros, un saint. Birdie et India le traitaient avec les plus grandes précautions. Quant à Tate… c'était un livre ouvert ; il était facile de voir quels étaient ses sentiments. Chess n'était pas sûre que le deuil d'un être cher faisait de vous un héros ou un saint. Cela faisait de vous un objet de pitié ; au-dessus s'élevait ce qui vous rendait admirable. Barrett dépassait la pitié. Il avait des enfants ; il devait tourner la page.

Chess avait toujours su que Barrett était quelqu'un de bien. Il avait la tête sur les épaules ; il était intrinsèquement meilleur qu'elle. Peut-être était-ce précisément cela qui la mettait mal à l'aise.

Barrett ne restait que pour boire une bière. Tate, Birdie et India se penchaient vers lui pour lui poser les questions adéquates afin de le faire parler. Sur le coup de 18 heures, le soleil entamait sa plongée et Barrett annonçait :

— Je ferais bien d'y aller. J'ai des bouches à nourrir.

Il partait, emportant avec lui deux sacs d'ordures, leur linge et la liste des courses pour le lendemain, sous le regard des autres. Tante India, dans une routine bien huilée, lançait un sifflement carnassier, provoquant les jurons étouffés de Tate et un hochement de tête de Birdie accompagné d'un sourire ravi.

— Franchement, India.

Et celle-ci répondait :

— Il ferait mieux de s'y habituer.

À mesure que l'« happy hour » s'étiolait, Birdie commençait à préparer le dîner. Elle l'avait pourtant dit cent fois : « C'est Chess, le cordon-bleu de la famille. Tu es sûre que tu ne veux pas cuisiner, Chess ? » Chess déclinait. La cuisine, comme tout le reste, avait perdu son éclat. Elle se rappelait les heures d'organisation et de préparation qu'elle consacrait autrefois à ses dîners – elle faisait ses propres pâtes, ses sauces, son pain. Un soir en semaine, elle avait préparé pour Michael et elle une piccata de poulet, un *laksa* thaï, ainsi qu'un curry indien aux huit épices. Pourquoi s'était-elle donné tout ce mal ? Elle ne parvenait pas à comprendre.

Birdie était bonne cuisinière, ses plats étaient simples. Elle faisait griller steak et poisson, bouillir le maïs sur le réchaud, préparait une salade de laitue ou de concombres marinés dans du vinaigre à l'estragon, et servait les miches de pain que Barrett rapportait chaque matin de la boulangerie. En général, India lui donnait un coup de main, parfois même Tate, pendant que Chess, assise, sirotait son vin.

Je ne suis qu'un parasite, pensait-elle. Mais elle ne levait pas le petit doigt.

Entre le plat et le dessert, Tate et Chess montaient dans la Scout et se rendaient jusqu'à North Pond pour contempler le coucher du soleil. Elles emportaient avec elles des gobelets remplis de vin – franchement, à cette heure, Chess était trop ivre pour conduire, et Tate aussi, probablement. Mais c'était le charme de Tuckernuck : il n'y avait personne sur les routes. Il fallait juste faire attention aux cerfs. La radio de la voiture captait une station alternative qui émettait depuis l'université de Brown, elles pouvaient donc écouter de la musique. Le coucher de soleil en lui-même était un événement extraordinaire. À New York, le soleil pouvait bien se lever et se coucher, entre les gens, les taxis, les traiteurs coréens et la Bourse, personne ne semblait le remarquer. Ce qui était dommage. Bien sûr, regarder le soleil sombrer dans l'océan était incomparable à la vue du même coucher sur Fort Lee, dans le New Jersey. Chess trouvait la paix, peut-être son seul moment de paix de la journée, une fois que le soleil avait disparu, éteint comme une chandelle. Elle avait survécu à une nouvelle journée.

Lorsqu'elles regagnaient la maison, Birdie leur servait de la tarte aux myrtilles, que Barrett avait achetée à Bartlett Farm, nappée de crème fouettée en boîte. Après le dessert, toutes se retiraient sous le porche grillagé, où elles pouvaient se sentir à l'air libre tout en se protégeant des moustiques. Il y avait une table de bridge et de nouveaux sièges en osier aux coussins confortables, que Birdie venait d'acheter – les précédents s'étaient désintégrés, leurs coussins aussi accueillants que des tranches de pain rassis. Tate voulait jouer au gin-rami, mais Chess était incapable de se concentrer. (Elle fermait les yeux et voyait Nick baigné dans la lumière de la table de poker, cartes en main.) Birdie tricotait une botte de Noël pour le futur petit-fils d'India, William Burroughs Bishop III, surnommé Tripp. India jouait au rami une demi-heure pour faire plaisir à Tate, puis se retirait pour ce qu'elle appelait son « moment perso », qu'elle passait à lire en fumant une dernière cigarette dans sa chambre. Chess essayait de lire sous le porche, même s'il était difficile de se concentrer avec Tate qui pestait contre les cartes mensongères (après le départ d'India, elle jouait au solitaire). Chess refusait de monter au grenier sans Tate car elle avait peur des chauves-souris. Elle n'en avait pas encore vu, et Birdie mettait un point d'honneur à rappeler que Barrett s'était débarrassé d'elles dans le grenier. Mais rien n'y faisait.

Chess et Tate montaient ensemble, elles se brossaient les dents et urinaient l'une devant l'autre, puis elles se couchaient. Chess avait une torche et une lampe de lecture, mais une fois au lit, elle s'étendait, absorbant les ténèbres. Deux fois dans la journée, Tate avait tenté de lancer une conversation sur « tout ce qui s'était passé » avec Michael Morgan, mais Chess restait bouche cousue. Je n'ai pas envie d'en parler. Maintenant, couverte par le noir total, Chess croyait qu'elle pourrait peut-être, au moins, partager une partie de son histoire ; elle pourrait commencer au début, comme elle l'avait fait dans son journal, et voir jusqu'où elle était capable d'aller. Tandis qu'elle mettait en ordre les pensées et les mots dans sa tête, Tate, qui avait eu une journée remplie et épuisante, s'endormait profondément.

Chess demeurait éveillée, songeant que ces ténèbres, ce noir total, étaient ce que connaissait Michael à présent. Michael était chaleureux et équilibré, il était capable de faire tout le tour du Reservoir sans faire tomber la balle de sa crosse, il pouvait vous regarder dans les yeux et vous serrer la main – mais voilà qu'il était mort et enterré. Il n'y avait pas de plus grande inégalité qu'entre les vivants et les morts. Le simple fait d'y penser lui coupait le souffle. Cela la terrifiait plus encore que la proximité de n'importe quelle chauve-souris, à tel point que, ne pouvant plus le supporter, elle grimpait dans le lit de Tate. C'était le réconfort le plus basique : le corps de sa sœur, tiède et vivant, qui la protégeait.

Le troisième jour, Chess était trop malheureuse pour écrire. Elle jeta le carnet à travers la pièce.

Le quatrième jour marquait la fête nationale. La routine resta la même, si ce n'est que Birdie mit non seulement des myrtilles mais aussi des fraises dans les pancakes et qu'elle arborait une écharpe de soie ornée de petits drapeaux américains autour du cou, même si elle était trop sophistiquée pour Tuckernuck. Tate et India la taquinaient pour son goût des fêtes. Elle portait ses bannières étoilées avec le même enthousiasme qu'elle mettait à enfiler ses pulls de Noël brodés. Tout cela était égal à Chess.

Elles eurent de la distraction pendant leur heure de lecture/tricot/solitaire sous le porche, grâce aux feux d'artifice. Sur Nantucket, les fusées tirées depuis la rive nord par la municipalité étaient visibles jusqu'à la côte est de Tuckernuck : de larges bouquets brillants, qui se superposaient et se déployaient. Chess entendit le crépitement. Elle n'était pas spécialement fan des feux d'artifice, mais ils avaient l'air magnifique et important parce qu'elle était en vie et qu'elle pouvait les voir alors que Michael était mort et ne les voyait pas. Son corps n'était plus qu'un monceau de cendres froides dans une urne en acajou.

Barrett n'était pas là à cause de la fête nationale. Tate était d'une humeur exécrable. Elle disait que c'était parce qu'elle avait ses règles. Elle beugla « Independance Day » de Bruce Springsteen au déjeuner, mais chantait horriblement faux.

Birdie

Elle avait son rôle : elle jouait les mères. Mère des filles, bien sûr, ce qui était aussi gratifiant que frustrant (gratifiant face à Tate, qui appréciait la moindre petite chose que Birdie effectuait pour elle, et frustrant face à Chess, qui ne remarquait aucun des actes de Birdie parce qu'elle était trop malheureuse). Mère d'India, également. Elle lui préparait son petit déjeuner, faisait sa vaisselle, lavait ses sous-vêtements Hanro en coton et les mettait à sécher, confectionnait ses sandwiches préférés, copiant les recettes de la cafétéria gastronomique des Beaux-Arts (chèvre et poivrons rouges, prosciutto et beurre aux herbes), et égrenait ses épis de maïs pour elle, comme elle le faisait du temps où les enfants avaient des bagues, parce qu'India avait un problème avec ses plombages. Elle accomplissait toutes ces tâches qui passaient inaperçues dans la maison – lustrer les comptoirs, enlever les miettes des coussins sur le canapé, raccourcir les mèches des bougies à la citronnelle, récurer les toilettes, essuyer les traces de dentifrice du lavabo. Elle tenait la liste pour Barrett et veillaient à ce qu'elles disposent de tout. Vraiment, il n'y avait rien de pire que de manquer de quoi que ce soit à Tuckernuck – car, à l'inverse du continent, on ne pouvait pas y courir à l'épicerie ou au supermarché pour se réapprovisionner. Certains jours, par le passé, Nantucket était noyée par le brouillard, empêchant les avions d'atterrir et Grant de recevoir son *Wall Street Journal* – c'était terrible. Ils étaient à court de lotion de calamine, mais ne s'en rendaient compte qu'une fois Tate piquée par une guêpe. Ils étaient à court de beurre pour le maïs grillé ; à court de pain et de muffins, ils se trouvaient forcés de manger leur beurre de cacahuète à même le bocal. La Scout était tombée en panne sèche à un kilomètre de la maison en plein milieu de la nuit, alors qu'India et Bill en profitaient pour s'adonner à un marathon sexuel. À court de papier toilette, ils avaient dû se servir du *Wall Street Journal*. À court de Kleenex, ils avaient dû se moucher dans des morceaux de vieux draps déchirés. Ce n'étaient que de petits désagréments, qui avaient donné lieu à de savoureuses anecdotes, mais il était de la responsabilité de Birdie, en tant que mère, de faire en sorte qu'elles disposent de tout, à tout moment.

Birdie ne rejetait pas ce rôle, même lorsqu'elle devait choyer sa propre sœur. (Mais ceci la laissait songeuse, à l'occasion. India était mère aussi, après tout. Elle avait élevé trois garçons et s'apprêtait à devenir grand-mère ! Pourtant son instinct maternel était nul. Peut-être l'avait-elle perdu en reprenant son travail dans la fabuleuse communauté artistique de Philadelphie, ou lorsque Bill était mort et qu'elle s'était retrouvée suffisamment riche pour engager du personnel qui fasse tout pour elle.) Birdie dirait pourtant qu'elle en avait assez de jouer les mères, tout comme elle en avait eu assez, trois ans auparavant, de jouer les épouses.

Birdie voulait être quelqu'un, de la même manière qu'India était quelqu'un. India était importante, elle avait une carrière. Birdie n'avait pas de carrière, mais elle pouvait tout de même être quelqu'un, non ? Elle essayait. Récemment (quatre ans plus tôt), elle s'était remise à fumer, ce qui, elle en était sûre, choquait et désolait ses filles (même si ni l'une ni l'autre n'en avait rien dit), parce qu'elles ne l'avaient pas connue fumeuse. Elle avait commencé à seize ans pour une seule et unique raison : Chuck Lee fumait. Chuck Lee, alors âgé de vingt-quatre ans, fumait des Newport sans scrupules ni arrière-pensée. Birdie se rappelait être restée sans voix lorsqu'elle l'avait vu jeter un mégot dans l'eau claire qui encerclait Turckernuck, cette eau dont il était le gardien. Mais au lieu de perdre ses illusions en le voyant polluer un écosystème intact, elle en avait déduit qu'en tant que capitaine des eaux de Tuckernuck, Chuck avait le droit d'y faire ce qu'il voulait. Tout de même, plus d'une fois, elle s'était penchée hors du bateau pour ramasser un mégot détrempé et le fourrer dans la poche de son short. Chuck l'avait surprise une fois et secoué la tête.

Un été, alors que Birdie avait seize ans et India quatorze, Chuck Lee les avait déposées à Nantucket en l'absence de leurs parents. Des camarades d'école les avaient invitées à déjeuner et jouer au croquet, et il revenait à Chuck de les escorter. Birdie était bien plus excitée à l'idée de passer du temps seule avec Chuck sur son bateau qu'à celle de faire une partie de croquet ou de voir ses amies, et elle savait que c'était aussi le cas d'India. Le croissant sablonneux avait à peine disparu que Chuck leur avait offert à chacune une cigarette. À l'époque, le geste était juste courtois ; aujourd'hui, il aurait pu lui valoir la prison.

— Vous fumez ?

Il leur avait tendu son paquet de Newport froissé.

India avait accepté la première, sous le regard insistant d'une Birdie à la bouche aussi grande ouverte que celle d'un tassergal. Chuck avait invité India à le rejoindre derrière le pare-brise afin d'allumer sa cigarette. India avait inhalé avec exagération, puis soufflé la fumée du coin de la bouche, telle une serveuse quinquagénaire dans une station-service. Birdie s'en était alors rendu compte : India avait déjà fumé. Derrière l'école publique sans doute, avec ses amies mécréantes. Heureusement que les parents avaient décidé de l'envoyer chez Miss Porter, s'était dit Birdie. Là-bas, on ne tolérait rien, pas même les fautes de grammaire.

Chuck avait ensuite regardé Birdie. Il lui avait proposé le paquet chiffonné. Birdie n'avait jamais fumé de sa vie ; elle avait peur de s'étouffer, de tousser, ou de faire quelque chose qui prouverait son inexpérience. Mais elle ne pouvait pas laisser India lui voler la vedette, alors que celle-ci n'avait même pas encore atteint son quatorzième anniversaire. Birdie avait accepté, imitant India du mieux possible, même si l'objet lui avait semblé étranger dans sa main. Chuck aurait tout aussi bien pu lui tendre une baguette et lui demander de diriger un orchestre. Elle avait inspiré superficiellement, soufflant la fumée en plein dans la figure de Chuck.

Chuck leur avait conseillé d'aller s'asseoir à la proue. Elles avaient obéi.

— Il faut inhaler, tu sais, avait soufflé India.

— La ferme, avait rétorqué Birdie.

Elle avait tiré avec insistance sur sa cigarette, avant de laisser échapper une épouvantable quinte de toux. India avait gloussé. Birdie mourait d'envie de la jeter par-dessus bord. Elle avait jeté un œil à Chuck. Son regard portait au-delà des deux filles, sur les méandres de Madaket Harbor. Il n'avait pas remarqué que Birdie s'était incendié la gorge. Elle avait repris une bouffée. C'était mieux.

Birdie avait continué à fumer les six étés suivants (uniquement lorsque Chuck lui offrait des Newport, loin des regards de ses parents), avant de s'y mettre plus sérieusement l'année où elle avait commencé à travailler chez Christie's. Puis elle avait rencontré Grant. Grant méprisait le tabac ; son père, qui fumait deux paquets par jour, était mort d'un emphysème, dans d'atroces souffrances. Birdie avait donc abandonné la cigarette pour Grant, sauvant par là sa propre vie, sans doute. À la réflexion, pourtant, cela lui semblait être encore une de ces choses qu'elle avait dû céder à Grant, à l'instar de sa carrière ou de ses propres désirs. Elle aimait fumer et était contente de s'y remettre. Au diable les autres.

L'autre chose que faisait Birdie pour s'affirmer en tant que personne allait à l'encontre des règles de Tuckernuck : elle utilisait son téléphone portable. Lorsqu'elle s'en sentait l'énergie, elle marchait jusqu'à Bigelow Point, sauf une fois où elle prit la Scout, au lendemain d'une soirée trop arrosée. Comme Barrett l'en avait assurée, elle captait, à condition d'ôter ses tongs et de s'avancer jusqu'à avoir de l'eau aux chevilles. Elle pouvait composer un numéro, le téléphone à l'autre bout sonnait, Hank décrochait, et lorsque Birdie parlait, il l'entendait.

Birdie était stupéfaite, dès qu'elle s'était garée sur l'I-95 à la sortie 15, de constater combien Hank lui manquait. C'était comme une maladie. Son cœur en souffrait ; la concentration lui faisait défaut. India parlait de tel artiste ou de tel film italien qu'elle avait vu, et Birdie la regardait dans les yeux en acquiesçant mais sans entendre un seul mot. Elle ne parvenait pas à détacher ses pensées de Hank. Hank à genoux dans son jardin, jetant des mauvaises herbes pleines de terre dans un seau, Hank endormi dans leur lit à l'hôtel. (Contrairement à Grant, qui ronflait, Hank dormait en silence. Lorsque Birdie le regardait, elle était prise du désir de le toucher, de l'embrasser, de le réveiller !) Il représentait tout ce qu'elle recherchait chez un homme. Birdie s'était sentie coupable d'avoir pensé, étendue à ses côtés après l'amour, qu'elle aurait préféré épouser Hank plutôt que Grant dans sa jeunesse. C'était probablement faux, en dépit de ce qu'elle ressentait. Aurait-elle été heureuse avec le jeune Hank, qui avait débuté comme professeur d'histoire à Fleming-Casper avant de devenir proviseur ? Aurait-elle accepté les responsabilités qui incombaient à son épouse – celle de devoir incarner les valeurs élitistes de « l'école » tout en faisant des courbettes devant les parents d'élèves ? Caroline, la femme de Hank, s'en était acquittée avec maestria, mais elle avait l'avantage de venir d'une famille aisée et d'avoir siégé à deux conseils d'administration durant sa vie (au Guggenheim et à la Société historique de New York), aussi son engagement à Fleming-Casper ne représentait-il, pour elle, qu'un devoir philanthropique de plus. Birdie et Hank auraient constitué un couple foncièrement différent. Ils auraient été forcés de vivre à Stuyvesant Town, dans un appartement à loyer contrôlé, ou alors à Hoboken, ou encore sur Long Island. Leurs enfants seraient allés à Fleming-Casper à l'aide d'une bourse, plutôt qu'en payant la totalité des frais, comme ceux de Hank et de Caroline. L'union de Birdie et de Hank, aussi agréable qu'elle pût paraître, aurait été entravée par les problèmes financiers. Ils auraient peut-être divorcé ; Birdie aurait peut-être été terriblement malheureuse.

Alors que maintenant, Hank était retraité et à l'abri du besoin. Ses enfants hériteraient de la fortune de Caroline, mais lui garderait la maison de Silvermine et le quatre pièces d'avant-guerre sur la 87e Rue Est. Il avait atteint un stade de sa vie où il savait ce qui lui faisait plaisir : la nourriture et le vin, la littérature, la peinture, le cinéma, les voyages, la politique du Président Obama, la musique, le jardinage. Exactement les mêmes choses qui plaisaient à Birdie. Et puis, il était si mignon, avec ses cheveux, ses lunettes, son sourire. Il mâchait des bonbons aux fruits qu'elle aimait bien. C'était un amant merveilleux. Ils n'avaient plus trente ou quarante ans, mais cela n'avait guère d'importance puisqu'ils avaient une bonne dynamique.

Elle ne fréquentait Hank que depuis trois mois, mais il était juste de dire qu'elle était amoureuse. En le voyant au bord des larmes lorsqu'il s'était garé dans son allée le dernier jour, elle avait manqué d'annuler son voyage. Elle ne pouvait le laisser ! Elle ne pouvait tourner le dos aux roses, à la romance, à sa compagnie. Ici, à Tuckernuck, les jours passés avec Hank lui semblaient cruellement lointains. Leur nuit au Sherry-Netherland paraissait irréelle, comme si elle l'avait lue dans un des livres de son club. Il lui manquait. Cela la tuait.

Ses coups de fil à Hank n'étaient pas pleinement satisfaisants. Elle l'avait appelé pour la première fois le 4 Juillet. Hank avait décroché.

— Allô ? avait-il dit d'un air surpris.

— Hank ?

— Birdie ?

— Oui ! C'est moi ! Je t'appelle de Tuckernuck !

— Comment ? Pourquoi ?

Elle lui avait expliqué qu'elle serait totalement injoignable pendant un mois. Non seulement était-ce contre la règle d'utiliser un téléphone portable (règle que Grant avait rompue à cœur joie ; il appelait son bureau quatre à cinq fois par jour à l'aide d'une radio amateur), mais en plus il était presque impossible de capter.

— Il y a un petit endroit bizarre où j'arrive à capter, lui avait-elle dit. Tu m'entends, n'est-ce pas ?

— Je t'entends parfaitement. Mais je croyais que c'était contraire au règlement.

— Oh, c'est le cas. J'ai dû venir en cachette.

Ce qui était vrai : elle avait attendu que Chess s'endorme sur la plage et que Tate et India partent à la recherche d'huîtriers pour remonter l'escalier en douce. De retour à la maison, elle avait laissé un mot : *Partie en balade*. Ce qui n'était pas faux. Mais tout de même, Birdie avait ressenti une pointe de culpabilité, accompagnée de l'inquiétude qu'un malheur survienne en son absence. Par exemple, qu'une lame imprévue vienne emporter Chess au large.

— Eh bien, avait répondu Hank, je ne sais pas quoi dire.

Il avait eu l'air mal à l'aise, ou peut-être était-ce simplement la surprise. Peut-être encore était-il gêné qu'elle viole le règlement familial auquel elle tenait tant rien que pour lui. À moins qu'il ne fût déçu.

— Je voulais juste te souhaiter un joyeux 4 Juillet. Et te dire que tu me manques.

Elle avait essayé de mettre l'accent sur « tu me manques » parce que c'était la raison de son appel. Cela n'avait rien à voir avec la fête nationale ; elle n'avait appelé à cette date que parce qu'elle n'aurait pu tenir un jour de plus sans entendre sa voix.

— C'est très gentil, avait dit Hank.

Il n'avait pas dit : Tu me manques aussi. Pourquoi ?

— Où es-tu ? Qu'est-ce que tu fais ?

— À un pique-nique, chez les Ellis. J'étais en train de me faire massacrer au fer à cheval, mais tu viens de me sauver la mise.

Les Ellis étaient des amis de longue date de Hank et Caroline. Hank avait mentionné d'autres couples – les Cavanaugh, les Vaul, les Markarian – auxquels il ne pouvait présenter Birdie car ceux-ci n'apprécieraient guère que Hank fréquente quelqu'un du vivant de Caroline. Il ne les avait pas beaucoup vus depuis qu'il avait commencé à sortir avec Birdie, mais voilà qu'il était chez les Ellis, et pour une raison qui lui échappait, cela la contrariait.

— Bon, je ne vais pas interrompre ta partie plus longtemps, avait-elle dit, alors qu'elle venait de faire trois kilomètres dans la chaleur précisément pour cela.

— OK. J'espère que tu t'amuses bien…

— Oh oui…

Si l'on considérait amusant de s'occuper de tout le monde matin et soir, de regarder sa fille sombrer dans la dépression sans savoir quoi faire, de prendre des douches froides, dormir dans un lit jumeau et boire du lait tiède, alors, oui, elle s'amusait bien.

— Enfin, ça me fait plaisir d'entendre ta voix, avait-il ajouté.

Elle avait senti qu'il ne se montrerait pas plus aimant ni tendre. Il se tenait probablement à quelques dizaines de mètres à peine de ses vieux amis.

— À moi aussi.

— Prends soin de toi, avait-il dit, comme si elle était une camarade d'enfance croisée à l'aéroport.

— OK, avait-elle répondu, le cœur brisé. Bye-bye.

— Bye.

Birdie avait raccroché. Elle contemplait l'océan depuis une plage majestueuse sur une île qu'elle considérait comme chez elle depuis toujours. Il n'y avait rien d'autre en face que l'eau, calme et bleue, quelques mouettes, une demi-douzaine de bateaux au loin, et les rives de Muskeget. Elle était effondrée. Le mot était-il trop fort ? Elle ne trouvait pas. Qu'était-il advenu de leur slow sur Bobby Darin, les bras de Hank puissants et possessifs autour de son dos, son cou au creux duquel elle avait enfoui son visage ? L'avait-il oubliée ? Les entrailles de Birdie se désintégraient.

Elle ne se pensait pas capable de refaire le chemin à pied jusqu'à la maison.

Hank !

Il ne l'aimait pas, et elle ne lui manquait pas. Il semblait très bien sans elle. Il pique-niquait chez les Ellis, jouait au fer à cheval, riait, buvait de la bière ou du vin, renouait avec des amis qu'il avait délaissés depuis sa rencontre avec elle. Il ne leur parlait pas de Birdie parce qu'ils ne savaient pas qu'elle existait ; ils ne connaissaient que Caroline.

Birdie était retournée à la maison, de plus en plus en colère contre elle-même à chaque pas. Elle avait dit à Hank qu'elle ne l'appellerait pas, qu'elle ne pourrait pas l'appeler, et qu'avait-elle fait ? Elle n'avait pensé qu'à cela depuis son départ de New Canaan : comment le joindre. Quelle erreur ! Un signe de faiblesse. Elle regarda son portable. Elle voulait le rappeler immédiatement pour lui demander : Je te manque ? Tu m'aimes ? Mais non, elle ne le ferait pas. Elle ne le rappellerait plus.

L'envie d'appeler Hank la démangeait cependant comme une piqûre de moustique. Elle savait qu'il ne fallait pas mais céda quand même. C'était tellement bon de se gratter au début. Après, c'était une autre affaire. Pourtant, on finissait toujours par se gratter de nouveau.

Elle était obligée d'appeler au milieu de la journée ; c'était là sa seule fenêtre d'évasion. Or, à la mi-journée, Hank était occupé. Le 5, il faisait des longueurs à la piscine. Birdie avait laissé un message, puis rappelé deux fois, et lorsque enfin elle avait réussi à le joindre, il était à la quincaillerie et semblait accaparé par la recherche de tuyaux d'arrosage. Le 6, il était en voiture avec son fils et sa belle-fille pour aller voir Caroline à Brewster. Il ne pouvait parler librement ; il n'avait quasiment rien dit. Était-ce bien le même homme qui avait déclaré être heureux de se ruiner à lui faire la cour ?

— Tu me manques tellement, avait dit Birdie.

— J'espère que tu t'amuses bien. Tu seras de retour en moins de deux.

— Je te manque ?

— Penses-tu. Bye-bye.

Ce jour-là, le 6, après avoir essuyé un troisième rejet (bien qu'il fût stupide de se sentir rejetée, elle en avait conscience. Hank ne la rejetait pas. C'était juste qu'elle appelait à un moment peu commode pour lui), elle raccrocha et fixa l'océan. L'eau était lisse, la chaleur brutale. Il y avait des mouches à Bigelow Point, qui grouillaient autour de son visage. À peine les chassait-elle qu'elles atterrissaient de nouveau sur son nez ou sur la zone de peau sensible au-dessus de sa lèvre. Elle se rappela la vieille plaisanterie. *La preuve que Tuckernuck est vraiment un endroit génial ? Cinquante mille mouches ne peuvent avoir tort.*

Sur un coup de tête, elle appela Grant.

Elle fit le numéro de son portable, tout en sachant qu'il serait au bureau, mais il décrocha à la deuxième sonnerie.

— Allô ?

— Grant ?

— Bird ? Tout va bien ?

Sa voix était pleine d'inquiétude et de gentillesse ; Birdie sentit les larmes monter. Elle eut l'étrange sensation que Grant était son père. Il la protégerait, ferait taire tous les doutes délirants générés par ses conversations avec Hank.

— Tout va bien, tout va très bien.

— Tu es à Tuckernuck ?

— Oui ! Tu as vu comme on capte bien ? C'est Barrett Lee qui m'a refilé le tuyau. Il faut aller tout au bout de Bigelow Point, là c'est impeccable.

— Si seulement j'avais su ça il y a quelques années, soupira Grant.

— Je sais.

Birdie imagina Grant avec son portable de l'époque. Il appelait depuis le bord de la falaise et parvenait tout juste à joindre sa secrétaire avant de perdre la réception. Il lui fallait rappeler dix à vingt fois afin de mener à bien une simple conversation.

— Tu te souviens de Bigelow Point ? Je suis pile à l'endroit où la Scout a calé. Tu te rappelles ? Chess était bébé…

— Oh, mon dieu, oui, dit Grant en riant. Je poussais, et la marée n'arrêtait pas de monter et d'enliser les pneus dans le sable humide. J'étais persuadé que la voiture allait y rester.

— Moi aussi.

Elle visualisait encore sa tenue ce jour-là – un caftan à imprimé de marguerites recouvrant son maillot de bain de maternité blanc. Elle était assise au volant de la Scout, Chess hurlant sur ses genoux, et pilotait tandis que Grant poussait. C'était incroyable, de penser qu'ils étaient ces deux mêmes personnes.

Grant s'éclaircit la gorge.

— Comment vont les filles ?

— Tate va très bien et attaque chaque nouvelle journée par les cornes. Chess m'inquiète. Je ne sais pas trop quoi faire pour elle.

— Tu n'as rien à faire de spécial, Bird. Ta présence suffit.

Birdie pensa : Tu ne sais pas de quoi tu parles. Mais elle n'avait pas appelé pour se montrer mesquine.

— Et India tient mieux le coup que je ne pensais. Elle a dit que ça faisait quinze ans qu'elle n'avait pas passé une seule semaine sans un cosmopolitan ou un plat indien à emporter, mais elle s'en sort bien. On reste assises au soleil pendant des heures, à attendre que le cancer nous rattrape.

Grant éclata de rire.

— Comme j'aimerais être là !

— Oh, grands dieux, s'exclama Birdie. Absolument pas. Tu détestes cet endroit !

— Tu exagères.

— À peine. Tu ne t'y es jamais plu.

— Ce n'est pas vrai, Bird. Encore ta version expurgée de l'histoire. Et puis, à l'époque, quand on y allait chaque été, j'étais distrait par le travail. Maintenant, ça serait tout à fait différent. Je partirais pêcher au point du jour. J'échangerais des ragots avec toi et India sur la plage.

Il racontait n'importe quoi, mais Birdie n'avait pas envie de se disputer.

— Et chez toi, quoi de neuf ?

— Ici ? À part moi, il ne reste que quelques associés ambitieux cette semaine. Tout le monde est en vacances. Le 4, j'étais tout seul.

— Tu travaillais le 4 ?

Grant toussa sèchement, comme il l'avait toujours fait ces trente dernières années chaque fois qu'il s'était trouvé gêné.

— J'avais des choses à terminer.

Il n'avait nulle part où aller. Birdie ressentit un flot de compassion. Elle imagina Grant, enfilant costume et cravate et prenant sa voiture pour venir travailler le jour de la fête nationale. Elle l'imagina assis à sa table alors que les autres bureaux restaient plongés dans le silence et la pénombre ; tout le monde était à un pique-nique ou un barbecue, au country club ou à la plage.

— Pourquoi diable n'es-tu pas allé au golf ?

— C'était mon intention, mais mes partenaires se sont désistés. C'est difficile de trouver des gens aussi disponibles que moi. Les autres ont tous des familles à voir et des pelouses à tondre.

Birdie manqua de demander à Grant s'il se sentait seul, mais elle se retint. De toute évidence, la réponse était oui. Elle eut de la peine pour lui, avant de combattre ce sentiment. Elle avait passé trente années dans la solitude. Elle avait passé un nombre incalculable de 4 Juillet à la piscine du country club avec les enfants tandis que Grant jouait au golf ou restait trois heures au téléphone avec le Japon. Tout de même, elle savait ce que c'était que la solitude. L'aurait-elle appelé si elle ne s'était sentie seule elle-même ?

— Tu veux venir nous rejoindre, Grant ? Juste pour quelques jours ? C'est facile à organiser. Si tu peux venir jusqu'à Nantucket, Barrett pourrait aller te chercher.

— Je croyais que c'était une virée entre filles. C'était pas ça, l'intérêt ?

— Les enfants seraient ravies de te voir.

Grant resta silencieux, et Birdie se mit à paniquer. Et s'il disait oui ? Et si elle venait de gâcher le séjour en invitant son ex-mari ? Elle n'était pas sûre du tout que les filles apprécieraient sa présence ; India protesterait à coup sûr. Où dormirait-il ? Dans le deuxième lit de la chambre de Birdie ? Bonté divine. Impensable.

— Merci de l'offre, Bird, mais je vais vous laisser entre femmes faire ce pour quoi vous êtes là-bas. Marteler vos tambours, réciter vos incantations, partager vos secrets au clair de lune… Vous n'avez pas besoin de moi.

— D'accord.

Quel soulagement !

— Ça m'a fait plaisir de te parler, Bird.

— Moi aussi.

— Non, vraiment, insista Grant. Tu as illuminé ma journée.

— J'en suis heureuse.

Le cœur de Birdie se réchauffa. C'étaient les mots qu'elle voulait entendre. Hank n'avait pas été capable de les prononcer, mais Grant si. La vie était pleine de surprises.

— On se parle bientôt, dit-elle avant de raccrocher.

Elle avait de l'eau jusqu'à mi-mollet. Elle pouvait rentrer à pied sans problème à présent, et, à son retour, elle se servirait un Perrier tranche avec des glaçons. Pas génial, mais pas mal quand même.

Tate

Les prières étaient efficaces. Parfois, lorsque Tate essayait de résoudre un problème très grave dans un système, elle fermait les yeux et récitait une prière. Et, plus souvent qu'une personne rationnelle ne voudrait le croire, le dieu qui vivait au tréfonds de l'ordinateur répondait. L'écran s'éclairait, revenait à la vie, et Tate prenait le relais.

Alors, pensait-elle, pourquoi ne pas en appeler à l'aide du dieu de Tuckernuck pour Barrett Lee ? Elle récitait une courte prière chaque jour, espérant de toutes ses forces. Choisis-moi, choisis-moi, choisis-moi, CHOISIS-MOI !

Elle essayait de devenir amie avec Barrett. Ce qui était difficile, car sa mère et tante India étaient toujours dans le coin, ce qui ne lui laissait pas beaucoup de chance pour une discussion en privé.

Le seul moment de la journée où ils avaient quelques minutes à eux était le matin. Barrett arrivait généralement pendant que Tate faisait ses abdos dans l'arbre, et il faut croire que la vue de la jeune femme suspendue par les genoux lui était irrésistible, car il s'arrêtait toujours pour la taquiner. Il s'était mis à l'appeler Miss Singe, un surnom tout sauf flatteur, mais elle s'en contentait. Un jour, elle le mit au défi d'essayer. « Non, vraiment, je suis sérieuse. Je parie que t'es pas cap d'en faire un ! » Et Barrett, ce fichu beau gosse diabolique, après avoir posé sa visière et ses lunettes sur la table du jardin, s'était suspendu à l'arbre par les genoux, son t-shirt s'abaissant pour dévoiler un torse parfait. Il avait fait dix abdos, les mains derrière la tête, avant de redescendre en disant : « Pas mal, mais je préfère la salle de gym.

— Ouais, moi aussi, avait répondu Tate, mais je suis bloquée ici.

— Je dois reconnaître une chose, avait ajouté Barrett. Tu ne manques pas de ressource. »

C'était ça, elle ne manquait pas de ressource ! Le matin suivant, elle partit faire son jogging quinze minutes plus tôt. Bon calcul – elle finit son tour alors que le bateau de Barrett entrait dans leur crique. Tate haletait, les mains sur les hanches. Elle prit une gorgée de la bouteille d'eau qu'elle avait laissée sur les escaliers de la plage ; puis elle s'étira les tendons. Barrett amarra le bateau. Tate s'assit sur la première marche pour l'attendre. Elle avait le visage rouge et brûlant, sentait le fromage moisi, mais c'était maintenant ou jamais !

Il sauta hors du bateau puis en tira un paquet de provisions et un sac de cinq kilos de glace. Tate lui fit signe ; il sourit.

— Bonjour, Miss Singe. On a fait la grasse mat' ?

— J'ai décidé de faire deux fois le tour de l'île.

Barrett écarquilla les yeux.

— Tu me fais marcher !

— J'avoue.

Il se rapprocha. Elle ne fit pas mine de se relever. Il… sembla vouloir la dépasser pour monter les escaliers, mais finalement se retourna et s'assit à côté d'elle. Tate ne savait pas où regarder, alors elle fixa sa montre de course. 8 h 14. L'heure exacte, à la minute près, de sa première vraie conversation avec Barrett Lee. Elle tripota les boutons de sa montre ; son visage prit une teinte bleue fantomatique. C'était une montre d'homme, affreusement laide, même si Tate se rappelait avoir bavé devant dans le magasin de sport à Charlotte – toutes ces fonctions ! Elle regrettait à présent de ne pas avoir acheté un modèle plus joli, plus féminin. À proximité de Barrett, elle devenait incroyablement complexée.

— Alors, comment allez-vous en cette belle journée, monsieur Lee ?

— Oh, tu sais.

— Non, je ne sais pas. À quoi ressemble ta vie là-bas ? Qu'est-ce que tu fais de beau ? À part acheter de la confiture de prunes pour ma mère, je veux dire.

— Eh bien, hier soir je suis allé pêcher avec mon paternel.

— Comment va Chuck ? J'ai des souvenirs de lui quand j'étais petite. Je croyais que l'île lui appartenait. Qu'il en était le président.

— Chuck Lee, président de Tuckernuck. Il va adorer ça.

— Il va bien ? Birdie m'a dit qu'il avait eu une attaque.

— Une petite attaque. Son bras gauche est affecté et sa diction ralentie, mais il continue de bouger un peu – une sortie par jour, à la poste ou un déjeuner du

Rotary. Il ne peut plus jouer au golf, et c'est devenu un peu difficile de l'emmener pêcher, mais je le fais quand même. Il adore être en mer. Je lance sa ligne pour lui, mais c'est lui qui la tient, et quand ça mord, je la remonte et c'est lui qui coupe.

Barrett est un saint, pensa Tate. Mais il serait gêné de se l'entendre dire.

— Alors, vous avez fait une prise ?

— Trois bars rayés, dont un qu'on a gardé.

— Vous allez le manger ?

— Ce soir, peut-être. Évidemment, après ça la soirée n'a fait qu'empirer. J'ai une cliente qui réclame beaucoup d'attention. Son mari est à Manhattan toute la semaine, alors elle se retrouve seule dans sa maison. Elle a entendu un bruit, et comme elle a cru que c'était un intrus, elle a fait venir la police, ils ont entendu le bruit eux aussi, mais ce n'était qu'un problème de tuyauterie. Alors elle m'a appelé.

— Tu es plombier ?

— Je suis un peu tout. J'ai réparé ça pour elle.

— Quand même, c'est pénible de voir sa soirée gâchée comme ça.

— Ouais, reconnut Barrett. Cette femme en particulier a du mal à poser ses limites.

Il était assis à côté de Tate ; leurs bras se touchaient presque. Elle avait des dizaines de questions pour lui. Qu'est-ce que tu fais en dehors du boulot et de la pêche ? Est-ce que tu t'amuses parfois ? Est-ce que tu sors ? Tandis qu'elle hésitait, laquelle lui poser, Barrett la devança.

— Alors, c'est quoi le problème avec Chess ?

C'était comme la brûlure d'une douche froide. Le retour à l'été de ses dix-sept ans.

— Le problème ?

— Ouais. Ta mère m'a dit que son fiancé, ou ex-fiancé, était mort. Et qu'elle était effondrée. C'est pour ça qu'elle s'est rasé le crâne ?

— Ça serait la conclusion logique, oui. Mais qui sait ?

— Ça ne me regarde pas. Mais, bon sang, elle était si jolie. Ses cheveux… et elle était tellement équilibrée. Tu sais, mature, et cool.

— J'adorerais t'en apprendre plus, mais elle ne m'a même pas dit ce qu'elle ressentait. Pas vraiment. Alors, si tu veux plus de détails, il va falloir lui demander toi-même.

— OK, je comprends, concéda Barrett.

Il se releva avant de se retourner.

— J'ai juste l'impression qu'elle ne m'aime pas trop.

— Je crois qu'elle n'aime personne ces temps-ci, répondit Tate.

Barrett semblait sceptique.

— Honnêtement. C'est tout ce que je peux faire, poursuivit Tate. Elle n'est vraiment pas bien en ce moment. Et c'est pour ça qu'on est toutes là.

Tate effectua ses abdos dans un nuage vert de jalousie écœurante. Lorsque Birdie lui demanda si tout allait bien, elle lui lança un « hm-hm » avant de s'élancer vers la douche. L'eau froide lui fit du bien mais ne réussit pas à la rafraîchir. Birdie avait préparé une pleine poêle d'œufs brouillés au cheddar et une assiette de bacon croustillant – son petit déjeuner préféré –, et pourtant Tate passa en coup de vent à côté de sa chère mère et de son festin. Elle se faufila à côté d'India dans l'escalier alors que la coutume était d'attendre au bas des marches que l'autre personne ait fini de descendre. L'escalier était trop étroit pour contenir deux personnes à la fois. Tate ne salua pas sa tante. Lorsque India arriva en bas, Tate l'entendit demander à Birdie : « Est-ce qu'elle va bien ? »

Tate s'arrêta au premier pour mettre du déodorant et de la lotion. Là, par la fenêtre de la salle de bains, elle aperçut Chess et Barrett adossés contre l'avant de la Scout. Ils faisaient face à la mer, sans se regarder. Ils n'avaient aucune raison d'être près de la Scout, si ce n'est que la voiture était à l'autre bout de la maison, à l'abri des regards et des oreilles traînant dans la cuisine ou à la table du jardin. Tate savait que c'était mal, mais elle les espionna sans relâche. La fenêtre était ouverte et elle entendait leurs voix, sans pouvoir réellement distinguer leurs propos.

Barrett se tourna vers Chess.

— Tu es sûre ? lui demanda-t-il.

Elle lui répondit quelque chose, mais ses paroles se perdirent dans le vent sur l'océan. Barrett s'éloigna.

Il lui avait proposé un rendez-vous.

Tate grimaça face à son reflet dans le miroir sale. Ce n'était pas juste. Chess avait gagné une fois de plus, et ce qui agaçait Tate autant que cela la démoralisait, c'était que Chess ne faisait aucun effort pour. Elle ressemblait à Kojak, avec son crâne chauve, nom d'un chien, et pourtant elle attirait toujours Barrett. Alors que Tate était sportive, souriante, joyeuse, une force de la nature, positive et énergique. Elle pesait cinquante kilos, elle était bronzée, avait des dents régulières et éclatantes. Elle était employée et rémunérée dans le secteur le plus performant de l'économie mondiale. Cet été, Tate constituait le meilleur choix. Était-il donc aveugle ?

Est-ce qu'elle va bien ?

Oui, tante India, je suis au top, se dit Tate en enfilant son bikini. Sauf quand ma sœur est dans le coin.

Lorsqu'elle descendit à la cuisine avec son sac à dos (contenant lotion, iPod – qu'elle n'avait pas écouté depuis son arrivée –, deux serviettes, et l'exemplaire de la maison de *L'Œuvre de Dieu, la part du diable* de John Irving, qu'elle avait déjà lu mais serait heureuse de parcourir une seconde fois car elle l'appréciait), Birdie, tante India et Chess étaient toutes assises à la « table de la salle à manger », ostensiblement plongées dans le journal. Mais Tate savait qu'elles l'attendaient. Elle décida de les sonder avant qu'elles-mêmes ne puissent le faire.

— Personne n'a besoin de la Scout, je suppose ? Je la prends pour aller passer la journée à North Pond.

— Je t'accompagne, dit India. Je n'ai pas bougé d'ici depuis mon arrivée, mes os sont trop paresseux.

— J'aimerais y aller seule.

Tous les regards se posèrent sur elle.

— J'ai besoin de mon moment perso.

— Il y a un problème, Tate ? questionna Birdie.

Elle n'aimait pas être mise sur la sellette.

— Je demande le droit à invoquer le cinquième amendement.

— Je t'en prie, répondit sa mère. On n'a qu'à invoquer le cinquième amendement pour toutes nos activités tant que nous sommes ici et passer un mois très calme et oisif. Comme ça, de retour sur le continent, chacune débordera de tout ce qu'elle aura gardé enfoui.

Tate était médusée. Elle regarda Chess, qui tenait son front entre ses mains.

— C'est pas un drame, maman, dit-elle. Tu veux bien me préparer un pique-nique ?

Chess laissa échapper une sorte de ricanement, comme pour indiquer qu'elle trouvait cette dernière prière gonflée, étant donné que leur mère n'était ni la cuisinière ni l'esclave de Tate. (Elles étaient sœurs ; Tate lisait clair dans ses pensées.) Mais Tate ne mordit pas à l'hameçon.

— D'accord, à condition que tu demandes pardon à ta tante pour ton impolitesse ce matin, déclara Birdie.

Tate lança un regard à India.

— Je suis désolée, dit-elle.

India balaya l'affaire d'un revers de la main.

— C'est bon.

Tate prit le siège de Birdie lorsque celle-ci se leva pour lui apporter une assiette d'œufs au bacon accompagnée d'un verre de jus fraîchement pressé et d'un muffin anglais beurré, avant de se mettre au travail avec fracas dans la cuisine. Chess posa le front sur la table, tandis qu'India lisait le journal en fumant une cigarette. Tate commençait à s'habituer à la fumée.

— J'espère que tu ne m'en veux pas de préférer y aller seule ? s'enquit-elle.

— Grands dieux, non, répliqua India. Je peux très bien m'y rendre demain, ou après-demain, ou le jour d'après. Ou n'importe quel autre jour.

— Tu es absolument sûre de vouloir aller à North Pond ? demanda Birdie.

— Ouaip, répondit Tate.

— Le ressac est dangereux là-bas, dit Birdie.

— C'est un étang, maman.

Chess ne dit rien, mais Tate s'en fichait.

Barrett lui avait proposé un rendez-vous, mais Tate refusait d'y penser.

La Scout était un véhicule magique ; elle la mettait dans un tout autre état d'esprit. Tate parcourut très lentement les pistes, parce qu'elle appréciait le trajet et parce qu'un des habitants de l'île risquait de se plaindre si quelque voiture dépassait les douze kilomètres-heure. Tate se gara à North Pond, puis marcha jusqu'à l'extrémité de Bigelow Point. Le sable y était doré et granuleux, et même du côté de l'océan, l'eau y était claire jusqu'au fond, aussi chaude que l'eau du bain. Tate étendit sa serviette par terre et brancha ses écouteurs. Elle écouta « Tenth Avenue Freeze-Out », « For You », « Viva Las Vegas », « Atlantic City », « Pink Cadillac » et « The Promised Land ». Il n'y avait pas âme qui vive à des kilomètres à la ronde. Une telle solitude était libératrice. Tate alla nager dans l'océan ; elle parcourut près de deux cents mètres, puis deux cents mètres à nouveau. À presque un demi-kilomètre du rivage, elle apercevait toute la côte ouest de l'île. L'eau était lisse, et Tate fut tentée de s'éloigner plus encore. Mais il y avait des requins dans les parages. Enfin, on n'en voyait que très rarement, à peu près un tous les quarante ans. Tate sentit ses jambes prises de picotements, vulnérables tandis qu'elle faisait du sur place. Elle était en colère, oui. Elle était jalouse. Elle aimait Barrett, mais celui-ci aimait Chess. Tout de même, elle ne voulait pas finir dans l'estomac d'un requin. Elle aimait trop la vie. Elle aimait Bruce Springsteen et les petits plats de sa mère. Elle aimait courir sur la plage et conduire la Scout. Elle aimait dormir dans le grenier étouffant et elle aimait sa sœur. Oui, elle l'aimait ; c'était indéniable. Cette garce grimpait dans son lit tous les soirs, et tous les matins Tate se réveillait heureuse de la trouver là.

Elle regagna la rive.

Elle lut les premières pages de *L'Œuvre de Dieu, la part du diable* avant de s'en lasser. Elle n'avait jamais été une grande lectrice ; elle n'avait jamais eu la capacité de se concentrer pour réfléchir à la signification des mots, au sens caché entre les lignes. Lire lui demandait trop d'efforts. Chess considérait cela comme un défaut. Mais à l'inverse de sa sœur, Tate n'avait jamais eu de bon prof de littérature. Chess lisait tout le temps. Elle possédait des milliers de livres – sa « bibliothèque », comme elle l'appelait –, lisait les fictions dans le *New Yorker* et l'*Atlantic Monthly*. Elle avait collé des poèmes au miroir de la salle de bains dans son appartement new-yorkais. C'était ce genre de femme, que n'était pas Tate. Tate aimait les ordinateurs, les écrans lumineux, l'information claire et agrémentée d'images. Cliquez sur un lien et l'écran change, cliquez sur un autre et vous verrez quelque chose d'entièrement différent. Internet était vivant, c'était une bête que Tate avait apprivoisée, une planète dont elle avait mémorisé la surface. Elle avait le monde au bout des doigts. Quel besoin avait-elle des livres ?

L'Œuvre de Dieu lui servit d'oreiller.

Mais elle n'était pas fatiguée, et si elle restait étendue au soleil, elle aurait trop de temps pour réfléchir. Or elle n'en avait pas envie.

Barrett avait proposé un rendez-vous à Chess. Elle semblait avoir décliné. Mais ce n'était pas par loyauté envers sa sœur. C'était parce qu'elle n'avait pas envie de sortir avec Barrett pour s'amuser. Elle en était incapable.

Tate sortit le casse-croûte que lui avait préparé Birdie : un sandwich tomate-mozzarelle au pesto qui avait chauffé au soleil, un paquet de chips, une prune, un tupperware rempli de framboises et de myrtilles, une bouteille de limonade, un brownie. Elle se rappela combien elle aimait sa mère et à quel point la vie serait parfaite si celle-ci acceptait d'emménager avec elle. Ne serait-ce qu'un mois ou deux, l'hiver. Il ne faisait jamais vraiment froid à Charlotte, pas comme dans le Nord-Est. Il y neigeait rarement. La piscine du lotissement de Tate était constamment chauffée ; sa mère pourrait y faire des longueurs en janvier. Mais Tate n'était jamais là ; toujours sur la route. Sa mère s'ennuierait à Charlotte ; pas d'amis, peu d'activités. Tate n'avait pas de jardin. Elle avait à peine meublé son appartement : un téléviseur à écran plat de 52 pouces et un futon deux places posé par terre devant la télé. Tate ne pouvait imaginer Birdie passer ne serait-ce qu'une nuit chez elle à Charlotte dans pareilles conditions. Birdie et Grant étaient venus une fois, quelques années auparavant, lorsqu'elle s'y était installée. Ils étaient descendus au Marriott et tous trois étaient allés manger dans un grill dont le nom échappait à Tate. Peu de choses la retenaient là-bas. Peut-être devrait-elle déménager ailleurs. Las Vegas la tentait bien – tous ces panneaux lumineux…

Tate devait donner un sens à sa vie.

Il lui fallait un homme.

Barrett !

Elle préférait ne pas y penser.

Après le déjeuner, elle nagea dans l'étang, ignorant le bon sens qui lui dictait d'attendre une heure le temps de digérer. Elle flottait sur le dos lorsqu'elle vit quelque chose bouger en bordure de son champ de vision. Elle se redressa – elle avait de l'eau jusqu'à la poitrine – et plissa les yeux. Un autre randonneur qui se dirigeait vers Bigelow Point. Tate reconnut la pèlerine en éponge bleue et le chapeau blanc mou de son grand-père.

Birdie !

Tate lui fit signe. Quel soulagement. Elle voulait de la compagnie, même si elle était trop fière pour l'admettre. Elle n'avait pas la force de passer la journée entière seule à la plage. Sa mère, s'en étant rendu compte, était venue à sa rescousse. Quelle mère formidable.

Birdie ne lui rendit pas son salut. Son visage affichait une expression que Tate ne sut définir, même si elle était sûre d'une chose : elle n'avait pas l'air contente. Elle se faufila avec prudence jusqu'au mince banc de sable qui avançait dans l'eau.

— Maman ! Je suis là ! cria Tate.

Sa mère l'avait forcément vue… Elle ne regardait pas dans sa direction.

— Maman !

Tate plissa les yeux. C'était bien sa mère, non ? En tout cas, c'étaient la pèlerine en éponge bleue de sa mère et le chapeau blanc de son grand-père que celui-ci portait lorsqu'il emmenait Tate et Chess pêcher des crabes dans sa barque à fond plat.

C'était bien sa mère. Pendue, Tate le remarquait à présent, à son téléphone. Impossible. Et pourtant si, Birdie téléphonait. Elle parlait à quelqu'un. Faisait des gestes. L'appel fut bref. Deux minutes, peut-être moins. Elle replia son portable et le glissa dans la poche de sa pèlerine.

Tate attendit. Sa mère contempla l'océan un instant, puis elle inspira péniblement avant de se diriger vers l'étang. Tate regagna la rive.

Birdie approcha sans un mot ni un sourire. Que se passait-il ? Lorsqu'elle fut à portée de voix, Tate s'aperçut qu'elle ne savait quoi dire. Plutôt que de raconter des bêtises, elle se tut. Et attendit.

Elles marchèrent ensemble jusqu'à la serviette de Tate et s'assirent par terre.

— Je suis désolée, dit Birdie. Je sais que tu voulais rester seule aujourd'hui.

— En fait, répondit Tate, je mourais d'envie d'avoir un peu de compagnie.

— J'étais au téléphone avec Hank.

— Qui est-ce ?

— L'homme que je fréquente.

— Vraiment ?

Tate sentit un coup net et aiguisé à l'estomac. Elle avait nourri l'espoir de voir ses parents se remettre un jour ensemble, puisque ni l'un ni l'autre ne voyait personne. Elle savait que c'était un désir puéril, mais elle n'y pouvait rien.

— Vraiment, dit Birdie.

— Pourquoi est-ce que tu ne m'en as jamais parlé ?

— Ça ne fait pas très longtemps, expliqua Birdie. Je l'ai rencontré fin avril. Au moment où ta sœur a rompu ses fiançailles. Ça faisait beaucoup de choses en même temps. Et puis, je ne suis pas sûre que ça soit vraiment sérieux.

— Est-ce que tu l'aimes ? demanda Tate en priant que la réponse soit négative.

— Oui, je l'aime. Tout du moins c'est ce que je me dis dans ma tête. Lui ne m'aime pas, par contre. Je pensais que si, c'est ce qu'il me disait, mais nos conversations depuis que je suis ici m'ont prouvé le contraire. Il a l'air tout simplement indifférent.

Indifférent, pensa Tate. Comme Barrett.

— Il est marié, continua Birdie.

— Maman !

Tate essaya de paraître choquée, même si elle ne l'était pas le moins du monde. Elle n'était pas naïve ; elle savait que les trahisons étaient courantes.

— Sa femme a la maladie d'Alzheimer. Elle est dans une clinique. Elle va y rester jusqu'à la fin de sa vie.

— Oh, dit Tate.

— Alors, voilà ce que je ne comprends toujours pas, même à mon âge, poursuivit Birdie. Dans les deux années entre le divorce et ma rencontre avec Hank, tout allait bien. J'étais plutôt heureuse, j'avais des activités, des passions – le jardinage, la lecture, la maison, toi et ta sœur, mes amis. Et puis j'ai rencontré Hank. Et il aime être actif – sortir au restaurant, au théâtre, passer la nuit dans des hôtels chics, danser. Mon Dieu, c'était comme une drogue, d'avoir quelqu'un avec qui faire des choses. Tu n'as pas idée. J'avais toujours été seule, tout au long de mon mariage, toujours toute seule. Le problème, maintenant, c'est que mon bonheur dépend de Hank.

Birdie serra les poings.

— Ce n'est pas juste, qu'un homme puisse m'influencer à ce point ! Mais je n'ai pas envie de revenir à ma vie d'avant. J'étais si seule. Alors qu'avec Hank, je ne le suis plus. Et du coup, sans lui, je suis encore plus seule qu'avant.

Tate observa sa mère. L'entendre parler de Hank ne lui faisait pas spécialement plaisir, mais elle comprenait. Elle ressentait la même chose. Elle aimait Barrett depuis ses dix-sept ans, ou depuis six jours – mais dans un cas comme dans l'autre, ce n'était pas juste.

— Je ne comprends pas pourquoi il ne veut pas me parler, dit Birdie. Je ne comprends pas pourquoi il prend de la distance. Je viens de l'appeler, là, il était à la ferme avec sa petite-fille de trois ans, à Stew Leonard. Je voulais l'entendre dire que je lui manque et qu'il m'aime, et lui, tout ce qu'il trouve à me raconter, c'est qu'il fait 33 °C dans le Connecticut et que la vache s'appelle Calliope.

— Tu tombais mal, avança Tate.

— Je tombe toujours mal.

— Tu l'appelles tous les jours ?

— Depuis le 4, oui.

Tate avait remarqué que Birdie s'évadait chaque jour au même moment, mais elle s'était imaginé que c'était pour remplir une mission à la Birdie : cueillir des fleurs des champs pour la table du dîner, traquer de la ciboulette pour la salade.

— Si ça peut te consoler, je suis amoureuse de Barrett Lee.

Birdie en resta bouche bée.

— Vraiment ?

— Oh, voyons, maman. Comme si tu ne le savais pas. Je l'ai toujours aimé. Depuis que je suis gamine.

— Ah bon ? Je croyais que c'était Chess qui s'intéressait à lui.

— Bien sûr. C'est toujours Chess qui joue les jeunes premières. Je me demande pourquoi.

— Oh, Tate…

— Non, vraiment, je suis curieuse. Pourquoi est-ce toujours elle qui tombe amoureuse et trouve chaussure à son pied, et jamais moi ?

— Ça va venir, tu verras.

— J'ai trente ans. Combien de temps est-ce que je dois attendre encore ?

— Je ne savais pas que tu aimais Barrett. Je suis désolée. Heureusement que tu me le dis. Je n'ai pas cessé d'essayer de le caser avec Chess.

— Tu veux bien arrêter ? S'il te plaît ?

— Ça ne sert à rien, de toute façon.

— Il m'a interrogée à son sujet ce matin, et après il lui a proposé un rendez-vous – je les ai vus parler près de la Scout – mais je crois qu'elle a refusé. Elle t'en a parlé ?

— Pas du tout. Ça te ferait plaisir qu'elle refuse ?

— Ça ne change rien au fait qu'il lui ait demandé.

— Ah, l'amour, quelle horreur, dit Birdie. J'avais oublié à quel point c'était épouvantable. Je ne me rappelle pas avoir ressenti tout ça pour ton père. Grant et moi on s'est trouvés, et on a su tout de suite. On n'a pas joué au chat et à la souris. On s'est alliés, on a traversé nos vies ensemble – il a travaillé, on a acheté la maison, je vous ai eues, Chess et toi. Et puis j'ai fait ces deux fausses couches à la suite, c'était difficile, mais je m'en suis remise. Ton père était libre de se préoccuper de sa réussite financière et de jouer au golf, et moi, je n'avais qu'à m'inquiéter de rendre les livres à temps à la bibliothèque et de vous amener à vos cours de danse. Je ne me souviens pas de m'être jamais sentie aussi embrouillée. Aimer ton père était frustrant, pas douloureux.

— Même à la fin ?

— Pas même à la fin. J'ai perdu patience, c'est tout. Je ne voulais plus rester avec lui. Notre mariage ne m'apportait rien.

Tate acquiesça. Elle sentait que c'était une conversation qu'elles auraient dû avoir deux ans plus tôt, mais qui n'avait jamais eu lieu. À l'époque, Tate ne voulait pas savoir ce qui n'allait pas ; elle voulait juste les voir recoller les morceaux.

— Grant était l'homme de ma vie. Il co-présidait la société de notre vie. Mais ce dont je me suis rendu compte, quand j'ai rencontré Hank (ici, Birdie reposa le menton sur la pointe de ses genoux), c'est que j'avais peut-être une chance de connaître un autre type de relation. Comme un dessert, si tu veux. Hank a sa famille, j'ai la mienne ; sa carrière est déjà derrière lui. Nous avons chacun des ressources. Tout ce qui nous reste, ce sont les possibles : dix, vingt, trente années à profiter de la vie avec un autre. Je n'ai jamais pu le faire avec ton père parce que nous étions bien trop occupés. Hank et moi avons les mêmes goûts – il cuisine, il jardine, il apprécie la même musique et les mêmes vins que moi. C'est ce qui rend mon amour pour lui si difficile. Je n'ai pas envie de me balader avec n'importe qui – il faut que ça soit Hank. Avant de venir ici, nous étions inséparables. J'ai pleuré quand on s'est quittés, et lui aussi. Mais maintenant… je suis en train de le perdre.

Elle se tourna vers Tate, les yeux baignés de larmes.

— Oh, ma chérie. Je me fais l'effet d'une gamine.

— Ce n'est rien, maman, dit Tate. C'est bien.

Elle le pensait sincèrement. Sa mère était amoureuse, elle éprouvait des sentiments. Sa mère était une femme, un être humain : Tate y avait-elle déjà songé ? Pense-t-on jamais à sa mère en ces termes – comme une personne, avec des désirs, des aspirations, des faiblesses ? Elle aimait farouchement sa mère depuis toujours, mais l'avait-elle jamais réellement connue ?

Tate marcha jusqu'au bord de l'eau. Birdie la suivit. Tate ramassa un caillou et le jeta, comme elle avait vu Chess le faire.

— Barrett Lee, dit-elle.

Birdie se pencha pour ramasser une pierre de la forme d'un œuf. Elle la lança, et celle-ci plongea à quelques mètres de la côte.

— Hank, dit-elle.

Étaient-elles en train de se débarrasser des hommes ? se demanda Tate. Ou bien de leur faire signe ?

— J'aurais dû jeter mon téléphone, dit Birdie.

Birdie regagna la maison ; elle prétendait ne pas vouloir que Chess et India s'inquiètent. Ni l'une ni l'autre ne savaient où elle était.

— Ton secret est en lieu sûr avec moi, dit Tate.

— Et vice versa, répondit Birdie. Si ça peut te consoler, j'avais un énorme faible pour Chuck Lee quand j'étais jeune.

— Chuck ? Vraiment ? Sérieux ?

— India aussi, d'ailleurs, ajouta Birdie. C'est comme un cycle sans fin : les Tate s'amourachent des Lee, de mère en fille.

Après le départ de Birdie, Tate s'étendit au soleil sur sa serviette. Sa mère aimait Hank. C'était le genre de secret qu'elle et Chess auraient pu partager à voix basse dans les ténèbres du grenier – mais elle n'avait pas envie de répéter la confidence de sa mère. Tout en s'endormant, elle repensa à l'époque où Birdie avait fait ces deux fausses couches. Elle se souvenait de sa mère à l'hôpital, au moins une fois ; elle se rappelait que leur père leur avait donné de la glace au chocolat pour dîner. Quand Tate avait raconté à sa mère hospitalisée que papa leur avait servi de la glace au chocolat comme repas, celle-ci avait éclaté en sanglots. Tate n'avait pas remangé de glace au chocolat depuis. Elle était assez jeune alors, quatre ou cinq ans, et elle ne se rappelait pas avoir eu d'explication, même si son père ou tante India avaient dû essayer, puisque c'est à cette même époque qu'elle s'était mise à prier de toutes ses forces pour avoir un autre frère ou sœur. Elle avait même demandé au Père Noël de lui en amener un. Et lorsque son vœu était resté sans suite, elle s'en était inventé deux, entre lesquels elle alternait – un petit garçon nommé Jaysen (écrit comme ça se prononce) et une petite fille, Molly. Tate n'en revenait pas : il y avait bien longtemps qu'elle n'avait repensé à Jaysen ou à Molly. Le plus important, elle s'en souvenait, était que Jaysen et/ou Molly étaient ses meilleurs amis, entièrement dévoués à elle. Le Jaysen et la Molly qu'elle avait imaginés ne savaient même pas que Chess existait.

Tate fut réveillée par le bruit d'un moteur. Elle ouvrit les yeux et se redressa sur ses coudes. Le bateau de Barrett avait remonté l'embouchure jusqu'à l'étang. Elle perçut un autre son, de la musique, une chanson au loin, à la mélodie familière. Son iPod gisait à ses pieds. Il jouait « Glory Days ».

Elle saisit le lecteur et l'éteignit, contente d'avoir été distraite de l'événement principal : Barrett Lee sur son bateau. Ici ? Elle chercha des yeux l'endroit où sa pierre avait finalement sombré ; il l'avait déjà dépassé.

Il fallait qu'elle se réveille.

Elle but ce qui lui restait de limonade. La boisson était tiède et acide. Elle ne dormait pas ; tout cela était réel. Barrett ancra son embarcation, sauta par-dessus bord et marcha jusqu'à la rive. Tate le dévisagea.

— On m'a dit que tu étais là, dit-il.

Elle ne pouvait pas se permettre de répondre n'importe quoi. Elle attendit.

— Écoute, j'ai un truc demain soir. Une soirée organisée par cette cliente dont je t'ai parlé. Ça se passe chez elle, à Brant Point. Ça sera plutôt chic. Tu veux bien m'y accompagner ?

— Oui, répliqua Tate.

Le mot s'était échappé tout seul, sans sa permission. Le cerveau est l'ordinateur le plus rapide au monde. Tant de pensées simultanées, concomitantes, qui se bousculaient, des pensées sans parole. Une soirée avec Barrett. Oui. N'importe où avec Barrett. Qu'importe qu'il eût d'abord invité Chess ? Que Tate fût son deuxième choix et que tout le monde le sache ? C'était important, à vrai dire, mais pas assez pour le repousser. Jamais elle ne pourrait repousser Barrett Lee.

— Oui ?

Il semblait surpris. Peut-être s'attendait-il à faire chou blanc avec les deux filles Cousins.

— J'en serais ravie, dit-elle. Tu passeras me chercher ?

— À 18 heures. Demain 18 heures. Ce qu'il y a…

— Quoi ?

— C'est que je ne pourrai pas te ramener avant le lendemain matin, poursuivit-il. Après le dîner, il sera trop tard. Tu devras rester avec moi. Je te ramènerai dimanche matin. À temps pour ton footing, promis.

À temps pour son footing. OK, c'était mignon de sa part. Une attention délicate. Il savait à qui il avait affaire.

— Je dors chez toi ?

— Chez moi. Ça te va ?

— Ça me va.

— C’est le seul inconvénient quand on sort avec une fille de Tuckernuck, ajouta-t-il. Impossible de la raccompagner le soir.

Une fille de Tuckernuck.

Ils échangèrent des banalités, à bâtons rompus : Salut. À demain. C’est un peu chic, je crois que je mettrai une veste en tweed. Tate n’en avait pas de souvenir net. Ses pensées accompagnaient le dieu de Tuckernuck. Elle était prostrée devant lui, serrait ses mains en signe de reconnaissance. Baisait ses pieds.

India

Lorsque Barrett apparut l'après-midi, il avait une lettre pour India.

— C'est le facteur, dit-il.

Voilà qui était tout à fait inhabituel. Grant recevait du courrier, bien entendu, des documents qu'il devait signer ; on les envoyait par FedEx à Chuck Lee, qui les apportait dans son bateau pour les remettre à Grant d'un air dédaigneux. Recevoir du courrier était perçu comme une infraction au mode de vie de Tuckernuck. Il ne devait y avoir ni courrier, ni coup de fil, ni aucune communication d'aucune sorte avec le monde extérieur. India avait grandi dans cette tradition. Et pourtant, elle ne pouvait se permettre de disparaître de la surface de la terre pendant trente jours. Elle avait laissé l'adresse de l'entreprise de Barrett à ses trois fils et à son assistante, Ainslie. Avec une instruction claire : N'utilisez cette adresse qu'en cas d'urgence. La vue de Barrett agitant l'enveloppe lui inspira donc de l'inquiétude, laquelle se transforma rapidement en crainte.

Sa première pensée alla au bébé.

L'enfant de Billy. Heidi, son épouse, était enceinte de vingt-neuf semaines. Tout allait parfaitement bien ; sa grossesse était surveillée de près. Heidi elle-même était obstétricienne ; elle disposait dans son bureau du matériel pour faire une échographie, elle l'utilisait le dernier jour de chaque mois. Elle se sentait une lourde responsabilité à porter le petit-fils de Bill Bishop, héritier d'un nom si prestigieux, auquel elle n'avait pourtant rien à envier. En professionnelle de la médecine, elle suivait ses propres recommandations : elle prenait des vitamines, mangeait des légumes verts et des bananes, avait arrêté de boire. Pourtant, un accident était toujours possible, il y avait tellement d'impondérables dans une grossesse ou un accouchement – sans parler de toute une constellation de maladies et de malformations de naissance. Était-ce ainsi quand India avait été enceinte ? Sans doute, même si tout n'était pas diagnostiqué comme c'était le cas à présent. Lorsque India regarda le blanc de l'enveloppe dans la main de Barrett, elle se dit, Heidi a commencé le travail de façon prématurée. Elle va accoucher avant que les poumons de l'enfant soient formés. S'il vit, il passera des semaines en couveuse, avec assistance respiratoire, et il aura peut-être même des lésions cérébrales. Oh, Billy. Lui et Heidi étaient des perfectionnistes pétris d'ambition. Ils auraient du mal à accepter une telle situation.

Ou alors, pensa India, il pourrait s'agir de Teddy. De ses trois fils, Teddy lui causait le plus de souci, principalement parce qu'il était celui qui ressemblait le plus à Bill. Il aimait le travail manuel ; il avait une entreprise de couverture dans les banlieues nord-ouest de Philadelphie – Harleysville, Gilbertsville, Oaks –, ancienne terre rurale qui se couvrait à présent de sièges sociaux de compagnies pharmaceutiques et de baraques bling-bling pour cadres. Il avait longtemps eu une petite amie du nom de Kimberly, mais ils ne cessaient de rompre avant de se remettre ensemble. Teddy était émotionnellement instable ; une crise lui avait valu un séjour dans l'aile psychiatrique de l'hôpital de Quakertown. Les médecins l'avaient mis sous Zoloft, mais il buvait trop. Une vraie bombe à retardement, India était forcée de l'admettre. Alors que disait la lettre ? Qu'il avait tué Kimberly ? Qu'il s'était suicidé ?

Il ne pouvait s'agir d'Ethan. À vingt-sept ans, c'était l'homme le plus heureux qu'India ait jamais connu. Il travaillait comme annonceur sur une chaîne d'infos sportives à Philadelphie, ce qui lui donnait une petite notoriété, suffisante pour lui assurer de ne jamais repartir seul d'un bar. Il avait un golden retriever nommé Dr H. Vivait dans un loft de Manayunk. Il n'avait que douze ans à la mort de Bill, mais était libre de toute anxiété, ce qui prouvait bien qu'on ne peut toujours prévoir l'avenir.

India prit l'enveloppe des mains de Barrett. Sur le recto, *India Bishop, Tuckernuck Island.* C'était tout ; nulle mention de l'adresse de l'entreprise de gardiennage qu'elle avait donnée aux garçons et à Ainslie. La lettre portait le cachet de Philadelphie.

India Bishop, Tuckernuck Island.

— C'est fou qu'elle soit parvenue à destination, dit-elle.

— Il faut dire que mon père connaît tout le monde à Nantucket, jusqu'au receveur des Postes, expliqua Barrett. Ils sont tous les deux au Rotary. Quand la lettre est arrivée, le receveur l'a donnée à mon père qui me l'a transmise.

— Eh bien, dit India en essayant de sourire, merci.

— Je vous en prie. Vous ne sauriez pas où est Tate, par hasard ?

— North Pond.

— Super.

Barrett déposa deux paquets de provisions, un sac de glace et un nouveau carton de vin dans la cuisine, l'air anxieux de regagner le bateau. India hésita à lui dire que Tate avait émis le souhait de rester seule, mais céda à son désir égoïste de le voir s'en aller afin de pouvoir ouvrir sa lettre en toute intimité. Birdie était partie en vadrouille, et Chess dormait sur le canapé du salon. Elle avait fait la sieste sur la plage pendant près de deux heures, avant de revenir à la maison pour fuir la chaleur et s'y endormir de nouveau. Elle n'avait pas mangé une miette au déjeuner. Birdie s'inquiétait pour elle ; avant de se balader, elle avait dit à India combien elle s'inquiétait avant de l'implorer de parler à Chess. Tate absente pour la journée, ce serait l'occasion rêvée. Très bien, d'accord, avait dit India. Je le ferai. Mais India ne savait trop quoi dire. Elle pouvait raconter à Chess sa propre expérience, mais cela lui parlerait-il ? De l'avis d'India, chaque femme devait traverser l'enfer en solo.

Et voilà qu'India était distraite. La lettre ! À peine Barrett eut-il disparu en bas de l'escalier qu'elle chaussa les lunettes de Bill et ouvrit l'enveloppe à l'aide d'un couteau à beurre.

Un bout de papier informatique blanc, plié en trois. Tout en haut, au feutre rouge, était écrit : *Me suis-je trompée à ton sujet ?*

India lut la phrase deux fois, puis une troisième. Elle soupira, replia la lettre, et la remit dans son enveloppe. Elle laissa les lunettes de Bill tomber sur sa poitrine.

La lettre venait de Lula.

D'un côté, India se sentait soulagée. Une lettre de ses fils n'aurait rien auguré de bon. De l'autre, elle se sentit étrangement mise à nu. Lula l'avait trouvée, ici à Tuckernuck.

Lula avait sans doute appelé Ainslie pour découvrir où se terrait India ; Ainslie aura laissé échapper le nom de l'île (sans préciser l'adresse du gardien). Ou alors Lula s'était souvenue qu'India avait parlé d'une vieille résidence secondaire sur un banc de sable appelé Tuckernuck. India était soulagée que la lettre ne fût pas plus violente ; si Lula était suffisamment en colère pour quitter l'école, elle l'était assez pour écrire plus que cette simple petite phrase. Lula s'était autocensurée ; elle faisait preuve de retenue. Elle avait – presque – assumé sa responsabilité.

India ne savait comment répondre à sa question.

Elle alluma une cigarette, puis retourna à la cuisine se servir un verre de vin. Il n'était que 15 heures, mais que diable, Barrett venait de livrer du sancerre. India avait reçu un choc. Un verre s'imposait.

Elle se rassit à la table du jardin et passa une main dans ses cheveux ébouriffés raidis par le sel, envahie d'un nouveau sentiment de gêne, comme si on l'observait. Elle fuma sa cigarette jusqu'au filtre, sirota son vin, présenta son visage au soleil, au diable les rides, considéra l'enveloppe, secoua la tête. Bon sang.

Lula se trompait-elle donc à son sujet ?

Oui, Lula, tu t'es probablement trompée, tu as mal interprété mes mots et mes actes, leur donnant un sens qui n'y était pas. Était-ce là sa réponse ? *Je t'ai menée en bateau, j'ai hésité, je ne savais pas ce que je voulais ni ce que je ressentais. Je naviguais en terre inconnue.*

India éclusa son verre de vin avant de s'en verser un autre. Il était froid, il était bon – Birdie était calée en sancerre –, et India pensa : Merde ! Elle avait tenu une semaine entière sans songer à l'école en général ni à Lula en particulier, et voilà.

Tallulah Simpson. Lula était arrivée aux Beaux-Arts tard dans sa vie, c'est-à-dire à l'âge de vingt-six ans. Elle avait déjà un diplôme de langues romanes de l'université McGill. Elle parlait français, italien, espagnol, portugais, arabe et hindi. Les langues étaient chez elle un don, plus encore peut-être que l'art ; depuis sa tendre enfance, elle voulait devenir interprète pour un organisme de renom – l'Unicef, la Banque mondiale, ou la Croix-Rouge. Elle avait travaillé quelques années comme traductrice dans l'industrie du tabac ; elle voyageait entre Montréal, Paris et l'Inde. Elle n'avait pas peint une seule toile de sa vie avant de contracter la dengue en Inde et de se retrouver coincée à l'hôtel aux crochets des géants de la cigarette. Il lui avait fallu trois semaines pour guérir, et trois autres pour recouvrer ses forces. Elle s'était alors mise à peindre – par ennui, prétendait-elle, et par faiblesse. Elle voulait écrire un roman, mais réfléchir lui donnait la migraine. Peindre était plus facile ; elle commença par l'aquarelle et la tempera sur du papier épais luxueux acheté au centre d'affaires de l'hôtel. Elle savait déjà ce qu'elle voulait peindre ; elle portait ces images en elle depuis la naissance.

C'était ce que Lula avait raconté à India lors de leur première rencontre autour d'un latte au White Dog Café, le premier jour d'octobre suffisamment frais pour apprécier une boisson chaude en plein après-midi. C'était une réunion officielle. India était la tutrice de Lula pour sa deuxième année. Sa position aux Beaux-Arts était telle qu'elle choisissait elle-même tous ses disciples ; tel était le prix de son engagement comme tutrice. (Parce que oui, elle était comme ça, la garce.) India choisissait les étudiants de deuxième année qui s'étaient montrés les plus intéressants, les plus talentueux et les plus séduisants au cours de leur première année – Tallulah Simpson était championne toutes catégories. Elle était magnifique – de longs cheveux noirs lisses, des yeux verts limpides, le teint doré. Elle avait la bouche large, les dents de devant écartées. Un accent impossible à identifier. Elle fumait, buvait, utilisait des expressions étrangères ; elle portait des vêtements luxueux et chics – hauts évasés, jeans serrés, talons aiguilles. (India finit par s'inspirer de son look ; certains de ses achats frisaient carrément le plagiat.) Le père de Lula, un homme d'affaires iranien à présent décédé, avait immigré au Canada à la fin des années 1970 ; son épouse venait d'une grande famille du Bangalore. Lula avait eu une vie privilégiée, bien que marginalisée, y compris parmi les Canadiens pourtant tolérants, en raison de ses origines. Elle comprenait la douleur des parias, et en tirait l'inspiration pour ses tableaux.

India s'était simplement dit : Ben voyons.

Son récit semblait banal et éculé ; India espérait mieux. Mais la plupart des étudiants – des aspirants artistes autour de la vingtaine – se tenaient en romantique estime. Ils aimaient à parler de leur sainte douleur, de leur précieuse inspiration. Ils ne se rendaient pas encore compte que travail et ambition seraient leur pain quotidien.

Si Lula s'était montrée un peu rêveuse lors de leur première rencontre, c'était cependant une artiste extrêmement talentueuse. Elle passait son temps à l'atelier, à expérimenter différents canevas, peintures ou techniques. Elle avait remis le gesso puis la gouache à la mode. Elle faisait des études de couleurs et de textures, d'enduit et de finitions. Elle étudiait ses influences – Matisse, Modigliani, O'Keeffe, Pollock, Rothko. Elle adorait Rothko ; à elle seule, elle avait relancé sa popularité. Soudain, des références à Rothko avait commencé à apparaître dans les œuvres des uns et des autres, générant l'incrédulité de la faculté. La faute en revenait à Tallulah. Elle faisait les modes.

Lula ne dormait jamais ; telle était la rumeur. Elle tenait son insomnie de son Iranien de père, qui ne trouvait pas le sommeil non plus. Elle en avait parlé à India lors de leur deuxième rencontre autour d'un café au White Dog. India lui avait avoué ne pas fermer l'œil de la nuit, même si ce problème était circonstanciel. Il était dû au suicide de son époux.

India passait ses heures sans sommeil à boire de la camomille en feuilletant des magazines de mode. Elle écoutait John Coltrane ; regardait *Love Story* sur la TNT. Lula allait au Tattooed Mom et au 105 Social, buvait du champagne que lui offraient des hommes au compte bien garni, prenait des drogues douces. À l'aube, elle rentrait chez elle, se lavait les cheveux, mangeait un œuf dur et entrait dans son atelier à 7 heures.

Durant sa deuxième année, Lula avait découvert le nu féminin. Elle avait passé de longues heures dans la salle des plâtres, dessinant les modèles figés de corps humains ; elle consacrait une heure entière à une oreille ou toute une journée à une main. Elle voulait sa technique parfaite. Le plus célèbre enseignant, Thomas Eakins, avait encouragé ses étudiants à disséquer des macchabées. Suivant cette tradition, Lula avait traqué un étudiant de l'école de médecine de l'université de Pennsylvanie, où elle avait passé une semaine à faire des croquis de cadavres. La nouvelle de cette initiative hors du commun au nom de l'authenticité était remontée jusqu'aux couloirs de l'école ; Lula était rapidement devenue la coqueluche au talent inaccessible et à l'éthique implacable. India et les autres professeurs savaient qu'une telle réputation dès sa deuxième année pourrait se révéler à double tranchant. Mais son œuvre parlait d'elle-même : un mur entier de son atelier était dédié à une étude en rose d'une femme dansant. Le sujet faisait six mètres de haut, les bras tendus au-dessus de la tête ; Lula l'avait reproduit seize fois à la suite, si bien qu'en parcourant le mur de gauche à droite on sentait la femme tournoyer sur elle-même.

À la fin de l'année, Lula avait remporté le prix et l'argent décernés à l'étudiant le plus prometteur. Récompense aussi discutée que disputée, car Lula était la seule à n'avoir pas achevé une seule toile. Toute son œuvre, à ce moment-là, consistait en des études. Des études qui faisaient preuve de génie, et comme India – qui détenait la plus forte influence concernant le prix en question – le remarquait, pas une seule des toiles des autres étudiants ne contenait une promesse comparable à celle des études de Tallulah.

Durant sa troisième année, les cafés au White Dog s'étaient mués en dîners dans des endroits comme le Susanna Foo ou le Morimoto. On murmurait que ce n'était guère déontologique (il n'était un seul murmure qui ne finissait par atteindre les oreilles d'India). Mais ces dîners n'avaient rien de répréhensible. Lula et India étaient amies et partageaient un même goût pour les cuisines exotiques et le vin de qualité. Elles payaient toujours séparément.

Et puis, un soir, India avait invité Lula chez elle, s'engageant à faire la cuisine. Lula avait emprunté une voiture qu'elle avait conduite jusqu'à la banlieue sylvestre où résidait India. Lula, rat des villes, semblait intimidée par Main Line. C'était un quartier si ancien, historique. Si typiquement yuppie. Rien à voir avec la ville, selon elle. Elle se sentait capable de travailler en ville. Mais les ponts couverts, les domaines immenses, les country clubs aux portes imposantes, les arbres centenaires – tout cela la rebutait.

Regarde-moi cette baraque, avait-elle marmonné.

Allusion au fait que la maison était bâtie de pierres puisées dans le fleuve Delaware au XVIIIe siècle. Le plafond du foyer était voûté, le sol en brique. Lula, qui habitait un appartement moderne et minimaliste, trouvait tout cela écrasant.

India avait invité Lula dans la cuisine, une pièce massive et majestueuse aux comptoirs de marbre, billot de boucher, casseroles de cuivre étincelant, placards en noisetier aux poignées lissées par l'usage. Lorsque les garçons vivaient encore à la maison et que Bill travaillait, le seul travail d'India consistait à maintenir une ambiance vivante, joyeuse. Elle préparait alors des repas élaborés, doublant voire triplant les quantités indiquées dans les recettes afin de satisfaire l'appétit de ses fils. Elle avait raconté tout cela à Tallulah.

— Maintenant, je m'en sers à peine. Je suis contente que tu sois venue.

Lula l'avait embrassée sur la bouche, ce qui l'avait surprise, sans pour autant l'affoler. Elle lui avait offert un gerbera rose dans un pot emballé d'aluminium de la même couleur, un cadeau tout sauf lulesque.

— La banlieue… je ne savais pas trop, avait-elle expliqué.

Elle avait également apporté deux joints maigrichons dans un sac en papier.

— Un pour maintenant. Et un pour plus tard, pour t'aider à dormir.

India avait versé le vin ; elles avaient allumé le premier joint. India n'avait pas fumé d'herbe depuis longtemps, et ce jamais avec un étudiant. Mais elle s'était sentie bercée par la sécurité de sa propre cuisine, et l'herbe était bonne. Complètement défoncée, elle avait laissé tous ses scrupules s'envoler avec la fumée. Elle avait remué la sauce pour les pâtes sur la cuisinière. Lula lui avait demandé si elle pouvait voir le reste de la maison. India avait senti une vieille jalousie oubliée l'étreindre. C'était, après tout, la demeure de Bill Bishop, qui abritait son atelier à l'arrière. Lula voulait le voir ; c'était probablement la raison pour laquelle elle avait accepté de venir.

— Tu peux regarder, avait dit India. Mais je ne te ferai pas visiter. Sans vouloir te vexer, j'en ai un peu assez de présenter tous les objets de Bill.

— Oui, avait répondu Lula. Tu m'étonnes.

Elle avait tout de même jeté un œil. Elle avait ouvert la porte du jardin, activant les éclairages à détecteur de mouvement, et traversé d'un trait la pelouse qui menait à l'atelier de Bill, dont la porte était verrouillée. Avant de regagner en vitesse la maison. India avait décidé de ne rien dire.

Le dîner était délicieux : salade verte aux figues, pignons de pin grillés et fromage de chèvre aux herbes, agrémentée de la célèbre vinaigrette d'India ; fettuccine au beurre de truffe, à la crème et au pecorino ; pain fait maison.

— Pain maison ? s'était étonnée Lula.

Elle s'était empiffrée, comme India ne l'avait jamais vue faire en public. L'effet de l'herbe, peut-être. Ou alors elle se sentait à l'aise. Ou tout simplement était-elle affamée : comme tous les insomniaques bourreaux de travail, elle se nourrissait à peine. Elle vivait de café et de cigarettes, picorant de malheureux morceaux de naan au fromage desséchés. Voilà qu'elle tartinait le pain maison de beurre. India était ravie.

Tout en dégustant le dessert – un crumble à la prune accompagné de glace à l'amaretto –, Lula avait expliqué à India qu'elle ne s'était pas mise aux nus féminins par hasard. Ils étaient nés d'une expérience faite un an auparavant : sa découverte sexuelle des femmes.

— Tu veux dire que tu es lesbienne ?

— Bisexuelle. J'ai connu trop d'hommes pour me considérer lesbienne. J'aime les hommes, mais j'en ai fini avec eux sur le plan sexuel, du moins pour l'instant.

— Vraiment ?

— Je préfère les femmes.

— Quelqu'un en particulier ?

— Non, avait déclaré Lula. Pas spécialement. Et toi, ça t'arrive, de penser aux femmes ?

— Non, avait répondu India. Jamais.

En prononçant ces mots, elle s'était sentie immature, provinciale.

— Laisse-moi te poser une autre question.

Lula avait dévoré son dessert et écrasait les miettes restantes de la pointe de sa fourchette.

— Est-ce que tu accepterais de poser pour moi ?

Tard ce soir-là, India avait fumé le deuxième joint, soufflant la fumée par la fenêtre ouverte de sa chambre. L'insomnie, son diable personnel, la tenait par la peau du cou. Son esprit n'était qu'une pièce rouge sang, toutes alarmes dehors. À la seconde même où elle avait accepté de poser pour Lula, elle avait su qu'elle ne pourrait pas trouver le sommeil. Elle craignait de ne plus jamais le retrouver.

Elle avait tout d'abord décliné l'offre. « Non, grands dieux, non, aucune partie de mon corps ne mérite d'être reproduite, quel que soit le médium. »

Lula avait insisté. « J'essaie de débusquer quelque chose de spécial, sous l'enveloppe charnelle. De montrer la force intérieure, la détermination. Tu as bien dû t'en apercevoir ? »

Oui, India s'en était aperçue. C'était ce qui rendait ses nus remarquables. Un regard sur les sujets de Lula, et on y voyait l'acier, l'élasticité.

« Qui as-tu utilisé jusqu'à présent ? » avait demandé India.

Lula avait haussé les épaules. « Les sylphides habituelles. » Elle faisait allusion aux aspirantes actrices et serveuses qui recevaient trente dollars de l'heure pour poser devant les étudiants des Beaux-Arts. « Une amie rencontrée l'été dernier, aussi. Et puis, une fois, une lycéenne noire que j'ai repérée dans la rue. »

Mon Dieu, avait pensé India. Lula cherchait à se faire coffrer. Et pourtant, India avait vu ses études de l'adolescente noire, qu'elle avait trouvées éblouissantes.

« Personne ne doit l'apprendre, avait-elle exigé. Personne ne doit savoir que je fais ça, et personne ne doit me reconnaître en voyant les tableaux. Tu imagines le bastringue que ça ferait ?

— J'imagine très bien, avait répondu Lula.

— Bon », avait dit India, qui se sentait à la fois honorée et terriblement mal à l'aise. Comme si on venait de la demander en mariage. C'était la possibilité pour elle de participer à une nouvelle aventure, une nouvelle vie. Elle n'avait aucun doute que Lula deviendrait un des artistes majeurs du nouveau millénaire – aussi important que Rothko même, Pollock, ou O'Keeffe –, et comment India, simple mortelle, pouvait-elle renoncer à la possibilité d'y contribuer ? Elle possédait force intérieure, détermination, et en concevait une fierté coupable. Elle était un phénix renaissant de ses cendres. Elle serait peinte ! Qui d'autre, sinon elle ? Lula pourrait bien jeter son dévolu sur Ainslie, ou sur Aversa, la voluptueuse épouse de Spencer Frost. India aurait eu sa chance et l'aurait manquée. Alors elle avait dit oui. Elle allait poser.

Lula était repartie peu après avoir obtenu la réponse qu'elle était venue chercher, emportant avec elle une part généreuse de crumble à la prune sur une assiette en papier sous cellophane. Elle était ivre et défoncée, conduisait une voiture empruntée sur des routes tortueuses inconnues ; il était inconvenant, criminel même de la renvoyer chez elle. India aurait dû l'inviter à passer la nuit. *Tu me suivras demain matin*. Mais son sens du décorum lui avait intimé de mettre la gamine à la porte, nom d'un chien, avant qu'elle ne dépasse d'autres bornes.

India avait fumé le joint, ce qui l'avait conduite à la cuisine finir le crumble et la glace à l'amaretto. Elle s'était endormie vers 5 heures et réveillée à 7, les dents toujours pas brossées et le cœur vaguement honteux.

Assise à la table du jardin, India éclusa son deuxième verre de vin. 15 h 45, elle était toujours seule. Un vrai cadeau, sans doute, d'avoir le temps de réfléchir à cette lettre, et à Lula, sans personne dans les pattes. Si Birdie avait été là, elle aurait voulu savoir de qui venait la lettre, et à quel sujet. India se sentit la tête légère. Singulière expérience, que de se saouler par un après-midi ensoleillé. Elle avait atteint le stade où il lui faudrait soit se restreindre – en trouvant comment fonctionnait le vieux percolateur français pour se faire une bonne tasse de café –, soit poursuivre sa dégustation. Que diable, pensa-t-elle. Elle était à Tuckernuck, où personne n'attendait rien d'elle.

Dans la cuisine, elle se versa un nouveau verre. Puis vérifia que Chess respirait toujours. Oui ? Parfait.

Poser pour Lula était aussi secret qu'une liaison. India refusait de le faire dans l'atelier de Lula ou dans tout autre local appartenant aux Beaux-Arts. Elles avaient donc opté pour l'appartement de Lula.

India s'était présentée au portier en tant que Elizabeth Tate, un nom courant dans la famille, comme elle l'avait expliqué à Lula. Celle-ci ne comprenait pas ce besoin de recourir à un pseudo – le portier était discret, India pouvait utiliser son vrai nom. Mais non, elle s'y refusait.

Lula avait accueilli India à la porte d'entrée. Elle avait mis du Schubert en fond sonore, ce qui avait mis du baume au cœur d'India ; dans son atelier à l'école, Lula écoutait les Smashing Pumpkins, les Sex Pistols ou les Ramones à un volume délirant. (Les autres étudiants se seraient plaints s'il ne s'était agi de Lula.) Elle était sérieuse – un rapide bonjour, pas de bise – avant de lui tendre un peignoir blanc gaufré.

— Tu peux te changer dans la salle de bains.

La salle de bains de Lula était lisse et moderne comme le reste de l'appartement, et aussi impersonnelle qu'un lavabo d'hôtel. Tous ses effets personnels étaient dissimulés dans des placards couverts de miroirs. Tant de miroirs, doublant, quadruplant la silhouette d'India en déshabillé. Elle essayait de ne pas se regarder. Sa mission du jour n'était pas affaire de vanité personnelle. Il n'était pas question de son corps, ni de ce qu'était advenu son cul autrefois sublime (trop de crumble à la prune, trop de cosmopolitan sucrés, l'âge). Il s'agissait d'art.

Elle était entrée dans le salon en peignoir.

— Où veux-tu que je me mette ?

— Je ne suis pas sûre, avait dit Lula.

Elle portait une tunique blanche froissée par-dessus des leggings vert électrique. Elle fumait, pieds nus, les cheveux à moitié attachés ; ses paupières étaient maculées de khôl.

— J'y ai beaucoup réfléchi. Commençons par le canapé.

C'était un canapé de daim blanc. India en avait peur. Ou plutôt, elle avait peur que ce moment fût celui où il lui faudrait retirer son peignoir. India n'était pas du genre à se montrer nerveuse ; elle n'était pas du genre à se sentir vulnérable. Elle tentait de se concentrer sur autre chose. Le Schubert sonnait bien. Un vase de dahlias écarlates ornait la table près du canapé.

Elle avait ôté son peignoir, montrant son dos à Lula, puis s'était étendue.

— Comme ça ?

Sa voix lui semblait étrange.

Lula avait acquiescé imperceptiblement. Son crayon grattait furieusement sur le papier. India se sentait électrifiée. Elle était terriblement excitée, plus qu'elle ne l'avait jamais été sexuellement. En ce moment, elle n'était plus rien qu'un corps nu étiré sur du cuir doux comme une peau. Une femme, soumise tout entière au regard d'une autre. C'était à la fois obscène et exaltant. Le crayon de Lula bougeait de plus en plus vite. India avait l'impression que cette pointe la caressait, que la gomme venait titiller ses tétons à présent saillants. Lula le voyait-elle ? Voyait-elle l'effet qu'elle avait sur India ?

— Tourne un peu tes hanches vers moi, avait-elle ordonné.

India connaissait les plaisanteries qui circulaient au sujet des sylphides, bien sûr. Les filles qui posaient aux Beaux-Arts étaient, une fois la séance terminée, les plus faciles de la Delaware Valley. Tout dépendait de la rapidité des étudiants à leur offrir un verre. India comprenait à présent pourquoi. Se dévêtir pour laisser une autre personne esquisser son portrait se révélait une expérience incroyablement sensuelle.

India fermait les yeux. Elle sentait de l'humidité entre ses jambes. Elle palpitait de chaleur et de lumière.

— On ouvre les mirettes ! avait aboyé Lula.

India avait rouvert les yeux.

Elle était parvenue à ressortir sans encombre de l'appartement une heure plus tard, ce qui l'avait déçue sur le moment mais dont elle fut grandement soulagée une fois dehors dans la rue froide.

Que s'était-il donc passé là-bas ? se demandait-elle. Quel sortilège ?

Elle avait décidé de ne plus y retourner.

Ce qu'elle avait pourtant fait, tous les mardis à 17 heures, huit semaines durant. Les séances avaient pris la place de leurs dîners hebdomadaires. India ne pouvait plus s'asseoir avec Lula autour d'une assiette ; quelque chose avait basculé dans leur relation. Poser était une affaire sérieuse ; elles parlaient à peine durant leurs séances. India ne savait comment gérer l'énergie sexuelle qui s'en dégageait. Lula en était-elle consciente ? La ressentait-elle également ? Elle n'en laissait rien paraître.

Au cours de ces huit semaines, India avait recommencé à prendre soin de son corps, s'inscrivant dans un gymnase du King of Prussia ; ce n'était pas un endroit où elle risquait de croiser quelque connaissance, elle pouvait donc se concentrer entièrement sur sa remise en forme. Elle avait engagé un coach du nom de Robbie, un travesti qui la faisait suer comme un bœuf sur les appareils et autres haltères. Elle mangeait du poulet, du poisson, des légumes. Baissait sa consommation de tabac, cessait de boire à la maison. Investissait dans des crèmes et lotions pour sa peau ; prenait rendez-vous pour des manucures, pédicures et massages les week-ends. (Prendre soin d'elle, avait remarqué India, pouvait occuper chaque heure de libre si elle n'y prenait garde. Les autres faisaient-ils tout ça ?) Elle se passait du fil dentaire après chaque brossage. Prenait des vitamines. S'immergeait dans des bains à la lavande. Elle avait même envisagé une épilation osée du pubis, mais elle ne tenait pas à attirer l'attention.

Lula ne semblait remarquer aucun changement, jusqu'au jour où elle avait demandé à India qui venait d'ôter son peignoir :

— Tu ne serais pas en train de maigrir, par hasard ?

India s'était empressée de nier.

— Vraiment ? Tu m'as l'air bien svelte. Et tu rayonnes. Une raison à ça ?

India avait haussé les épaules.

— Couche-toi, lui avait intimé Lula.

Puis, les séances de pose avaient cessé. C'était les vacances de printemps, qui duraient deux semaines. India était partie en Grèce avec son ancienne coloc de fac, Paula Dore-Duffy, devenue depuis professeur de neurologie à l'université de Wayne State. Paula faisait des recherches sur la barrière hémato-encéphalique ; elle ne s'intéressait guère au monde artistique, à l'école des Beaux-Arts ni aux impulsions saphiques survenues sur le tard. India n'avait donc pas abordé ces sujets. Tout ce que désirait Paula était de tomber la blouse, boire de l'ouzo et danser dans les clubs de l'hôtel qui donnait sur la mer Égée. India se joignait à ces aventures. Lorsque Paula avait interrogé India sur son travail un matin, celle-ci s'était fendue d'une plaisanterie avant de se plonger dans son yaourt au miel. Le sujet n'avait plus été évoqué. Quel soulagement.

Lorsque India était retournée à son travail, la fin de l'année approchait. Les troisième et quatrième années se préparaient pour l'exposition annuelle. India vérifiait que tout se passait bien pour tous ses étudiants, y compris Lula, occupée à peindre. Celle-ci avait replongé dans une phase obsessionnelle – enfermée dans son atelier de 7 heures à minuit, deux paquets et dix lattes par jour, entourée de plats indiens commandés au Mumbai Palace qui restaient, intacts, dans leur emballage.

« Tout le monde attend de grandes choses de toi, lui avait dit India.

— Va te faire foutre », avait rétorqué Lula. Mais elle souriait en disant cela.

L'exposition des étudiants marquait toujours la soirée la plus importante de l'année ; plus importante encore que la remise des diplômes. Ce n'était qu'une cérémonie, l'attribution d'un certificat (fondamentalement inutile) en beaux-arts. Le véritable événement, c'était l'exposition ; c'était là qu'était l'argent. Les marchands d'art de toute la ville, mais aussi de New York, Boston et Chicago, étaient présents – de même que les familles, amis, anciens élèves, les collègues des autres écoles, les conservateurs des musées, les collectionneurs, sérieux ou novices, et les dames patronnesses, incapables de distinguer Winslow Homer de Homer Simpson, mais qui tenaient à voir aussi bien qu'à être vues. L'exposition constituait l'événement le plus important du milieu artistique de Philadelphie ; on y faisait la queue des heures avant.

India portait toujours une nouvelle tenue, flamboyante, pour l'exposition, car son portrait atterrissait immanquablement dans les pages Société du *Philadelphia Inquirer* et la section centrale en papier glacé du magazine *Philadelphia*. À maints égards, elle représentait le visage de l'école des Beaux-Arts ; son nom était connu du grand public. India Bishop, veuve du célèbre sculpteur. Et cette année, elle savait son implication plus profonde, plus nuancée qu'elle n'avait pu l'être par le passé. Elle était le sujet des tableaux qui allaient alimenter toutes les conversations.

Parce que l'exposition était du ressort des étudiants (ce qui en faisait tout le sel : pas même l'administration ne savait à quoi s'attendre), India n'avait pas vu les œuvres. Une centaine de fois, elle avait été tentée de demander à voir les peintures afin de s'assurer que le corps dénudé ne pouvait être reconnu comme sien – mais elle ne pouvait prendre ainsi le risque de blesser Lula. Elles avaient un accord ; son unique condition serait honorée.

India portait une robe asymétrique blanche flottante signée Elie Tahari qui, bien que ravissante, donnait plutôt l'impression qu'elle s'était enroulée dans un drap taché de peinture. Avant même d'avoir atteint l'entrée des artistes ou pris une coupe de champagne sur un plateau, elle était couverte de compliments. Magnifique, cette robe, si élégante, si seyante, où l'as-tu trouvée ? Les gens étaient partout, tel un vol d'oiseaux fondant sur elle, comme des mouettes sur une plage où elle tendrait l'unique sandwich. Tous voulaient lui parler, capter son attention. Un reporter de l'*Inquirer* l'avait prise en photo alors qu'elle portait toujours ses lunettes de soleil. India était submergée. Il lui fallait un minimum d'espace vital, quelques instants pour poser son sac, goûter le champagne, pénétrer dans les salles d'exposition. Son entrée provoquait-elle toujours pareille cohue ? Ou tout cet intérêt découlait-il d'autre chose ? Savaient-ils ? Était-ce une évidence, ou une simple rumeur ?

India s'était forcée à respirer. Elle devait se détendre. L'exposition était toujours aussi éprouvante, se rassurait-elle, car elle connaissait presque tout le monde dans la pièce, et les quelques personnes qu'elle ne connaissait pas tenaient à lui être présentées. Pourtant, son esprit s'emplissait de scènes tirées de ses cauchemars éveillés – son corps hideux et bosselé, son visage difforme et laid, sa silhouette révélant l'épouvantable salope qu'elle était en réalité – tandis qu'elle fendait la foule.

Le président du conseil d'administration, Spencer Frost, l'attendait à l'entrée des salles d'exposition. Il ruisselait, cramoisi, comme en pleine extase.

— Mon Dieu, India, c'est fantastique ! Cette fille est une star ! Je veux tout acheter. J'en ai déjà pris deux pour moi et un pour l'école. Ils sont si… enfin, va voir par toi-même.

India était entrée dans la pièce principale contenant d'immenses canevas élancés – pareils aux Delacroix du Louvre –, tous étaient de Lula, et représentaient India. Une India déconstruite puis reconstruite – India en à-plats de couleur à la Rothko ; ses seins, ses jambes, son cul autrefois sublime resplendissant d'une manière qui suggérait un mouvement fluide. Sa peau était luminescente, les lignes parfaites. India avait dû jouer des coudes – la salle était bondée, et elle avait ressenti un instant une compassion infinie pour tous les étudiants dont l'œuvre ne recevrait qu'un dixième de cette attention –, car elle tenait à les voir. Lorsqu'elle les eut contemplés correctement, elle avait triomphé. Non pour elle-même (enfin, peut-être un petit peu, quand même), mais pour Lula.

Elle s'était dit : Elle l'a fait.

India quitta la table du jardin, la lettre à la main. Elle se reversa un verre de vin et transporta la missive dans sa chambre à l'étage. Roger était perché sur la commode ; avec l'humidité ambiante, ses cheveux d'algues avaient molli. Elle rangea la lettre de Lula dans son tiroir et envisagea de faire une sieste sur son matelas gélatineux, mais elle en ressortirait une ou deux heures plus tard, la bouche pâteuse et la tête dans un étau. Non merci.

Elle crut entendre Chess remuer en bas. Elle referma soigneusement le tiroir de la commode.

Me suis-je trompée à ton sujet ?

La 108e Expo annuelle avait été un succès comme ni Lula ni India n'avaient pu l'imaginer. Lula avait vendu chacune de ses toiles. Deux à Spencer Frost pour sa collection privée (or tout le monde savait qu'il ne collectionnait que les artistes défunts), et une à l'école par son biais. Les plus grandes toiles allaient à Mary Rose Garth, héritière du caoutchouc et la présence la plus flamboyante à l'Expo (elle était connue pour venir munie d'une feuille de pastilles rouges afin de se réserver les meilleurs tableaux avant même que quiconque ait pu les voir). Une toile était vendue à un collectionneur de Seattle (la rumeur, non corroborée, affirmait qu'il s'agissait de Bill Gates), une autre au cabinet d'avocats le plus prestigieux de Philadelphie. Chaque galeriste présent voulait représenter Lula. Elle allait devenir riche, aussi bien que célèbre.

— Mais je ne quitte pas l'école, avait-elle assuré à India. Je veux terminer mes études. Obtenir ce foutu diplôme.

— Bien sûr, mon petit, avait répondu India. Mon canard.

India était bien imbibée. Il était tard – 3 h 20. Lula et India avaient survécu au vernissage, à la réception qui le clôturait, au dîner au Tria qui avait suivi, à une tournée au Valanni après le repas, et à un tour de danse au

105 Social. Elles avaient fumé un joint en regagnant North Broad Street. Lula voulait revoir les toiles une dernière fois – certaines partiraient aux mains de leurs propriétaires dès le matin –, et India aussi.

C'est en lui promettant de rester aux Beaux-Arts, debout devant les tableaux, que Lula avait enroulé les bras autour de la taille d'India et que celle-ci avait senti ses lèvres sur son cou. India était ivre, défoncée, encore sous le choc de la soirée la plus exceptionnelle de sa vie. Elle aurait très bien pu céder à Lula, sombrer sous la surface pour se noyer dans les bras de la jeune femme.

Au lieu de quoi, elle s'était écartée.

— Non. Je regrette.

Lula avait fait une nouvelle tentative. Elle était tendre, sa voix calme.

— Je l'ai bien vu quand tu posais pour moi. Je l'ai senti, mais j'ai attendu.

Que pouvait répondre India ? En posant pour Lula, elle avait connu les heures les plus érotiquement chargées de son existence. Elle ne pouvait le nier. Si Lula avait fait ses avances alors qu'India était étendue sur son canapé en daim, jamais elle n'aurait pu la repousser.

— Je regrette, avait-elle répété.

— Je t'aime, avait répondu Lula. Je suis sérieuse. Je t'aime, India.

India frissonnait. Pour la première fois ce soir-là, elle pensait à Bill, à la folie et la richesse de sa vie avec lui. Même lorsque les enfants étaient malades et le ciel gris, même lorsqu'il sombrait dans la manie ou la dépression, India s'était sentie vivre. Elle s'était sentie impliquée, intéressée, mise au défi. C'était ça, partager le quotidien d'un génie.

Mais elle n'en avait plus la force.

— Lula…

Elle avait saisi le menton de Lula pour l'obliger à la regarder.

— … Je regrette.

Lula l'avait giflée, violemment.

India avait laissé échapper un cri. Qui avait résonné à travers la pièce caverneuse. Là encore, Bill : il l'avait giflée une fois en public, sur un quai du métro de Stockholm. Elle s'était promis de divorcer. Mais elle ne l'avait pas fait.

Devait-elle gifler Lula à son tour ? Lula cherchait-elle une bagarre, un crêpage de chignon en règle ? Finiraient-elles au sol, entremêlées en une pile mouvante ?

India s'était détournée. Elle avait repris sa pochette sur le plateau et quitté la pièce.

— India, avait crié Lula. INDIA !

India ne s'était pas arrêtée. Elle avait roulé jusqu'à son domicile, où elle avait dormi comme un bébé jusqu'à midi.

C'était le week-end du Memorial Day. India l'avait passé tranquillement à la maison, à jardiner. Dès le mardi matin, la nouvelle s'était répandue comme une traînée de poudre : Tallulah Simpson quittait les Beaux-Arts de Pennsylvanie. Pour rejoindre Parsons.

Lorsque India regagna le rez-de-chaussée, Chess était en train de se réveiller, les yeux larges et brumeux comme ceux d'un nouveau-né.

— Quelle heure est-il ? s'enquit-elle.

— Bientôt 17 heures, répondit India, alors qu'il n'était que 16 h 15. Tu veux un verre de vin ?

— Je veux bien. Où est maman ?

— Partie en balade.

Chess hocha la tête.

— J'ai dormi une éternité.

— Et la nuit, tu dors ? demanda India.

— Comme une pierre.

— Tu en as, de la chance.

Cela n'avait pourtant rien à voir avec la chance. La pauvre fille était dépressive. India se sentit envahie par la culpabilité. Elle était censée parler à Chess. L'aider. C'était la raison de son invitation.

India versa un verre de vin à Chess et remplit le sien. Elle était ivre, ou presque, ce qui n'était pas plus mal pour se lancer dans une conversation sérieuse.

— Viens t'asseoir avec moi, dit-elle.

Chess accepta le vin avec gratitude et s'installa à la table du jardin. India fouilla la cuisine à la recherche de quelque chose à grignoter – elle trouva une boîte de cacahuètes espagnoles et un paquet de gaufres Bremner périmées au goût de carton humide.

India avait préparé une phrase d'introduction. Ta mère veut que je te parle. Maladroit, digne d'une maîtresse d'école. Cela aurait l'air d'une réprimande. L'idée, India le savait, était de lui parler de Bill – sa mort, ce qu'elle en avait ressenti, comment elle s'en était remise. Mais elle n'avait guère envie de parler de lui. Son esprit était ailleurs.

India réfléchit une seconde tout en étudiant les traits de Chess. Sans ses cheveux tout autour, son visage semblait plus frappant encore qu'à l'accoutumée. Elle avait des yeux bleu clair, à l'iris cerclé de noir, d'un effet saisissant. Ses joues étaient grillagées de rose à l'endroit où elles s'étaient posées sur le tissu revêche du canapé du salon. La pauvre gamine cherchait désespérément quelque chose – une miette, un indice, des conseils sur la marche à suivre. Elle avait rompu ses fiançailles – son promis était mort. Il y avait d'autres choses qu'elle taisait. Elle n'était pas prête à parler, mais en la regardant, India se demanda si elle serait prête à écouter.

Pourrait-elle digérer l'histoire de Lula et de sa chère vieille tante ?

Au diable, India, se dit-elle. Vide ton sac !

— J'ai reçu une lettre aujourd'hui, commença-t-elle.

Chess

Sa dépression était un refuge où se cacher. Birdie avait frappé à la porte, et Chess l'avait ignorée. Barrett Lee avait frappé à son tour, et elle l'avait renvoyé. Puis ce fut le tour d'India, et Chess – en grande partie parce qu'elle ne pouvait se résoudre à se montrer cruelle envers sa tante – accepta de tendre l'oreille. Tante India lui parla d'une étudiante, du lien indissoluble entre elles. Son histoire était captivante. Pour la première fois depuis son arrivée, Chess pensa à autre chose qu'à sa propre personne.

— Tu l'aimes ? demanda-t-elle.

India porta les doigts à ses tempes en roulant les yeux en arrière, comme une svâmini tentant de voir l'avenir.

— Je n'en sais rien, dit-elle avec un sourire avant d'allumer une cigarette. Le problème, ma chérie, c'est que les émotions humaines se présentent à nous sans cesser de nous surprendre. Tu vois ce que je veux dire ?

— Quoi ?

— Ce que je veux dire, c'est que tu n'es pas seule.

Septième jour.

Les émotions humaines se présentent à nous sans cesser de nous surprendre.

India Bishop

Nick m'avait embrassée. Je repensais à ce baiser chaque jour, une centaine, un millier de fois. J'essayais de me rappeler comment j'avais agi ou réagi, mais tout s'était passé si vite que je n'en avais plus le moindre souvenir. Mon seul souvenir, c'était lui. Je me demandais si j'aurais dû dire autre chose, me conduire différemment, parce qu'après ce baiser, il ne se passa plus rien pendant longtemps. J'aurais dû lui faire comprendre mes sentiments, j'aurais dû l'empêcher de s'éloigner, l'embrasser plus longuement, faire plus que l'embrasser.

J'ai continué à sortir avec Michael. Je voyais Nick de loin en loin – on allait le voir en concert au Bowery Ballroom ou au Roseland une fois par mois ; il me contemplait alors avec un désir intense, une fois seulement, après quoi il ne me regardait plus. Il était toujours entouré de femmes – des brindilles aux cheveux longs en jeans et débardeurs, couvertes de bijoux artisanaux, des filles belles et anorexiques qui n'étaient que des groupies –, mais je ne l'ai jamais vu deux fois avec la même. La seule fois où j'ai demandé à Michael s'il pensait que Nick fréquentait quelqu'un, il m'a répondu : « Qu'est-ce que tu appelles fréquenter, exactement ? »

Il y avait les dîners de famille avec Cy et Evelyn, mais Nick n'est jamais revenu.

Michael voyait son frère au poker le mercredi soir. Les parties avaient lieu chez un de leurs anciens camarades de lycée, Christo Snow. On y jouait gros, on y mangeait bien, et Christo ne se contentait pas d'engager un donneur d'Atlantic City, mais aussi le vigile qui allait avec. Michael gagnait ou perdait de l'argent.

Nick gagnait toujours ; c'était là sa principale source de revenus. Un soir, après la partie, Michael est rentré avec un œil tuméfié. Nick l'avait frappé.

J'ai sursauté.

— Pourquoi ?

— On s'est disputés.

— À quel sujet ?

Comme toujours après ces soirées poker, Michael était saoul. Autrement, il ne m'aurait jamais répondu.

— Toi.

— Moi ?

— Il dit que je suis pas bien pour toi.

— Pas bien pour moi ?

— Pas assez bien.

Ma tête s'est mise à tourner. Je me rappelais que Michael avait cassé le nez de Nick, il y a longtemps, à cause d'une fille. J'aurais dû ressentir de la sympathie pour Michael, mais au lieu de cela, j'ai senti mon cœur s'envoler à tire-d'aile. Nick m'aimait.

— C'est stupide, ai-je répondu.

J'ai revu Nick la semaine avant Noël. Il était assis sur un banc, au journal. J'étais sur le point de partir ; on venait de boucler le numéro de février, avec ses soupes réconfortantes, ses ragoûts et son menu spécial parties de luge. J'éprouvais cet énorme soulagement que je ressens toujours lorsque je boucle un bon numéro, et pour ne rien gâcher, c'était les fêtes, j'avais douze jours de congé, et la société de Michael organisait ce soir-là une soirée de Noël à la Morgan Library. Je me sentais drôle. Je ne partageais pas l'enthousiasme de Birdie ou de Tate pour les fêtes ; Noël était pour les enfants, or je n'en avais pas et n'en étais plus une moi-même – mais, ce jour-là, j'étais d'humeur festive.

Et puis j'ai aperçu quelqu'un qui ressemblait à Nick mais qui ne pouvait être lui, assis sur un banc près des portes à tambour de notre immeuble de bureaux. En approchant, j'ai vu son visage, ses cheveux, ses yeux. Il portait un manteau de laine noir et un jean, et les vigiles qui surveillaient l'entrée le regardaient d'un œil méfiant.

— Nick ?

Il m'a lancé son regard habituel. Ma tête s'est mise à bourdonner. Des chants de Noël passaient à l'accueil, et à ce moment précis, Burl Ives susurrait « Have a Holly Jolly Christmas ».

— J'étais dans le coin.

Mensonge. Je travaillais à Midtown. Jamais Nick Morgan n'aurait eu quoi que ce soit à faire à Midtown.

Je ne savais quoi répondre. Je ne pouvais détacher mes yeux de lui, je ne voulais pas qu'il détache les siens de moi non plus. Nous sommes restés debout dans cette entrée en marbre, avec des gens qui nous dépassaient dans toutes les directions et Burl Ives qui chantait, bloqués tous les deux dans un champ magnétique argenté.

Il a finalement dit :

— Viens, on s'en va.

Nous avons marché. Il ouvrait la voie, je le suivais juste derrière. Nous avons remonté la 5e Avenue au milieu de la foule. Tous ces gens, toute cette joie festive – les guirlandes aux lampadaires, le papier cadeau qui recouvrait la boutique Louis Vuitton, les monceaux de dragées dans une vitrine chez Henri Bendel. Nous sommes passés devant le Plaza ; de l'autre côté de la rue, la file d'attente de FAO Schwarz comptait dans les cinq cents personnes. Lorsque je parcourais la ville avec Michael, ces détails me captivaient. Avec Nick, tout ce qui m'intéressait, c'était lui.

Nous sommes entrés dans le parc, avons pris le premier sentier. Il faisait froid, mais je m'en fichais. Nick me guidait en direction d'un arbre – dénudé, majestueux, protecteur. Immédiatement, c'est devenu notre arbre. Je me suis tournée pour lui faire face et il m'a embrassée. Il m'a vraiment embrassée, nous nous sommes embrassés, et, bon sang, c'était la première fois que je vivais ça. Nick était plus sensuel que Michael – plus attentionné, moins attentif. Il m'a dit :

— Tu m'obsèdes.

Cela aurait dû me surprendre, et pourtant… Même si je voyais Michael, c'était à Nick que je pensais à chaque heure du jour et de la nuit. Je rêvais de lui. Je faisais une fixation sur l'affiche dans la cuisine de Michael, sur les photos chez Cy et Evelyn. Je trouvais des excuses pour prononcer son nom.

— Qu'est-ce qu'on va faire ?

Il n'a rien répondu.

J'ai pensé à ce qui allait arriver si je disais simplement à Michael : Écoute, je suis amoureuse de ton frère. *Il le prendrait mal, à n'en pas douter ; cela résulterait en un nouvel œil poché, un nouveau nez cassé, voire pire. Cy et Evelyn seraient coincés, mais allaient-ils laisser ce simple événement détruire leur monde ? Allaient-ils déshériter Nick, et, si oui, cela allait-il détruire notre monde en retour ?*

Nick secouait la tête.

— Je le déteste, ce mec, vraiment. Mais je l'aime, aussi. Je ne peux pas lui faire une chose pareille.

— Non, moi non plus.

— Mais je ne pouvais plus tenir. Il fallait que je te voie. Que je t'embrasse. Aujourd'hui.

— OK, j'ai dit. Oui.

Nous nous sommes embrassés de nouveau – je ne pouvais me rassasier de lui –, et puis il s'est détourné, et il est parti – en me laissant là, dans les ténèbres du parc, ce que son gentleman de frère n'aurait jamais fait.

Une semaine plus tard, le jour de Noël, je suis allée chez les Morgan dans le New Jersey, parcourue par un frisson d'impatience. Ce matin-là, Birdie nous avait concocté le petit déjeuner festif habituel : œufs à la bénédictine et pain perdu. Je n'avais pu en manger une bouchée. Michael et moi avons pris la route du sud jusqu'à la maison de ses parents ; j'ai fait mine de dormir, de façon à ne pas avoir à lui parler. Nous avons marché jusqu'à la demeure des Morgan qui, tout comme celle de Birdie, était ornée de houx et sentait la cannelle. Evelyn a surgi du salon, où un feu rugissait dans la cheminée et des douzaines de cadeaux étaient empilés au pied d'un immense sapin. Evelyn portait un pull brodé aux couleurs de Noël et un pantalon de velours rouge.

— Je suis si contente que vous ayez pu vous libérer. Dora est là, mais ton frère ne viendra pas.

— Ah bon ?

— *Il a appelé ce matin. Il a dit qu'il ne se sentait pas bien, a expliqué Evelyn en fronçant les sourcils. Pourtant il m'avait l'air en pleine forme.*

Tate revint de sa virée en solitaire à North Pond cramoisie et frétillante d'excitation. Sa joie était déstabilisante. Comment Chess aurait-elle pu se confier à sa sœur sur « tout ce qui était arrivé » alors que celle-ci se montrait si heureuse ?

— Monte au grenier avec moi, dit Tate. J'ai quelque chose à te raconter.

— Je ne peux pas, répondit Chess. Il faut que j'aide Birdie pour le dîner.

Ce qui était vrai : elle décortiquait le maïs. Mais il ne lui restait qu'un épi à préparer.

— J'ai besoin de toi tout de suite, insista Tate.

Chess soupira.

— Un instant. Laisse-moi finir.

On étouffait là-haut. La minuscule fenêtre de l'avant-toit était ouverte, mais aucun air ne filtrait. Tate attira Chess sur le lit à côté d'elle.

— Devine ce qui est arrivé !

— Quoi ? demanda Chess.

— Barrett m'a invitée à sortir. À une soirée sur Nantucket, demain soir.

Chess resta silencieuse. Que dire ?

— Je sais qu'il te l'a demandé en premier, ajouta Tate.

Chess tortilla des orteils.

— Il me l'a proposé ce matin. C'était juste par gentillesse. Pour me prouver qu'il ne m'en voulait plus.

— Pourquoi est-ce qu'il t'en voudrait ?

— Oh…

Chess n'était pas sûre de pouvoir embrayer sur le sujet de Barrett.

— À cause d'une vieille histoire.

Tate tira la langue en louchant. Elle pouvait se montrer si gamine par moments, aussi handicapée émotionnellement qu'un garçon de treize ans. Tate était sa sœur, son amour inconditionnel, mais la réalité était dure : elle n'avait ni la maturité ni la compréhension nécessaires pour comprendre ce que Chess voulait lui raconter. Tate était branchée ordinateurs, pas intellectuelle : pour elle, soit les choses marchaient, soit elles ne marchaient pas. Elle ne s'intéressait pas aux situations complexes ou moralement ambiguës. Elle ne voulait pas savoir ce qui était arrivé entre Barrett et Chess treize ans plus tôt ; pour Tate, le passé était le passé, quel intérêt y avait-il à le ressasser ? Elle n'était pas suffisamment fine pour comprendre comment, à bien des égards, le passé donnait du sens aux choses. Tate ne s'intéressait qu'aux dernières heures, à aujourd'hui, demain, elle et Barrett Lee ensemble. Elle flottait, et Chess ne voulait pas être celle qui crèverait sa baudruche.

— Tu vas t'amuser, dit-elle. Je pense que toi et Barrett allez bien mieux ensemble.

— Oui, répondit Tate. J'en suis sûre.

Birdie

Elle se réveilla à 2 heures du matin.

Elle s'était couchée comme d'habitude à 22 heures, après un dîner bien arrosé et une heure ou deux consacrées à tricoter pour le petit-fils d'India.

— Alors, emballée à l'idée de devenir grand-mère ? lui avait-elle demandé.

Elles étaient assises toutes les deux sous le porche. India fumait une énième cigarette en buvant ce qu'elle prétendait être son onzième verre de vin. Ivre, elle se laissait aller à un peu de lyrisme.

— Je ne crois pas que qui que ce soit puisse être proprement emballé à l'idée de devenir grand-mère, étant donné que cela signifie officiellement l'entrée dans la vieillesse. Difficile de se voir comme un sex symbol quand on est mamie, non ? Car enfin, où sont passées nos vies ? À croire qu'on a été ados pendant une éternité, puis jeunes épouses, mères, puis il y a eu cette période interminable où les enfants grandissaient et Bill et moi étions occupés à construire sa carrière, prendre soin de la maison, négocier le tout, puis Bill est mort, et il y a eu cette longue période de deuil, et puis je me suis ressaisie, j'ai tourné la page, et pendant cinq minutes, semble-t-il, j'ai été libre, indépendante, incroyablement productive, et maintenant, d'un seul coup, c'est terminé. Et je vais me retrouver grand-mère.

Elle avait laissé échapper un ruban de fumée.

— Mais, oui, je crois qu'une fois le fait accompli, j'en serai ravie.

— Moi, en tout cas, je me réjouis de devenir grand-mère un jour, avait dit Birdie.

— Oh, bien sûr, Birdie, avait répondu India non sans gentillesse.

Hank était grand-père, pensa Birdie, et il adorait ça. Il faisait partie de la vie de ses petits-enfants. Il les emmenait à la crèmerie Stew Leonard et au musée des enfants de Norwalk. Il allait les chercher à la sortie de l'école tous les mardis.

Birdie soupira. Elle aurait aimé passer ne serait-ce que dix minutes, ou même cinq, sans penser à Hank. Ce qui ne se produirait, elle en avait conscience, qu'après une longue et importante conversation avec l'homme en question. Elle en éprouvait un besoin physique, pareil au manque de nourriture ou de nicotine. Tate avait mis le doigt dessus cet après-midi : Birdie appelait systématiquement Hank au mauvais moment. Il fallait donc lui tendre une embuscade, pensait-elle. Si elle se réveillait au milieu de la nuit, elle sauterait du lit et marcherait jusqu'à Bigelow Point à l'aide de sa lampe torche pour appeler Hank. L'idée avait fait son chemin dans son subconscient, et voilà le résultat : elle s'était réveillée.

Elle descendit l'escalier à tâtons. Elle avait laissé son téléphone et sa lampe ensemble sur le comptoir. Elle les attrapa tous les deux. Trouva ses sandales. Se glissa dehors.

OK, pensa-t-elle tout en prenant le sentier, elle était bonne pour l'asile. 2 heures du matin, et elle était occupée à traverser Tuckernuck à pied en direction de Bigelow Point. Elle aurait bien pris la Scout, mais elle craignait de réveiller India et les filles en mettant le contact.

La lune croissante entrait dans son troisième quartier, ce qui éclaircissait considérablement son chemin. Birdie dirigea le rayon de sa torche sur la piste. Elle n'avait pas peur des bêtes sauvages, mais plutôt de se casser la jambe en trébuchant sur une racine ou une pierre, ou de se fouler la cheville en marchant dans un trou inattendu. Elle avançait avec prudence, s'arrêtant à intervalles réguliers pour scruter Tuckernuck dans la profondeur des ténèbres. Le tableau était d'une beauté étonnante – la piste et les broussailles environnantes luisaient au clair de lune.

Un monde simple. Son cœur compliqué. Elle poursuivit sa route.

Le trajet lui semblait long, et à un moment donné, elle craignit de s'être perdue. Elle atteignit finalement la maison d'Adeliza Coffin – sombre, sinistre, même à la lueur de la lune. Ses grands-parents lui avaient raconté des histoires au sujet d'Adeliza, campée sur le palier, un fusil à la main, effrayant les intrus qui osaient fouler la terre sanctifiée de Tuckernuck. « Une femme formidable », disait le grand-père de Birdie, même s'il était difficile de savoir s'il l'avait réellement connue ou s'il se contentait de relayer la légende. Birdie dépassa en hâte la maison – enfants, elle et India avaient l'habitude de retenir leur respiration et de se boucher le nez. Mais passer devant la maison d'Adeliza Coffin était de bon augure, c'était le dernier repère avant l'étang.

Birdie continua sa progression ; bientôt, elle entendit les vagues et vit l'eau scintiller devant elle comme un drap de soie lisse. Elle avança sur la mince bande de terre qui contenait North Pond : Bigelow Point.

La marée était haute. L'eau submergeait la pointe de la presqu'île. Jusqu'à quelle profondeur ? Birdie portait une simple chemise de nuit en coton qui descendait jusqu'aux genoux. Ainsi que des sous-vêtements. India dormait en tenue d'Ève – lorsqu'elle se promenait dans la maison, elle enfilait un kimono de soie, sans rien dessous. India n'aurait pu traverser Tuckernuck de nuit.

Birdie avança dans la mer. L'eau était bonne, plus chaude que l'air. Elle pataugea en direction de la pointe de la presqu'île, relevant sa chemise de nuit à mesure qu'elle s'enfonçait. Elle avait de l'eau jusqu'à mi-cuisse. La mer était si bonne que Birdie ressentit l'envie d'uriner. Elle satisferait ses besoins chacun son tour, en commençant par le plus important. À savoir Hank.

Elle l'appela chez lui. Il dormait sans doute, mais gardait un téléphone juste à côté du lit dans le cas où la clinique le contacterait au sujet de Caroline. Hank avait le sommeil léger. Les quelques fois où ils avaient passé la nuit ensemble, Birdie l'avait toujours réveillé lorsqu'elle s'était levée pour aller aux toilettes ou réveillée en sursaut d'un rêve. Hank entendrait la sonnerie du téléphone. Il y répondrait.

Le téléphone sonna. Quatre, cinq, six, sept fois. Puis il y eut un déclic. La voix de Hank sur le répondeur. Birdie raccrocha.

Elle rappela immédiatement, implorant : Je t'en prie, Hank, réveille-toi, décroche !

De nouveau, le répondeur. Birdie fit une nouvelle tentative. La nuit était bien avancée. Il était peut-être profondément endormi, plongé dans le tréfonds du sommeil paradoxal, d'où il pouvait entendre la sonnerie mais penser qu'elle faisait partie de son rêve.

Encore. Encore. Encore.

Birdie essaya ensuite son portable. Il était 3 h 15. Hank n'avait aucune raison d'être sorti à une heure pareille, impossible, mais peut-être passait-il la nuit chez ses enfants, pour s'occuper de Nathan ou de Cassandra.

Hank ne décrocha pas. Birdie l'appela quatre fois. Puis elle rappela son domicile, laissant un message sur le répondeur. « Bon sang, Hank ! » Avant de raccrocher.

Bon sang, Hank : pas très éloquent, mais efficace. Elle en avait assez. Elle voulait lui parler.

Elle se rendit compte que l'eau continuait de monter ; dans sa ferveur à joindre Hank, elle avait lâché l'ourlet de sa chemise de nuit, qui était à présent trempée. Sa culotte était mouillée, tellement l'eau était montée. Birdie se soulagea donc, douce délivrance, avant de se demander si le produit de sa miction pouvait attirer les requins. La plage semblait lointaine ; elle devrait peut-être nager, pour finir trempée de la tête aux pieds, au beau milieu de la nuit, à trois kilomètres de la maison. Sans compter son téléphone qui serait foutu dans l'affaire. Elle se mit à pleurer – non parce qu'elle était mouillée ou qu'elle avait peur des requins, pas même parce qu'elle était morte de fatigue. Elle pleurait à cause de Hank.

Tandis qu'elle pataugeait jusqu'à la rive, elle fit de nouveau l'impensable : elle appela Grant. Il répondit à la troisième sonnerie de sa voix nocturne, une voix en apparence alerte, éveillée, mais en réalité enfouie.

— Allô ?

— Grant ?

— Bird ?

Elle était soulagée qu'il la reconnaisse. Un jour viendrait peut-être, elle en avait conscience, où ce ne serait plus le cas.

— Tout va bien ?

— Hank ne m'aime pas.

— Hank ? Qui est Hank ?

— Mon ami. L'homme que je vois depuis quelque temps.

— Oh. Où es-tu ?

— À Tuckernuck. Bigelow Point.

— On est au milieu de la nuit.

— Je sais. Hank ne m'aime pas.

Il y eut une longue pause. Suffisamment longue pour que Birdie se demande si Grant ne s'était pas rendormi.

— Grant ?

Il sursauta. Oui, elle l'avait surpris en train de repartir chez Morphée. Il lui avait souvent fait le coup durant leur vie commune.

— Qu'est-ce que tu veux que j'y fasse ? Que je lui casse la figure ? Que je l'appelle pour le traiter d'idiot ?

Birdie regagna la rive. Elle trouva sa torche dans le sable et pointa le faisceau lumineux sur le ciel noir.

— Tu ferais ça ?

Tate

Elle n'avait rien à se mettre. Jamais, dans ses rêves les plus fous, elle n'aurait espéré se trouver conviée à une soirée mondaine dans une maison luxueuse de Nantucket. Elle avait pris des chaussures de course, des maillots de bain, des shorts, des t-shirts. Chess, de son côté, était venue avec l'intégralité de sa garde-robe, heureusement.

— Ça t'embête si je t'emprunte une robe ? Je ne sais pas ce que je ferai si tu refuses, dit-elle.

— Prends ce que tu veux, répondit Chess.

— Tu veux bien m'aider ?

Chess soupira, mais Tate ne se laissa pas berner. Chess se considérait comme trop déprimée pour aider à une tâche aussi frivole que celle de choisir des vêtements, mais Tate savait qu'en son for intérieur elle se sentait flattée et accueillait cette distraction avec joie. Dans le cas présent, le choix était capital. Si Tate portait la tenue adéquate, elle se sentirait sexy, confiante, et si elle se sentait sexy et confiante, Barrett Lee tomberait amoureux d'elle. Tate s'était d'abord inquiétée de ce que Chess elle-même avait peut-être un faible pour Barrett, mais cela ne semblait pas être le cas. Barrett Lee tombait dans la même catégorie que tout le monde : Chess était trop centrée sur elle-même pour penser à lui plus que ça.

Les robes de Chess étaient suspendues à une tringle en bois dans le placard improvisé du grenier. Tate isola une robe d'été blanche à fleurs bleues. Elle l'enfila. Joli, un peu sérieux peut-être ? Chess était allongée sur le lit.

— Je la portais la première fois que j'ai rencontré les parents de Michael, dit-elle. Un dîner de famille dans leur maison. Nick était là, Cy et Evelyn aussi, bien sûr.

Tate laissa tomber ses bras. Chess voulait donc jouer ce jeu-là ? Elle ôta la robe et en prit une autre, orange à pois blancs.

— Je l'avais achetée pour le dîner de répétition, dit Chess. Essaie-la.

Tate hésita. Chess l'avait achetée pour son dîner de répétition ? Tate l'essaya. Elle était irrésistible, mignonne et aguicheuse, et Tate adorait l'idée de porter de l'orange. C'était une déclaration d'intention ; elle égaierait la soirée d'un rayon de lumière pimpante. Mais quelque chose dans la robe faisait très Chess. Les pois blancs, peut-être, ou le jabot à l'encolure. Chess avait acheté cette robe pour son dîner de répétition. Elle était hors sélection.

— Non, je ne crois pas, dit Tate.

— Je vais jamais la porter, tu sais.

— Mais si.

Tate contempla les trésors dans le placard. Toutes ces robes ! La vie de Chess avec Michael Morgan avait donc consisté… en quoi ? Soirée sur soirée ?

— Je vais plus jamais m'habiller pour sortir, déclara Chess.

— Mais si, rétorqua Tate. Tes cheveux vont repousser.

Un duvet blond pointait déjà ; sa tête prenait des allures de pêche.

— Je dis pas ça pour que tu t'apitoies sur moi. Je veux juste te faire comprendre que tu peux prendre ce que bon te semble.

— Message reçu.

Même chez elle, dans son armoire, Tate n'avait pas une seule tenue digne d'une soirée pareille. Elle n'avait pas de robe d'été pour dîners mondains car elle n'y était jamais invitée. Elle n'allait pas manger chez les parents de ses petits amis. Elle était, elle en prenait conscience, socialement attardée. Elle ne faisait que travailler, se défoulant de temps en temps au karaoké dans des bars d'hôtel en compagnie de ses clients et de leurs secrétaires pleines d'entrain. Alors même qu'elle s'apprêtait à sombrer dans l'apitoiement et à se laisser gagner par la panique – saurait-elle seulement comment se comporter durant cette soirée ? –, Chess lui dit :

— Essaie la rouge.

Tate sortit une robe rouge du placard. C'était un simple fourreau de soie.

— Elle n'est pas encombrée d'un souvenir déchirant, j'espère ?

— Un peu, si. C'est ce que je portais au Bungalow Eight, le soir où j'ai rompu avec Michael.

— Bon dieu, Chess.

C'était sa robe de rupture ?

— Essaie-la, insista Chess. À un moment, je pensais que c'était ma robe porte-bonheur. Et j'ai des talons Jimmy Choo assortis à tomber.

Tate l'enfila. Elle était magnifique. Elle passa les talons à tomber. C'étaient des escarpins en daim rouge à attaches en serpent. Tate se sentit femme, peut-être pour la toute première fois de sa vie. Qu'est-ce que cela disait d'elle ? Elle préférait ne pas y penser. Elle voulait simplement porter ce fourreau pour toujours, en dépit du fait qu'il avait un passé plus épouvantable encore que la robe orange à pois blancs.

— C'est bon, dit-elle. C'est celle-là.

— C'est celle-là, confirma Chess. Ta robe talisman. Ta robe à briser les cœurs.

Tate avait la robe et les chaussures ; elle avait son bronzage, aussi. Elle s'attela au reste, qui se révéla délicat. Elle lima et vernit ses ongles – parfait, à l'exception du sable qui entachait le vernis. Elle se fit un shampooing suivi d'un après-shampooing sous la douche tonifiante avant de se brosser soigneusement les cheveux. Un coup de sèche-cheveux n'aurait pas été de refus ; mais en l'état, elle devait se contenter de croiser les doigts. Elle laissa India la maquiller. Tate ne mettait jamais rien de plus que du baume à lèvres, mais India insista pour lui appliquer du mascara, de l'eye-liner et un peu de gloss. Birdie lui prêta une pochette argentée qui, l'assura-t-elle, avait appartenu, dans les années 1930, à son arrière-grand-mère et ne quittait jamais le tiroir supérieur de sa commode. (N'était-ce que pure invention ?) India lui prêta une étole dorée (pedigree : Wanamaker's, 1994). Le besoin qu'India avait eu d'amener pareil accessoire à Tuckernuck dépassait Tate, mais elle se retint de lui poser la question. Aujourd'hui, elle jouait les Cendrillon ; elle ne voyait aucun inconvénient à ce que les objets se matérialisent comme par magie.

— De quoi j'ai l'air ? demanda-t-elle.

Il n'y avait pas de miroir lui permettant de se faire une idée dans la maison. Elle s'inquiétait pour ses cheveux.

— Oh, ma chérie, dit Birdie. Tu es magnifique.

— Je vais te prendre en photo, annonça India.

Elle avait emporté un de ces appareils jetables montés dans un boîtier en carton. Pour autant que Tate sache, elle ne s'en était pas encore servie. Le séjour n'avait rien eu d'exceptionnel jusque-là.

Tate posa pour la photo, l'air gêné. Elle se sentait coupable à l'idée de se faire belle pour un dîner sur l'île principale – le monde réel, pourvu en eau chaude et en électricité, où des étrangers allaient lui faire la conversation. Ne devait-elle pas plutôt rester à la maison, manger du maïs grillé et de la tarte aux myrtilles, et jouer au solitaire pendant que chacune lisait, tricotait ou se plongeait dans sa vie intérieure ? Non, c'était idiot. Elle devait y aller.

C'était, à maints égards, ce dont elle avait toujours rêvé.

Elle se tenait debout sur la plage, vêtue de sa robe de soie rouge, l'étole d'India, la pochette de son arrière-grand-mère et les chaussures de Chess à la main, lorsque Barrett arriva à 18 heures. À ses pieds gisait également un sac à dos, contenant une chemise de nuit (empruntée à Chess), sa brosse à dents et sa tenue de jogging. En haut des escaliers, elle avait embrassé et dit au revoir à tout le monde, comme avant un grand départ.

— Je serai de retour demain matin, avait-elle dit.

Drôle comme Tuckernuck, un des coins les plus reculés de la côte est, lui semblait à présent le centre du monde.

Barrett coupa le moteur. Il la fixait d'un regard qu'elle avait attendu toute sa vie. Il la fixait !

— Bon sang, ce que tu es belle.

Tate baissa la tête de façon à ce qu'il ne voie pas son expression stupide. La robe avait rempli sa mission. Ainsi que le maquillage. Et que tout ce à quoi il réagissait. Barrett sauta du bateau et le tira jusqu'à la rive, comme à son habitude. Mais cette fois-ci, tout était différent : il portait une chemise oxford blanche, une cravate vert gazon à motif de voiliers, un blazer marine et un bermuda beige. Il s'approcha de Tate en disant : « Je vais me débarrasser de ça d'abord. » Et l'embrassa. Il avait un goût de bière. Ses lèvres étaient tièdes et douces, et Tate ressentit une secousse tandis que le sang irriguait toutes les bonnes zones de son corps. Son estomac se noua, elle battit des paupières. Badaboum !

Oh mon Dieu, pensa-t-elle. Embrasse-moi encore.

Il l'embrassa encore. On aurait dit une scène tout droit sortie de ses fantasmes d'adolescente. Puis elle entendit un bruit, un sifflement, des applaudissements, et lorsqu'elle leva les yeux vers la falaise, elle vit tante India et Birdie qui l'observaient. Barrett éclata de rire, et souleva Tate qu'il déposa d'un mouvement fluide dans son bateau baptisé *Girlfriend*. Tate réceptionna ses accessoires et son sac à dos. Barrett grimpa à bord et leva l'ancre, puis ils partirent. Tate fit de grands signes d'adieu.

Tate le savait : c'était une soirée capitale pour Barrett. Leurs hôtes, les Fullin, constituaient ses clients les plus importants. Par « importants », Barrett sous-entendait qu'ils réclamaient beaucoup d'attention ; Anita Fullin était celle qui avait interrompu sa partie de pêche parce que sa tuyauterie faisait du bruit. Il devait faire absolument tout à sa place, prétendait-il, y compris renouveler les serviettes en papier dans la cuisine.

— Tu plaisantes, j'espère ? dit Tate.

— J'aimerais bien, répondit-il.

Les Fullin, qui avaient de l'argent à jeter par les fenêtres, payaient le tarif premium ; le *Girlfriend* leur avait appartenu. Ils l'avaient cédé à Barrett comme prime à la fin de l'été précédent. Il lui fallait prendre grand soin de ce couple ; c'était en quelque sorte ses mécènes.

Les Fullin donnaient cette soirée chaque année, invitant toutes leurs connaissances de l'île – soit leurs amis de Manhattan qui louaient des maisons à Cliff, ainsi que Barrett, la masseuse de madame, le gérant de leur beach club, le caddy préféré de monsieur et le maître d'hôtel du LoLa 41. Un joli mélange d'estivants et d'autochtones, selon Barrett. Et une belle soirée, même s'il avait manqué les deux éditions précédentes, et pour cause – Stephanie.

— C'est ma première sortie, dit-il. Mon premier rendez-vous, tu sais, depuis sa mort.

Tate acquiesça. Elle voulait tout savoir. Elle voulait l'embrasser de nouveau, défaire sa cravate, déboutonner cette chemise… elle se faisait l'effet d'un cheval de course ruant dans les stalles. Mais n'était-ce pas là son éternel problème avec les hommes ? Elle apparaissait trop dominante, trop tôt. Elle pouvait traverser des années de jachère (sa dernière conquête remontait à Andre Clairfield, suppléant des Carolina Panthers, mais c'était une incartade nocturne alcoolisée, purement physique, qui ne comptait probablement pas), et lorsque, enfin, elle trouvait quelqu'un qui lui plaisait vraiment, elle n'était plus capable d'exercer la moindre réserve. Trop affamée, trop empressée, elle terrifiait les hommes.

Mais elle n'allait pas effrayer Barrett, qui était, elle en avait conscience, un homme taciturne. (Cela avait-il toujours été le cas, ou cela résultait-il de son deuil récent ?) Il se forçait, elle le voyait bien, à parler de la soirée à venir afin qu'elle soit fin prête.

— Où sont tes enfants ? s'enquit-elle.

— Chez mes parents, répondit Barrett. Ils passent la nuit là-bas.

Tate s'était demandé si elle se réveillerait le lendemain nez à nez avec deux petits garçons la dévisageant comme si elle venait d'une autre planète, comme cela semble toujours être le cas dans les films. Tate, nue ou presque, dans le lit de leur père. L'aîné proclamant : « T'es pas ma maman. »

— OK, dit Tate.

Ils dévalaient à présent Madaket Road dans la voiture de Barrett, un pick-up Toyota noir. Après une semaine sur une île déserte aux sentiers défoncés, la sensation de rouler à pareille vitesse semblait inédite. Ils longèrent la décharge, qui sentait l'omelette d'œufs pourris, mais Tate fit mine de ne pas le remarquer. Barrett chantonnait avec la radio, Fleetwood Mac et son « You Make Loving Fun ». Le DJ annonça ensuite les prévisions météo : nuit couverte, lendemain pluvieux, vent de sud-ouest de quinze à vingt nœuds.

Ils entrèrent dans la ville. Lorsque Tate était enfant, son père les y emmenait, elle et Chess, une journée chaque été. Il donnait des coups de fil depuis son cabinet d'assurances, Congdon and Coleman, à son bureau tandis que les deux fillettes s'amusaient dans les rues avec un peu d'argent de poche. À 10 heures, elles allaient manger une glace au sucre d'orge au comptoir du drugstore. Elles parcouraient les rayons de Mitchell's Book Corner (enfin, c'était plutôt Chess ; Tate se rappelait surtout avoir passé son temps à implorer Chess de sortir de la librairie). Elles allaient au Hub jeter un œil à *Seventeen* et acheter des bonbons. Puis elles retrouvaient leur père pour un déjeuner à la Confrérie des Voleurs ; dans les profondeurs sombres de la salle, ils mangeaient une soupe de poisson, d'épais burgers et de grosses frites. Tate se souvenait du robinet d'eau chaude des toilettes qu'elle laissait couler sur ses mains ; elle se souvenait de son reflet argenté dans le miroir. Tout était nouveau quand on venait de Tuckernuck, comme le distributeur de savon fixé au mur, par exemple. Dans l'après-midi, leur père les emmenait voir le musée de la Baleine ou jouer au tennis au Jetties. Ou ils louaient des vélos et allaient jusqu'à Sconset voir le phare de Sankaty et acheter une énième glace au marché. Leurs journées à Nantucket étaient toujours amusantes, et avant de repartir, ils passaient toujours devant la maison de bois jaune au porche circulaire de Gay Street qui avait appartenu, des décennies auparavant, à leurs arrière-grands-parents, Arthur et Emilie Tate. Pourtant, Nantucket, ce n'était pas chez elle. Ce n'était guère plus qu'un passage vers Tuckernuck. Son vrai foyer, c'était Tuckernuck. Une île pour les puristes.

Tate voulait partager ses souvenirs avec Barrett, mais celui-ci était trop occupé à se garer derrière une longue file de voitures stationnées dans la rue. Ils étaient arrivés. Barrett jeta un coup d'œil au rétroviseur pour réajuster sa cravate. Il adressa un sourire à Tate. Elle s'inquiétait toujours pour sa coiffure, surtout après le trajet en bateau.

Je peux avoir meilleure allure, avait-elle envie de dire. Vraiment, je t'assure.

— Qu'est-ce que tu es belle, Tate, lui dit-il. Belle à croquer.

Elle se pencha vers lui. Elle ne voulait pas se montrer trop pressante, paraître trop facile, mais il était magnétique. Ils échangèrent un nouveau baiser. Tate pensa : Et si on oubliait cette soirée pour aller chez toi se savourer mutuellement ? Mais elle se ressaisit et s'écarta. Quelque chose lui disait que c'était ce qu'aurait fait Chess.

— Pitié..., gémit-il. Pourquoi tu t'arrêtes ?

— Allons-y. On nous attend.

Tate s'était préparée psychologiquement à supporter la soirée avant de pouvoir se retrouver seule avec Barrett. Mais alors qu'ils approchaient de la demeure, elle se ravisa. La maison où ils se rendaient, elle le voyait bien, était gigantesque, parcourue de fenêtres massives et de multiples terrasses. Barrett la guida sous une tonnelle blanche de roses New Dawn (la variété préférée de Birdie ; il faudrait qu'elle lui raconte ça). La pelouse était peuplée d'invités, un verre à la main, auxquels les serveurs en chemise blanche et gilet noir présentaient des mets sur des plateaux d'argent tandis que, quelque part, un groupe jouait de la musique. Tate parcourut la propriété du regard ; un trio jazz était installé à l'une des terrasses. Elle n'en revenait pas. Elle avait l'impression d'être montée sur une scène de Broadway, incapable de se rappeler son texte. India, Chess dans son état normal, ou même Birdie savaient comment naviguer dans ce type de milieu tout en paillettes – mais pas Tate.

Ses talons s'enfonçaient dans le gazon. Chaque pas lui demandait un effort. Elle regarda autour d'elle. Les autres invitées en portaient, sans pour autant s'empêtrer dans la pelouse. Le problème venait-il de sa façon de marcher ? Sans doute. Tate était plus à son aise dans des baskets. Au travail, elle optait pour des mocassins ou des ballerines. Elle aurait dû demander à Chess de la coacher.

— Tiens-toi à moi, glissa Barrett en lui offrant son bras. J'aimerais me servir un verre avant d'aller dire bonjour à Anita.

Oui, pensa Tate. Ce qu'il fallait, quand on assistait à ce genre de soirée, c'était un plan, tout du moins au départ. Abandonnée à elle-même, elle aurait erré sans but, accepté un verre de tequila, mangé un petit-four auquel elle était allergique et trébuché pour finir à quatre pattes dans un parterre de fleurs.

Barrett lui tendit une coupe de champagne qu'elle avala – cul sec – avant de roter discrètement. Voilà ce qu'elle entendait par « trop empressée ».

Barrett éclata de rire.

— Pas de quoi être nerveuse, dit-il.

— Je ne suis pas nerveuse.

Elle mit le grappin sur un autre serveur et prit une deuxième coupe, replaçant la première sur le plateau. Le tout sans renverser ni casser quoi que ce soit.

— Celle-là, je vais la savourer, promit-elle.

Ils se fondirent dans la foule. Leur mission : trouver leur hôtesse. Tate découvrit bien vite que l'arrière de la maison donnait sur le port de Nantucket.

— Regarde-moi un peu cette vue, dit-elle.

— Elle n'est pas plus belle que celle de votre maison, répondit Barrett.

Il avait raison. La maison de Tuckernuck surplombait l'océan. Pourtant, elle ne pouvait qu'admirer la pelouse impeccable, le pâle ruban de plage privée et l'étendue du port de Nantucket, avec le phare de Brant Point et les voiliers sous le soleil couchant.

Un couple d'âge moyen arrêta Barrett. L'homme avait les cheveux gris et les joues constellées de vaisseaux éclatés. La dame portait ses cheveux gris court ; elle s'était aspergée de Coco de Chanel, le parfum de prédilection de Birdie. Tate tenta de se concentrer, les regardant dans les yeux, souriante, rayonnante. Elle aimait Barrett ; elle voulait lui être utile.

— Tate Cousins, dit Barrett, je te présente Eugene et Beatrice AuClaire. Je m'occupe de leur résidence sur Hinckley Lane.

Mme AuClaire (Tate avait déjà oublié son prénom. Beverly ?) sourit, un air particulier sur le visage. Que signifiait-il ?

— Enchantée, dit-elle.

Tate lui serra la main. Sa prise était trop ferme ; Mme AuClaire grimaça. Merde, pensa Tate. Elle se montra plus douce avec M. AuClaire, mais celui-ci ne s'intéressait guère à Tate ; il n'avait d'attention que pour Barrett. Il voulait savoir où se trouvaient les bancs de poisson. Il ne resta plus à Tate qu'à trouver un sujet de conversation pour Mme AuClaire. Mme AuClaire avait la même odeur que Birdie ; c'était déconcertant. Mme AuClaire l'examinait. Tate s'inquiéta pour ses cheveux, son maquillage ; il lui semblait avoir des miettes dans les yeux.

— Vous êtes donc une amie de Barrett ? dit Mme AuClaire.

Tate reconnut soudain cet air particulier. Mme AuClaire avait sans doute connu Stephanie, la femme de Barrett. Peut-être Stephanie était-elle même sa nièce, ou la fille de sa meilleure amie.

— En effet, répondit Tate. Barrett s'occupe également de notre maison familiale.

— Oh, vraiment ?

Cette information semblait prendre Mme AuClaire de court. Elle s'imaginait sans doute que Barrett avait rencontré Tate dans une boîte de strip-tease à Cape Cod.

— Où habitez-vous ?

Tate respira un grand coup. La coupe de champagne qu'elle avait sifflée était en train de le lui faire payer ; les gaz menaçaient de lui remonter par le nez. Son visage était chaud, elle était prise de vertige. Elle perdait pied, Barrett l'avait lâchée, et elle ne voulait pas lui prendre le bras, de peur de se montrer trop collante ou d'apparaître aux yeux de Mme AuClaire comme plus qu'une cliente.

— Nous avons une maison sur Tuckernuck, dit-elle.

Mme AuClaire écarquilla les yeux – un mouvement que son chirurgien esthétique n'avait pas prévu. On aurait dit que son visage allait se briser et tomber en miettes dans l'herbe.

— Tuckernuck ! s'exclama-t-elle. J'adore Tuckernuck ! Oh, nous raffolons de Tuckernuck, mais c'est une île privée, bien sûr, il faut y être invité. Quand les enfants étaient petits, nous les emmenions en bateau jusqu'à Whale Shoal, comme c'est ouvert au public, pour ramasser des bulots. Oh, ma chère, vous ne savez pas la chance que vous avez. Eugene, cette jeune fille (Mme AuClaire avait de toute évidence oublié son nom, elle aussi) habite Tuckernuck !

L'annonce était suffisamment insolite pour arracher M. AuClaire à sa discussion sur les bars rayés au large de Sankaty Head.

— Vous y habitez, vraiment ? Comment est-ce possible ?

— Eh bien, expliqua Tate, notre maison dispose d'un puits et d'un générateur. Le générateur actionne la pompe de façon à avoir de l'eau courante – froide, seulement, car il n'y a pas de ballon d'eau chaude –, et nous avons assez d'électricité pour quelques petits appareils. Un petit réfrigérateur, quelques lampes. Nous cuisinons au gril et sur un réchaud à gaz. Et Barrett (ici, Tate lui prit le bras, car son enthousiasme la faisait vaciller et elle craignait de tomber) nous apporte tous les jours des provisions, de la glace, et du vin pour ma mère.

Mme AuClaire sourit.

— Il nous livre le journal, poursuivit Tate, et repart avec les poubelles et le linge sale. Nous vivons très simplement. Nous passons la majeure partie du temps à la plage. Nous lisons, nous jouons aux cartes.

Elle marqua une pause. Les AuClaire la regardaient avec avidité.

— Et nous discutons. Nous nous racontons des tas de choses.

— Merveilleux, murmura Mme AuClaire.

Barrett s'excusa auprès des époux AuClaire afin de partir à la recherche des Fullin. Ils trouvèrent Mme Fullin debout au bord de la pelouse, entourée de ses amies. Elle avait de longs cheveux noirs ondulés dans lesquels se perdait une écharpe aux couleurs éclatantes. Elle arborait un teint glamoureusement hâlé, comme au débarquement d'un yacht sur la Méditerranée. Elle portait – Tate n'en crut pas ses yeux – une robe orange à pois blancs. La réplique exacte de la robe que Chess avait achetée pour son dîner de répétition. Mme Fullin crépitait dedans. Elle avait un corps voluptueux et de magnifiques jambes effilées ; ses pieds étaient enserrés dans de hautes sandales de cuir orange verni qui ne semblaient pas lui poser le moindre problème. Lorsqu'elle aperçut Barrett, elle laissa échapper un hurlement digne d'une adolescente devant les Jonas Brothers.

— Barrett, vous l'avez fait ! Vous avez mis une veste ! Mon Dieu, vous êtes sublime !

Elle serra et embrassa Barrett, laissant une trace corail sur sa joue. Ses yeux très sombres étaient cerclés d'eye-liner bleu électrique. Elle devait avoir dans les quarante-cinq ans, estima Tate, mais pétaradait comme un top model tout juste majeur. Elle adressa un large sourire à Tate.

— Et vous devez être la fille de Tuckernuck ?

Tate sourit. Elle se sentait terne et taciturne ; elle avait l'impression que ses dents étaient couvertes de mousse.

— Tate Cousins, dit-elle.

— Mesdames, lança Mme Fullin à sa cour, Tate habite Tuckernuck.

— Tuckernuck ? Où est-ce ? demanda une des convives.

— Ce n'est pas là où il y a les otaries ? suggéra une autre.

— Non, rectifia Tate avant même de se rendre compte qu'elle parlait. Ça, c'est Muskeget. Tuckernuck est plus proche. À moins d'un kilomètre de Eel Point.

Les invitées la regardèrent d'un air vide, et Tate se rendit compte que, même si toutes y possédaient sûrement de gigantesques résidences secondaires, elles ne connaissaient peut-être pas assez bien l'île pour savoir où se trouvait Eel Point.

— Je suis très jalouse de savoir que Barrett vous rend visite deux fois par jour, intervint Mme Fullin.

À vrai dire, j'ai du mal à le tolérer. Si cela ne tenait qu'à moi, il habiterait ici avec nous. Mais bien sûr, Roman commencerait à se poser des questions, ajouta-t-elle avec un clin d'œil.

— Il n'aurait pas tort, dit une voix.

— Vous devez admettre que Barrett est l'homme le plus splendide qu'on ait jamais vu, non ?

— Anita, je vous en prie, protesta Barrett.

Mme Fullin toisa Tate.

— Je vous en veux de me le voler. Je vous hais, vous, votre sœur, votre mère, et votre tante.

Tate était médusée. Elle pouvait se remettre de la pique – lancée avec ironie, sur le ton de la plaisanterie. Mais Tate se sentait violée dans son intimité. Le seul moyen qu'avait cette femme d'être au courant de l'existence de sa mère, sa sœur et sa tante était que Barrett lui en avait parlé. En discutait-il avec Anita Fullin ? Que lui racontait-il ? Elles, au moins, ne lui faisaient pas changer le papier toilette ! Tate essaya de sourire, même si elle savait qu'elle devait avoir l'air triste. Elle avait envie de rétorquer : J'ai entendu dire que vous aviez interrompu sa partie de pêche l'autre soir. Lorsque Barrett lui avait rapporté l'anecdote, elle avait imaginé une femme plus âgée, peut-être même vieille, fragile, vulnérable. En réalité, Anita Fullin était une bombe, qui avait un faible pour Barrett.

Celui-ci intervint pour changer de sujet.

— Magnifique soirée, dit-il.

— N'est-ce pas ? dit Mme Fullin en attrapant sa main. Je suis ravie que vous soyez venu. Ce n'était pas la même chose, l'année dernière, sans vous.

Ils se regardèrent dans les yeux, et un courant passa entre eux. Tate avala le reste de son champagne. Elle scruta les visages des autres femmes, toutes occupées à regarder Barrett et Mme Fullin comme une série télé.

— Je ne m'en sentais pas capable l'an dernier, dit Barrett.

Il but une gorgée de son verre.

— Bien sûr, répondit Mme Fullin avant de lui sourire ainsi qu'à Tate. Mais vous voyez : la vie continue !

La rencontre avec Anita Fullin laissa à Tate un goût de vulnérabilité et d'inconfort. Elle était tentée de s'introduire dans la maison à la recherche d'un ordinateur où se perdre dans le monde cybernétique. (C'était une tentation bien tangible. Tate supposait que le même besoin devait saisir son père aux abords d'un terrain de golf.) Mais Barrett continuait de la soutenir et, sentant que ses chaussures la rendaient chèvre (elles n'étaient pas « à tomber » pour rien), l'entraîna vers la digue, où ils s'assirent et contemplèrent le port. Tate se sentit plus heureuse. Elle but son champagne ; Barrett fit signe aux serveurs, et ils mangèrent de petits pâtés au crabe, des côtes de porc à la chinoise et des tartelettes au cheddar.

— Mme Fullin est amoureuse de toi, dit Tate.

— Oui, concéda Barrett. C'est problématique.

— Elle est belle.

— Toi, tu es belle.

On servit le dîner dans le jardin, sous un chapiteau : dix tables rondes de dix couverts, présidées par une table rectangulaire de seize, à laquelle étaient assis

Barrett et Tate. Barrett était placé à une extrémité, à la gauche d'Anita Fullin, tandis que Tate se trouvait à l'autre bout, à la gauche de M. Fullin. Le pire des scénarios possibles pour Tate, qui s'attendait à ce que Barrett intervienne peut-être – en échangeant les cartons, par exemple ? –, mais celui-ci se contenta d'humecter sa lèvre inférieure.

— Ça va aller, toute seule là-bas ? lui demanda-t-il.

Non, pensa-t-elle.

— Oui, pas de problème, répondit-elle pourtant.

C'était un honneur de siéger à la table principale, Tate en avait conscience, même si elle eût préféré finir coincée en Sibérie avec les époux AuClaire. Barrett et Tate parcoururent le buffet ensemble. Tate perdit toute retenue devant la magnificence du menu, empilant dans son assiette agneau grillé, haricots verts, une splendide salade de pommes de terre, des tomates cerises sautées, ainsi qu'une queue de homard, six crevettes jumbo, et quatre huîtres qu'elle noya de sauce à l'échalote. Elle cueillit une nouvelle coupe de champagne sur un plateau. Puis elle regagna sa place et observa Barrett tandis qu'il trouvait son chemin à l'autre bout du monde.

Roman Fullin était chauve et portait des lunettes carrées. Il avait les manières distraites de l'homme influent qui brasse beaucoup d'argent. Il s'assit, fit signe à un serveur et demanda un verre de vin rouge d'une des bouteilles qu'il avait mises de côté. Pour cette table uniquement, précisa-t-il. Il inspecta son assiette pleine, comme incapable d'en identifier le contenu ; puis ses yeux glissèrent sur celle de Tate avant de s'arrêter sur son visage. Qui était cette femme assise à ses côtés ? Tate eut l'impression de marcher sur ses plates-bandes, comme s'il venait de la découvrir dans sa chambre à coucher.

— Bonsoir, dit-il en présentant une main. Roman Fullin.

— Bonsoir. Je suis Tate Cousins.

— Tate Cousins, répéta-t-il à voix haute, peut-être pour voir si le nom lui était familier.

— J'accompagne Barrett Lee.

— Ah, dit Roman, même s'il semblait toujours perplexe.

Il étudia les personnes assises à sa droite et à la gauche de Tate, qu'il connaissait à l'évidence bien mieux.

— Betsy, Bernie, Joyce, Whitney, Monk – voici Tate Cousins.

— Cousins ? répéta un des hommes.

Tous les hommes se ressemblaient, et Tate n'avait pas réussi à retenir un seul nom.

— Vous ne seriez pas de la famille de Grant Cousins, par hasard ?

Tate était occupée à aspirer une huître, ce qui lui laissa une seconde de réflexion. Son père était adoré ou détesté. Elle se sentait trop vulnérable pour mentir.

— C'est mon père, dit-elle.

— Wahou ! Quelle coïncidence ! C'est mon avocat.

Les sourcils de Roman Fullin fusèrent.

— Quelle coïncidence, en effet ! Ce n'est pas lui qui…

— Si, précisément, répondit l'autre avant de se tourner vers Tate. Votre père est un génie. Il m'a vraiment sauvé les miches. Il vous a déjà parlé de Whit

Vargas ? Je lui envoie des tickets pour les matches des Yankees dès qu'ils passent par mon bureau.

Tate aspira une deuxième huître. Un peu de sauce tomba sur son châle en soie. Elle oubliait les bonnes manières sous le coup du stress, et elle se sentait très stressée en ce moment précis, bien que les événements eussent pris un bien meilleur tour. Au moins son pedigree était-il acceptable. Elle jeta un œil à Barrett à l'autre bout de la table ; il était plongé en pleine conversation avec Anita Fullin.

Elle secoua la tête à l'attention de Whit Vargas.

— Il parle rarement de ses clients, dit-elle. Il tient à respecter leur intimité.

Whit Vargas souleva un morceau de filet mignon ruisselant devant sa bouche.

— Je lui en sais gré !

Roman Fullin se découvrait un regain d'intérêt à l'endroit de Tate.

— Attendez, dit-il. Qui accompagnez-vous, dites-vous ?

— Barrett, répliqua Tate. Barrett Lee.

— Et comment le connaissez-vous ?

— Il prend soin de notre maison sur Tuckernuck.

— Aaaaaah, dit Roman comme si tout s'éclaircissait soudain. Vous faites partie de cette famille sur Tuckernuck. Le cauchemar de mon épouse.

— Il semblerait, oui, dit Tate.

— Alors comme ça, vous habitez Tuckernuck même ? Vous dormez là-bas ?

Les gens savaient-ils seulement comme ils semblaient bêtes en posant pareilles questions ?

— J'y habite, j'y dors, confirma Tate.

— Excusez-moi, intervint Whit Vargas. Où se trouve Tuckernuck, déjà ?

— C'est une île, Whit, répondit Roman. Une autre île.

— À moins d'un kilomètre de la côte ouest, ajouta Tate.

— Et comment faites-vous pour l'électricité ? demanda Roman.

Le temps du dîner, Tate était devenue la star de la moitié ouest de la table. Ou plutôt une pièce de musée, un sujet d'étude anthropologique : Tate Cousins de Tuckernuck, jeune femme de respectable ascendance, qui passait un mois sans eau chaude (les femmes n'en revenaient pas), ni téléphone, internet, ou télévision (là c'étaient les hommes qui n'en revenaient pas). Elle décida de jouer ce jeu. Elle se montra drôle, charmante, intelligente et modeste. Elle jeta un œil à Barrett à l'autre bout de la table. La regardait-il ? Voyait-il qu'elle avait su renverser ce qui était une situation sociale potentiellement désastreuse pour apprivoiser tous ces yuppies de l'Upper East Side ? Était-il impressionné ? L'aimait-il ?

Lorsque les assiettes furent débarrassées et l'orchestre en place, Roman Fullin se leva pour inviter Tate à danser.

Tate accepta. Elle ne pouvait décliner l'invitation, après tout. Pourtant, ils allaient ouvrir le bal. Ne devrait-il pas plutôt inviter sa femme ? Et puis, ses chaussures lui posaient problème : elle se sentait les pieds pris dans des pièges à souris.

— Magnifique soirée, dit Tate. On dirait un mariage.

— Un mariage, chaque année. C'est la volonté d'Anita. Elle vit pour cette soirée.

D'autres couples les rejoignirent sur la piste de danse, parmi lesquels Barrett et Anita Fullin. Anita rayonnait dans sa robe orange. (Grands dieux, heureusement que Tate ne portait pas la même !) Elle laissa échapper un petit cri tandis que Barrett la faisait tournoyer.

— Anita a son compte, dit Roman. Je ferais bien d'aller la secourir.

Ils se séparèrent, et Tate se retrouva dans les bras de Barrett.

— Partons d'ici, dit-il.

— Tu lis dans mes pensées.

Quand Tate boucla sa ceinture dans le pick-up de Barrett, elle avait conscience de son ivresse, mais pas assez pour y remédier. Elle avait l'impression d'avoir été poussée du haut d'une piste de ski. Elle dévalait à flanc de colline, sans bâtons. Elle ôta ses chaussures ; le sang afflua de nouveau dans ses pieds. Le soulagement en était presque érotique.

— Anita Fullin ne m'aime pas, dit-elle.

— Elle ne te connaît pas, répliqua Barrett. Et puis, elle est vulnérable.

— Ça n'a aucun sens. Elle n'a aucune raison d'être vulnérable.

— Je t'assure.

— J'étais stupide. Je pensais bêtement qu'on était tes seules clientes.

— Vous n'êtes pas revenues depuis treize ans. Si c'était le cas, je serais mal en point.

— Non, je savais que tu avais d'autres clients, expliqua Tate. Mais je n'y pensais pas. Je ne les voyais pas. Et Anita est tellement… possessive.

— Ça, tu n'as pas idée.

Barrett tripota la radio avant d'insérer un CD. *18 Tracks*, de Bruce Springsteen. Tate n'en croyait pas ses oreilles.

— Attends, attends, dit-elle. C'est Bruce. *18 Tracks*.

— En effet.

— Tu l'aimes ? T'es fan ? Seuls les vrais fans ont cet album.

Barrett sourit.

— Je l'aime bien. Beaucoup, même. Mais pas autant que toi. Pour être tout à fait honnête, j'ai demandé à ta mère quel genre de musique tu aimais, et elle m'a dit qu'il n'y avait qu'une seule réponse. Alors cet après-midi je suis allé emprunter ce disque à un ami.

— J'y crois pas !

— Eh si.

— Tu as demandé à ma mère ?

— Mais oui. Je voulais être sûr d'avoir quelque chose que tu aimes. Je voulais te faire plaisir.

Il voulait lui faire plaisir. Il ne se rendait pas compte qu'il n'avait pas à se donner autant de mal. Il ne se rendait pas compte que le simple fait d'être assise dans son pick-up et de pouvoir contempler son visage la rendait hystérique de bonheur.

La chanson était « Thundercrack ». Tate chanta en chœur.

La maison de Barrett était perdue du côté de Tom Nevers, au bout de deux pistes. Il faisait nuit, mais Tate distingua la silhouette haute et efflanquée du bâtiment, agrémenté d'une terrasse au premier étage. Le jardin était encombré de divers objets – une remorque à bateau, des bouées agglutinées comme des raisins, des longueurs de corde, des seaux et pelles en plastique, une pioche, un râteau, une voiture juste assez grande pour contenir deux enfants. Une corde à linge chargée de serviettes de bain claquait dans le vent levé. Barrett conduisit Tate par la main ; elle inspira de grandes goulées d'air nocturne frais en tentant de s'éclaircir l'esprit. Barrett lui indiqua un carré de terre sombre.

— Ma pathétique tentative de jardinage, expliqua-t-il.

Le jardin de sa femme, pensa Tate.

Il s'arrêta devant la corde à linge et détacha les serviettes qu'il plia soigneusement en carré.

— Il doit pleuvoir, dit-il.

Il la mena le long d'un escalier jusqu'à la porte de service, et ils pénétrèrent dans la maison. Ils se trouvèrent soudain dans la cuisine, encombrée, accueillante. Tate cligna des yeux. Il y avait des livres de contes et de coloriage, des crayons et des briques de jus de fruits vides sur le comptoir, une assiette contenant des restes de hot-dog et de ketchup, un trognon de poire. Du courrier entassé à proximité d'une plante à l'agonie. De vieux numéros de *Sports Illustrated*.

Barrett saisit l'assiette sale et les briques de jus.

— J'avais l'intention de nettoyer avant. Mais la journée m'a filé entre les doigts, dit-il.

— Ne t'en fais pas pour ça.

Tate aimait ce désordre ; elle aimait l'histoire qu'il racontait. Elle imaginait Barrett tentant de faire dîner ses enfants afin de pouvoir les déposer chez ses parents, tout en essayant de s'habiller et de se rendre à Madaket Harbor prendre le bateau pour aller chercher Tate à Tuckernuck à 18 heures. Si Barrett avait vu l'espace qu'elle appelait chez elle – l'appartement blanc et vide à l'exception du matelas au sol, en face de l'écran plat –, qu'en penserait-il ? Qu'elle était seule, qu'elle travaillait trop.

Elle entra dans le salon. La maison était atypique, avec tous les espaces communs à l'étage. De grandes fenêtres donnaient sur les landes de Tom Nevers et sur la côte sud-ouest. Une porte menait à la terrasse. Tate y jeta un œil : un gril au gaz, un géranium rose en pot qui semblait en meilleure forme que le jardin ou la plante de la cuisine, et deux fauteuils Adirondack blancs.

— C'est sympa ici, dit-elle.

Barrett s'affairait dans la cuisine. Tate remarqua la télévision (un écran plat Aquos de 52 pouces pareil au sien) et le mobilier – dont une partie semblait sortir tout droit de Restoration Hardware (un canapé en cuir, une table basse en pin), le reste d'une brocante, peut-être emprunté ou hérité de ses clients ou de ses parents (un fauteuil vert, peut-être inclinable, un placard pour l'écran plat). Tate ne s'intéressait qu'à une chose : une photo de sa femme. Elle trouva ce qu'elle cherchait sur une table étroite située sous la plus grande fenêtre. Sur cette table, une lampe en verre et une collection de photographies encadrées.

Le premier cliché que regarda Tate était une photo de mariage : Barrett et Stephanie dans une calèche.

Stephanie était ravissante. Elle avait les cheveux d'un roux qui attirait les compliments, la peau d'un teint laiteux. Constellée de taches de rousseur. Un sourire craquant, espiègle. Tate fut si séduite par la photo qu'elle se mit à roucouler. Elle ne savait à quoi s'attendre, mais elle pensait à tout sauf à une tignasse flamboyante ; elle avait imaginé une blonde froide comme Chess, ou peut-être une brune ténébreuse comme Anita Fullin. Tate souleva un autre cadre – Stephanie, un enfant dans les bras. On voyait mieux son visage. Ce teint laiteux, les ombres bleu pâle sous ses yeux verts. Ses taches de rousseur étaient magnifiques. La photo la montrait épuisée mais rayonnante. Tate attrapa un troisième cliché – Stephanie assise dans le bateau de Barrett. Elle portait un bikini jaune. Elle était très maigre.

— Hey…

Tate sentit la main de Barrett sur son dos. Elle reposa la photo d'un geste désordonné ; le cadre tomba, renversant les autres.

— Oh, mince, dit Tate en essayant de tout remettre en ordre. Désolée. Je faisais mes offrandes au temple.

— Suis-moi.

Au lieu de gagner la chambre comme elle le pensait, il la mena sur la terrasse. Il tenait une bouteille de champagne.

— Est-ce que tu aimes le Veuve-Clicquot ? demanda-t-il.

Elle reconnut la marque comme celle que Chess avait commandée un soir au restaurant lorsque Tate était à New York pour affaires. Elle ne buvait pas de champagne, à l'exception des mariages et des soirées huppées comme celle à laquelle ils venaient de participer. Elle buvait du vin, mais uniquement avec sa mère. Seule, Tate buvait de la bière ; chez elle, dans son réfrigérateur tristement vide, elle gardait un pack de Miller Genuine Draft. Pathétique. Un manque total de sophistication, de féminité.

Elle lui prit la bouteille des mains et la planta dans la terre du géranium.

— Je n'en ai pas envie pour le moment. Ce serait du gâchis.

— D'accord, dit-il.

Il la prit dans ses bras et ils s'adossèrent contre la rambarde de la terrasse. Elle plongea son visage dans sa chemise ; il avait ôté sa cravate et ouvert son col. Elle embrassa son cou, se délectant de son parfum de sueur et de fumée de charbon. Il gémit. Il lui releva le menton et ils échangèrent un tendre baiser qui dura une seconde, une autre, deux autres encore ; puis l'interrupteur bascula, le courant afflua. Toute retenue était inutile. Lui était un père célibataire esseulé, elle, tout simplement désespérée. Elle le désirait depuis l'adolescence. Ils s'embrassèrent avec fougue, s'arrachant leurs vêtements. Tate fit sauter un des boutons de la chemise de Barrett qui tira sur sa robe, elle se fit la réflexion qu'il fallait faire attention car la robe appartenait à Chess, mais à quoi bon ? Elle la retira avec difficulté. Elle repaierait son prêt en cents et en mille. Dégrafant son soutien-gorge, elle libéra ses seins dans l'air brumeux de la nuit, et Barrett la guida vers l'intérieur avec un rugissement de lion. Elle ne portait plus que son string en dentelle ; lui avait toujours son pantalon et sa ceinture.

— Nom de Dieu, dit-il. J'ai tellement envie de toi.

Elle bascula sur le canapé avec une prière de gratitude. Merci merci merci. C'était tout ce dont elle avait toujours rêvé.

Il s'agenouilla devant elle. Les yeux baignés de larmes.

Alors, pensa plus tard Tate, voilà ce qu'on est censé ressentir quand on fait l'amour. Ivre, électrifié, affamé. Surexcité comme au saut à l'élastique, satisfait comme après un grand verre d'eau fraîche. Barrett, endormi, ronflait à présent à ses côtés. Ils étaient descendus jusqu'à sa chambre, laquelle était, à sa grande surprise, dénuée de toute référence à Stephanie. Un lit à colonnes recouvert d'une somptueuse couette en duvet et d'oreillers sensationnels était flanqué d'une commode surmontée d'un grand miroir. Un tableau d'Illya Kagan était suspendu au-dessus du lit, représentant la vue de Tuckernuck depuis la rive opposée de North Pond.

Tate ne pouvait ni ne voulait dormir cette nuit-là, elle le savait. Elle se leva pour aller aux toilettes puis remonta à pas feutrés. Elle extirpa la bouteille de champagne de son plant sur la terrasse et la rangea au réfrigérateur. Il y avait de la Heineken et des briques de jus de fruits, un paquet de francforts Ball Park, un litre de lait entier. Il y avait un carton de Minute Maid garanti sans pulpe et un bocal de cornichons à l'ail, une belle laitue, un demi-concombre emballé dans du plastique, et une livre de rôti à l'italienne dans le tiroir à charcuterie. Ça va, pensa Tate. Le réfrigérateur de Barrett n'avait rien d'intimidant. Le freezer contenait des nuggets de poulet, des sachets de filets de bar rayé avec la date écrite au marqueur, et une bouteille de vodka.

Tate se servit un verre d'eau glacée. Elle retourna voir les photos.

Le lendemain matin, Barrett la trouva endormie sur le canapé.

— Qu'est-ce que tu fais là ? lui demanda-t-il.

Ses souvenirs étaient confus. Elle ne se rappelait pas s'être allongée, pourtant elle avait un coussin sous la tête et une couverture polaire en travers du corps. Elle vérifia subrepticement si elle n'avait pas emporté une photographie avec elle. Elle les avait toutes étudiées. Elles étaient toutes parfaitement alignées sur leur petite table, Dieu merci.

— Je ne sais pas trop, dit-elle.

Il se blottit à côté d'elle sur le canapé.

— Il pleut, annonça-t-il.

— Vraiment ?

— Tu ne veux pas rester ici pour la journée ? On pourrait boire du champagne. Manger des fraises au lit, écouter du Springsteen, rester sous la couette.

Tate pensa : Oui ! Avant de réfléchir un instant.

— Et tes enfants ? s'enquit-elle.

— Je pourrais demander à ma mère de les garder.

— C'est dimanche. Je suis sûre qu'ils ont envie de te voir.

— C'est vrai. Tu as raison. On pourrait passer la journée tous ensemble. Manger quelque part, les emmener au cinéma.

— C'est très tentant…, dit Tate.

— Mais ?

— Mais pas aujourd'hui.

— C'est trop tôt ?

Il avait l'air inquiet.

Elle avait envie de lui dire que ce n'était pas trop tôt ; c'était tout sauf tôt, étant donné qu'elle avait attendu treize ans. Elle était prête à l'épouser le lendemain et à adopter ses enfants le mardi suivant. À quitter son travail, vendre son appartement, apprendre tout ce qu'il fallait savoir de *Thomas et ses amis*. Mais tout ceci était à ranger, elle le savait, dans la catégorie Trop Empressée. Rester ne serait-ce qu'une heure de plus reviendrait à franchir une ligne invisible.

— C'est trop tôt, répondit-elle. Tu veux bien me raccompagner ?

Il était effondré. Elle l'était également, en même temps qu'elle frissonnait de plaisir à l'idée qu'il puisse être effondré. Il l'embrassa. Elle était nue sous la couverture.

Elle resterait une heure de plus.

mieux. Tu vis pour ainsi dire avec lui. Maintenant j'ai Rhonda. On est quittes.

Il fallait que je sorte de là. On a parlé d'aller boire un verre au Spotted Pig tous les quatre après le concert, j'ai souri et dit : « Oui, ça serait génial ! » Nick ne me quittait pas des yeux. Il m'a demandé : « Tu te sens bien, Chess ? Tu as l'air un peu malade. » J'avais envie de lui foutre une beigne. Je me suis excusée pour aller aux toilettes. Je suis restée debout devant le miroir jusqu'à ce qu'une autre fille me bouscule avec son énorme sac Tory Burch. Au lieu de regagner le foyer, j'ai rejoint la foule massée dans la fosse. Les Strokes jouaient « Last Nite », celle de leurs chansons que je préférais. J'étais perdue dans un océan d'inconnus, une multitude de corps étrangers. Rhonda. Un coup de génie de sa part. Une fois la chanson terminée sous la clameur de tous hurlant pour réclamer un autre morceau, j'ai filé jusqu'à la sortie et me suis retrouvée dehors, dans la rue glacée. Ha ! Il y avait tellement longtemps que j'étais en couple que j'avais perdu l'habitude d'agir de mon propre chef. Je pensais à Michael, qui à présent devait traîner devant la porte des toilettes, confiant à Rhonda la mission d'entrer m'y retrouver. Il devait se faire du souci. Je ne voulais pas l'inquiéter lui, je voulais que ce soit Nick. J'ai hélé un taxi et suis rentrée. Mon téléphone a sonné – trois fois Michael, que j'ai ignoré les trois fois, tout en sachant que c'était cruel. La quatrième fois je m'apprêtais à répondre, mais c'était Nick, aussi je n'ai pas décroché. Nick savait pourquoi j'étais partie.

Arrivée à mon appartement, j'ai verrouillé ma porte et envoyé à Michael un texto disant : « Bien rentrée. Bonne nuit. »

Il m'a répondu : « Tu te fous de moi ? »

Puis le téléphone fixe a sonné, c'était lui. Il s'est mis à déblatérer :

— Comment as-tu pu partir comme ça ? Qu'est-ce qui t'a pris ? J'ai cru qu'il t'était arrivé quelque chose ! On est à New York, il y a des types qui traînent avec du GHB plein les poches ! J'ai cru que quelqu'un t'avait fait du mal ! C'est pas ton genre, de partir comme ça – partir sans prévenir, m'abandonner là-bas, tu vaux mieux que ça. Mais enfin qu'est-ce qui t'a pris, Chess ?

Lui dire ? Je ne pouvais pas. Et je ne pouvais pas demander : Est-ce que Nick était inquiet ? S'est-il fait du souci ?

— Je n'ai pas réfléchi, Michael. Je suis désolée.

— Enfin merde, Chess !

Sa voix était triste, défaite, comme si je l'avais laissé tomber, ce qui était injuste car je ne l'avais jamais déçu auparavant. J'étais une fille bien, une petite amie parfaite. Mais Michael n'était pas stupide ; il était chargé de ressources humaines. Peut-être avait-il deviné. À quelques moments ici et là, il avait plongé ses yeux dans les miens, dégagé une mèche de mon visage, embrassé ma nuque, ou accompli un autre geste intime, et j'avais grimacé. En le repoussant.

— Quoi ? demandait-il alors. Qu'est-ce qu'il y a ?

Et je pensais : Je ne t'aime pas assez. Je ne t'aime pas de cette façon.

Ça ne peut plus durer, me suis-je dit.

Elle ne l'aurait jamais avoué à personne, pas même à son journal, mais elle avait hâte que Tate rentre.

La pluie n'arrangeait rien. Il ne faisait jamais bon être à Tuckernuck un jour de pluie. Cela commençait comme un événement inédit, presque exaltant. *Il pleut ! Vite – il faut couvrir la Scout, fermer les fenêtres, on se carapate !* C'étaient là les étapes traditionnelles, et malheur à qui se débattait avec la Scout sous l'averse. Ce matin-là, parce qu'elle avait décidé d'épargner pareil outrage à sa mère et à sa tante, c'était Chess.

Elle regagna la maison en courant, trempée comme une soupe. Sa mère préparait le petit déjeuner – bacon et œufs brouillés, ainsi que les pains perdus qu'elle réservait aux grandes occasions. (La pluie en faisait partie.) Elle était en train de refaire du café, allant jusqu'à faire chauffer du lait sur le poêle qu'India alimentait en papier journal, bûchettes et petit bois.

— Elle a été scout, dit Birdie.

— Tu rigoles ? rétorqua India. La scout, c'était Birdie.

Chess frissonna. Elle accepta la tasse de café au lait brûlant que lui offrait sa mère et s'emmitoufla dans l'afghan rêche au motif traditionnel en étoile tricoté par sa grand-mère. India poussa le poêle à pleine puissance et les trois femmes se pressèrent autour avec leurs assiettes tandis que la pluie tombait.

— Vous croyez que Barrett va ramener Tate par un temps pareil ? demanda Birdie.

— Jamais de la vie, répondit India. Il va se la garder.

Chess était jalouse – pas parce que Tate était avec Barrett, mais plutôt parce que Barrett était avec Tate. Quatorze heures que Tate était partie, et Chess voulait la retrouver. Elles vivaient ensemble depuis plus d'une semaine sur Tuckernuck, et Chess avait fini par s'habituer à l'infatigable optimisme de sa sœur ; elle en prenait une dose chaque jour, comme des vitamines.

Elle voyait d'ici comment allait se passer le reste de la journée : Birdie et India allaient recourir à tous les divertissements pour les jours de pluie – cartes, livres, Monopoly –, fumer, cuisiner en trop grandes quantités et boire dès midi. Tout cela sans Tate : quelque amusante que puisse être chaque activité (Monopoly alcoolisé, par exemple), la journée serait aussi bancale qu'une table à trois pattes. Elles seraient en nombre impair ; Chess ferait figure de cinquième roue du carrosse. Elles s'interrogeraient à voix haute sur le sort de Tate : s'amusait-elle bien ? Que faisaient-ils, elle et Barrett ? Allaient-ils se fréquenter pour de bon ? Quel futur avaient-ils ensemble ? Ce qui ne ferait qu'amplifier l'absence de Tate pour Chess. Elle détestait quand les gens lui manquaient. Une vraie maladie.

Chess but son café, mangea un quart de pain perdu pour faire plaisir à sa mère, et se retira dans le grenier pour peaufiner sa confession. La pluie crépitait sur le toit. Chess entendait les vagues s'abattre sur leur petite plage. Si Tate n'était pas venue à Tuckernuck, elle s'en rendit compte, chaque journée, chaque heure aurait été ainsi.

10 heures, 11 heures sonnèrent. Chess se demanda si Barrett et Tate faisaient l'amour. Sa propre libido avait

fané comme une fleur privée d'eau. Elle était trop déprimée pour se caresser.

Tate et Barrett. Barrett Lee : encore une personne au sujet de qui culpabiliser.

Tout le monde était au courant du rendez-vous catastrophique entre Chess et Barrett Lee l'été qui avait suivi sa première année de fac – Barrett l'avait emmenée faire un pique-nique, Chess avait vomi à l'arrière du bateau. Tout le monde pensait que c'était tout. *The end.* Les sentiments de Chess pour Barrett Lee n'étaient pas clairs cet été-là. Pressée de répondre, elle aurait dit qu'elle ne ressentait rien ; elle voyait bien qu'il était séduisant, assurément, mais il n'allait pas à la fac, et c'était un tue-l'amour pour elle. Il allait devenir pêcheur ou charpentier, habiter Nantucket toute sa vie sans jamais en bouger, si ce n'est pour se rendre à Hyannis faire des courses de Noël et à Aruba pour les vacances de février. Il suivait les traces de son père. Chuck Lee était un homme adorable, mais c'était un vieux loup de mer, ce qui faisait de Barrett Lee un loup de mer en devenir. Chess ne voulait rien savoir de tout ça.

Lorsque Barrett l'avait invitée pour un pique-nique cet été-là, cependant, elle avait accepté sans hésiter. Sa motivation première, il fallait bien l'admettre, était que Tate était éperdument amoureuse de Barrett. Du haut de ses dix-neuf ans, Chess trouvait irrésistible l'idée de sortir avec un garçon rien que pour faire enrager sa sœur. Et puis, elle s'ennuyait. Il n'y avait rien à faire sur Tuckernuck, à part lire et jouer au backgammon avec ses parents. Un pique-nique avec Barrett, au moins, offrirait une distraction bienvenue.

Elle avait trop bu ; c'était un accident. Il faisait chaud au large, Chess avait soif, la bière était glacée, et une bière entraînait le désir d'en prendre une autre. Le mal de mer l'avait prise en traître, déferlant sur elle comme une vague. Le sandwich au jambon que lui avait offert Barrett avait un drôle de goût, mais elle l'avait mangé par politesse. Les effets du sandwich avarié, des effluves de diesel, des mouvements du bateau et de la bière s'étaient cumulés : la nausée l'avait terrassée et elle avait vomi à l'arrière de l'embarcation. Barrett lui avait donné une bouteille d'eau pour se rincer la bouche et proposé de l'essence de wintergreen. Il avait d'abord semblé dégoûté, même s'il s'était vite repris, disant quelque chose comme : « Ça arrive aux meilleurs d'entre nous. » Mais cela n'avait rien arrangé. Chess avait honte. Elle s'était donnée en spectacle, alors même qu'elle n'avait cessé de se croire supérieure à lui. C'était horrible. Elle voulait débarquer.

Chess et sa famille avaient quitté Tuckernuck au bout de deux semaines, comme toujours, et fin août, Chess avait regagné Colchester. Elle n'oublierait jamais le jour où Barrett était apparu à l'improviste : le 18 octobre. L'idéal platonicien d'un samedi d'octobre dans l'État du Vermont. Le soleil brillait, le ciel était d'un bleu clair, perçant. C'était un temps à mettre des chandails et boire du cidre. Chess et ses camarades de fraternité vendaient des bières et des saucisses à la fête précédant le match de football américain contre Colgate. La fête avait lieu sur un champ à l'extérieur du stade, encerclé d'érables et de chênes aux couleurs flamboyantes. Le champ grouillait d'étudiants et d'anciens des deux universités imbibés, ainsi que de jeunes familles de Burlington promenant leurs labradors et leurs bouts de chou.

Chad Miner, un petit dieu de la Sigma Phi Epsilon, avait été le premier à en avertir Chess.

— Y a un gars qui te cherche.

— Vraiment ? avait demandé Chess.

Elle aurait aimé que ce fût Chad Miner lui-même.

— Qui ça ?

— Connais pas, avait répondu Chad. Il est pas de chez nous.

Puis c'était Marcy Mills, qui était dans son cours d'écriture. Elle avait acheté une saucisse à Chess, avant de lui dire :

— Ah, au fait, y a un gars qui te cherche partout.

— Qui ?

Marcy avait haussé les épaules en décorant sa saucisse de moutarde jaune vif.

— Connais pas. Mais je l'ai entendu demander à quelqu'un s'il connaissait Chess Cousins. Alors je lui ai dit que moi oui, et il m'a demandé si je savais où tu étais, et j'ai répondu que non. Enfin, regarde-moi tous ces gens !

— Ouais.

Chess remuait sommairement les saucisses pour s'assurer qu'elles grillaient bien.

— De quoi il avait l'air ?

— Blond, avait dit Marcy. Mignon.

— T'as qu'à me l'envoyer ! s'était exclamée Alison Bellafaqua, occupée à remplir des gobelets en plastique de Budweiser au fût juste à côté.

Chess n'y avait pas prêté plus attention. Le seul garçon qui lui venait à l'esprit était Luke Arvey, avec qui elle était au lycée et qui étudiait à présent à Colgate – mais Luke n'était ni blond ni mignon. Elle avait également un cousin issu de germain du côté de son père – un cousin Cousins – inscrit à Colgate, mais elle ne l'avait pas revu depuis une réunion de famille l'été de ses neuf ans. Elle aurait été incapable de le reconnaître dans un groupe de deux.

Puis c'était au tour d'Ellie Grumbel et Veronica Upton de venir voir Chess – toutes deux déjà bien imbibées – pour lui chantonner en chœur :

— Y a quelqu'un qui te che-erche !

Chess commençait à en avoir assez.

— Mais c'est qui ? Il vous a dit son nom ?

— Range tes bijoux, avait dit Alison Bellafaqua en désignant les saucisses. Le match commence dans dix minutes et on doit encore ramener la caisse…

Sa voix était noyée par la fanfare qui traversait le champ, en route vers le stade. Les étudiants des deux écoles étaient censés la suivre jusqu'aux gradins. Aussi ridicule que ce fût, Chess adorait suivre l'orchestre jusqu'au match. À l'instar de sa mère, dont elle partageait l'enthousiasme absurde, elle adorait tout ce qui ressemblait de près ou de loin à une tradition. Mais elle ne pouvait le faire ce jour-là car elle était de corvée saucisses. Alison avait raison : elles devaient fermer le stand et ramener la caisse au pavillon de la fraternité. Il fallait se dépêcher si elles ne voulaient pas manquer le coup d'envoi.

Ellie Grumble était toujours là, Chess s'en rendait compte, vacillant, menaçant de s'écrouler.

— Je crois bien qu'il s'appelait Bennett, avait-elle précisé.

Chess avait levé les yeux, paniquée. Elle avait un mauvais pressentiment.

— Il a dit qu'il venait de Nantucket, avait ajouté Veronica. Un pote à toi de là-bas ?

— Barrett ? Barrett Lee ?

Elle n'avait pas eu besoin d'attendre la réponse, car au moment même où elle prononçait son nom, elle l'apercevait à travers la foule. Barrett Lee. Son cœur avait sombré. Il portait un col roulé marine, un chandail rayé et un jean – c'était étrange, pensait-elle, de le voir habillé normalement, et non en maillot de bain et t-shirt. Il était seul, pour autant qu'elle pouvait en juger. Il scrutait la foule – à sa recherche –, et Chess était frappée de voir combien il semblait déplacé, en dépit de ses efforts pour s'habiller à la mode des grandes écoles. Elle était frappée par le grotesque de sa venue inopinée – ici, jusqu'à sa fac ! Elle voulait disparaître. Elle se sentait menacée. Non pas physiquement, bien sûr ; c'était son mode de vie tout entier qui semblait en danger. Elle voulait voir le match ; elle voulait participer à la fête après, s'éclater pour compenser sa corvée de saucisses. Elle voulait enfiler son jean et son haut J.Crew tout neufs (achetés avec un chèque surprise de cent dollars reçu de son père) et retenter sa chance avec Chad Miner à la soirée beuverie de SigEp plus tard. Et elle avait une tonne de trucs à réviser le lendemain, un essai à rédiger, sans parler de sa soirée pizza dominicale avec ses meilleures amies, les deux Kathleen. C'était son week-end ; parfait dans sa symétrie, dans son équilibre entre social et studieux. Elle ne voulait pas – non, ne supporterait pas – une interruption sous la forme d'une apparition surprise de Barrett Lee, de Nantucket.

Sa mère serait horrifiée ; Chess le savait alors même qu'elle agissait, aussi avait-elle croisé les doigts, espérant (a) qu'on lui pardonnerait et (b) que l'épouvantable crime qu'elle s'apprêtait à commettre ne serait jamais découvert.

Elle avait saisi la caisse.

— Je la ramène au pavillon, avait-elle annoncé à Alison.

— Mais attends !

Alison était enrobée ; elle avait de longs cheveux noirs épais et des sourcils redoutables.

— Tu vas me laisser ranger ça toute seule ?

Chess était déjà à plusieurs mètres.

— Tu veux bien ? avait-elle lancé par-dessus son épaule.

Et elle s'était éclipsée, louvoyant et s'abaissant. Il y avait trop de monde pour courir vraiment, mais elle s'était dépêchée. À l'affût d'une ouverture. Elle avait sprinté, la caisse sous le bras, contournant les voitures à l'arrêt, sautant par-dessus les couvertures maintenues par des salades de pommes de terre et des sandwiches géants. Elle pensait à Jim Cross, le *running back* vedette de l'équipe de Colchester. Elle était Jim Cross ! Elle pensait : *Barrett Lee ! Pourquoi ? Pour quoi faire ? Comment ?* C'était un samedi d'automne majestueux. L'été – Tuckernuck, la plage, les feux de joie, le fameux pique-nique – étaient oubliés depuis longtemps. Ils appartenaient à une autre saison.

Mais que faisait-il donc ici ?

Bientôt, Chess était dans la rue. Elle était rentrée au pavillon Delta Gamma. Elle allait déposer la caisse puis filer à travers les petites rues en direction du stade. Elle allait éviter Barrett Lee jusqu'à la fin du match, et là, elle en était sûre, il renoncerait et partirait.

Elle avait grimpé les marches du pavillon de la fraternité, un bâtiment victorien bleu faïence aux bordures blanches comme du sucre glace. Leur responsable, Carla Bye, s'assurait que les filles tenaient correctement les lieux, ce dont Chess était reconnaissante. Elle venait de quitter les dortoirs pour s'installer dans le pavillon cette année-là, et elle appréciait l'ordre féminin et calme qui y régnait. Les dortoirs étaient bruyants et désordonnés ; certains garçons dans le bâtiment de Chess chiquaient du tabac et laissaient traîner des gobelets en plastique à moitié remplis de salive brunie sur les bords de fenêtres. Ils jouaient au frisbee dans les couloirs à 2 heures du matin, ivres, les Guns N'Roses à fond. Le pavillon Delta Gamma ressemblait plus à la maison de sa mère dans son aspect civilisé, sauf qu'on était sur le campus et que Chess était par conséquent libre de faire ce que bon lui semblait.

Elle avait juste à déposer la caisse – la donner à Carla si elle était dans le coin, ou faire preuve de diligence et l'enfermer dans le coffre de la maison. Sur le perron, Chess avait entendu un formidable rugissement au loin et su que Colchester venait de s'engouffrer sur le terrain. Merde. Elle allait manquer le coup d'envoi.

Elle avait entendu Carla Bye qui discutait dans la pièce commune. Certaines camarades de fraternité de Chess la trouvaient agaçante, pathétique ; d'autres ignoraient ostensiblement la règle de la maison concernant les invités nocturnes, prétendant que Carla s'en fichait. Carla Bye veut qu'on couche ! proclamait un cri de guerre fréquemment scandé, ce que Chess ne pouvait contester. Les matins où un jeune homme descendait les escaliers, Carla proposait souvent de lui préparer une omelette.

Les week-ends de match, Carla assurait une permanence dans le salon principal, où elle était disponible pour l'accueil d'anciennes membres ou de Delta Gamma issues d'autres sections. Carla avait la langue bien pendue ; elle se délectait de ce type d'interaction.

Elle était justement en train de discuter avec quelqu'un, et Chess s'était dit : Parfait, donne-lui la caisse et fonce !

Elle s'était précipitée dans le salon.

— Quelle chance ! La voici, s'était exclamée Carla.

Chess était perdue. Elle avait alors regardé l'occupant de la bergère : Barrett Lee.

Chess avait eu un sursaut d'horreur, que Barrett et Carla avaient pris pour de la surprise tandis qu'elle pensait : Merde ! Dites-moi que je rêve ! Elle sentait céder les murs de son week-end impeccablement construit.

Carla Bye l'observait. Les bonnes manières !

— Barrett ? avait demandé Chess. Barrett Lee ?

Il s'était levé. Carla l'avait déjà couvert de cidre et de muffins au potiron. Un sac de sport blanc et bleu à la vague odeur de vestiaire était posé à côté de son siège.

— Salut, Chess, avait-il dit. Comment vas-tu ?

Il s'était baissé pour… quoi ? L'embrasser ? Elle avait esquivé ses lèvres avant de lui donner une accolade fraternelle.

— Il a fait le trajet depuis Nantucket ce matin ! avait claironné Carla.

— J'ai pris le premier avion, avait dit Barrett. Et fait six heures de route.

Pourquoi ? se demandait Chess. Qu'est-ce que tu fais là ?

— Je lui ai proposé de poser son sac dans ta chambre, avait dit Carla. Il a préféré attendre ton arrivée. Quel gentleman !

— J'allais voir le match. Désolée, je n'ai pas de ticket supplémentaire…

— Tu veux faire un tour ? Ou manger quelque chose ? avait proposé Barrett.

Chess brûlait de panique. Son cœur battait encore la chamade après son galop à travers la ville.

— Allons discuter sous le porche.

Carla avait saisi le message.

— Je vous laisse entre jeunes. Je monte le sac de Barrett dans ta chambre, Chess.

Carla Bye veut qu'on couche !

Non ! pensait Chess. Mais elle était trop bien élevée pour le crier tout haut. Cela n'avait aucune importance. Ils pourraient le récupérer plus tard ; Barrett Lee ne restait pas.

Barrett avait suivi Chess dehors. Elle s'était adossée contre la rambarde, lui s'était assis sur la banquette. Elle avait entendu une nouvelle clameur venant du stade. Le match !

— Qu'est-ce que tu es venu faire ici, Barrett ?

Il avait haussé les épaules en souriant.

— J'avais la fièvre insulaire. Besoin de tailler la route.

— Alors tu es venu ici, pour me voir, moi ? Pourquoi ?

— J'en sais rien. Je pensais à toi. On ne s'est jamais vraiment mis ensemble.

— C'est exact. On ne s'est jamais vraiment mis ensemble.

— Alors j'ai pensé que maintenant peut-être…

— Maintenant peut-être quoi ?

— Maintenant peut-être, on pourrait se mettre ensemble. Alors je suis venu jusqu'ici.

— Tu ne m'as pas appelée. Tu ne m'as même pas prévenue. J'avais des choses prévues ce week-end.

— Ah bon ?

— Oui ! Déjà, je suis censée être à ce match de foot. Tous mes amis m'attendent.

— Je t'accompagne. J'aimerais bien rencontrer tes amis.

— Je n'ai pas de billet pour toi. Puisque je ne savais même pas que tu venais. Et c'est complet.

— C'est un match important ?

— Tous les matchs sont importants. Il n'y a que six matchs à domicile, et ils sont tous importants.

Elle essayait de se calmer ; elle couinait comme une gamine.

— J'avais prévu d'aller à la fête d'après match, puis à un dîner après ça, et puis à une autre fête, strictement privée.

Ce n'était pas tout à fait vrai, mais les SigEp auraient vu d'un mauvais œil l'arrivée d'un étranger dans leur fraternité ; ils tenaient à maintenir un rapport filles-garçons qui leur fût clairement favorable.

— Et demain, je dois travailler. J'ai un devoir à rendre.

— Un devoir ?

— Oui, un devoir. Une dissertation. Quinze pages sur *La Naissance de Vénus*.

Il l'avait regardée bêtement.

— Un tableau, avait-elle ajouté. De Botticelli.

Il s'était levé.

— Je meurs de faim. On va manger ? J'ai vu un petit restau en ville qui avait l'air bon.

Chess se sentait loucher.

— Mais enfin, tu m'écoutes ou quoi ? Je suis censée être au match !

— T'as qu'à ne pas y aller.

— Mais je n'ai pas envie !

Elle jouait officiellement les enfants gâtées. Elle s'était demandé un instant ce que lui ferait faire Birdie. Tout laisser tomber pour passer le week-end avec Barrett ? Coupe la poire en deux, aurait dit Birdie. Va déjeuner avec lui, puis renvoie-le chez lui. Mais Chess ne s'en sentait même pas la patience.

— Écoute, je suis flattée que tu te sois levé à l'aube pour prendre le premier avion et rouler jusqu'ici rien que pour me voir. Mais je ne savais même pas que tu venais. Et, je suis désolée, Barrett, mais je suis déjà prise. Je suis prise tout le week-end, et je n'ai pas de temps à te consacrer.

— Ah bon ?

Il faisait d'elle un monstre d'égoïsme, cruel et inflexible. Et elle lui en voulait de lui donner cette impression. C'était injuste. Sa venue était injuste ; c'était de la manipulation. Elle avait jeté un œil à sa montre : 13 h 30. Le premier quart temps était presque fini.

— Il faut que j'y aille.

— Je t'attends là, alors ?

La fièvre insulaire. Besoin de tailler la route. Ce qu'il lui fallait, pensait Chess, c'était aller à la fac lui-même. Dans un éclair de sympathie, elle avait pris conscience que c'était là son premier automne sans cours. La pêche, la menuiserie, les fêtes ne suffisaient pas à le combler.

— Tu devrais partir.

— Partir ?

— Ou rester. Reste en ville si tu veux. Mais tu ne peux pas rester ici avec moi. Si tu m'avais prévenue, j'aurais peut-être pu m'arranger, mais tu ne l'as pas fait. Tu t'es contenté de te pointer, en espérant que je lâche tout.

— C'est le week-end.

— Eh bien j'ai des week-ends chargés. J'ai une vie, tu sais.

— D'accord. T'énerve pas. Je m'en vais.

— Génial, avait soupiré Chess. Maintenant je culpabilise parce que je t'envoie bouler alors que tu as roulé six heures. Mais pourquoi est-ce que je devrais culpabiliser ? Je n'ai rien fait de mal !

— Tu n'as rien fait de mal, avait-il répété. Je pensais qu'on pourrait passer un peu de temps ensemble. Enfin… Je vais prendre mon sac.

— Je m'en occupe. Tu ne sais même pas où est ma chambre.

Elle avait bondi à l'étage et attrapé son sac posé sur le rocking-chair. Désolée, Birdie ! pensait-elle. Sa mère serait horrifiée, à n'en pas douter. Au rez-de-chaussée, le salon était désert. Chess avait saisi deux muffins qu'elle avait emballés dans une serviette en papier pour Barrett. Tu vois ? Je ne suis pas totalement dénuée d'attentions.

Barrett contemplait la rue du haut du perron.

— Où es-tu garé ?

En guise de minuscule concession, elle pensait l'accompagner jusqu'à son véhicule en allant au stade. Mais c'était surtout pour s'assurer qu'il monte bien dans sa voiture pour partir.

— Juste là.

Il désignait une Jeep bleue cabossée au toit en vinyle noir. Tate, pensait Chess, aurait adoré cette voiture. Si Barrett avait été plus malin, il serait descendu plus au sud. Il serait allé à New Canaan, faire une visite surprise à Tate. Elle aurait été aussi excessivement heureuse que Chess était agitée et déstabilisée.

— OK.

Elle lui avait tendu son sac de sport et les muffins, qu'il avait acceptés sans piper mot, avant de le conduire en bas des marches et de rester debout à la porte de la Jeep. En se dépêchant, elle pourrait gagner le stade à la mi-temps.

— Désolée que ça n'ait pas marché entre nous, avait-elle dit.

— Ouais. Moi aussi.

— Désolée, avait-elle répété.

Pourquoi donc s'excusait-elle ? Ce n'était pas sa faute, mais ça l'était quand même.

Elle voulait l'entendre dire : Ça ne fait rien. Elle voulait qu'il l'absolve, qu'il la libère. Mais il s'était contenté de la dévorer des yeux, puis son visage s'était rapproché de plus en plus, et il l'avait embrassée.

C'était un baiser agréable, vraiment, mais peut-être était-ce parce qu'elle savait que tout était fini. *The end.*

The end, jusqu'à cet été. Chess avait repensé avec appréhension à ce 18 octobre et à l'apparition surprise de Barrett Lee au cours des années, et elle ne pouvait s'empêcher de se dire qu'elle aurait dû sauter le match pour déjeuner avec lui. Elle aurait pu l'amener à la fête d'après match et à la soirée. Peut-être même aurait-il pu dormir par terre dans sa chambre. Mais Chess voulait le voir disparaître. C'était un peu une question de classe, en plus de tout le reste. Chess était sûre qu'il ne pouvait pas s'intégrer.

Birdie ne l'avait jamais su. Il n'en restait que la honte de Chess, vieille et affaiblie, comparée à sa honte plus récente.

Cela aurait pu être elle, avec Barrett Lee, ce matin à Nantucket. Après tout, il l'avait invitée en premier. Il l'avait menée dehors, près de la Scout, en disant : « J'ai un dîner mondain demain soir. Très chic, il me faut une cavalière. Ça te dirait de m'accompagner ? »

Sur le moment, l'intégralité du périple raté était revenue à Chess en un éclair. Elle avait enfin la chance de réparer le mal qu'elle lui avait fait. Mais elle ne pouvait accepter l'invitation. L'idée d'assister à un dîner mondain la paralysait, et cela n'avait rien à voir avec le fait qu'elle serait l'objet des regards compatissants d'invités persuadés qu'elle souffrait d'un cancer. Elle ne se sentait pas assez forte pour rencontrer des gens, discuter à bâtons rompus, manger, faire mine d'aller bien. Et puis, elle ne voulait pas mener Barrett en bateau ; elle ne voulait pas lui donner espoir. Que douze ans aient passé, laissant Barrett Lee veuf, et Chess veuve aussi, d'une certaine manière, lui semblait tristement ironique, mais ce n'était pas une raison suffisante pour les réunir. Elle aimait quelqu'un d'autre.

— Je ne peux pas, avait dit Chess.

— Tu es déjà prise ? avait-il demandé avec un demi-sourire plein d'ironie.

Elle avait ajusté son bonnet en tricot bleu.

— Je suis à côté de mes pompes.

— Oui, je vois ça. Je pensais que ça pourrait te faire du bien de sortir un peu.

— Ce n'est pas le cas. Désolée. Je peux pas te l'expliquer.

— Eh, avait-il dit en levant les deux mains, personne ne t'y oblige.

— Tu devrais inviter Tate, avait-elle ajouté.

— Je le ferai, avait-il rétorqué. C'était elle, mon premier choix, de toute façon.

Peut-être avait-il dit cela pour la blesser. Mais Chess était hors d'atteinte des piques de Barrett Lee, et puis, elle le méritait, elle le savait.

— Y a intérêt, avait-elle dit.

— Promis, avait-il répondu.

C'était toi, son premier choix, pensa Chess. Elle aurait dû le dire à Tate avant qu'elle ne parte pour la soirée. Pourquoi ne l'avait-elle pas fait ?

11 heures. Midi. Pas de Tate.

À midi et demi, Birdie l'appela depuis l'escalier : la soupe était prête. Chess était captivée par sa lecture – elle avait atteint un de ses passages préférés, avec Natasha à la cour –, mais rien ne pressait, aussi posa-t-elle son livre.

Birdie et India s'étaient servi un verre de vin. Trois bols de soupe fumaient. Il y avait un paquet de crackers.

— Veux-tu un verre de sancerre, Chess ? demanda India.

Chess déclina. Elle s'assit. Elle se sentait triste à pleurer, même si elle n'aurait pu dire pourquoi, ce qui n'arrangeait rien. Sa mère lui apporta un verre de thé glacé orné d'une tranche de citron, juste comme elle l'aimait. Les yeux de Chess s'emplirent de larmes, mais elle ne voulait pas que sa mère ou India le remarquent ; si elles la voyaient pleurer, elles lui en demanderaient la raison, et elle ne pouvait s'expliquer.

La porte s'ouvrit à la volée. Tate surgit à l'intérieur, vêtue d'un poncho vert militaire. Elle était trempée.

— C'est moi ! s'exclama-t-elle. Je vous ai manqué ?

Tate avait rapporté un lecteur de DVD portable et un exemplaire de *Ghost*, leur film préféré, adolescentes. C'était un lecteur de contrebande – violant un des plus anciens règlements de Tuckernuck –, mais Barrett avait insisté pour que Tate l'emprunte, car que pouvaient-elles bien faire d'autre dans leur maison par cette pluie ?

Sa sœur avait manqué à Chess, mais à présent que Tate était de retour, Chess se consumait de rage.

Enivrée, Tate rayonnait sous les effets du sexe et de son amour naissant, c'était Tate *in extremis*, Tate puissance mille, et Chess ne le supportait pas. Tate pouvait regarder le film, Tate pouvait pleurer devant le film (elle le faisait toujours), mais Chess ne pouvait se joindre à elle. C'était se montrer méchante et mesquine, elle le savait, mais elle n'arrivait pas à dépasser sa rage. Elle aurait aimé se pelotonner avec Tate sous les couvertures pour regarder le DVD, cela aurait été aussi bon qu'un bain chaud, mais Chess ne parvenait pas à franchir le fossé qui la séparait du bonheur, aussi fugace fût-il. Elle était enlisée dans son malheur. Enlisée !

— Sans moi, le film, dit-elle.

— Quoi ? Allez ! C'est notre film préféré, plaida Tate.

— C'était notre film préféré, répondit Chess. Nuance.

— Alors, quoi, maintenant que t'es adulte, tu préfères autre chose ? Très bien. Ça ne t'empêche pas de le regarder. Ça sera chouette !

— Non.

— Très bien, je le regarde toute seule.

— Éclate-toi bien.

— J'imagine que tu ne vas pas me demander comment s'est passé mon rendez-vous.

— En effet.

— C'était incroyable.

Tate marqua une pause, attendant un commentaire ou un regard de Chess, mais celle-ci n'en fit rien.

— Je suis amoureuse. Tu peux tout me dire, je comprendrai. Je comprendrai parce que moi aussi, je suis amoureuse, maintenant.

Chess contempla le visage grave de sa sœur. C'était toujours la même chose : Tate essayait de rattraper Chess. Des rôles qu'elles n'abandonneraient jamais.

— Tu sais quoi ? dit Chess. C'était vraiment sympa, ici, sans toi.

Tate tressaillit. Les restes du maquillage de la veille cerclaient encore ses yeux.

— Vraiment ? riposta-t-elle.

— Vraiment.

Tate fouilla dans son sac et en tira une bouteille de Veuve-Clicquot. Elle l'empoigna comme une massue et, l'espace d'un instant, Chess pensa qu'elle allait l'assommer avec.

— Tiens, je t'ai ramené ça, dit Tate en jetant la bouteille sur le lit. À la tienne.

Tate

Lorsqu'elle se réveilla le lundi matin, le ciel était bleu, le soleil brillait, et tout Tuckernuck verdoyait. Tate descendit prendre son café et trouva Birdie occupée à presser des oranges.

— Bonjour, chuchota Birdie.

Tate embrassa la joue douce de sa mère. Dieu, que la vie était dure. Chess s'était montrée exécrable la veille, si cruelle, si cassante ; comme un retour à l'adolescence. Elle avait presque fait pleurer Tate, laquelle avait failli lui lancer : Va te faire foutre, je suis pas venue pour ça, je me casse. L'expérience avait échoué. Tuckernuck ne les avait pas rapprochées ; elles n'y recevaient aucun réconfort. Chess ne lui avait strictement rien dit de ce qui s'était passé entre elle et Michael ; elle ne s'était absolument pas livrée. C'était toujours pareil : Chess n'estimait pas Tate suffisamment intelligente ou évoluée sur le plan émotionnel pour comprendre.

Tu sais, c'était vraiment sympa, ici, sans toi.

Si elle n'était amoureuse de Barrett Lee, Tate partirait le jour même, son sac de sport bourré et son iPod à fond. Et puis, elle ne pouvait abandonner Birdie. Birdie, qui pressait son jus d'orange et préparait son café ;

Birdie, qui lui offrait précisément l'affection dont elle avait besoin.

Quelle garce aigrie, cette Chess ! Tate faillit le dire à voix haute. Elle l'aurait fait, si ces mots n'avaient pu anéantir Birdie. Et Tate était suffisamment sensible pour se rendre compte de la souffrance de Chess, de son besoin de voir les autres souffrir. Tate s'était attendue à ce que Chess essaie de grimper dans son lit, auquel cas elle l'aurait accueillie avec joie et tout aurait été pardonné. Mais ce n'était pas le cas. Pour la première fois depuis qu'elles avaient mis le pied à Tuckernuck, Chess avait dormi dans son propre lit.

Tate fit ses étirements, la table de jardin comme support. Elle termina son café.

— Bon, j'y vais, annonça-t-elle à Birdie.

— Sois prudente !

Tandis qu'elle courait, ses pensées passèrent à Barrett. Elle ne savait à quoi s'attendre. Elle était complètement, éperdument amoureuse de lui, mais ses sentiments avaient treize ans d'avance. Elle ne pouvait espérer qu'il ressente la même chose. Il ne lui était pas insensible, elle le savait. Il l'aimait bien, il voulait passer du temps avec elle. Mais qu'est-ce que cela signifiait ? À quoi cela ressemblerait-il au quotidien ? Elle ne savait pas comment entretenir une relation, même si elle se gardait bien de le dire à Barrett. Elle craignait qu'il ne le découvre tout seul.

Elle termina sa course, scrutant l'horizon avant de remonter les escaliers. Pas de bateau.

Elle se suspendit par les genoux à sa branche. Elle était distraite. Il allait venir, n'est-ce pas ? Il le fallait bien – non pour elle, mais parce que c'était son travail.

Tout vient à point à qui sait attendre. Vraiment ? Elle fit trente-cinq abdos et s'apprêtait à en faire dix de plus lorsqu'elle l'entendit l'interpeller :

— Salut, Miss Singe.

Il se dirigeait vers la maison, les provisions dans une main, le sac de glace dans l'autre. Et un sourire jusqu'aux oreilles.

Son cœur était à l'envers. Que faire ? Elle accomplit ses dix abdos supplémentaires pendant que Barrett parlait à Birdie dans la cuisine, puis sauta au sol. C'était une torture. Elle l'aimait, elle voulait le crier sur les toits, elle voulait le plaquer au sol. Elle ne savait pas comment se comporter, comment se composer. Ils n'avaient pas parlé d'un nouveau rendez-vous. Ils n'avaient pas parlé de la suite des événements.

Elle ruisselait, brûlante. Devait-elle prendre sa douche et le laisser vaquer à ses occupations ? Elle n'en savait rien. Elle était perdue. Il discutait toujours avec Birdie dans la cuisine.

— Oui, elle les a tous matés, disait-il. Ils l'ont adorée.

Parlait-il de Tate, samedi soir ? Évidemment. Mais peut-être en rajoutait-il pour faire plaisir à Birdie. Tate mourait d'envie de l'empoigner, mais elle se retint. Stop. Tais-toi. Tiens-toi tranquille. Laisse-le venir à toi. Elle fit de nouveaux étirements à la table du jardin.

Elle entendit Birdie dire :

— Très bien, à cet après-midi, donc.

Elle entendit ses pas sortir de la maison. Elle ne se retourna pas. Allait-il partir sans un mot ? Elle se chantonna le début de « Hungry Heart », à voix basse, pour calmer ses nerfs. Elle l'entendit siffler :

— Pssst.

L'avait-elle imaginé ?

— Psssst.

Elle fit volte-face. Il lui faisait signe de la tête. Suis-moi. Son angoisse se dissipa ; elle se sentait vide, légère, impatiente.

Elle le suivit à l'avant de la maison.

— Tu n'as pas le droit de m'ignorer comme ça, dit-il. Tu vas me rendre dingue.

Il la poussa contre le mur et l'embrassa. D'une telle nouveauté, d'une telle passion, qu'elle aurait pu l'embrasser des heures. Sa langue, son visage, ses cheveux, ses épaules. Jamais elle ne se lasserait de lui, jamais elle n'en aurait assez. Et le voilà, qui ressentait la même chose, elle le voyait bien. Il ne se détourna pas, ne regarda pas sa montre ni par-dessus son épaule. Il était concentré sur elle. Dix, quinze minutes. Lorsqu'ils s'arrêtèrent suffisamment longtemps pour parler, il dit :

— Bon sang, ce que tu m'as manqué après ton départ.

— Je sais.

— J'ai pensé à toi toute la journée, toute la nuit, chaque seconde de ce matin. L'idée de te voir me faisait bourdonner, tu vois ce que je veux dire ? dit-il en remuant la tête. Je n'aurais jamais cru ressentir ça une nouvelle fois.

— Quel est ton programme pour aujourd'hui ?

— Je suis censé être à cinq endroits différents en ce moment.

— Alors il faut que t'y ailles ?

— Et t'abandonner ? Jamais de la vie.

Il se détourna finalement. Anita Fullin l'attendait à 10 heures, des clients de Sconset étaient victimes d'un nid de guêpes. Il fallait s'en occuper le matin même.

— Je reviens cet après-midi, d'accord ?

Ils s'embrassèrent, incapables de se séparer, mais, oui, il finit par partir, elle le poussa. Il se retourna trois fois pour lui faire signe entre la maison et la falaise.

Tate marchait sur un nuage. Elle se doucha, prit son petit déjeuner, enfila son maillot de bain, se rendit à la plage. Chess descendit aussi, mais Tate l'ignora. C'était d'une facilité déconcertante. Birdie et India les rejoignirent avec leurs fauteuils et la glacière pour le déjeuner ; India avait rapporté le frisbee.

— Tu as oublié ça, dit-elle à Tate.

— J'ai pas envie de jouer, répondit Tate, distraite.

Tout ce qu'elle voulait, c'était penser à Barrett.

— T'es drôlement silencieuse, dit Chess.

Tate ricana.

— C'est l'hôpital qui se fout de la charité.

— Ça te dit, une promenade ? proposa Chess.

— Pas avec toi, rétorqua Tate.

— Comme tu voudras.

Il y avait dans le ton de Chess une inflexion qui gifla Tate comme un élastique dans la figure.

— Très bien, lança-t-elle. Tu veux te balader ? Allons-y, dans ce cas.

Chess se tourna vers Birdie et India.

— On va se promener.

Birdie sourit.

— Quelle bonne idée.

Tate secoua la tête. Sa mère était d'une remarquable naïveté. Elle pensait assister enfin à une avancée. Ce qui était un peu vrai, dans un sens, puisque Tate laissait tomber.

Elles marchèrent un long moment sans parler. Tate pensa que Chess allait peut-être lui présenter des excuses pour ses propos de la veille. Puis elle décida de ne pas prendre la parole tant que Chess ne se serait pas excusée. D'où le silence. Chess ne demanda pas pardon, Tate ne dit rien. C'était une épreuve de caractère, et comme dans toute compétition avec sa sœur, Tate savait qu'elle allait perdre. Elles avancèrent ainsi jusqu'à Whale Shoal, où Tate avait vu des mouettes se houspiller.

— Je te déteste parce que tu es heureuse, dit Chess.

Tate en conçut une petite satisfaction. Enfin, Chess lui disait la vérité.

Cet après-midi-là, Barrett arriva plus tôt que d'habitude. Elles étaient toutes étendues sur la plage lorsque son bateau entra dans la crique.

— Ma parole, Barrett est en avance, remarqua Birdie.

— Je me demande pourquoi, dit India.

Tate s'assit sur sa couverture. La femme en elle trépignait comme une concurrente de jeu télévisé.

Barrett ancra son bateau et pataugea jusqu'à la rive. Il portait un sac de provisions dans une main et un bouquet de fleurs dans l'autre – hortensias bleus, lys roses, iris blancs. Tate prit une profonde inspiration. Il lui présenta les fleurs avec une courbette.

— Pour toi, dit-il.

— Pour moi ?

Elle n'en revenait pas. Les larmes lui piquèrent les yeux. À trente ans, elle n'avait plus reçu de fleurs depuis que Lincoln Brown était venu la chercher pour le bal de fin d'année avec des fleurs pour mettre à son poignet.

Barrett brandit le sac.

— Ainsi que quatre entrecôtes, une laitue, du vinaigre de champagne, une tranche de bleu Maytag et un livre de mots croisés.

— Je t'adore, lança India.

— Je vais vous monter tout ça. Madame, puis-je mettre vos fleurs dans un vase ?

Tate sauta sur ses pieds.

— Je viens avec toi.

Chess, que Tate pensait plongée dans une sieste, leva la tête de sa serviette.

— Je crois que je vais vomir, dit-elle.

Tate n'arrêtait pas de le remercier.

— Elles sont magnifiques, dit-elle. Elles sont splendides. Il ne fallait pas.

— J'en avais envie.

Elle plongea le visage dans les fleurs pour inhaler leur parfum. Pouvait-on rêver mieux ? Vraiment ? Son nouvel amoureux venait de lui offrir un bouquet. Ils pouvaient se marier, supposait-elle, faire des enfants, mais serait-elle jamais plus heureuse qu'elle ne l'était en cet instant précis ?

— Je veux que tu les regardes en pensant à moi. Et en sachant que je pense à toi. Même quand je change les ampoules d'Anita Fullin.

Dans la cuisine, il rangea les provisions tandis qu'elle arrangeait les fleurs dans une cruche pleine d'eau. Il l'attrapa. Ils étaient seuls dans la maison.

— Tu veux monter dans la chambre ? proposa Tate.

Elle se sentit pleine d'audace. Jamais de sa vie elle n'aurait imaginé faire l'amour en douce dans la maison de Tuckernuck. Nul doute que la demeure avait connu son lot de relations conjugales – ses parents, tante India et oncle Bill, ses grands-parents, seigneur, ses arrière-grands-parents, même. Ce type de relations était nécessaire, fonctionnel, créant des générations futures qui, à leur tour, jouiraient de la maison. Mais la maison de Tuckernuck n'était pas faite pour les étreintes sauvages, secrètes ; les murs étaient trop fins, le sol instable. Si un lit se mettait à tanguer, il pourrait bien passer à travers le parquet.

— J'ai une meilleure idée, répondit Barrett.

Il l'emmena en balade sur son bateau. Tate craignait qu'il n'invite Chess, voire Birdie et India, mais il se contenta de dire : « Je vous emprunte Tate un petit moment. » Et ils sautèrent à bord et démarrèrent en trombe. Chess, India et Birdie les regardèrent s'éloigner avec une envie non dissimulée.

Tate se sentit coupable trente secondes ; puis la joie l'envahit. Elle adorait être en mer, au soleil, le vent dans la figure. Ils foncèrent autour de Tuckernuck, saluant les personnes qu'ils apercevaient sur la rive. La vie est belle ! Ils firent la traversée de Muskeget, une île plus petite encore que Tuckernuck, qui ne comptait que deux maisons. Muskeget abritait une colonie d'otaries ; quelques-unes paressaient sur les berges rocheuses, et Barrett passa juste assez près pour permettre à Tate de presque les toucher. Elle était excitée de les voir, plus qu'elle ne l'aurait été en d'autres circonstances. (D'ailleurs, elle se rappelait un « safari otaries » organisé par le père de Barrett quand elle avait douze ou treize ans. Elle n'avait guère été impressionnée alors, pleine de lassitude adolescente agrémentée d'une pointe de dégoût – les otaries sentaient mauvais !)

Barrett remit le cap sur Tuckernuck, direction la côte nord-est isolée, puis un minuscule croissant de sable à la pointe d'East Pond dont Tate ne soupçonnait même pas l'existence. Il coupa le moteur. Jeta l'ancre. Et ôta son t-shirt.

— Viens, dit-il. On va nager.

Ils nagèrent donc. Firent la course. Tate adorait ce genre de camaraderie, ce goût du jeu. Elle faillit le battre, bonne nageuse qu'elle était, mais il s'affala sur la rive une seconde avant elle, et avant même qu'elle ait pu reprendre son souffle, il était sur elle. Ils firent l'amour sur le sable.

Ils se rincèrent dans l'eau – le sable s'incrustait absolument partout – et s'étendirent au soleil.

— Il y a tout un tas de choses que j'aimerais savoir, dit Tate.

— Vas-y mollo, répondit Barrett.

— Comment as-tu connu Stephanie ?

Barrett soupira.

— Je ne suis pas très doué pour parler. Surtout de Steph.

— Réponds simplement, dit Tate. Tu veux bien ?

— On travaillait ensemble au Boarding House, dit-il. Comme serveurs.

— Tu as été serveur ?

— Trois étés. Les deux premières années étaient sans surprise. La troisième, c'était l'année Stephanie.

— Elle a grandi sur Nantucket ?

— À Quincy, dans le Massachusetts. Catholique irlandaise. Cinq frères. Ses parents avaient un cottage à Chatham. D'habitude elle passait ses étés à travailler au Squire de Chatham, mais un été elle est venue à Nantucket parce qu'on y était mieux payé.

Il tendit la main pour caresser le visage de Tate.

— C'est bon ?

— J'ai envie de mieux te connaître, dit-elle.

Il pinça ses lèvres, et Tate craignit d'avoir tout gâté. Il murmura dans son oreille.

— Tu rentres avec moi ce soir ? Tu passes la nuit chez moi ? S'il te plaît ?

Elle fondit. Oui ! Mais non, c'était impossible. Elle ne pouvait abandonner sa mère et tante India. Elle ne pouvait abandonner Chess ; pas quand elles venaient d'avancer d'un pas.

— J'aimerais bien, dit-elle. Mais je ne peux pas. Il faut que je reste avec ma famille. Elles ont besoin de moi.

— Moi aussi, j'ai besoin de toi.

— Elles plus que toi.

— Plus que moi ?

— Je pense, oui.

India

India dormait la nuit.

Un vrai miracle. La première nuit, elle était épuisée à la suite du voyage, mais elle dormit aussi bien la deuxième, puis la troisième, la quatrième, la cinquième et la sixième. Elle s'allongeait sur son matelas, s'entourait des oreillers neufs tout fermes que Birdie avait achetés par correspondance, et laissait les anges l'emporter, comme lorsqu'elle était dans cette même maison, d'abord enfant, puis adolescente (elle dormait jusqu'à midi en ce temps-là), jeune épouse et mère aux côtés de Bill. Elle dormait de longues heures, voluptueuses et ininterrompues, pour se réveiller tandis que le soleil affluait par les fenêtres, les poussières dansant dans l'air, l'odeur du bacon et la voix de Birdie qui chantonnait du Linda Ronstadt emplissant le rez-de-chaussée. India se sentait alors triomphante, aussi fière d'elle que si elle avait couru un marathon de quatre heures.

Me suis-je trompée à ton sujet ?

La lettre de Lula n'avait guère perturbé son sommeil. Elle craignait que ce ne soit le cas ; elle craignait de remuer en tous sens, retournant cette question stupide dans son esprit comme une bille d'obsidienne, noire et impénétrable. Mais India s'était allongée, préparée au pire, et s'était trouvée conduite dans la salle d'attente crépusculaire où elle avait traîné, à demi consciente, en attendant d'être emportée dans le sanctuaire de Morphée.

Dans la journée, cependant, India ne tenait pas en place. Elle décortiquait le sens de la question, composait des réponses possibles, se repassait les événements du printemps jusqu'à douter de leur véracité. Tout cela s'était-il réellement produit, ou India embellissait-elle l'affaire ? Elle était préoccupée ; elle ne pouvait se détendre.

Ce qui la mettait à pied d'égalité avec le reste de la famille.

India fit une promenade, non pas au nord-ouest, où Birdie et Tate aimaient aller, mais au nord-est, au-delà d'East Pond. C'était sa première escapade hors de la propriété depuis leur arrivée ; elle était paresseuse en matière d'exercice physique, depuis toujours, et le tabac punissait ses poumons d'une brûlure sourde. Mais elle aimait ce parcours – adouci par les lilas et le chèvrefeuille. Elle passa devant la maison appartenant au pilote, qui gardait un Cessna garé dans son jardin comme une voiture. Une femme d'un certain âge était occupée à étêter des lys d'un jour. Elle salua India.

— La vie est belle !

— La vie est belle, répondit India en serrant les dents.

Dans leur enfance, on avait appris à India et Birdie de toujours utiliser le salut traditionnel de Tuckernuck, mais cela la dégoûtait. Elle accéléra le pas afin de ne pas se trouver embarquée dans une visite inopinée.

Elle avait une mission, en quelque sorte.

Elle dépassa la vieille école à la façade en bois blanc. Elle entendait presque l'institutrice frapper les bureaux de son décimètre. On l'avait convertie en demeure privée, mais elle était longtemps restée à l'abandon, et un jour, il y avait de ça des années, India et Bill s'étaient introduits dans une salle de classe pour y faire l'amour. La pièce sentait la poussière de craie.

— Je m'en vais t'enseigner une chose ou deux, avait dit Bill.

India était alors une élève avide. Elle et Bill avaient eu une vie sexuelle riche – chaque nuit, des semaines durant, remplie de gémissements, de respirations lourdes, de paroles lascives et coquines chuchotées à l'oreille. Birdie les avait surpris une fois, nus comme des vers, à l'arrière de la Scout.

Bill, pensait à présent India, tu veux bien me lâcher ?

India avait passé ces derniers jours à observer Tate et Barrett ensemble, et elle avait vu cette étincelle d'énergie purement sexuelle. Elle était palpable dans sa façon de la regarder, dans sa façon de le toucher. C'était électrique. La nuit précédente, India avait rêvé qu'elle gisait étendue sur la plage, à plat ventre sur le sable, le soleil dans son dos. Elle se savait observée, mais lorsqu'elle regardait à droite et à gauche, il n'y avait personne. Puis elle se rendait compte qu'un homme la contemplait depuis le phare. (Ce qui était étrange, onirique ; il n'y avait pas de phare à Tuckernuck.) L'homme apparaissait ensuite sur la falaise.

C'était Bill. Non, ce n'était pas Bill. C'était Barrett Lee. India ne bougeait pas, feignant de dormir. Elle entendait Barrett approcher. Le sable crissait sous ses pieds. Elle sentait quelque chose de glacé remonter le long de son échine. Frémissante, elle relevait la tête. Ce n'était pas du tout Barrett Lee – mais Chuck Lee, deux bouteilles de bière suspendues à ses doigts.

Dans le rêve, Chuck Lee était bourru et sexy, comme du temps où India, encore toute gamine, avait eu ce terrible faible pour lui.

Elle lui disait : J'ai fait la connaissance de ton fils.

Il tirait une bouffée de sa cigarette. Mon fils ?

India s'était réveillée à ce moment-là, en feu. Excitée par les vieux souvenirs de Chuck Lee ? Elle ne savait plus.

Me suis-je trompée à ton sujet ?

India atteignit East Pond. L'étang était entouré d'épais buissons de *rosa rugosa*, mais elle trouva un sentier étroit menant à l'étendue d'eau. Ses fils venaient y faire flotter les simples bateaux que Bill leur confectionnait – de longues pièces de bois plates, peut-être même lui servant à mélanger ses peintures, avec un trou à l'extrémité, où était passé un bout de ficelle. Aujourd'hui, l'étang était peuplé de fuligules à dos blanc, aussi India se sentait-elle moins seule. Elle avait des témoins.

Elle sortit la lettre de Lula de la poche de sa pèlerine et la déchira en bandes régulières, puis ensuite en carrés. Elle jeta les carrés en l'air comme des confettis, qui voletèrent sur la surface de l'eau. Les canards fondirent dessus, pensant que c'était du pain. Mais lorsqu'ils découvrirent que c'était du papier, ils s'éloignèrent.

Un tel cérémonial était inutile, ridicule même, India le savait ; elle aurait tout aussi bien pu froisser la missive et la jeter dans la poubelle de la cuisine. La laisser flotter au loin semblait pourtant la chose à faire. India n'avait nul besoin de drame ni de romance ; elle en avait eu sa dose et y avait survécu. Elle avait tourné la page à présent. Elle allait, après tout, devenir grand-mère.

Chess

Douzième jour.

Quelques jours après mon exode en solo de l'Irving Plaza, Nick m'a appelée au bureau.

Il m'a demandé :

— Tu m'en veux pour Rhonda ?

Je n'ai rien répondu.

— Tu m'en veux pour Rhonda.

— Tu mérites d'être avec quelqu'un. Et Rhonda est canon. Je comprends pourquoi elle te plaît.

— Elle est canon, ça oui. Mais ce n'est pas toi.

— Est-ce que tu m'aimes ?

— Je ne m'autorise même pas à y penser en ces termes. Tu es la copine de mon frère. Mais puisque tu me le demandes, je dirai que j'ai des sentiments pour toi qui semblent avoir prise sur moi. Je ne sais pas si c'est de l'amour, mais c'est quelque chose d'énorme, et je n'arrive pas à m'en débarrasser.

— Je ressens la même chose.

Il y a eu une longue pause. Finalement, j'ai dit :

— Alors, on le lui dit.

— On ne peut pas, a dit Nick. Ça ne marchera pas. Ça sera violent, tu en seras malheureuse. On sera tous les deux malheureux. Je ne suis pas Michael, Chess.

Michael est le frère légitime. Moi, je ne suis pas légitime. Je suis un musicien, avec un groupe à peine correct. Je ne gagne pas ma vie. Michael est là à grimper l'échelle sociale, pendant que je fais l'ascension d'une montagne.

Nouvelle pause.

— Et je joue.

— C'est ce que j'aime chez toi, ai-je dit. Tu es un esprit libre.

— Tu romances la situation. La vérité, c'est que je vis dans un taudis, et que si je perds ma veine aux cartes, je vais devoir retourner vivre avec Cy et Evelyn à Bergen County. Tu mérites mieux, Chess – c'est ce que je me dis à chaque fois que je songe à t'enlever. Tu mérites Michael.

— Mais c'est toi que je veux.

— Au moins, le sentiment est mutuel. Jamais de ma vie je n'ai autant désiré quelque chose.

On a médité ça un petit moment. J'ai dit :

— Je ne cesse d'espérer que Michael tombe amoureux de quelqu'un d'autre.

— Je ne cesse de souhaiter sa mort, a rétorqué Nick.

Il s'attendait peut-être à ce que cela me choque, mais ce n'était pas le cas.

— On se retrouve dans une demi-heure ? a-t-il proposé. Devant l'arbre ?

J'ai répondu oui.

L'été venu, Michael et moi sommes allés à Bar Harbor. C'était tellement typique : les homards, les myrtilles, les pins, l'eau claire et fraîche. Nous faisions du vélo dans le parc national d'Acadia. Nous nous levions tôt pour aller courir ; nous voyions des cerfs. Nous nous entendions parfaitement ; nous ne nous disputions jamais. Tout ce que j'avais envie de faire, il en avait envie aussi, et vice versa. Nous lisions nos livres au soleil, assis dans des fauteuils Adirondack, et aussi agréable que ce fût, je ne pouvais étouffer le sentiment angoissant que nous aurions tout aussi bien pu avoir quatre-vingts ans.

Nous sommes allés en randonnée au sommet de Champlain Mountain. La route était ardue, et j'étais de mauvaise humeur. La veille au soir, nous avions dîné avec un camarade de Princeton de Michael et sa fiancée à l'hôtel Bayview. Carter et Kate. Kate était ravissante mais fade ; elle ne parlait que de son mariage, qui devait avoir lieu cet automne à l'hôtel Pierre. Carter parlait de la maison qu'ils étaient en train d'acheter à Ridgewood, dans le New Jersey. Il parlait emprunts et frais de clôture, vantait les écoles publiques. Il m'a regardée droit dans les yeux en disant :

— Parce que, tu sais, dans un futur pas si lointain, on va passer tous nos samedis à regarder nos enfants jouer au foot.

J'ai souri à Carter, mais mon cœur se serrait. Disait-il juste ? Bien sûr, mon existence s'était déployée d'une certaine façon, mais cela me destinait-il automatiquement à vivre dans les banlieues huppées avec un mari et des enfants, une Range Rover et un siège au conseil d'une œuvre de charité pour m'occuper l'esprit ? C'était la vie que désirait Michael, mais je n'étais pas prête à me rendre. Je voulais quelque chose de moins préétabli, quelque chose de plus stimulant, plus profond, plus riche. Je voulais parcourir l'Inde, écrire un roman, vivre le grand amour, le genre d'amour qui me laisse agitée, essoufflée.

Lorsque nous avons atteint le sommet de Champlain Mountain et contemplé les arbres bleu-vert enveloppés de brume au-dessous de nous, j'ai eu envie d'appeler Nick. De hurler son nom. Je voulais tout dire à Michael, là, sur-le-champ.

Il aurait été forcé de comprendre que je ne pouvais réprimer mes sentiments.

De même que je ne pouvais réprimer ma personnalité. Mais je n'étais pas une rebelle. Je ne faisais pas de vagues.

Je n'ai rien dit.

Chess souffrait de regarder Tate et Barrett ensemble. Pourtant, on était à Tuckernuck ; il n'y avait rien d'autre à faire.

Barrett apportait des fleurs à Tate. Il l'emmenait en balade sur son bateau. Ils allaient sur les plages isolées de Tuckernuck et à Muskeget. Ils faisaient l'amour, soit sur le bateau même, soit sur le sable. Chess ne posait pas la question et Tate n'en disait rien, mais Chess avait remarqué la façon dont Tate rayonnait.

Barrett et Tate pêchaient au surf casting sur la plage. Une plaisanterie courait entre eux – une vieille blague au sujet du jour où leur père avait payé Barrett pour qu'il emmène Tate à la pêche (« Il a été obligé de te payer pour passer du temps avec moi ! ») et où Tate avait lancé sa ligne toute seule (« Elle avait ça dans le sang ! ») et attrapé le plus gros poisson qu'il eût jamais vu sans la moindre aide de sa part (« Un bar rayé d'un mètre de long ! »). Chess ne voulait pas être mêlée à leurs plaisanteries, passées ou présentes. Elle enfouit son visage dans ses bras en regrettant que leur plage ne soit pas un peu plus vaste.

— Allez ! Tu veux pas essayer ? lança Tate.

— Non, répliqua Chess.

Après deux ou trois douzaines de lancers, la ligne de Tate mordit, et elle remonta sa prise. C'était un tassergal ; ses écailles d'acier luisaient au soleil. Le poisson s'agita, luttant pour se libérer.

— Regarde ! dit Tate.

Lorsque Chess regarda le poisson, elle se vit elle-même.

Barrett prit le relais, coupant la ligne, ôtant délicatement l'hameçon de la gueule du poisson à l'aide de pinces. Le poisson frétillait désespérément sur le sable ; Chess ne pouvait en supporter la vue. Elle pensa : Bon Dieu, rejetez-le à l'eau.

Barrett et Tate se mirent à s'embrasser. Elle était enchantée de son exploit et lui fier d'elle, mais en réalité, ce n'était qu'une excuse pour commencer à se tripoter.

Birdie alla inspecter la prise.

— Vous voulez que je le prépare pour le dîner de ce soir ?

— Je crois pas, non, répondit Tate.

Barrett rejeta le poisson dans l'océan. Chess ferma les yeux.

Tate retourna passer la nuit avec Barrett à Nantucket. Il l'emmenait dîner à la Compagnie du Chaudron, où il avait réservé une table dans le jardin intérieur. Le poil de Chess se hérissait à ce genre de détails. Puérile, elle notait les phrases qui l'agaçaient dans son journal. *Une table dans le jardin intérieur.* Chess se rappela avoir été courtisée de la même façon. Michael lui envoyait des fleurs au bureau. Le livreur entrait dans les locaux du magazine, les bras chargés de tournesols ou de roses à longues tiges, et tout le monde disait : « C'est pour Chess. » Michael l'emmenait dîner en tête à tête tout le temps, pour le plaisir. Chez Babbo lorsqu'elle bouclait un numéro ; au Café des Artistes les mercredis de pluie.

Tate ne rentra que tard le lendemain après-midi. Là encore, elle avait terriblement manqué à Chess qui s'était surprise à attendre son retour – mais lorsque Tate finit par rentrer, Chess se montra maussade et rancunière.

— Les enfants viennent demain, dit Tate.

Cette perspective mettait Birdie et India en joie. Des enfants ! Birdie demanda à Barrett d'amener de quoi préparer un pique-nique aux palourdes. Ils mangeraient des homards sur la plage et feraient un feu où rôtir les marshmallows pour Cameron et Tucker. Birdie et India voulaient revivre leurs jours de jeunes mères. Tate voulait être avec Barrett. Chess voulait simplement survivre.

Barrett creusa un trou dans le sable tandis que Tate collectait du bois pour le feu. Il avait apporté des baguettes pour rôtir les marshmallows ainsi que des cannes à pêche afin de pouvoir faire du surf casting avec Tate. Birdie mit les petits plats dans les grands, refroidissant le vin, mélangeant la salade de pommes de terre, mettant le beurre à fondre sur le réchaud à gaz. Un sentiment d'impatience flottait dans l'air. On allait faire la fête. Chess voulait se terrer dans le grenier pour pleurer.

Tate partit chercher les enfants avec Barrett. Chess se laissa enrôler pour aider India à transporter les glacières et les sacs de victuailles jusqu'à la plage. Elle étendit les couvertures et fourra du papier journal froissé sous le bois. Ce feu de joie demandait énormément d'effort, pensa-t-elle, des allumettes aux sacs poubelles en passant par les petits plats pour le beurre fondu et les pinces à homard.

— Bill adorait les soirées autour du feu, dit India.

Oui, Chess s'en souvenait. Oncle Bill était leur M. Feu, leur M. Marshmallow. Tous les enfants présentaient leurs marshmallows rôtis à oncle Bill pour inspection. Les fils Bishop collaient les leurs au cœur de la flamme, où ils prenaient feu comme des torches avant de virer gris cendre. Chess était précautionneuse : elle maintenait sa baguette à quelques centimètres du foyer. Elle prenait son temps afin d'obtenir une peau brune caramélisée autour du cœur blanc fondant. « Ça c'est ce que j'appelle un marshmallow rôti à la perfection », décrétait oncle Bill. Chess revoyait son sourire. « Tu sais attendre. Toi, ma chérie, tu sais te servir de tes mains. »

Chess était à la fois gênée et ravie par ce compliment. Lorsque oncle Bill faisait ce genre de déclarations, elles semblaient importantes et justes.

Le bateau entra dans la crique, et Chess les aperçut, deux petits garçons blond paille au visage constellé de taches de rousseur, tellement mignons qu'ils semblaient avoir été commandés sur catalogue. Chess ne connaissait rien des enfants en dehors de sa propre jeunesse. Elle n'avait jamais fait de baby-sitting ; elle n'avait jamais été surveillante ni animatrice de colo. Lorsque Michael parlait de se marier et d'« avoir des enfants », elle hochait la tête avec insouciance, comme si ces mots n'avaient aucune signification pour elle. En voyant Tate, cependant, elle se sentit étrangement jalouse, comme si Tate s'était absentée une heure pour revenir avec une famille toute prête. Les garçons se ressemblaient beaucoup, l'un étant la copie de l'autre, en plus petit. Ils portaient des gilets de sauvetage orange, les mêmes que Chess et Tate enfants. Chess se leva. Pour la première fois de la journée, elle s'intéressait à ce qui se passait.

Barrett porta l'aîné, Tate le cadet. Tate était douée, ce qui surprit Chess, car pour autant qu'elle le sache, Tate n'avait pas plus d'expérience qu'elle avec les enfants. Mais le petit garçon s'agrippait à son cou, et elle paraissait à l'aise.

— Salut ! dit Chess.

Sa voix, à sa propre surprise, avait l'air presque sympathique.

Ils pataugèrent tous jusqu'à la rive, où Barrett et Tate déposèrent les garçons.

— Voici Cameron, dit Barrett. Et ça, c'est Tucker.

Ils se battaient avec leurs gilets de sauvetage. Chess se rappela le poids encombrant et restrictif du gilet autour de son cou. Elle aida Cameron à défaire le sien.

— Bienvenue sur Tuckernuck, dit-elle.

— Qu'est-ce que t'as fait à tes cheveux ? demanda-t-il.

Chess passa la main sur son crâne. Elle portait son bonnet en tricot bleu, même s'ils commençaient à repousser. Mais pour les enfants, elle devait sembler toujours chauve.

— Cameron, fit Barrett d'un air sévère.

— Je les ai coupés, répliqua Chess.

— Oh, dit le garçon. Pourquoi ça ?

— Cameron, ça suffit, dit Barrett. Voici Chess, la sœur de Tate.

— Parce que j'en avais envie, expliqua Chess.

La réponse fit son effet – évidemment, c'était la réponse d'une enfant de cinq ans à un garçon du même âge. Cameron acquiesça et lui tendit la main. Chess la serra.

— Et voici mademoiselle Birdie et mademoiselle India, dit Barrett.

Birdie et India s'inclinèrent devant Cameron comme devant un petit prince. Chess sourit. Il incarnait la souveraineté de l'enfance, absente de Tuckernuck depuis près de vingt ans. Cameron dévisagea les deux dames et, ayant décidé qu'elles ne détenaient rien qui puisse l'intéresser (elles n'avaient ni bonbons ni argent), s'éloigna le long de la plage. Tucker, pendant ce temps, fonçait dans l'eau.

— Holà, mon petit monsieur ! s'exclama Tate. Mets ton maillot d'abord !

Elle regarda Barrett.

— Où est son maillot ?

— Dans le sac en toile, précisa Barrett.

— Les petits sont adorables ! dit Birdie, qui semblait plus heureuse qu'elle ne l'avait été depuis longtemps. Ton portrait tout craché.

— Le portrait craché de leur mère, rectifia Barrett. Les cheveux, les taches de rousseur.

— Ne fais pas ton modeste, insista Birdie. De vrais anges.

— Certainement pas, croyez-moi, dit Barrett. Cameron ! Ne va pas trop loin, d'accord, bonhomme ?

— D'accord, répondit Cameron.

Il était déjà occupé à remplir un seau de coquillages. Tate changeait Tucker avec maestria. Chess était médusée. Tate était si entraînée et efficace qu'elle semblait avoir fait un stage en garderie.

Les enfants apportaient légèreté, gaieté et insouciance. C'était étrange, cette façon qu'ils avaient de voler la vedette et de désamorcer la tension ambiante. On n'avait guère le temps de se soucier de soi lorsqu'il fallait veiller sur des bambins : étaient-ils en sécurité dans l'eau ? Leur maïs était-il beurré ? « Fais attention de ne pas renverser ton verre ! » Chess mit la main à la pâte, servant les assiettes et le vin ; elle décortiqua le homard de Tate qui gardait Tucker sur les genoux. Une fois le soleil couché, Barrett alluma le feu. Cameron et Chess firent un concours de lancer de cailloux. Chess en jetait un, puis Cameron essayait de dépasser son jet. Ou il en jetait un plus gros, plus lourd. Ou plus lisse, plus brillant. Chess était touchée qu'il se joigne à son petit jeu (Lâche du lest) ; elle avait parfaitement conscience que le garçon n'avait pas de mère, aussi n'importe quelle femme dans la bonne tranche d'âge faisait-elle sans doute l'affaire. Elle tenta de saisir l'émerveillement qu'il pouvait ressentir devant quelque chose d'aussi simple qu'un œuf de marbre blanc avec une tache orange.

Oui, pensa-t-elle. Celui-là ira loin. Cameron le jeta avec un grognement. Chess sourit.

India prenait des photos avec son appareil jetable. Elle photographia les garçons séparément, ensemble, avec Barrett, puis avec Barrett et Tate.

— Et maintenant, la carte de vœux ! proclama India.

— Ne nous emballons pas, protesta Tate, mais Chess savait que l'idée lui plaisait.

India tenta de prendre une photo de Chess avec Cameron, mais Chess brandit une main devant l'objectif comme pour repousser des paparazzi.

— Je t'en prie, non, dit-elle. Tu vas casser ton appareil.

— Pourquoi ? demanda Cameron.

— Parce que je suis laide.

India baissa l'appareil en lui adressant un regard plein de reproche.

— T'es pas laide, dit Cameron. T'es juste chauve, comme papy Chuck.

India ricana comme une hyène.

— De la bouche des enfants.

Le feu faisait rage, brûlant, élémentaire dans la nuit noire. India et Birdie s'affalèrent dans des chaises longues, emmitouflant leurs jambes dans leurs serviettes. Leurs visages se réchauffaient et se teintaient d'orange devant la flamme. India semblait satisfaite et Birdie mélancolique, ce qui était l'exacte combinaison des sentiments de Chess.

Personne n'avait touché aux marshmallows. Chess sortit les baguettes et en tendit une à Cameron.

— C'est une baguette. Pour rôtir les marshmallows, lui expliqua-t-elle.

— Non merci, dit-il.

Il était occupé à aligner les cailloux qu'il avait trouvés le long de la couverture.

Tate et Barrett étaient blottis l'un contre l'autre, Tucker étendu sur leurs genoux.

— Une baguette à marshmallow ? proposa Chess.

Barrett secoua la tête. Tate porta un doigt à ses lèvres. Tucker était presque endormi.

— Très bien, dit Chess. Moi, je vais m'en faire un.

Elle empala un marshmallow sur une baguette et s'installa sur la couverture à côté de Cameron, son trophée à quelques centimètres au-dessus des flammes rougeoyantes. India se mit à chantonner « Songbird » de Fleetwood Mac, leur chanson de prédilection pour le coin du feu dans leur jeunesse – Chess frissonna. Elle n'avait pas entendu « Songbird » depuis des années, peut-être même depuis son dernier marshmallow sur cette plage. India avait la voix légère et douce ; elle n'aurait pu chanter de l'opéra, mais les berceuses lui allaient bien.

Le feu craquela. Tucker ferma doucement les yeux. Chess vérifia son marshmallow. Il était légèrement caramélisé. Elle le laissa refroidir quelques secondes. Elle se sentait l'entrain de l'enfance, légère, libérée du poids qui l'accablait. Rien qu'un instant.

Chess montra le marshmallow à Cameron.

— Tu veux goûter ?

Il acquiesça. Elle le laissa faire. Il était parfait – craquant et fondant.

— C'est bon, dit Cameron.

India chanta : *And I love you, I love you, I love you, like never before.*

Tout ramener, y compris deux enfants endormis, à la maison représentait une vaste entreprise, mais ils en vinrent finalement à bout – éteignant le feu, pliant les couvertures, rangeant les restes de salade de pommes de terre dans le réfrigérateur. Chess prit le deuxième lit jumeau dans la chambre de Birdie afin de laisser le grenier à Barrett, Tate et les enfants. Par habitude, cependant, Chess et Tate utilisèrent la salle de bains en même temps. Avant de quitter la pièce, le regard de Chess croisa celui de Tate dans le miroir granuleux.

— Tu en as de la chance, dit-elle.

Birdie

Tate était amoureuse pour la première fois de sa vie. Birdie voulait s'en réjouir, mais se surprenait à réagir avec cynisme et réalisme. Tate et Barrett étaient très démonstratifs dans leurs marques d'affection, ce que Birdie trouvait perturbant, non parce que cela la choquait (enfin, si, dans une certaine mesure ; elle avait toujours été un peu conservatrice en la matière), mais parce qu'elle les enviait.

Hank !

Elle avait du mal à rester à proximité de Barrett, Tate, et de leur bonheur étourdissant, qui englobait également à présent les enfants de Barrett, Cameron et Tucker, les deux petits garçons les plus adorables de la planète (avec leurs taches de rousseur, leurs mains potelées, leurs bonnes manières), car son propre cœur saignait.

Elle avait des moments de lucidité, comme le soleil perçant à travers les nuages. Elle connaissait Hank depuis moins de six mois, elle n'allait pas se laisser languir une seconde de plus, se demander ce qu'il faisait ni pourquoi il ne répondait pas à ses coups de fil de l'après-midi ; elle essayait de ne pas se demander pourquoi il n'avait pas répondu à ses appels au milieu de la nuit. Où était-il ? Que faisait-il ? Peu importe, cela ne la regardait pas, il ne lui devait aucune explication, ils n'avaient échangé ni vœu ni promesse. Elle n'allait pas laisser son silence gâcher ses vacances.

Mais un rien venait le lui rappeler, quelque chose d'aussi simple que les roses « New Dawn » grimpant le long de la maison des Constable ou qu'un verre de sancerre, et la rage et la douleur la gagnaient de nouveau. Ils auraient pu partager une histoire romantique, celle de l'amour trouvé après trente ans d'un mariage difficile et en définitive insatisfaisant. Cela aurait pu être Hank et Birdie que tout le monde aurait regardés avec envie : tous les deux, main dans la main, s'embrassant, se nourrissant mutuellement de bouchées de homard gorgé de beurre, tous les deux partant pour l'Islande et Rio de Janeiro, organisant des rassemblements mêlant leurs familles, enfants et petits-enfants compris, tous les deux avec leurs retraites, leurs centres d'intérêt communs, allant à l'exposition Chagall le mardi, s'occupant du jardin le jeudi, entremêlant leurs voix de soprano et de baryton lors des psaumes le dimanche. Pourquoi cela ne pouvait-il être eux ?

Le matin arriva ; après une nuit sans Tate, partie avec Barrett sur Nantucket, et une autre à héberger Barrett et ses enfants, la vie reprit son cours normal. Tate avait dormi dans le grenier et s'était levée pour son footing. Birdie avait préparé le café et coupait fraises et kiwis pour la salade de fruits. Tate embrassa sa mère sur la joue comme elle le faisait toujours. Elle s'était toujours montrée généreuse dans son affection, appréciant Birdie et ses efforts.

Tate emporta son café sur la table du jardin et commença à s'étirer. Elle avait une silhouette magnifique, toute bronzée. Elle n'avait probablement jamais été aussi belle. Birdie posa son couteau, abandonna la salade de fruits et alla observer Tate, debout dans le soleil.

Une heure plus tard environ, India descendit l'escalier, vêtue de son kimono.

— Bien dormi ? demanda Birdie.

— Merveilleusement bien, répondit India.

Elle accepta une tasse de café, ainsi qu'un plat de fraises et de kiwis.

— Du kiwi, dit-elle. Tu imagines ce que dirait Mère si elle nous voyait manger du kiwi sur Tuckernuck ?

Birdie bêla de rire.

— Tu te rappelles quand on dictait la liste de courses à Chuck par radio interposée ? dit India. Tu te rappelles son chien quand on était petites ? Celui qui se dressait à la proue du bateau… Bon sang, comment s'appelait-il déjà ?

— Queenie, répliqua Birdie.

— Queenie !

India dévisagea Birdie.

— Où est passée la joie d'avoir déterré un souvenir doré de notre enfance commune ? Quelque chose ne va pas ?

Birdie laissa tomber quatre cercles de pâte dans la poêle chaude. Elle avait envisagé de parler de ses soucis avec Hank à India, mais India le connaissait, pire, elle était sortie avec lui, aussi n'était-ce pas un sujet qu'elle avait envie d'aborder.

Au lieu de cela, elle dit :

— Je me fais du souci pour Tate et Barrett.

— Du souci ? Quel souci y a-t-il à se faire ? Ils sont tout bonnement magnifiques ensemble, ces deux-là. On dirait des stars de cinéma.

Birdie retourna les pancakes. Le dessus était lisse, d'un brun doré.

— Leur relation progresse incroyablement vite, je trouve. Et puis, tu sais, ils font un peu semblant. On part dans deux semaines. Tate va retrouver sa vie et Barrett la sienne. Ce qui se passe en ce moment relève du fantasme.

— Une chose est sûre : ça, pour un fantasme, Barrett Lee est un sacré fantasme !

— Et tu connais Tate, poursuivit Birdie. Aussi naïve qu'une enfant. Elle ne voit pas qu'il ne s'agit que d'une amourette d'été. Que ce n'est pas censé durer.

Cela semblait dur, Birdie elle-même en convenait, mais elle le pensait réellement. Rien ne durait. La passion éperdue, échevelée s'estompait ; elle s'assagissait pour se transformer en quelque chose d'autre. On se mariait, puis on divorçait. Ou votre mari se tuait. Ou vos synapses s'enlisaient dans une plaque gluante et vous vous trouviez à mettre la poêle au freezer au lieu de la ranger dans le placard adéquat.

— J'ai peur qu'elle en souffre, dit Birdie. Elle n'a aucune idée de ce qu'elle est en train de faire.

À cet instant, Tate entra dans la cuisine. Elle avait le visage cramoisi et ruisselant de sueur après son jogging, mais Birdie remarqua que ses yeux s'emplissaient de larmes.

— Je te remercie, maman.

— Oh, ma chérie, je…, dit Birdie.

Elle se demanda ce que Tate avait bien pu entendre. Les pancakes commencèrent à fumer.

— Tu es comme Chess, dit Tate.

C'était au tour de Birdie d'être estomaquée. Jamais on ne l'avait comparée à Chess, jamais.

— Comment ?

— Tu ne veux pas que je sois heureuse.

Tate bondit dans l'escalier.

Cet après-midi-là, Birdie regagna Bigelow Point munie de son téléphone portable. Elle se dit qu'elle avait envie de se promener ; l'exercice lui ferait du bien, de même que le moment perso qui suivrait. Lorsqu'elle atteignit la pointe, elle appela Hank. Elle ne s'attendait à rien. Il ne répondrait pas, elle ne laisserait pas de message. Téléphoner se révélait stérile. Mais elle ne pouvait s'en empêcher. Ne pas appeler lui semblait au-delà de ses forces.

Elle composa le numéro, puis attendit. La marée était basse ; elle avait de l'eau jusqu'à la cheville. Elle portait le chapeau de son père, qui protégeait son visage des assauts du soleil. Pouvait-il la protéger d'autres façons ? Elle se demanda si son père approuverait le choix de Hank. Elle décida que non ; il aurait désapprouvé par principe. Son père était traditionaliste ; il adorait Grant.

Le téléphone sonna deux, trois, quatre fois. Prévisible. Birdie attendit le son du répondeur. Entendre sa voix, ne serait-ce que cinq secondes préenregistrées, valait bien une heure de marche.

« Vous êtes bien chez Hank. Je ne suis pas disponible. Laissez un message. »

Il disait la vérité, pensa Birdie. Il n'était pas disponible. Elle ne laisserait pas de message. Elle raccrocha, puis jeta un œil à l'étendue d'eau en ressassant ce qu'elle avait toujours pensé : Assez de tout ça, Birdie ! Tourne la page !

Elle s'en voulut d'avoir parlé de Tate à India ce matin-là. Elle avait beau être mère depuis trente-deux ans, il lui arrivait encore de faire des erreurs regrettables.

Le téléphone revint à la vie dans sa main. Il vibra, entonnant sa petite chanson. Elle le tint à bout de bras afin de déchiffrer l'affichage. C'était Hank, qui la rappelait.

Elle déplia l'appareil.

— Allô ?

— Bonjour, Birdie.

— Bonjour, Hank.

La main dans laquelle elle tenait le téléphone tremblait. Un de ces moments où elle regrettait de prendre ses désirs pour des réalités. Maintenant qu'elle avait Hank au bout de fil, elle ne savait que dire. Elle aurait dû préparer quelque chose.

— Comment vas-tu ? lui demanda-t-il.

Comment vas-tu ? Est-ce qu'elle était censée répondre ? Et si elle le faisait ? Si elle lui disait la vérité ? Serait-ce la fin du monde ?

— Ces dernières semaines ont été éprouvantes, dit-elle. C'est difficile, tu sais, de vivre avec India et les filles au beau milieu de nulle part. Enfin, le plus dur, c'est qu'on passe notre temps à parler, il n'y a rien à faire à part discuter, alors on se tape sur les nerfs de temps à autre, on fait marche arrière… enfin, bref, je te laisse imaginer.

Hank ne répliqua rien. Peut-être ne pouvait-il pas imaginer. Après tout, que savait-il des relations mère-fille ou aînée-cadette ?

— Et tu me manques, continua-t-elle. Je pense à toi beaucoup trop souvent. Je ressens comme un manque, une langueur – et ce qui rend les choses pires encore c'est que je n'ai pas l'air de te manquer du tout. Quand je t'ai appelé la semaine dernière, tu semblais indifférent. Et quand je t'ai appelé au milieu de la nuit, tu n'as pas décroché. Je t'ai laissé un message. Est-ce que tu l'as eu ?

— Je l'ai eu.

— Où étais-tu ? Pourquoi n'as-tu pas décroché ? J'ai bien dû appeler quatre ou cinq fois.

— Je n'étais pas chez moi. J'ai entendu mon portable sonner, mais là où je me trouvais, je n'étais pas libre d'y répondre.

— Tu vois quelqu'un d'autre ?

C'était là sa plus grande inquiétude : qu'on puisse lui voler Hank. Le monde était peuplé de femmes seules, et Hank était un beau parti. Birdie imaginait sa rivale à l'image d'Ondine Morris, la sirène rousse qui avait poursuivi Grant dans le temps. Ondine Morris jouait au golf et fréquentait les soirées mondaines, et quand son mari avait perdu tout son argent dans le krach boursier de 1987, elle s'était mise à pourchasser Grant sans vergogne, en dépit de son amitié avec Birdie. Grant ne se souciait pas le moins du monde d'Ondine ; toutes les femmes le laissaient indifférent, y compris celles qui possédaient un handicap de huit.

Mais la menace d'Ondine Morris et de ses semblables demeurait un spectre tapi dans l'ombre aux yeux de Birdie.

— Non, répondit Hank.

— Tu peux me le dire. Je comprendrais.

— Je ne vois personne d'autre, Birdie. Mais j'ai été préoccupé et pas très communicatif, et pour cela je te présente des excuses.

— Eh bien, communique, alors, je t'en prie. Explique-toi.

— C'est Caroline, dit-il avec un soupir pesant. Elle est décédée.

Birdie resta bouche bée.

— Décédée ? Elle est morte ?

— Quand tu m'as appelé ce soir-là, j'étais à la clinique avec elle. Ils l'avaient changée d'étage. J'étais endormi dans un fauteuil à côté de son lit, je lui tenais la main. Elle a eu une attaque très grave, ils m'ont dit que c'était sérieux, alors j'y suis allé. Elle est morte dimanche matin.

— Oh, Hank.

— Les funérailles ont eu lieu mercredi. L'église était bondée. J'ai reçu suffisamment de petits plats pour le restant de mes jours.

— Je suis désolée, dit Birdie. Je ne savais pas.

Pas un instant il ne lui était venu à l'esprit qu'il était arrivé quelque chose à Caroline. Celle-ci avait Alzheimer, et Birdie supposait qu'elle déclinerait inéluctablement au fil des années. Elle ne s'attendait pas à une fin aussi tragique. La nouvelle de sa mort était triste, bien sûr, mais elle avait une qualité de vie médiocre, et Hank se trouvait à présent libre. Il y aurait une période de deuil, d'un an peut-être, avant que Birdie puisse être présentée officiellement et rencontrer ses enfants et petits-enfants, mais cela valait le coup d'attendre.

— Oh, Hank, je ne te l'ai pas dit avant de partir, même si je le voulais, alors je te le dis maintenant : je t'aime. Je t'aime, Hank Dunlap.

Hank toussa, ou s'éclaircit la gorge.

— Tu es une femme merveilleuse, Birdie.

Et Birdie pensa : Oh, grands dieux, non.

— Hank…, dit-elle.

— Je ne peux plus continuer à te voir. Je… disons que j'encaisse mal le décès de Caroline. Je n'arrive pas à dormir, je n'arrive pas à manger, mon cœur est rempli de tristesse, mais aussi de culpabilité. Je n'arrive pas à me défaire de l'idée que j'étais occupé à croquer la vie avec toi – à aller au théâtre ou à l'hôtel en ta compagnie – alors même qu'elle était enfermée dans une clinique. J'aurais dû attendre jusqu'à son décès.

Birdie essayait de digérer ce qu'il était en train de lui dire, mais le processus se révélait laborieux. Il regrettait leur sortie au théâtre ? Il regrettait leur nuit au Sherry-Netherland ?

— Pourquoi tu ne l'as pas fait, alors ? Pourquoi tu n'as pas attendu ?

— Je me sentais si seul…

— Hank, l'interrompit Birdie. Ce n'est pas grave. Caroline était très malade. Enfin, l'une des premières choses que tu m'as dites était qu'elle ne vous reconnaissait plus, toi et les enfants. Elle te prenait pour un gentil inconnu qui lui portait des chocolats chaque semaine. Tu avais tous les droits de poursuivre ta vie.

— Il n'y a pas eu que toi, dit Hank. Je l'ai trompée avant sa maladie. Je n'ai jamais mérité son amour. Je m'en rends compte à présent, je sens que je lui dois quelque chose, comme une expiation, une pénitence. Ma pénitence, ce sera de renoncer à toi.

— Renoncer à moi ? Mais pourquoi ?

— J'ai entretenu une relation avec toi alors que j'étais marié.

— Mais Caroline aurait pu tenir encore quinze, vingt ans. Qu'est-ce que tu aurais fait alors ? Gâcher toutes ces années ? Je croyais que… enfin, je croyais que tu étais en paix avec tes actes.

— Je le croyais aussi.

— Tu as besoin de temps, c'est tout, dit Birdie.

Parce que le raisonnement de Hank semblait si étrange, si tortueux, comme un cas de folie passagère.

— Birdie, dit-il.

À ce simple mot, son nom, elle comprit. Il était perdu. C'était stupide, une tartuferie, ce prétendu sacrifice de Birdie en guise d'expiation, tel l'agneau sur l'autel de son épouse défunte. Il avait été infidèle tout au long de son mariage : un scoop pour Birdie, un terrible scoop. Ils s'étaient parlé, des heures durant, de leurs mariages respectifs, les avaient disséqués, séparé le bon grain de l'ivraie, mais jamais Hank ne lui avait confessé s'être montré infidèle. Quel menteur, pensa Birdie. Peut-être Caroline n'était-elle même pas morte. Toute cette histoire n'était peut-être qu'une invention pour mettre fin à leur relation. Mais peu importe. La conclusion était la même, quelles que soient les circonstances : il ne l'aimait pas. C'était terminé.

— On était parfaits ensemble, dit-elle.

— Tu es une femme merveilleuse, Birdie.

S'il y avait bien une chose qu'elle ne tolérait pas, c'était qu'on la traite avec condescendance. Elle raccrocha sans prendre la peine de lui dire au revoir.

Il rappela une seconde plus tard, et elle ne répondit pas. Qu'est-ce que c'était bon !

Elle se tenait là, furibonde et incrédule. Ce foutu Hank Dunlap ! (Elle ne supportait pas le souvenir de son arrivée sur le perron, un bouquet de jacinthes à la main et ses petites lunettes sur le nez ; pareil à un démon venu l'abuser.) Elle pensait le connaître, mais il était autre. Pas grave. Cela arrivait aux meilleurs.

Birdie appela Grant à son bureau. Sa secrétaire, Alice, le lui passa immédiatement, et lorsqu'il répondit : « Salut Bird », avec aise et familiarité, elle éclata en sanglots. Il la rasséréna ; il avait toujours été doué pour ça, car cela ne nécessitait ni langage, ni expression d'un quelconque sentiment.

— C'est encore ce Hank ? demanda-t-il.

— On vient de rompre.

— Pour de bon ?

— Pour de bon.

— Qu'est-ce qui s'est passé ?

Elle lui raconta tout : Caroline morte, Hank coupable, Birdie envolée.

— Donc, si tu l'avais rencontré dans six mois, après la mort de sa femme, cela n'aurait pas posé de problème ?

— Exactement. Cela n'a aucun sens.

— Écoute, Birdie, que veux-tu que je te dise ? Ce type est un crétin.

— Tu ne le connais même pas.

— Il t'a laissée filer. C'est un crétin.

— Toi aussi, tu m'as laissée filer.

— Et je suis un crétin.

Birdie sourit. Venant de Grant, c'était le comble de la gentillesse.

— Ce n'est pas vrai, dit-elle.

Tate

Ils étaient officiellement « ensemble » depuis neuf jours, mais chaque journée à Tuckernuck durait une vie, aussi lui semblait-il qu'ils étaient ensemble depuis toujours. Ils avaient fait l'amour seize fois, partagé onze repas, visionné trois films, mangé dans deux restaurants, fait cinq trajets en bateau, pêché deux poissons. Elle avait immédiatement adoré ses enfants, et ce pas seulement parce qu'ils étaient les siens. Elle avait consolé Cameron après un cauchemar et changé le pyjama et les draps de Tucker quand il avait fait pipi au lit.

Barrett disait ne pas aimer parler de Steph, mais il se révélait en réalité assez bavard au sujet de sa défunte épouse, en particulier le soir, lorsqu'ils étaient couchés. Il lui racontait des fragments de leur histoire qui, mis bout à bout, formaient un ensemble cohérent. Mais ne correspondait pas tout à fait au conte de fées que Tate avait imaginé.

Barrett avait rencontré Stephanie l'été où tous deux travaillaient comme serveurs au Boarding House. Barrett ne l'avait pas trouvée jolie tout de suite, mais elle était sympathique et avait une voix douce. Ils étaient tombés dans une routine prévisible où ils fermaient le restaurant après avoir bu quelques verres en fin de service ; il leur arrivait d'aller danser au Chicken Box, ou de rouler jusqu'à la plage. Il l'avait embrassée pour la première fois dans une sandwicherie, Henry's. C'était le matin, ils étaient en route pour Great Point avec une glacière pleine de bières. Au comptoir, Stephanie avait commandé un sandwich au rosbif avec mayonnaise au raifort et concombre, et Barrett l'avait embrassée parce que c'était exactement le sandwich qu'il s'apprêtait à commander lui-même.

Ils étaient sortis ensemble trois ans. Steph terminait ses études d'infirmière au Simmons College de Boston. Son travail de serveuse avait laissé la place à un emploi à la maternité du Nantucket Cottage Hospital. Barrett avait demandé à ses parents un prêt pour acheter la maison à Tom Nevers, laquelle n'était alors qu'une coquille abandonnée par un autre constructeur, qu'il avait donc obtenue pour une bouchée de pain et dont il pouvait faire ce qu'il voulait. Steph avait emménagé avec lui, et leur vie de folie s'était assagie. Elle avait un vrai poste ; lui, un emprunt à rembourser. Ils s'étaient mariés, lui avait repris l'affaire familiale.

— La vie a suivi son cours, dit-il. D'un seul coup, j'étais devenu un adulte. J'étais marié, je possédais une maison, j'avais mon affaire. Je me devais d'être sérieux. J'avais vingt-six ans, et je peux te dire que je n'avais aucune envie d'être sérieux. Je voulais retrouver mon ancienne vie – les beuveries, la fumette, les soirées jusqu'à 2 heures, les bains chauds en attendant le lever du soleil. Mais Stephanie avait jeté mon herbe et décidé que tous les samedis soir on serait de sortie. Je voulais sortir tous les jours, avec deux soirées réservées à la pêche et les dimanches au golf. Stephanie travaillait à la maternité ; tout ce qu'elle voulait, c'était un enfant. Je n'en voulais pas. J'en étais un moi-même ! Stephanie avait arrêté de prendre la pilule sans me le dire. Tu ne peux pas imaginer combien je l'ai eu mauvaise quand elle m'a annoncé qu'elle était enceinte. J'ai quitté l'île ; j'ai roulé d'un trait jusqu'à Baltimore voir un de mes amis qui bossait pour les Orioles. On est allés voir trois matches, on a mangé une tonne de crabes bleus, on est allés écouter un groupe de heavy metal au Hammerjack's. C'était naze ; je me sentais seul. Je suis rentré.

Et puis Cameron est né, ma vie a changé de plus belle, et tout d'un coup, je regrettais le temps où mes seules obligations consistaient en une sortie le samedi soir. Parce qu'avoir un enfant était dur pour nous. Steph travaillait toujours, le bébé passait la journée en garderie où il n'arrêtait pas d'attraper des maladies à cause des autres enfants, du coup j'étais obligé de rester à la maison, ou Steph restait, ou alors on demandait à ma mère de le garder. Et puis, juste au moment où il a commencé à grandir – à marcher, à parler un petit peu, à faire ses nuits sans problème – et où les choses sont redevenues un peu plus faciles, bam ! Steph était enceinte de nouveau. Et là, alors même que tu te sens heureux parce que tu sais combien c'est génial d'avoir un enfant, quelque part, tu te dis : Mais qu'est-ce qu'on fabrique ? Je me sentais enseveli. L'affaire tournait bien, mais on n'était pas riches non plus. J'ai commencé à avoir des problèmes respiratoires, je n'arrivais plus à faire circuler l'air dans mes poumons. Je suis allé à l'hôpital passer des radios du thorax.

J'étais persuadé qu'une des maisons où je travaillais contenait de l'amiante ; Steph de son côté pensait que je fumais de la drogue. Tu sais ce que m'ont dit les médecins ? Que c'était le stress. À partir de là, c'était comme si le médecin m'avait prescrit de m'amuser. J'ai rejoint la ligue de fléchettes au Chicken Box ; je sortais tous les mardis et jeudis boire des bières avec des potes de lycée. Ça ne plaisait pas du tout à Steph ; elle était en proie à la paranoïa de la femme enceinte et se demandait si je ne voyais pas quelqu'un d'autre.

— C'était le cas ?

— Non.

Il marqua une pause, s'humecta les lèvres.

— Certains mois, on se disputait sans arrêt, on ne pouvait plus se voir, quand elle m'appelait, je ne répondais pas. Et puis, au septième mois, elle a fait tomber sa tasse de café.

— Sa tasse de café ? répéta Tate.

— Je n'ai plus envie d'en parler.

Barrett enfouit sa tête dans le flanc de Tate.

Il revint sur l'anecdote de la tasse de café quelques jours plus tard, sans aucune sollicitation, ce dont Tate lui sut gré. Elle ne voulait pas le pousser, mais elle avait envie d'en savoir plus. Elle avait l'impression de regarder un film avec le sentiment que quelque chose de terrible allait se produire et, alors qu'elle se préparait, juste au moment critique, la pellicule s'était coupée et l'écran était redevenu blanc. Tate était prisonnière d'une crainte maladive. Tu vas me le dire, oui ! S'il pouvait lui donner la matière de ses cauchemars, elle pourrait être son happy end.

Le bonheur parfait existait, mais peut-être seulement à petites doses. Car moins de deux jours plus tard, Birdie – la mère que Tate adorait, chérissait – prononça les mots qui transpercèrent le cœur de sa fille. Elle traita leur relation de « fantasme », d'« illusion ». Profondément blessée, Tate se mit en colère. Elle fuit les paroles de sa mère qui, même si elle la suivit dans le grenier pour lui présenter ses excuses, ne retira pas ce qu'elle venait de dire. Tate s'interrogea : sa relation avec Barrett n'était-elle vraiment qu'un fantasme ? Une illusion ? Pourquoi ? Parce que c'était l'été ? Parce qu'elle était censée retrouver son appartement de Charlotte ? Ou s'agissait-il d'autre chose ? Si Tate était en couple, cela ne pouvait être sérieux. Elle était, pour reprendre les termes de Birdie, « naïve comme une enfant ». Seules les histoires de Chess étaient à prendre au sérieux, telle sa relation avec Michael Morgan. Ils vivaient à New York, Michael possédait sa propre entreprise et portait un costume pour aller travailler, et il n'y avait qu'à voir le résultat. Tate ne savait pas pourquoi Birdie avait dit tout cela, mais elle n'osait creuser la question. Elle ne pouvait supporter d'entendre Birdie décréter que Barrett n'était pas assez bien pour elle, qu'il n'était pas fréquentable parce qu'il n'avait pas fait d'études supérieures, parce qu'il effectuait un travail manuel, ou parce qu'il était natif de l'île, ce qui en faisait une personne moins digne que Tate, née et élevée à New Canaan.

Elles étaient toutes jalouses, décida Tate. Sa mère, sa sœur, India – cette dernière étant la seule prête à l'admettre.

Tate décida que les trois femmes pouvaient aller se faire cuire un œuf (cela l'attristait de devoir penser pareille chose de sa mère). Elle passerait plus de temps avec Barrett et ses enfants sur Nantucket.

Lorsque Barrett arriva en bateau pour sa visite habituelle en fin d'après-midi, Tate l'attendait sur la plage, un sac d'affaires à ses pieds.

— C'est quoi, tout ça ? demanda-t-il.

— Je viens avec toi.

Son visage afficha une expression encore inconnue (Tate en faisait la liste) : inconfort, gêne et crainte. Immédiatement, elle se sentit stupide. Quatre fois cette semaine, il lui avait proposé de passer la nuit avec lui sur Nantucket, et à trois reprises elle avait décliné l'offre par devoir envers sa famille. Et voilà qu'elle était prête à partir, et lui ne voulait plus d'elle.

— Je ne viens pas avec toi ? se récria-t-elle.

Il secoua la tête.

— Je suis désolé. Je ne savais pas du tout que tu avais prévu…

— Je n'ai rien prévu. C'était une décision spontanée.

— J'aime la spontanéité.

Elle le savait ; il le lui avait déjà dit.

— Mais j'ai des choses à faire ce soir.

— Quoi ? questionna-t-elle, bien que cela ne la regarde pas.

— Le travail.

— C'est extrêmement vague, rétorqua-t-elle.

Il ne développa pas. Il se contenta de remplir sa mission : porter deux paquets de provisions et un sac de glace jusqu'à la maison. Il tenait une enveloppe à la main.

— C'est quoi, cette enveloppe ? s'enquit Tate.

— Mince alors, t'en as des questions aujourd'hui.

Tate n'apprécia guère le ton sur lequel il lui avait répondu. Ils étaient amants, non ? Ils avaient fait l'amour, dormi dans les bras l'un de l'autre ; ils s'étaient confié des secrets. Elle devait pouvoir lui demander n'importe quoi et obtenir une réponse honnête. Pourtant, il la faisait passer pour ce qu'elle avait toujours eu le sentiment d'être la majeure partie du temps : un petit gamin capricieux. Pire encore, elle devait à présent monter les escaliers à sa suite avec un sac qu'elle allait devoir défaire. Birdie, India et Chess, qui les observaient de leur emplacement habituel sur la plage, allaient deviner ce qui se passait.

Humiliant.

Alors qu'elle gravissait péniblement les marches derrière Barrett, elle le haïssait, se haïssait elle-même, haïssait sa colère et sa peine. Cela aurait pu être l'inverse : il aurait pu être enchanté de sa venue, et elle aurait attendu dans son bateau, pleine de morgue, tandis qu'il livrait ses paquets. Birdie, Chess et India auraient vu que ce n'était pas un simple fantasme, une stupide invention de Tate : c'était la réalité, ils s'aimaient, et Tate allait passer la nuit à Nantucket.

L'amour était une horreur. L'amour était injuste.

Tate s'engouffra dans la maison à la suite de Barrett, le dépassant avec rage pour gagner le grenier.

— Amuse-toi bien ce soir, lança-t-elle. Quoi que tu fasses.

— L'enveloppe, c'est une lettre pour ta tante, dit-il.

— Je m'en tape, de l'enveloppe.

Elle prit le virage au premier et fonça au grenier, où elle jeta son sac en l'air, espérant que Barrett entendrait le bruit qu'il ferait en s'écrasant au sol. Elle se jeta à plat ventre sur son lit. Il allait venir la repêcher, pas vrai ? Leur première dispute. Il allait monter, à n'en pas douter. Elle attendit. Elle n'entendait rien, et comme la pièce ne comptait qu'une fenêtre hors de portée, elle ne voyait rien non plus.

Après ce qui lui sembla une éternité, des pas résonnèrent dans l'escalier. Elle retint sa respiration.

— Tout va bien ? murmura Chess.

Tate leva le nez. Son cœur crachota comme un moteur exsangue. Chess ? Non !

— Où est Barrett ?

— Parti.

— Parti ?

Chess s'assit sur le bord du lit. Elle semblait inquiète, d'une manière très grande sœur, terriblement agaçante.

— Tu as envie d'en parler ?

L'ironie de la situation n'échappa guère à Tate : Chess était en train de lui demander, à elle, si elle avait envie de se confier. Ha ! C'était trop beau.

— Non, répondit Tate. Grands dieux, non.

Pour la première fois depuis leur arrivée à Tuckernuck, Barrett Lee ne se montra pas le lendemain matin. Au début, Tate n'y croyait pas. Elle alla courir comme d'habitude, fit ses abdos, prit le petit déjeuner que lui avait préparé Birdie – l'estomac noué pendant tout ce temps à l'idée que Barrett allait arriver. Lui demanderait-il pardon ? Ou bien était-ce à elle de le faire ?

Tate consulta sa montre : 9 h 15, 9 h 29, 10 h 17, 10 h 35. À 11 heures, elle l'ôta de son poignet et la jeta dans le salon, où elle glissa telle une souris sous la drague à homard qui servait de petite table. Barrett ne viendrait plus, de toute évidence.

— Je me demande ce que fait Barrett, déclara Birdie. Cela ne lui ressemble pas.

— Peut-être qu'un de ses enfants est malade, suggéra India.

— Tu dois avoir raison, dit Birdie. Heureusement que nous avons tout ce qu'il faut. Enfin, il ne reste qu'un œuf. Et j'aime bien lire le journal le matin.

Tate se retint de tout commentaire. Elle doutait qu'un des enfants fût malade, et puis, même si c'était le cas, la mère de Barrett s'en occuperait. Donc, il n'était pas venu… à cause d'elle ? Parce que l'impensable était arrivé, et qu'il ne voulait plus la voir ?

Il finit par débarquer à 16 heures. Tate entendit le moteur du bateau ; elle avait tendu l'oreille si longtemps que lorsqu'il se matérialisa finalement, au loin tout d'abord, puis de plus en plus proche, elle craignit que son imagination ne lui joue des tours. Elle tourna la tête sur sa serviette en ouvrant un œil. Son bateau. Et – nom de nom de nom de nom – elle n'en croyait pas ses yeux. Il y avait une femme à ses côtés dans l'embarcation. Anita Fullin.

Tate ferma les yeux. Son cœur cognait dans sa poitrine. Il avait amené Anita Fullin.

— Qui est cette femme ? s'enquit Birdie.

— Elle est très séduisante, commenta India.

— Oh, regarde, Tate, Barrett t'a encore apporté des fleurs, ajouta Birdie.

Tais-toi, maman, je t'en prie, pensa Tate. Elle essaya de se plonger dans une posture zen – chose qu'elle accomplissait plus volontiers devant un écran d'ordinateur –, mais elle ne pouvait s'empêcher d'écouter Barrett aider Anita à débarquer, laquelle s'exclamait : « Franchement, ces fleurs sont ravissantes. J'en connais une qui a de la chance ! » Et Barrett de lui répondre : « Passez devant. Je prends les sacs. »

Tate ne bougea pas, ne se retourna pas, ne regarda pas. Elle entendit Birdie quitter sa chaise.

— Bonjour bonjour ! lança-t-elle de sa voix la plus cordiale.

— Bonjour ! répondit Anita Fullin.

Elle avait rejoint la plage ; Tate le savait à la proximité de sa voix.

— Mazette, quelle merveilleuse propriété ! J'espère que vous pardonnerez mon intrusion, j'ai dit à Barrett qu'il fallait absolument que je voie Tuckernuck. Il me parle tellement de votre famille que j'ai l'impression de vous connaître.

Birdie gloussa et roucoula. Tate sentit le feu lui monter aux joues. Quelle carpette !

— Vraiment ! Je dois dire que cela nous fait plaisir d'avoir un peu de visite. On commence à se connaître par cœur, toutes les quatre. Je me présente : Birdie Cousins.

— Anita Fullin.

— Et voici ma sœur, India Bishop.

— Bonjour, dit India. Enchantée.

— Et ma fille Tate. Tate !

Tate se demanda si elle pouvait continuer à faire semblant de dormir. Chess, cette veinarde, somnolait pour de vrai dans la maison. Lentement, Tate roula sur le côté. Elle leva la tête et dut se donner le mal de feindre la surprise en voyant Anita Fullin sur la plage.

— Bonjour.

Tate comprenait à présent pourquoi Adeliza Coffin se campait sur le perron armée d'un fusil.

— Qu'est-ce que vous faites là, vous ?

Une question malpolie, nul doute que Birdie serait totalement choquée par l'absence de manières de Tate, mais Anita Fullin se contenta de laisser échapper un de ses rires graves, opaques et ombrageux.

— J'ai enfin réussi à convaincre Barrett de m'amener.

Elles regardèrent toutes Barrett patauger jusqu'au rivage, un sac de provisions (Tate apercevait le journal et une boîte d'œufs qui dépassaient de l'ouverture) et un bouquet de fleurs monumental à la main. Les fleurs, grandioses, presque kitsch, étaient emballées de plastique et attachées à l'aide d'un large ruban rouge et or. Tate décida qu'elle ne se laisserait pas charmer cette fois-ci. Elle n'était pas une carpette comme sa mère. Elle exigeait des excuses et une bonne explication. Même si amener Anita Fullin à Tuckernuck était, en vérité, impardonnable.

— Quelles fleurs magnifiques, s'exclama Birdie.

— Elles sont pour vous, répondit Barrett.

— Pour moi ?

Pour Birdie ? pensa Tate. Elle était contente de porter ses lunettes de soleil, ainsi personne ne pouvait voir ses yeux se transformer en petites boules de feu infernales. Tate observa Birdie tandis qu'elle ouvrait précautionneusement le cellophane pour en sortir une carte. Il lui fallait des lunettes pour lire, aussi emprunta-t-elle celles de sa sœur. Tate conclut que les fleurs devaient venir de son ami, Hank, et en conçut, l'espace d'une seconde, un bonheur pur et généreux pour sa mère, avant de s'apitoyer de nouveau sur son sort. La vie était injuste.

— Ma parole, elles viennent de Grant.

— Papa ? demanda Tate.

— Grant ? s'étonna India.

— Elles viennent de Grant, répéta Birdie.

Elle rendit les lunettes à sa sœur, les joues en feu.

— Il n'aurait vraiment pas dû, même si elles sont magnifiques.

— Je vais les mettre dans un vase pour vous, dit Barrett. Vous permettez que je fasse visiter la maison à Anita ?

— Je vous en prie. Je vous accompagne. Tu viens, Tate ?

— Chess est en train de dormir, vous savez, rétorqua Tate.

— Je ne voudrais déranger personne, dit Anita.

— Ne soyez pas ridicule, la rassura Birdie. Si Chess se réveille, tant pis. Elle devrait déjà être debout. Elle a beaucoup trop dormi.

— C'est un peu le but, en même temps, dit Tate. Après tout, elle est là pour se reposer.

Le monde tournait à l'envers : son père envoyait des fleurs à sa mère, elle défendait Chess. N'ayant plus rien à perdre, elle suivit sa mère, Barrett et Anita Fullin le long des escaliers et à travers la falaise jusqu'à la maison.

Chess était éveillée. Elle était assise, les yeux bouffis, à la table du jardin, un verre de thé glacé devant elle. Tate essaya de la voir à travers les yeux d'Anita Fullin. Chess semblait plus petite que jamais. Elle ne portait pas son bonnet, laissant à nu sa tête couverte de duvet blond. Elle n'avait pas le moindre début de couleur en dépit des heures passées à la plage. Elle avait les traits tirés et les lèvres gercées. Elle portait son t-shirt Diplomatic Immunity sale et son short militaire. Tate secoua la tête. Elle se surprenait à vouloir vanter les mérites de sa sœur – journaliste gastronomique pour *Glamorous Home*, benjamine des rédacteurs du Diamond Group, toutes publications confondues –, mais l'image que celle-ci renvoyait en ce moment n'était guère impressionnante ; d'ailleurs, Anita Fullin, qui ne paraissait même pas l'avoir remarquée, aurait pu passer juste à côté si Barrett ne l'avait interrompue en disant :

— Et voici l'autre demoiselle de la maison, Chess Cousins.

— Enchantée, Jess, dit Anita.

Chess ne prit pas la peine de la corriger, ce qui montrait, au choix, comme elle se souciait peu d'Anita Fullin, ou alors combien elle était choquée de voir cette intruse en compagnie de Barrett.

Elle jeta à Tate un regard confus, plein de panique, et pour la première fois depuis qu'elles étaient montées dans la Mercedes de leur mère dix-neuf jours plus tôt, Tate sentit une connexion avec sa sœur. Elle haussa les sourcils à son intention en pensant : Oh, que oui, il va m'entendre sur ce coup-là.

— Voici donc la maison des Tate, dit Barrett, bâtie en 1935 par les grands-parents de Birdie et d'India, Arthur et Emilie Tate.

— 1935 ? s'étonna Anita. Mazette ! Comment les gens venaient-ils ici en 1935 ?

— Par bateau, répondit Barrett.

Tate ne put s'empêcher de sourire.

— À l'époque, il y avait une école sur Tuckernuck. Les résidents permanents étaient pêcheurs ou fermiers.

— Tu t'y connais en histoire, Barrett, dit Tate.

Il la dévisagea furtivement pour voir si elle disait cela par plaisanterie ou par méchanceté, mais Tate elle-même n'en était pas sûre.

— Voici la cuisine, poursuivit-il. Il y a un générateur qui fournit l'eau courante, froide seulement, et ces dames disposent d'un petit réfrigérateur qui n'est pas très froid, j'en ai peur. Il y a aussi une glacière que j'approvisionne quotidiennement. Elles font la cuisine sur ce réchaud à gaz, ou au gril.

— Un réchaud à gaz ! s'exclama Anita Fullin.

Elle arborait un t-shirt blanc, un corsaire Lilly Pulitzer orange vif et des tongs blanches. Elle avait les orteils vernis de mandarine. C'était officiel : Tate détestait l'orange à présent.

— Voici le salon, dit Barrett.

— Comme c'est charmant. C'est si… squelettique.

Barrett consulta Birdie.

— Je peux lui montrer les étages ?

— Bien sûr, répliqua Birdie sans lever les yeux.

Elle était trop occupée à mettre de l'ordre dans ses fleurs. Il y en avait trop pour un seul vase, voire deux, aussi les répartissait-elle entre plusieurs bocaux. Le rez-de-chaussée tout entier embaumait comme une serre.

Barrett et Anita grimpèrent l'escalier, Tate sur les talons.

— Deux chambres, dit Barrett.

Il ouvrit la porte de la chambre de Birdie : deux lits jumeaux, soigneusement faits dans leurs draps jaunes impeccables et leurs couvre-lits en chenille, qui ne dépareilleraient pas dans un couvent.

— Et une salle de bains.

— Est-ce que la chasse d'eau fonctionne ? demanda Anita. Et la baignoire ?

— Oui, répondirent Tate et Barrett en chœur.

— Mais il n'y a que de l'eau froide, précisa Barrett.

Anita se tourna vers Tate.

— Franchement, je ne sais pas comment vous le supportez. Je rêve de construire une maison dans le coin, mais pour être honnête, je ne sais pas si je pourrais m'y faire.

Je ne te le fais pas dire, pensa Tate.

Barrett ouvrit la porte de la chambre d'India. Le matelas spongieux glissait du sommier comme le glacis d'un gâteau. Les draps étaient chiffonnés, la chambre sentait le tabac. Si Barrett et Anita ne furent nullement gênés de jeter un œil dans l'intimité d'India, ce ne fut pas le cas de Tate. Alors que la chambre de Birdie était aussi propre et nette que celle d'un Holiday Inn, visiter le repaire d'India s'apparentait à du voyeurisme. Malheureusement, le regard d'Anita s'arrêta sur Roger, qui tenait son poste près de la lampe de bureau.

— Regardez-moi cette sculpture ! s'exclama-t-elle. Je n'ai jamais rien vu d'aussi fabuleux ! Qui l'a faite ?

Barrett se tenait coi. Tate espérait qu'il était décontenancé d'avoir amené Anita Fullin dans leur foyer et de lui avoir permis de les observer comme une attraction de foire.

— Mon oncle, répondit Tate, avant d'ajouter, emportée par sa fierté : Bill Bishop.

Anita Fullin la regarda, bouche bée.

— Bill Bishop est votre oncle ?

— Était, rectifia Tate. Il est mort.

— Bien entendu, rétorqua Anita. Je connais l'histoire. Je me disais bien que cela ressemblait à du Bishop, mais je me suis dit, impossible. Il est trop petit… mais il y a un je-ne-sais-quoi de tellement distinctif.

Elle sourit à Tate.

— Je dois vous avouer que je suis assez fan. Il y avait un Bishop à l'entrée de notre immeuble à New York. Une femme promenant son chien. Mais totalement abstrait. Tellement typique. Pour moi, c'était ma sculpture, elle me parlait. Puis nous avons déménagé pour le West Side, je l'ai très peu vue depuis, mais les rares fois où je suis passée devant, je l'interpellais. Comme une amie.

Tate acquiesça. C'était le sentiment général vis-à-vis des œuvres de l'oncle Bill. Elles étaient grandes, industrielles, mais personnelles.

Avant même que Tate puisse réagir, Anita Fullin avait sorti son iPhone et pris une photo de Roger.

— Oh…, dit Tate.

— Anita…, intervint Barrett.

— J'espère que ça ne vous dérange pas, dit Anita. C'est juste pour moi, pour avoir un souvenir de ce petit bonhomme. Comment s'appelle-t-il ?

— Roger, répondit Tate.

Elle eut soudain l'impression d'avoir trahi un secret. Anita glissa son téléphone dans sa poche.

— J'aimerais acheter Roger, déclara-t-elle.

— Il n'est pas à vendre.

— Je vous en offre cinquante mille dollars.

— Vous pouvez toujours demander à ma tante, mais elle vous fera la même réponse.

Barrett semblait mal à l'aise.

— Anita, voulez-vous voir le grenier ? dit-il.

— Le grenier ? s'étonna Anita en fronçant le nez. Y a-t-il d'autres Bishop cachés là-haut ?

— Non, dit Tate.

— Dans ce cas, sans façons.

Tate se sentait outragée. Pour elle, le grenier constituait le meilleur endroit de la maison, mais seulement parce que c'était le sien. Comment Anita Fullin le percevrait-elle, sinon comme une pièce étroite et étouffante, remplie de lits et de coins sombres ? Et puis, Tate voulait voir Anita hors de la maison, de leur propriété, de leur île. Tuckernuck demeurait un paradis préservé précisément parce qu'il n'y avait personne pour venir le gâter.

Ils redescendirent au rez-de-chaussée, où les fleurs étaient disposées à travers la maison. Birdie, India et Chess attendaient, assises, à la table du jardin. Elles n'avaient pas ouvert le vin. Tate était soulagée. Si le vin avait été servi, il eût fallu en offrir un verre à Anita Fullin. En l'occurrence, Anita pouvait partir sans autre forme de procès.

Mais elle s'arrêta à hauteur de la table. Ses yeux papillonnèrent entre Birdie et India comme si elle essayait de déterminer laquelle des deux pouvait être la veuve de Bill Bishop.

— Votre maison est si authentique, dit-elle. Elle évoque des étés bien remplis.

Birdie acquiesça.

— Merci. Nous sommes très heureuses ici.

Chess frotta ses yeux rouges minuscules, heureuse à l'évidence.

Anita Fullin ajouta en regardant India :

— J'ai remarqué la sculpture à l'étage. Le bonhomme ?

— Oh, dit India, visiblement prise de court. Roger ?

— Oui, confirma Anita. Roger.

Elle prononça son nom avec affection et révérence, comme s'il s'était agi d'un ami.

— J'aimerais discuter de Roger avec vous un de ces jours.

Les yeux d'India s'écarquillèrent.

— Mais pas maintenant, ajouta Anita. Je vois bien que vous êtes occupée.

Occupée ? pensa Tate.

— Et puis il est temps pour Barrett de me ramener sur l'île principale. J'ai été ravie de toutes vous rencontrer.

— Au revoir, dit Birdie.

— Au revoir, répéta India.

« Au revoir, à un de ces jours, merci d'être venue ! » Tate se montra la plus éloquente des quatre en faisant ses adieux à Anita Fullin. En la regardant s'éloigner en compagnie de Barrett en direction de l'escalier, elle ne pouvait croire qu'elle le laissait lui échapper. Elle voulait le rappeler, exiger une conversation ; savoir à quoi il jouait exactement. Pourquoi l'avait-il repoussée la veille, pourquoi ne s'était-il pas montré ce matin ? Que se passait-il avec Anita Fullin ? Tate pensait qu'elle et Barrett étaient amoureux.

N'était-ce qu'un rêve ?

India

Elle n'avait pas répondu à la lettre de Lula. Elle ne pouvait se permettre de coucher quoi que ce soit sur le papier ; Lula risquerait d'en faire une sorte de pièce à conviction. India, qui réfléchissait en termes de crime commis, était contrainte de se rassurer. Oui, il y avait eu des sentiments ; oui, il y avait eu des sous-entendus ; mais India n'était pas passée à l'acte, elle n'avait franchi aucune ligne. Elle n'avait commis aucune transgression. On ne pouvait la tenir pour responsable, la sanctionner ni, pire encore, la licencier pour quelque infraction que ce soit. India avait fait attention. Elle s'était rétractée au dernier moment.

Elle n'envoya pas de réponse.

Que pouvait-elle dire ?

Une nouvelle lettre arriva face à son silence. India vit l'enveloppe sur la table du salon, abandonnée là par Barrett, et sa respiration se fit plus rapide. Le sang lui afflua au visage. Cette réaction même lui confirmait qu'il s'était réellement passé quelque chose entre elle et Tallulah Simpson, au-delà de la simple relation entre étudiant et professeur. Mais qu'y avait-il entre elles ? De la jalousie ? De la tension sexuelle ? De l'amour ?

En dépit de son envie de déchirer l'enveloppe, India la mit de côté pour l'ouvrir au calme dans sa chambre. Elle but un verre de vin, fuma une cigarette ; Birdie préparait le dîner au rez-de-chaussée. La fenêtre de la chambre d'India était ouverte ; une brise souleva les mèches d'algues de Roger.

Précautionneusement, elle ouvrit l'extrémité de l'enveloppe d'un ongle. Elle déplia la lettre, lut son unique ligne. Ferma les yeux.

Que dois-je faire ?

Les années 1990 n'avaient guère été clémentes envers Bill Bishop. D'une certaine manière, il semblait être tombé en désuétude, en disgrâce. Le déclin, lent, presque imperceptible, avait démarré en 1985, avec cette critique épouvantable de sa sculpture pour La Nouvelle-Orléans. Ses créations étaient faites de cuivre et de verre, carrées, abstraites, branchées mais industrielles. Elles appartenaient à la même époque que les costumes rayés, les magnats de Wall Street, Ronald Reagan, les dîners d'affaires arrosés au martini. Bill ne connaissait rien à l'informatique ni à internet ; il se fichait royalement de l'environnement. Et ainsi, son travail était devenu dépassé. Un responsable de l'Institut des Arts de Chicago était entré en contact avec lui au sujet d'une rétrospective prévue pour 1996 afin de marquer le vingt-cinquième anniversaire de sa première installation – créée dans cette ville, sur Navy Pier.

« Une rétrospective ? avait demandé Bill. C'est synonyme de mort, d'épuisement. C'est comme une compilation. Cela signifie qu'il n'y a plus de création possible, ou que toute nouvelle création sera insignifiante. »

Les problèmes que Bill rencontrait dans son travail tendaient à nourrir sa dépression. Bill le sculpteur et Bill l'homme étaient difficilement séparables. Pourtant, India ne considérait pas la détérioration rapide de son état mental comme uniquement due à sa popularité sur le déclin. Elle était presque certaine qu'il aurait craqué même sans l'échec de son travail. Sa dépression était d'ordre chimique, pensait-elle, non réactionnelle. À cette époque, leurs fils étaient adolescents. La maison était chargée en testostérone ; ils vivaient sous le joug de leur agressivité, de leur libido. Les quatre hommes se disputaient la dominance. Billy et Teddy se fâchaient presque quotidiennement ; ils en venaient aux poings, en ressortaient l'œil au beurre noir, le nez ensanglanté. India ne pouvait faire face ; elle abandonnait la situation à Bill, une belle erreur, car la rage de Bill était plus infernale que celle de dix Billy ou vingt Teddy. Il leur offrait un bien piètre exemple – hurlant, braillant, jetant des objets contre les murs, déchirant leurs devoirs, leur tendant des cintres en disant : « Vous voulez vous entre-tuer ? Eh bien, allez-y, tuez-vous ! »

India pansait les plaies, soulageait les bleus ; elle préparait des casseroles de spaghettis et de boulettes de viande pour nourrir ces appétits voraces ; elle écoutait de la musique classique, prenait des bains, lisait du Jane Austen et refusait toute implication. Elle voyait que tout concourait au désastre, mais n'en suivait pas moins une politique de non-intervention. Pourquoi ? se demandait-elle à présent. N'importe qui au monde aurait pu voir que Bill était malade, qu'il lui fallait un psy et des médicaments, que la famille tout entière avait besoin de consulter. Qu'est-ce qui empêchait India de chercher de l'aide ? On était à Main Line, tout était convenable, ravissant – les cornouillers fleurissaient, on jouait au croquet sur des pelouses tondues de près –, mais en dépit des apparences, India savait que les autres familles avaient connu des moments difficiles. Elle aurait facilement pu trouver un soutien. Était-ce l'inertie ? Son indécrottable optimisme ? De la crainte ? À la réflexion, India pensait qu'elle avait dû souffrir d'apathie. Elle ne s'en souciait pas assez pour intervenir. Elle ne ressentait aucune motivation à sauver son mari. Était-ce possible ? India avait aimé Bill d'une ardeur extravagante. Il était son soleil, sa première pensée du matin, sa dernière pensée du soir. Mais on pouvait affirmer que, vers 1993-94, elle était épuisée. Les enfants étaient devenus des extraterrestres géants qui buvaient le lait à même le carton et se masturbaient sur les draps sans seulement prendre la peine de le cacher ou de nettoyer ; ils regardaient des films d'horreur, jouaient au hockey, recevaient de longs coups de fil secrets de filles rencontrées lors de leurs virées dans les boutiques punk de South Street. Et plutôt que de se perdre dans le pourquoi du comment, India préférait rester sur la touche.

À l'automne 1994, Bill avait entretenu une liaison avec le professeur de maths de Teddy, Adrienne Devine. Depuis pour ainsi dire le début de l'année scolaire, Teddy se montrait nul en trigonométrie. Les avertissements pleuvaient, India en discutait avec lui. Il trouvait cette matière stupide, il n'en avait que faire, il avait essayé d'abandonner ce cours mais on lui avait dit qu'il en avait besoin pour valider son année. India lui faisait remarquer qu'en plus d'en avoir besoin pour son diplôme, il lui fallait aussi avoir une bonne note, un A ou un B, s'il voulait intégrer une bonne université.

Il s'en prétendait incapable. India avait repassé le bébé à Bill.

Tu t'en occupes, avait-elle dit. Personnellement, elle était d'accord avec son fils : la trigonométrie était inutile.

Bill avait rencontré le professeur de maths, Adrienne Devine, une beauté svelte de vingt-quatre ans aux cheveux noirs, tout droit sortie du programme d'enseignement de Columbia. Lorsque, à son retour à la maison, India avait demandé à Bill comment s'était passée la rencontre, il lui avait répondu : « Je n'arrive pas à croire qu'on ait engagé quelqu'un comme elle pour faire cours à ces mômes. »

India ne lui avait pas demandé ce qu'il entendait par là ; elle supposait que le problème était réglé, et en effet, les notes de Teddy en maths s'étaient améliorées.

La liaison, comme India l'avait appris plus tard, avait commencé peu de temps après la réunion parents professeurs, lorsque Bill avait téléphoné au domicile d'Adrienne Devine pour lui dire qu'il avait envie de lui rendre visite pour lui faire l'amour. Adrienne Devine avait accepté, sans hésiter. Il y avait eu comme une étincelle entre eux lors de leur premier échange. Elle était intriguée par le fait qu'il fût sculpteur.

(Intriguée par le fait que Bill fût sculpteur ? Voyons, elle aurait pu trouver mieux, quand même ? Mais non. Elle était si jeune, elle ne connaissait aucune de ses œuvres.)

La relation s'était poursuivie, aussi souvent qu'ils le pouvaient, tout au long de l'automne et des fêtes, jusqu'au nouvel an.

Bill en avait informé India en janvier, lors d'un voyage en Suède. La ville de Stockholm voulait acheter à Bill toute une série de pièces. C'était la commande la plus grosse et la plus lucrative qu'il avait reçue depuis des années. India savait que l'idée de voir la majorité de ses futures créations installées en Europe le perturbait, mais il n'y avait pas d'alternative. Sa popularité déclinait aux États-Unis ; il aurait dû se montrer reconnaissant qu'elle bourgeonne dans des nations telles que Dubaï, la Thaïlande ou la Suède, où posséder un Bill Bishop était considéré comme une marque de prestige à l'américaine (même si les Américains eux-mêmes la considéraient comme dépassée, à l'instar d'une Rolex ou d'une Cadillac).

Lors de ce voyage, Bill aurait dû se montrer énergique, motivé, au lieu de quoi il avait semblé apathique et triste. India lui avait demandé, en toute innocence, ce qui n'allait pas, et il lui avait parlé de sa liaison.

Elle avait pris tout d'abord la nouvelle avec calme. Elle était curieuse d'en apprendre les détails, que Bill partageait volontiers, même s'ils n'étaient guère intéressants, car Adrienne elle-même n'était guère intéressante – ce n'était qu'une prof de maths de vingt-quatre ans. C'était juste une histoire de jeunesse et de sexe ; de colère envers India et envers Teddy. Bill montrait à Teddy qui était le patron en sautant sa prof de maths. Les hommes étaient-ils donc si stupides ? India le supposait. Elle se rendait compte qu'en dépit de son amour pour Bill elle avait perdu tout respect pour lui. Depuis des années déjà.

En réalité, le détail le plus affligeant, c'était que Teddy n'avait rien appris en maths ; Adrienne Devine lui avait simplement donné une bonne note à cause de Bill.

Bill attendait clairement une tout autre réaction de la part de sa femme, et la faiblesse de ladite réaction – voire son absence notable – le rendait amer. Que pouvait dire India ? Elle n'était guère surprise. En épousant Bill Bishop, elle s'était attendue à ce qu'il la trompe. C'était un homme aux appétits démesurés. Le fait qu'il n'ait pas eu de liaison jusque-là l'avait agréablement surprise. Le fait qu'il en ait une à présent n'était que prévisible. Ce qu'elle lui avait dit, en ces termes, sur le quai du métro. Il l'avait giflée. Elle l'avait dévisagé, ainsi que les Suédois, même si aucun n'était intervenu.

Elle avait murmuré : « Bill, tu n'es qu'un lâche. » Avant de s'en aller.

Elle avait pris une chambre ailleurs ce soir-là. Lorsqu'elle avait regagné leur hôtel initial le lendemain, elle avait trouvé Bill au lit, nu, ivre, en sanglots. Elle s'était rendu compte, en mettant le pied dans la chambre, que c'était exactement ce à quoi elle s'attendait.

En octobre, lorsque Bill s'était rendu à Bangkok négocier une commande pour le palais d'été du roi de Thaïlande, India était restée à la maison. La liaison avec la prof de maths avait pris fin des mois plus tôt, mais les séquelles en étaient terribles. Leur mariage tombait en ruine ; India avait pour ainsi dire déménagé dans la chambre d'ami, son « sanctuaire », et Bill dormait souvent dans son atelier. Le lit conjugal devenait une surface où empiler le linge, les livres, les magazines et les journaux. Ils avaient passé l'été à Tuckernuck, où ils avaient connu le bonheur habituellement lié au lieu – mais à leur retour en Pennsylvanie, un nuage orageux s'était abattu sur la maison. Billy était parti pour Princeton en septembre, et même s'il manquait à India, elle n'en était pas moins soulagée de le voir quitter le nid. Teddy et Ethan, qui jouaient tous deux au football américain, rentraient le soir si épuisés qu'ils n'avaient plus l'énergie de se battre. La maison était étrangement calme. Pas une conversation.

Lorsque Bill avait parlé de la commande thaïlandaise à India, elle s'était montrée heureuse pour lui, mais lui avait annoncé qu'elle ne l'accompagnerait pas. Il l'avait implorée ; il n'allait pas bien. Ça, elle avait pu s'en rendre compte. Il avait pris dix kilos, cessé de faire de l'exercice, buvait trop. Il avait manqué tous les matchs de football américain sans même s'excuser auprès des enfants. India savait qu'il était temps de lui poser un ultimatum. Ou il allait voir un psy, ou elle quittait la maison. Il lui fallait faire quelque chose pour galvaniser son homme, le sortir de sa morosité, qu'il se montre réactif, se comporte en être humain. India pourtant n'avait pas bougé. Elle l'avait laissé faire. Après tout, elle n'était pas déprimée. Elle avait des amis, sortait déjeuner, ses fils prenaient soin d'elle ; elle jouissait de ses moments perso, d'un vaste espace vital. Elle n'irait pas à Bangkok parce qu'elle n'en avait pas envie, tout simplement. Elle en avait plus qu'assez d'être la femme de Bill Bishop ; elle ne pouvait supporter une semaine dans une chambre d'hôtel en tête à tête avec lui ; elle ne tolérait plus la proximité avec ses sautes d'humeur. Elle avait hâte de le voir parti. Elle allait organiser un dîner pour douze de ses amies un soir, un feu de joie où rôtir un cochon pour l'équipe de football américain de Mavern Prep un autre. India se réjouissait de ces deux événements, ainsi que des soirées de sérénité qui les encadreraient. Elle avait hâte de vivre dans sa maison, sans craindre Bill tapi dans l'ombre tel un tigre.

Il était entré dans la chambre d'ami la veille de son départ. Il était tard ; India dormait. Elle avait ouvert les yeux, effrayée, et vu sa silhouette fondre sur elle comme un intrus.

— Bill ?

Pas de réponse.

— Bill, qu'est-ce qui se passe ?

Il avait grimpé dans son lit pour la prendre par-derrière. India et Bill n'avaient fait l'amour qu'une poignée de fois depuis leur retour de Tuckernuck, et à deux ou trois reprises, Bill avait souffert d'impuissance. India se remémorait leur étreinte de ce soir-là comme exaltante de perversité ; c'était comme faire l'amour avec un étranger. Elle était restée étendue dans le lit après, essoufflée et ruisselante de sueur, en pensant : Mon dieu.

Bill avait pourtant éclaté en sanglots. Pour un homme aussi fort et puissant, il pleurait comme un enfant.

— Qu'est-ce qui se passe ?

— Viens à Bangkok avec moi, India, je t'en supplie. Je ne pourrai pas m'en sortir tout seul.

Elle l'avait consolé, berçant sa tête, caressant sa crinière.

— Ça va aller. Tout va bien se passer.

Elle n'avait pas exprimé ses autres pensées – comme, par exemple, combien cela leur ferait du bien d'être séparés quelque temps –, car elle ne voulait pas se montrer condescendante. Elle avait de la pitié pour lui, mais elle avait hâte qu'il parte.

Elle l'avait conduit à l'aéroport. Avait patienté avec lui jusqu'à l'embarquement. L'avait embrassé comme ils en avaient eu l'habitude plus jeunes – longuement, avec la langue. Il ne semblait pas vouloir décoller. Elle avait dû le pousser ; elle se rappelait l'avoir bousculé légèrement. Il avait tendu son billet à l'hôtesse ; puis il avait disparu dans la bouche de la passerelle.

Elle se rappelait s'être sentie libre.

Il avait attendu jusqu'au dernier jour. Sans doute – India se devait de le prendre en compte – était-ce la perspective de rentrer à la maison qui avait provoqué le déclic. Car, après tout, le voyage s'était révélé un succès : il avait rencontré le roi de Thaïlande, discuté des esquisses avec une équipe d'architectes paysagistes et l'attaché culturel du roi, avait été payé dans la totalité et traité avec tous les égards – dîner croisière à bord du yacht royal le long du Chao Phraya, visite privée de Wat Po, Wat Arun et du palais renfermant le Bouddha d'émeraude. On lui avait réservé une suite à l'hôtel Oriental, lequel avait hébergé nombre de grands hommes avant lui : Kipling, Maugham, Joseph Conrad. Bill avait même trouvé le temps de s'aventurer dans les bas-fonds du quartier de Patpong, où il avait trouvé une prostituée et acheté une arme de poing. Si la prostituée avait été sienne toute la semaine durant, il réservait en revanche le pistolet pour le dernier jour. Il avait payé la fille avant de la renvoyer, puis s'était tiré une balle dans la tête.

Les majordomes postés à l'entrée de sa suite, entendant le bruit, avaient frappé à la porte. Ils avaient tambouriné, encore et encore, avant d'ouvrir avec leur clé.

Un secrétaire royal avait appelé India à la maison. Il était 3 heures du matin. Le dîner pour douze s'était achevé quelques heures à peine auparavant. Un succès phénoménal, l'une des soirées les plus agréables de la vie d'India : la nourriture, commandée chez un traiteur, était délicieuse, la table magnifique, baignée de la lumière des bougies et dressée de lin, la musique était bonne – Carole King, Paul Simon, les Beatles des débuts –, le vin trop abondant – champagne, meursault, shiraz. Les convives étaient reparties à contrecœur, avec force embrassades, jurant que c'était le meilleur dîner auquel elles avaient jamais participé. India avait rangé toute seule, Van Morrison à fond. Elle avait fini le vin et fumé plusieurs cigarettes.

En entendant la sonnerie du téléphone, elle avait su qu'il s'agissait d'une nouvelle tragique. Elle pensait qu'un des garçons peut-être – tous deux dormaient chez des amis – était tombé dans un coma éthylique. Ou qu'une de ses invitées avait perdu le contrôle de sa voiture, se tuant, ou tuant une tierce personne. India n'avait tout d'abord pas compris le lourd accent de la voix à l'autre bout du fil, mais elle avait fini par saisir. Bill était mort. Il s'était tiré une balle dans la tête.

C'était comme tomber dans un puits. Sombre, froid, humide, effrayant, sans espoir. Bill était mort. Il s'était tué. India se rappelait avoir quitté son lit, pris une poignée de cachets d'Advil, préparé du café. Appelé Birdie dans le Connecticut, la voix calme. Bill est mort. Birdie lui avait dit qu'elle arrivait tout de suite. Elle allait garder la maison, s'occuper des garçons. India irait à Bangkok.

Elle ne gardait aucun souvenir du vol ; ni du trajet en taxi de l'aéroport à l'hôtel, ni de ce à quoi ressemblait Bangkok par la vitre. Bizarrement, elle se souvenait des tenues des grooms à l'hôtel Oriental – des pantalons bleus bouffants dont l'entrejambe leur pendait jusqu'aux genoux. Des chapeaux ridicules. Étaient-ils gênés de devoir s'habiller ainsi ? s'était-elle demandé. À peine avait-elle quitté le taxi pour la chaleur liquide qu'un représentant de l'hôtel – un Thaïlandais en costume de lin beige – fondait sur elle, la saluant du traditionnel *wai* avant de lui prendre les mains. Elle l'avait regardé et vu qu'il s'attendait à ce qu'elle éclate en sanglots ou s'effondre à la manière des Américaines dans les films, et pourtant tout ce qu'elle ressentait à ce moment-là, c'était de la contrition. Après tout, Bill s'était tué dans leur bel hôtel. Cela avait dû créer un désordre épouvantable et traumatiser les majordomes qui l'avaient trouvé. (Comment avaient-ils pu retourner dans leurs maisons, auprès de leurs familles, et manger leur dîner, en se souvenant de la cervelle de Bill maculant la moquette pelucheuse ?) India était aussi mortifiée que si ses fils avaient organisé une fête bruyante, démoli les meubles ou fait des trous dans les murs. Une honte plus profonde se dissimulait en elle.

L'administration de l'hôtel et les représentants envoyés sur place par le roi se montraient sombres et compatissants. Ils n'accusaient personne ; ils ne se demandaient pas ce qui avait bien pu tourner si mal. Ils débordaient de compréhension, comme si, d'une certaine manière, ils s'étaient attendus à pareil événement.

Les Thaïlandais considéraient Bill comme un génie dans la lignée de Vincent Van Gogh ou de Jackson Pollock, or les génies étaient excentriques. Fous. Ils se tranchaient l'oreille, faisaient des overdoses. Ils se faisaient sauter la cervelle.

India avait identifié le corps. Elle ne s'en souvenait pas, mais elle se rappelait l'image de Bill dans son cercueil. Il était à sa charge ; elle devait le ramener à la maison. Elle pensait au corps dans le cercueil comme étant « Bill », même s'il ne représentait plus à présent qu'une cargaison, un bagage. Il lui restait pourtant tendrement familier. Elle était devenue une femme qui voyageait avec le corps de son mari. C'était surréaliste, elle n'arrivait pas à y croire, mais avait-elle le choix ? Elle ne pouvait le laisser en Thaïlande.

Les garçons et Birdie attendaient tous à l'aéroport de Philadelphie lorsque India et « Bill » avaient atterri. Les garçons semblaient beaucoup plus jeunes, comme des enfants encore, et pleuraient facilement. Billy se montrait le plus fort, toujours le leader. Il avait serré India dans ses bras, Teddy et Ethan suivant le mouvement, et tous les quatre s'étaient fondus en une masse mouvante et sanglotante au beau milieu du hall C.

Tout le monde voit sa force mise à l'épreuve à un moment de sa vie, et pour India, ce fut avec le suicide de Bill. Pour Chess, c'était l'accident de Michael Morgan. Birdie avait dit que Chess « se sentait responsable », et India connaissait bien ce sentiment. Elle-même se tenait pour responsable de la mort de Bill aussi sûrement que si elle avait pressé la détente.

Il n'avait pas laissé de mot. Mais s'il l'avait fait, quel en aurait été le contenu ? *Je t'ai demandé de m'accompagner. Je t'ai prévenue que je n'en serais pas capable seul. Tu aurais dû m'apporter de l'aide. N'était-il pas évident que j'en avais besoin ? Comment as-tu pu m'abandonner ? Pourquoi cela ne t'a-t-il pas inquiétée ? Tu savais ce qui allait arriver.*

Il aurait pu écrire n'importe laquelle de ces phrases, et chacune aurait été vraie.

India avait fini par se ressaisir et tirer un trait là-dessus – et ce de façon assez spectaculaire. Elle avait, dans un sens, tourné le suicide de Bill à son avantage. Elle s'était bâti une carrière, une aura ; elle s'était créé une personnalité. Et, bon sang, ce qu'elle en était fière.

Mais c'était compter sans l'amour. Aimer de nouveau était hors de sa portée, non ? Elle tenait le mot de Lula dans sa main. *Que dois-je faire ?*

India répondit sur-le-champ à cette deuxième lettre. Elle n'avait plus peur d'être surprise par l'administration des Beaux-Arts. Elle s'était déjà laissé prendre par les circonstances de la vie ; elle n'avait plus rien à craindre. *Ce n'est pas ce que tu dois faire qui compte. C'est ce que je dois faire, moi.*

S'accorder le pardon.

Mettre les choses à plat et tourner la page.

Il n'y avait rien de plus difficile au monde.

Chess

Dix-huitième jour.

Nick a cessé de voir Rhonda. Je l'ai appris, non de Nick, mais de Rhonda elle-même, croisée dans l'ascenseur deux semaines environ après la soirée où j'ai fui l'Irving Plaza. Elle revenait de Fairway, les bras chargés de sacs de provisions ; j'ai aperçu du fenouil et des artichauts. C'était très inhabituel de la part de Rhonda : à la maison, elle mangeait des yaourts et des nouilles chinoises à emporter.

— Du fenouil ?

— Je prépare quelque chose pour mon nouveau copain, a-t-elle répondu.

J'ai mesuré ma respiration.

— Un nouveau copain ? Tu veux dire Nick ?

Elle m'a regardée comme si elle ne voyait pas du tout de qui je parlais. Nick ? *Avant de dire :*

— Oh ! Nick, non, ça n'a pas duré. On était ensemble à son concert, après quoi je n'ai plus jamais entendu parler de lui. Il a disparu.

— Disparu ?

— Tu as des nouvelles de lui ? m'a-t-elle demandé.

— Non. Ils ne sont pas très proches, lui et Michael.

Quelques semaines ont passé. Michael a attrapé une grippe sévère, j'ai joué à l'infirmière. Je lui faisais de la soupe, j'allais chercher ses médicaments à la pharmacie, je lavais son linge. J'ai passé sept nuits d'affilée dans son appartement, fait toutes ses courses, décoré l'endroit avec des fleurs.

— Je veux que tu viennes habiter avec moi, m'a dit Michael.

— C'est la fièvre, tu délires.

Il m'a attrapé le bras.

— Je suis sérieux.

Je le savais, car c'était la direction qu'avait prise notre relation : la cohabitation, le mariage. Si je voulais en sortir, je devais le faire maintenant. J'ai dévisagé Michael. C'était un bel homme, un homme bien, et, à maints égards, l'homme qu'il fallait. J'aimais sa façon de s'habiller, son odeur, nous partagions les mêmes réflexions, les mêmes goûts, nous fonctionnions de la même manière. Nous ne nous disputions jamais, et lorsque nous étions en désaccord, c'était toujours avec respect. C'était l'homme pour lequel j'avais été élevée. C'était mon ami. Mais je n'aimais pas Michael Morgan passionnément, à la folie.

— On en reparlera quand tu iras mieux, lui ai-je dit.

Le lendemain, j'ai téléphoné à Nick du bureau. Je ne l'avais jamais appelé auparavant, pour quelque raison que ce fût ; il a semblé surpris, méfiant.

— Demande-moi de le quitter.

— Pardon ?

— Demande-moi de le quitter.

— Qui est à l'appareil ?

— Si tu me demandes de le quitter, je le ferai. Autrement, j'emménage avec lui.

Il y a eu une longue pause. J'ai essayé d'imaginer où il se trouvait : dans la rue, dans un bar, dans un studio d'enregistrement insonorisé, ou son appartement, que je n'avais jamais vu. J'en étais incapable. Je ne le connaissais pas comme Michael, et lui ne me connaissait pas non plus. Je craignais qu'il ne comprenne pas certaines facettes de ma vie : mon amour de la nourriture, ma passion pour la lecture et l'écriture, mon addiction au confort matériel – taxis plutôt que métro, bons restaurants, cures thermales, le cinquième étage de chez Bergdorf. Michael cadrait parfaitement dans mon existence. Mais Nick ? Ils avaient beau avoir eu les mêmes parents, Nick avait grandi parmi les loups ; il possédait une soif, une dévotion unilatérale pour tout ce qui était pur, authentique. Il adorait la musique, l'escalade, l'ivresse du jeu. Sa vie ne connaissait aucun équilibre, rien d'autre que la passion dévorante. Je voulais vivre de la même manière. En étais-je capable ? Je me croyais amoureuse de Nick, mais l'aimais-je lui ou n'était-ce que du désir pour le mauvais garçon ? Je ne savais même pas si ce que je prétendais vouloir était réel.

— Retrouve-moi au parc dans vingt minutes, m'a-t-il dit.

— Ce n'est pas ça qui va résoudre le problème.

J'allais l'embrasser, me perdre, repartir ivre de désir, mais toujours sans le moindre début de réponse.

— Qu'est-ce qu'on va faire ? lui ai-je demandé. Continuer de se voir au parc pour le restant de nos jours ?

— Tu m'obsèdes.

L'entendre le dire, de quelque façon que ce soit, ne manquait jamais de me couper le souffle.

— Mais peu importe, ajouta-t-il.

— Quoi ?

— Vas-y, emménage avec lui.

J'ai décidé de ne pas emménager avec Michael, pour des raisons qui avaient peu de rapport avec Nick. Je tenais à mon espace privé. L'idée d'abandonner mon appartement me terrifiait. Je ne voulais pas mettre en péril mon identité. Michael disait comprendre. Ce qui était vrai ; il était mûr sur le plan émotionnel et incroyablement sûr de lui. Si cela pouvait me faire plaisir de garder mon appartement, disait-il, alors il était pour.

Je l'ai donc gardé. J'essayais de ne pas trop penser à Nick. Cela ne menait à rien ! J'obsédais Nick et vice versa, mais à quoi bon ? C'était stupide, des enfantillages ; ce n'étaient que des mots piqués dans des films. Nick était lâche, et moi aussi. Autrement j'aurais rompu avec Michael pour des raisons qui n'avaient rien à voir avec Nick. Mais je n'ai pas rompu.

En octobre, Michael m'a demandé ma main. À la réflexion, j'aurais dû m'y attendre, et si je l'avais fait, j'aurais pu m'y préparer. C'était notre premier anniversaire ensemble, et nous allions dîner au Town avec Cy et Evelyn. Le dîner était merveilleux ; Cy et Evelyn se montraient charmants et drôles. Je les aimais tous les deux avec une ardeur qui aurait dû m'inquiéter, car je n'avais aucune intention de les perdre. Après tout, ils étaient aussi les parents de Nick. Après le dîner, Michael, annonçant qu'il avait une surprise, nous fit grimper tous les quatre dans un taxi. Nous avons roulé jusqu'à la Knitting Factory, dans le centre.

— Diplomatic Immunity joue ce soir, a-t-il expliqué.

Evelyn a couiné de plaisir ; elle avait bu du vin au dîner.

— Oh, chouette ! a-t-elle dit.

J'étais à la fois surexcitée et terrifiée, comme toujours lorsque nous allions voir Nick en concert. Chacune de ces émotions se trouvait amplifiée par la présence de Cy et Evelyn. Qu'auraient-ils pensé s'ils avaient su ?

Nous avons commandé à boire et joué des coudes pour atteindre le premier rang, où s'agglutinaient toutes les groupies – pour la plupart mineures. Michael semblait nerveux ; je pensais qu'il se faisait du souci pour ses parents – peu de sexagénaires fréquentaient la Knitting Factory –, mais Cy et Evelyn étaient aussi branchés et alertes que des stars de cinéma. Aucun problème pour eux.

Lorsque Diplomatic Immunity est monté sur scène, la foule est devenue dingue. Nick tenait le micro dans une main, demandant le silence de l'autre. C'était tout à fait inhabituel ; d'ordinaire, il se serait lancé dans « Been There » ou « Kill Me Slow ». Il a attendu patiemment que le calme se fasse dans l'assistance. Avant de dire : « C'est une soirée spéciale aujourd'hui, et avant de commencer, je voudrais appeler mon frère, Michael, sur scène. »

J'ai regardé Nick, pas Michael. En dépit de son culot de rock star, il avait mauvaise mine, comme s'il allait vomir, et je me suis demandé s'il avait pris quelque chose. Michael, en parfait athlète, sauta sur l'estrade en s'aidant d'une seule main et prit le micro. Les deux frères se tenaient là, côte à côte – Michael en blazer, chemise Robert Graham et mocassins Ferragamo, et Nick avec le t-shirt de Bar Harbor qu'on lui avait rapporté cet été-là, un jean et une paire de Samba noires. Michael était rasé de près, l'allure professionnelle ; on aurait dit un conférencier. Nick se tenait mal. Il n'aimait pas l'école comme Michael, ne jouait pas à des sports d'équipe comme lui, n'avait pas un instinct naturel pour faire des affaires et brasser de l'argent, et ses qualités relationnelles étaient pour ainsi dire inexistantes. Lequel était parti en plein dîner de famille ? Lequel s'était défilé à Noël ? Nick était ombrageux, maussade, talentueux, l'homme le plus sexy que j'aie jamais vu de toute ma vie. Voir les deux frères côte à côte était une leçon pour moi, et avec plus de temps pour l'étudier, j'aurais pu réussir l'examen, mais tout avançait beaucoup trop vite. Je n'avais aucune idée de ce qui était en train de se passer ; je pensais que Michael allait peut-être chanter, ce qui me semblait une mauvaise idée. Michael chantait comme une casserole.

— Je vais faire vite afin qu'on puisse passer à la vraie raison de votre présence ici, qui n'est pas de me voir demander ma copine en mariage mais d'écouter Diplomatic Immunity…

La foule l'a acclamé. J'ai pensé : Quoi ? *Je l'avais entendu, mais je n'avais pas compris.*

— J'aime une femme nommée Chess Cousins.

À ces mots, il a tiré de sa poche de blazer une boîte en velours, qu'il a ouverte pour montrer au public une bague en diamant monumentale.

— Chess, veux-tu m'épouser ?

Rugissement de la foule. Je voulais regarder Nick, mais le pouvais-je ? Cela aurait été un aveu. Cy et Evelyn se tenaient à l'orée de mon champ de vision, je voyais Evelyn sourire avec bonheur et confiance. Évidemment. Avait-on jamais vu une femme refuser une demande publique en mariage ? Peut-être, quelque part, mais je n'étais pas cette femme. J'ai acquiescé comme un automate, Michael m'a souri avec une joie indescriptible. Oui ? *« Elle a dit oui ! » Et il a lancé un poing en l'air. Nick a serré son frère dans ses bras ; ses yeux étaient clos. La foule applaudissait. Michael est redescendu dans la fosse, et Nick a lancé le groupe avec « Okay, Baby, Okay », qu'il savait être ma chanson préférée et qu'ils gardaient en général pour les rappels.*

Mais ce n'était pas OK.

C'était pourtant ce que tout le monde attendait – Michael et moi allions nous marier. J'étais médusée que Michael ait pu me faire sa demande d'une façon aussi spectaculaire, aussi peu caractéristique. Me mettre au pied du mur devant tous ces étrangers ? Il disait vouloir me surprendre. Je me plaignais toujours de le trouver trop prévisible, je pouvais systématiquement prédire ses prochaines paroles. Il avait pensé m'emmener au Per Se ou au Blue Hill, en tête à tête, pour me faire sa demande au dessert, mais cela aurait été ce à quoi je m'attendais, pas vrai ?

Vrai.

Ma réponse aurait-elle varié si nous avions été seuls, s'il n'y avait eu que lui, moi, et la vérité flottant quelque part au-dessus de nos têtes ? Aurais-je trouvé le courage de tout lui avouer ?

Je n'ai pas revu Nick pendant six mois. Quelque chose se mijotait le soir du concert des Strokes : Diplomatic Immunity s'était trouvé un agent compétent qui travaillait pour la compagnie représentant les Strokes, Death Cab for Cutie, les Kings of Leon, et The Fray. Ils étaient sur le point de signer un contrat d'enregistrement – l'agent adorait « Okay, Baby, Okay », ma chanson –, mais avant d'entrer en studio, ils devaient tourner six mois durant, assurant les premières parties des Strokes et des Kings of Leon dans différents lieux de taille moyenne à travers le pays.

C'était Michael qui avait accompagné Nick à Port Authority. Nick avait un sac de sport, d'après Michael, contenant des jeans, des t-shirts, et son matériel d'escalade. Michael lui avait donné du liquide, cinq cents dollars. « Tu te prends pour mon père ou quoi ? » avait dit Nick, mais il avait accepté quand même.

« T'as pas intérêt à faire le con, avait dit Michael.

— Non, toi, t'as pas intérêt à faire le con », avait répliqué Nick.

— Qu'est-ce qu'il voulait dire, à ton avis ? ai-je demandé à Michael.

— J'en sais que dalle, m'a-t-il répondu.

Il était resté à la gare routière jusqu'au départ du bus ; cette image me hantait.

— C'était triste ? lui ai-je demandé.

— Triste ? a-t-il répété.

C'était fini. Nick était parti ; j'allais me marier. Je ne pouvais me faire à la réalité de ce mariage, j'ai donc demandé à Birdie de s'occuper des détails de la cérémonie. J'étais un peu embarrassée de voir combien elle semblait honorée de s'en voir confier l'organisation. Comme si tout ce que j'avais pu lui présenter jusque-là n'était que miettes.

Tandis que Birdie planifiait mes noces, je travaillais dur et m'amusais tout autant. J'avais commencé à me rendre compte que les jours de liberté m'étaient comptés. Je passais plus de soirées que jamais dans mon appartement ; je ne pouvais supporter l'idée de m'en détacher. J'ai demandé à Michael si je pouvais conserver mon appartement après le mariage. Il m'a ri au nez. J'ai renoué avec Rhonda, qui, par un heureux hasard, se trouvait de nouveau célibataire. Nous sortions une fois par semaine, parfois deux, parfois les week-ends aussi. Nous buvions beaucoup ; nous écumions les bars, sautant le dîner ; nous allions en boîte et hélions des taxis au point du jour. Rhonda était impressionnée par mon endurance, par le feu qui m'animait. Elle disait : « Tu fais la fête comme une jeune divorcée, pas comme une future mariée. »

Je recevais des cartes postales. Certaines arrivaient à mon appartement, d'autres au bureau. Elles venaient de Vancouver, de Minneapolis, de Boulder. La plupart étaient vierges à l'exception de mes nom et adresse, mais l'une d'entre elles portait un sticker en forme de smiley (Santa Fe) et une autre, un dessin d'un bonhomme avec une étoile en alu doré à l'endroit de son cœur (Daytona Beach). La dernière (Athens, Georgie) disait : Oui, *de ce que je savais être l'écriture de Nick.*

Oui, *ai-je pensé.*

Et puis, en avril, Nick est rentré à New York.

Si Chess ne pouvait supporter Tate lorsque celle-ci était heureuse, elle la supportait encore moins lorsqu'elle était perturbée. Tate se muait alors en un monologue ininterrompu que Chess ne pouvait tolérer. Barrett avait refusé que Tate passe la nuit à Nantucket. « Même s'il m'a quasiment suppliée un jour sur deux et que je déclinais parce que je ne suis pas là pour ça, et voilà, la seule fois où je l'attends sur la plage avec mon sac pour la nuit, il prétend avoir autre chose de prévu. “Quel genre de choses ?” je lui demande. Et il refuse de me répondre. Des choses “secrètes”. Il me dit : “Mince alors, t'en poses des questions aujourd'hui.” »

Chess ne pouvait que répondre d'un hochement de tête. Là n'était pas, à son avis, le vrai problème. D'après son expérience, Tate n'avait jamais connu de vrai problème.

— Je crois qu'il a une liaison avec Anita Fullin, dit Tate.

— Qu'est-ce qui te fait dire ça ? demanda Chess.

— Tout un tas de choses.

Chess pensa au mot « liaison ». Elle pensa à l'infidélité. Ce terme s'appliquait-il à elle ? Elle avait embrassé Nick à trois reprises, deux fois avec passion, mais ils n'entretenaient aucune liaison. Elle n'avait pas couché avec lui ailleurs que dans sa tête. Elle n'avait pas été « infidèle » à Michael au sens classique du terme. C'était toujours ça.

— Anita Fullin adore Barrett, poursuivit Tate. Elle ne décollait pas de lui à la soirée. Ils ont dansé ensemble pendant que je dansais avec Roman Fullin comme une escort girl. Elle n'a pas arrêté de dire qu'il était « sublime ». Elle est jalouse de nous parce qu'il vient à Tuckernuck deux fois par jour. Elle a dit qu'elle nous haïssait.

— Elle nous hait ?

— Elle l'a dit comme en plaisantant, mais elle ne plaisantait pas.

— Mmmm, dit Chess.

Elle avait rencontré Anita Fullin et devait bien admettre que la dame en question était belle comme le sont les femmes plus âgées, plus sophistiquées, « mieux entretenues » ; cheveux, vêtements et maquillage lui faisaient une coquille d'émail éclatant.

— Donc, tu te sens menacée ?

— Menacée ? répéta Tate. Non. Si.

Elles étaient étendues côte à côte sur la rive d'East Pond, toutes seules. East Pond n'était pas aussi pittoresque que North Pond – le sable y était plus granuleux, il y avait quelques mouches, l'eau sentait le croupi et bougeait en formant des rides suspectes que Chess pensait être des tortues hargneuses – mais on était plus près de la maison qu'à North Pond, et elles n'y étaient pas encore venues, alors qu'elles le faisaient toujours au moins une fois au cours de l'été, au nom de la tradition. Le soleil était chaud, Chess se sentait fondre dans le sable. Ce matin-là, elle s'était réveillée avec un pincement au cœur. Plus que douze jours avant le retour. À leur arrivée, un mois lui avait semblé comme une peine à perpétuité. Les premiers jours avaient été si bruts, si douloureux, qu'ils semblaient interminables – les minutes pareilles à des heures, les heures à des jours. À présent, chaque moment devenait sacré, transitoire ; le temps s'écoulait bien trop vite. Tuckernuck avait pansé les épaules de Chess. Elle pouvait se détendre, à défaut de savourer son séjour. Elle n'avait pas confié un mot à qui que ce soit, mais ce n'était pas grave. La maison – avec ses murs protecteurs nus, son sol en pente, ses poutres craquelées, et ses vieux meubles familiers – lui offrait le refuge dont elle avait besoin. La simplicité, qui l'effrayait au départ, était devenue un mode de vie. Chess n'avait plus à se soucier de son téléphone portable, de ses emails, ni de ses voisins, des taxis, du festival Shakespeare in the Park, ni à se demander où aller et quoi faire le week-end. Plus d'impôts, de dentiste, de boutiques, de pressing, de courses, d'obligations. Rien que le paysage, l'océan, le ciel. Sa sœur, sa mère, sa tante.

Qu'allait-il se passer à son retour ? Tout ce qu'elle voulait, sur le continent, c'était Nick, et lui ne voulait plus d'elle.

— Je vais lui demander cet après-midi s'il a une liaison avec Anita, dit Tate.

— À ta place, j'éviterais, répliqua Chess.

— Vraiment ?

— Vraiment.

— J'arrive pas à croire qu'il ait amené Anita sans demander la permission, poursuivit Tate. C'est une faute professionnelle !

— Et alors quoi ? Tu veux le virer ?

— Je suis sûre qu'elle l'a tanné jusqu'à ce qu'il ne puisse plus le supporter, dit Tate. Je t'ai dit qu'elle l'appelait pour qu'il change le papier toilette ?

— J'y crois pas.

— J'exagère à peine.

Une mouche grimpa le long de la cuisse de Chess ; elle abattit sa main, avant de replier les genoux. Un avion les survola à basse altitude, le Cessna huit places qui appartenait à un résident de Tuckernuck, en approche pour atterrir. Qu'allait-il se passer à son retour ? Télévision, fast-food, air conditionné. Elle frissonna.

— Où est-ce qu'il est allé hier soir, à ton avis ? demanda Tate. Honnêtement. Tu crois qu'il est sorti avec Anita ?

— Tate ! dit Chess, d'une voix forte, agressive. Arrête. Arrête ça tout de suite !

Elle s'attendait à ce que Tate s'excuse, ou se mette en colère, mais celle-ci répondit d'une voix plate, placide.

— Je peux pas m'en empêcher. Je suis comme ça. Un rien m'obsède.

Peut-être pourrait-elle rester un mois de plus. Peut-être pourrait-elle rester jusqu'au Labor Day. Évidemment, elle resterait seule. Serait-ce possible ? Il lui faudrait garder Barrett ; elle avait des économies, elle pouvait le payer.

— Et qu'est-ce que tu vas faire de Barrett quand tu vas repartir ? s'enquit Chess.

Tate grogna.

— Une chose à la fois, s'il te plaît, sœurette.

— Pardon.

— Qu'est-ce que je vais bien pouvoir faire de Barrett quand je vais repartir ?

Birdie

Les fleurs de Grant étaient extravagantes. Le bouquet comptait deux douzaines de roses à longues tiges, une poignée de lys asiatiques, quatre hortensias bleu porcelaine, une douzaine d'iris, dix gerberas fuchsia, six lys calla, et seize gueules-de-loup de quatre couleurs différentes. Selon les estimations de Birdie, il avait dû lui coûter dans les deux cents dollars, une bagatelle pour Grant, et sa grande variété lui faisait penser que Grant avait dû appeler le fleuriste de Nantucket en lui demandant « un peu de tout ». Commerce banal. Ce qui l'était moins, c'était le mot qui l'accompagnait. Grant avait envoyé à Birdie des dizaines de bouquets au cours de leur mariage, et la carte, rédigée de la main de l'assistant fleuriste, portait toujours un message sommaire, dénué d'originalité : *Joyeux 48e anniversaire !* Ou *Affectueuses pensées pour notre anniversaire de mariage*. Cette fois, il n'y avait pas de raison particulière à ces fleurs. Cette fois, elle pouvait lire : *Je pense à toi. Je t'embrasse, Grant.*

Je pense à toi. Un message bizarrement intime, plus intime, décida Birdie, qu'*Affectueuses pensées*. Cela faisait croire à Birdie que Grant pensait effectivement à elle. Mais à quoi pensait-il ? Ses pensées étaient-elles romantiques ? (Et qu'est-ce que le romantisme pour Grant ? Birdie attablée en face de lui à La Grenouille ? Birdie sortant du onzième green en jupe courte et visière de golf, transpirant légèrement, pour le rejoindre autour d'un Mount Gay tonic ?) Ses pensées étaient-elles érotiques ? (C'était presque trop mortifiant à imaginer, même si leur vie sexuelle avait un temps été riche, si ce n'est particulièrement satisfaisante.) Ces fleurs étaient-elles une expression de sa commisération pour ce qui s'était passé avec Hank ? Grant éprouvait-il de la pitié pour elle ? Ou alors… se sentait-il seul ? Oui, déduisit Birdie, ce devait être cela : Grant se sentait seul. C'était inévitable. Son travail ne lui procurait plus le même frisson viscéral, viril, de même que le golf ne lui apportait plus le même plaisir que par le passé. Il devenait plus lent en vieillissant, son handicap augmentait. Les serveuses du Gallagher, autrefois presque des concubines, étaient à présent plus âgées, ridées, grincheuses, ou alors trop jeunes pour s'apercevoir que le scotch était du whisky.

Birdie était revenue tôt de la plage, laissant India endormie dans son fauteuil. Les filles, parties pour East Pond, lui manquaient. Comme ses coups de fil à Hank qui donnaient un but à ses après-midi. Elle aimait avoir une petite mission personnelle à accomplir. Elle alla chercher son téléphone portable dans sa chambre. Elle décida d'appeler Grant pour le remercier au sujet des fleurs. Peut-être se demandait-il si elles étaient arrivées à destination.

La promenade jusqu'à Bigelow Point était vivifiante, et elle remarqua qu'elle se sentait moins morose et peinée que lors de sa dernière conversation avec

Hank. Hank n'est qu'un mufle ! C'était son cri de guerre, même si elle savait que c'était faux. Maintenant que quelques jours avaient passé, elle était capable de considérer les événements avec plus de bienveillance. Hank avait aimé sa femme, même s'il ne lui avait pas toujours été fidèle ; à présent qu'elle était morte, la culpabilité le hantait. Birdie pouvait le comprendre. Perdre un conjoint, dans quelque circonstance que ce soit, était une expérience douloureuse, dévastatrice, et peut-être Hank n'avait-il pas l'énergie de gérer et son deuil et ses sentiments naissants pour Birdie. Ils n'étaient sortis ensemble que trois mois. Birdie s'en remettrait. Elle rencontrerait un autre homme.

Elle n'aimait pas savoir Grant esseulé. Elle ressentait le besoin de le protéger. Elle s'étonnait de toutes les identités que revêtait un époux – parent, enfant, amant, ami. Grant n'avait pas tellement joué le rôle d'ami auprès de Birdie au fil des ans ; il était trop accaparé par son travail. De plus, il se liait plus volontiers avec les hommes ; il l'admettait lui-même. Birdie conservait pourtant l'espoir qu'ils puissent à l'avenir devenir amis. Pour sûr, il s'était comporté comme tel depuis son arrivée à Tuckernuck, répondant à ses appels déprimés après ses conversations avec Hank.

En atteignant Bigelow Point, il lui fallut décider où joindre Grant. Au bureau ? Ou sur son portable ? À son loft ? Elle n'avait aucune idée du jour de la semaine. Son téléphone indiquait le 19 juillet, mais était-ce le week-end ? Elle ne se souvenait plus. Tuckernuck n'offrait aucun repère temporel. Elle appela Grant sur son portable.

— Allô ?

Il avait décroché à la première sonnerie. Voilà qui était gratifiant, après tout le cirque de Hank.

— Grant ? C'est Birdie.

— Salut, Bird. Tu as reçu les fleurs ?

— Oui ! Je t'appelle justement pour te remercier. Elles sont magnifiques. Sublimes ! Vraiment, Grant, tu n'aurais pas dû.

— J'en avais envie. Je suis content qu'elles te plaisent.

— Notre vieille maison délabrée prend des airs de parfumerie.

— Comment ça va ?

— Oh, tu sais. Chess ne change pas. Elle est très calme. Elle écrit dans son journal. Regarde dans le vide. Et Tate a un petit ami.

— Un petit ami ?

— Barrett Lee. Elle sort avec Barrett Lee.

— Vraiment ? Ça alors !

Grant semblait agréablement surpris. Birdie ne s'attendait pas à ce qu'il se montre aussi heureux.

— J'ai toujours bien aimé ce garçon.

— C'est vrai, dit Birdie. Bien sûr, ce n'est qu'une amourette d'été. Je ne pense pas qu'ils aient un avenir…

— Ils sont grands. Ils se débrouilleront.

— J'imagine. Mais tu connais Tate. Elle est si… enthousiaste. Elle est follement amoureuse de Barrett, elle s'est attachée à ses enfants…

— Il a des enfants ?

— Deux petits garçons, de trois et cinq ans. Sa femme est morte il y a deux ans.

— Seigneur.

— À côté de ça, il fréquente Tate depuis moins de deux semaines, et il nous reste moins de deux semaines…

— Birdie, l'interrompit Grant. Ne t'en mêle pas.

— Oh, je sais bien, mais…

— Birdie.

— Je sais, répéta-t-elle.

— Parle-moi de toi, plutôt.

— Moi ? Qu'est-ce que tu veux que je te raconte ?

— Comment vas-tu ? Tu as reparlé à ce minable de Hank ?

— Non, répondit Birdie. Hank, c'est du passé.

— Tu en es sûre ?

— Absolument.

— Bon, très bien.

— Et toi ? s'enquit Birdie. Tu vois quelqu'un ?

— Sans façons ! Les femmes, c'est trop compliqué.

— Ben voyons.

— Sauf toi. Je ne parlais pas pour toi.

Birdie sentit le soleil frapper son visage. Que lui arrivait-il donc ?

— Alors, la carte, avec les fleurs… c'est toi qui l'as composée ?

— Composée ?

— Je veux dire, le message était de toi. La fleuriste ne t'a pas aidé à l'écrire ?

— Non, la fleuriste ne m'a pas aidé à l'écrire, rétorqua Grant d'un air presque outré. Je l'ai écrit moi-même. J'ai beaucoup pensé à toi dernièrement.

Birdie serra les lèvres. Elle ressentit une vague de plaisir et dut se rappeler que c'était Grant à l'autre bout du fil, Grant Cousins, l'homme dont elle avait partagé le lit et servi les repas trente ans durant. L'homme qui l'avait maintenue à distance émotionnellement, qui avait contrarié ses chances de faire carrière et de s'accomplir sur le plan personnel, l'homme qui l'avait rendue comme toutes les autres ménagères de New Canaan, Connecticut : frustrée, esseulée, excessivement dévouée à sa progéniture.

Contre la marée de ces réflexions, elle dit :

— Moi aussi, j'ai pensé à toi.

— Tu me rappelles demain ?

— D'accord.

India

Elle se trouvait seule sur la plage lorsque le bateau de Barrett entra dans la crique. Elle somnolait dans son fauteuil, dodelinant de la tête. Se surprenant à ronfler au moment même où elle entendit le moteur du bateau, elle se réveilla en sursaut et essuya la bave sur son menton. Une femme d'âge moyen en pleine sieste n'avait rien d'attirant. Son livre, *La Tente rouge* – elle lisait seulement maintenant ce que d'autres avaient lu dix ans plus tôt –, avait glissé de ses genoux pour tomber dans le sable. Elle portait ses lunettes de soleil, les lunettes de Bill posées sur sa poitrine.

Elle salua Barrett, espérant qu'il n'avait rien vu de ce spectacle grotesque. Il lui fit un signe de la tête ; il avait les mains pleines. Provisions, glace. Pauvre garçon. Leur esclave. Puis elle se rappela avoir quelque chose à lui donner : la lettre pour Lula, ainsi que vingt dollars pour s'assurer qu'il la lui expédie en FedEx. Elle était contente de se trouver seule sur la plage.

Barrett clapota jusqu'à la rive. D'ordinaire il se dirigeait tout de suite vers la maison avec ses sacs, mais aujourd'hui il rejoignit India d'un pas lourd. Elle fouilla son sac frénétiquement à la recherche de l'enveloppe, adressée à l'appartement philadelphien de Lula.

— Je suis contente de te voir seule, dit-elle.

Elle lui tendit la missive ; il posa la glace sur la chaise vide de Birdie et accepta la lettre et le billet de vingt dollars.

— Tu veux bien poster ça pour moi ? En express.

Il acquiesça. Il lâcha le sac de provisions dans le sable et glissa l'enveloppe dans la poche de son short.

— Moi aussi, je suis content de vous trouver seule, dit-il.

Quelque chose dans le ton de sa voix surprit India. Il semblait sur le point de lui faire une proposition. Grands dieux, était-ce possible ? Et Tate alors ? L'idée de coucher avec Barrett résidait quelque part au fin fond des fantasmes d'India, mais uniquement comme une plaisanterie. Une petite scène pornographique qu'elle projetait dans sa tête pour s'amuser et se prouver qu'elle n'était pas si âgée que cela.

— Vraiment ? dit-elle.

Elle fut tentée de lui jeter un regard par-dessus la monture de ses lunettes de soleil dans une parfaite imitation d'Anne Bancroft, mais se retint.

— Oui. J'ai à vous parler.

Il semblait nerveux, ce qui la mit immédiatement en confiance.

— Je t'écoute.

Il prit une profonde inspiration.

— Ma cliente, Anita Fullin, celle qui est venue l'autre jour ?

Il disait cela comme si India ne se souvenait peut-être pas d'Anita Fullin, alors que celle-ci avait été leur seul visiteur depuis leur arrivée. Comment aurait-elle pu l'oublier ? Elle acquiesça.

— Elle voudrait acheter la petite statue dans votre chambre.

— La statue ? Tu veux dire Roger ?

Barrett expira.

— Oui. Roger.

— Ah, fit India.

— Elle souhaite vous en proposer cinquante mille dollars.

— Cinquante mille, répéta India.

— Elle est fan.

— Ah.

India ne savait quoi répondre. Cinquante mille dollars pour Roger ? Elle repensa aux premiers temps de son mariage avec Bill. Il enseignait les arts plastiques au lycée de Conestoga. Ils habitaient un appartement à Devon, au bord de la 252. Le soir, ils écoutaient le grondement du trafic en direction du centre commercial King of Prussia, et il leur arrivait d'entendre une ou deux mélodies – Kenny Rogers, Bob Seger – venant du Valley Forge Music Fair. Ils avaient du mal à joindre les deux bouts. Les parents d'India payaient ses frais de scolarité à Penn, mais désapprouvaient ses choix. Comment Bill et India pouvaient-ils espérer vivre correctement, suffisamment pour fonder une famille ? Eh bien, expliquait India, ils comptaient sur le travail de sculpteur de Bill. Il avait fait une installation au Navy Pier à Chicago, et une autre plus petite à Penn's Landing, qu'il avait vendue à la ville pour sept cent cinquante dollars.

En 1992, lorsque Bill créa Roger, ses œuvres – des installations publiques grandeur nature – partaient pour plus d'un million de dollars. Mais il lui fallait un an pour les fabriquer. Bill avait réalisé Roger en un après-midi ; Roger ne mesurait que trente centimètres de haut. Dans l'esprit d'India, il valait cinq dollars, ou alors il n'avait pas de prix.

— Hmmmm…, fit-elle.

Elle aurait aimé que Bill soit là. Elle aurait aimé pouvoir lui envoyer une lettre, à lui, pour lui parler de cette drôle d'estivante venue de Nantucket afin d'offrir cinquante mille dollars, rien que ça, à India en échange de Roger. Qu'aurait-il dit ? Elle l'entendait presque hurler : Accepte !

Mais India ne pouvait s'y résoudre. Elle ne pouvait vendre Roger, pas plus qu'elle n'aurait pu vendre son petit-enfant à venir. Roger incarnait le bonheur qu'ils avaient connu, elle et Bill, à Tuckernuck. Un simple regard sur Roger, et elle se revoyait étendue dans les bras de Bill sur leur matelas. Elle se revoyait défaire sa braguette dans la Scout. Elle revoyait Bill empiler le bois de chauffage, ramasser des coquillages, identifier les oiseaux du rivage, vérifier la direction du vent, admirer les yachts de passage, porter les enfants sur ses épaules. Elle repensait à sa colère contre lui : il allait parfaitement bien sur Tuckernuck, et perdait totalement la tête à la maison. « Pourquoi est-ce qu'on ne peut pas être aussi heureux à la maison ? » lui avait-elle crié sur la falaise, dans un après-midi lointain. « C'est quoi ton problème ? » Et Bill avait répondu : « Toi ! C'est toi, mon problème ! » Ils s'étaient montrés si véhéments dans leur dispute que Birdie était montée de la plage les calmer. Il fallait penser aux enfants, ainsi qu'aux autres résidents de Tuckernuck. Ils hurlaient si fort que Birdie craignait qu'ils ne fussent entendus par un membre de l'association des propriétaires, ce qui leur aurait valu un avertissement écrit.

Bill avait disparu le long de la plage, et était revenu plus tard dans la soirée avec Roger – un corps fait de bois flotté, aux cheveux d'algues, aux yeux de verre poli bleu, aux nez, oreilles, dents et orteils de coquillages.

Roger était sa façon de s'excuser.

— Elle serait peut-être même prête à monter plus cher encore, dit Barrett. Je sais qu'elle le veut vraiment.

India sourit.

— Roger n'est pas à vendre.

— Elle irait probablement jusqu'à soixante-quinze mille.

India remua la tête.

— Vraiment ? insista Barrett.

Il semblait découragé, comme un petit garçon, ce qui surprit India. Son épouse était morte. India pensait que pour cette raison, précisément, il comprendrait.

— Pas à vendre ?

— Pas à vendre.

— Je ne peux vraiment rien faire ? Rien vous offrir ?

— Rien à faire. Ni rien à m'offrir. Je regrette.

Le regard de Barrett se perdit au large. Il paraissait si éperdu qu'India hésita. Elle était un peu faible, en cela elle ressemblait plus à Birdie qu'elle ne voulait l'admettre. Elle serait plus prompte à donner Roger à Barrett gratuitement, rien que pour le consoler, qu'à le vendre à une estivante pour soixante-quinze mille dollars.

— Elle m'a mis la pression, murmura Barrett.

— C'est très vilain, dit India. Et, une fois encore, je regrette. Roger a une valeur sentimentale inestimable. Mon époux l'a fait pour moi. Je ne puis le vendre.

— Bien sûr, je comprends, dit Barrett. Je m'en veux même de vous l'avoir proposé.

— Il ne faut pas. Si je pouvais le faire, je l'expliquerais moi-même à Anita.

— Elle a l'habitude d'obtenir tout ce qu'elle veut, dit Barrett d'un air morose.

India se demanda s'il couchait avec cette femme. Était-ce possible ? C'était tout à fait possible, bien sûr, mais, et Tate alors ?

— Eh bien, ça lui servira de leçon, tu ne crois pas ? dit India.

Barrett acquiesça et, sans plus un mot, prit la direction de la maison. India espérait qu'il n'oublierait pas sa lettre.

Tate

Elle refusait de le perdre. Tate suivit donc le conseil de Chess et laissa passer l'incident. Elle ne demanda pas à Barrett ce qu'il avait fait le soir où il avait prétendu être occupé, elle ne l'accusa pas d'entretenir une liaison avec Anita Fullin, elle ne lui reprocha pas d'avoir amené Anita à Tuckernuck sans y être invité. Elle fit comme s'il ne s'était rien produit.

Et tout alla bien, ou presque. Barrett était toujours dans la maison quand Tate et Chess revinrent d'East Pond. Tate se faufila derrière lui, lui mit les mains sur les yeux et s'écria : « Devine qui ? » Il se retourna, la souleva, ils échangèrent un baiser. Chess remonta l'escalier bruyamment en exprimant son dégoût, mais Tate s'en fichait.

— Tu m'as manqué, dit-elle.

— Tu viens avec moi ?

Tate savait que Chess allait préparer le dîner pour la première fois depuis leur arrivée – de l'espadon grillé au chili et au citron vert, avec une sauce à l'avocat. Ce qui indiquait quelque changement positif. Chess comprendrait-elle que Tate s'absente ? Elle venait de passer l'après-midi à écouter Tate râler. Elle comprendrait.

— OK. Je prends mon sac.

Elle fonça au grenier. Chess était en train d'enfiler son t-shirt Diplomatic Immunity et son short militaire. Elle ne les avait pas donnés à laver une seule fois ; nul doute qu'ils étaient prêts à s'enfuir à tout moment.

— Je vais chez Barrett, dit Tate.

— Tu manques le dîner ?

Tate s'assit sur le lit et regarda sa sœur.

— Oui. J'en suis désolée. Tu m'en veux ?

Chess haussa les épaules.

Tate hésita. Fallait-il rester ? Il ne leur restait plus que quelques jours ; elle n'osait même pas les compter. Barrett attendait en bas. Ce n'était que de l'espadon. Mais Tate n'était pas complètement insensible. C'était plus qu'un dîner : c'était un dîner préparé par Chess.

— Je reste, dit Tate.

— Tu n'y es pas obligée.

— J'en ai envie.

Chess dévisagea sa sœur, et quelque chose d'extraordinaire se produisit alors – quelque chose de plus extraordinaire encore que sa cuisine. Elle sourit. Et dit :

— T'as pas envie de rester, petite menteuse. Alors vas-y – file, tout de suite.

C'était à la fois une permission et une bénédiction. Tate jeta quelques vêtements et ses tennis dans un sac. Et partit.

Elle aurait dû rester à la maison ; cela devint évident au bout d'une heure à peine. Le trajet en bateau se déroulait sans problème, et Tate l'appréciait comme quelqu'un sachant qu'il a un nombre limité de trajets. Le soleil tapait, mais l'écume marine la rafraîchissait. Elle s'imprégnait de l'incroyable beauté de la rive de Nantucket par un jour d'été – le vert des algues, le sable doré, les autres bateaux, élégants et immaculés. Elle pensa aux femmes de son immeuble, assises au bord de la piscine tout l'été par quarante degrés ; elle pensa au vieil homme au double sonotone qui emballait les provisions chez Harris Teeter. Elle allait bientôt retrouver cette vie-là. Était-ce possible ? Elle avait un contrat avec un producteur de bretzels à Reading, Pennsylvanie, le 1er août, puis un autre avec Nike à Beaverton, dans l'Oregon, juste après. Peut-être pouvait-elle s'acquitter de ces deux engagements vite fait et reprendre l'avion pour Nantucket.

Barrett clignait des yeux en dépit de sa visière et de ses lunettes de soleil. Tate était assise à côté de lui dans le siège du copilote, mais ils ne se touchaient pas. Ce qui était normal : conduire un bateau est tout aussi sérieux que conduire une voiture. Il ne fallait pas le distraire. Pourtant, elle ne pouvait s'en empêcher. Elle glissa les doigts le long de son échine et sentit son corps se contracter. Elle retira sa main. Silence.

Il entra dans le port de Madaket et amarra le bateau à son mouillage. Tate se hissa péniblement dans le canot. Elle était agile et expérimentée. Elle attendit, son sac à ses pieds, tandis que Barrett s'organisait. Il la rejoignit et rama jusqu'au rivage. Il clignait toujours ; il paraissait souffrir.

— Tout va bien ? demanda Tate. Tu sembles bien calme.

— Ça va.

— Alors, qu'est-ce qu'Anita a pensé de Tuckernuck ?

— Ne parlons pas d'Anita. S'il te plaît.

— OK.

Cela suffit à tuer la conversation. Barrett était soit agacé, soit préoccupé, et Tate mourait d'envie de le bombarder de questions, ce qui ne ferait qu'aggraver la situation. Lorsqu'ils atteignirent la plage, Barrett amarra le canot et ils marchèrent jusqu'à son camion garé sur le parking de la marina. Il faisait chaud à l'intérieur ; Tate se brûla les cuisses sur le siège. La console contenait une demi-tasse de café recouvert d'une pellicule de lait comme la surface d'un étang. Tate la souleva.

— Tu veux que je le jette ? Il y a une poubelle juste là.

— Laisse.

Barrett mit le contact. La radio jouait beaucoup trop fort. Tate baissa le son.

— Je t'ai dit de laisser ! dit Barrett.

Tate le regarda fixement.

— Pourquoi tu cries comme ça ?

— Je ne crie pas.

Ils roulèrent en silence. Tate pensa : Voilà. C'est ça, la vraie vie. Finie, l'idylle planante et passionnée ; on était dans la vraie vie, étouffante, barbante, lassante, avec Barrett Lee. Sa journée de travail s'était mal passée, ou quelque chose d'autre allait de travers. Elle le regarda. Il était d'une beauté insoutenable.

— Alors, qu'est-ce que tu as fait l'autre soir ? demanda-t-elle. Tu ne me l'as jamais dit.

— Tate…, commença-t-il.

— C'est un secret ?

— Non, ce n'est pas un secret. Je suis allé chez Anita pour un barbecue. Roman avait une réunion ou je ne sais quoi à Washington, il ne pouvait pas être là, alors elle m'a demandé de le remplacer.

Tate fut saisie d'aigreurs à l'estomac.

— Le remplacer ?

— C'est ça. Jouer les maris. J'ai grillé les steaks, ouvert le vin, présidé la table, et tout le tralala.

— Tu as couché avec elle ?

— Bon dieu, Tate !

— Alors ?

— Non. Mais je te remercie d'avoir posé la question. Ça en dit long sur ce que tu penses de moi.

— Qu'est-ce que je suis censée penser ? Je savais très bien que tu étais avec elle ce soir-là, et le lendemain matin tu n'es pas venu, et quand tu es enfin arrivé, tu étais avec elle. Alors, dis-moi : qu'est-ce que je devrais penser à la fin ?!

Barrett ne répondit rien.

Les pièces du puzzle s'emboîtaient trop bien pour que Tate garde le silence, en dépit de ce que lui disait son cerveau. Tais-toi ! N'insiste pas !

— Pourquoi tu n'es pas venu hier matin ?

— J'étais occupé.

— Avec Anita ?

Il soupira.

— Cameron avait rendez-vous chez le dentiste.

— Vraiment ?

Ça avait tout l'air d'un mensonge.

— Vraiment.

Elle jeta un regard par la fenêtre tandis qu'une odeur de vieille basket infiltrait la cabine ; ils passaient devant la décharge. Elle voulait lui demander comment il voyait l'avenir, ou, tout du moins, le reste de l'été. Elle voulait emménager avec lui, voyager pour s'occuper de ses affaires, et revenir. Voulait-il la même chose ? Elle ne pouvait le lui demander en ce moment.

— Ça te dit de sortir ce soir ? proposa-t-elle. De se mettre minable ? D'aller danser au Chicken Box ?

— Je suis trop fatigué, répliqua-t-il. Tout ce que je veux, c'est boire une bière sur la terrasse, faire griller des hamburgers, passer un peu de temps avec toi et les enfants.

C'était la vraie vie.

— OK, dit-elle.

Tate était flexible ; elle pouvait se contenter de suivre n'importe quel plan. Ils récupérèrent les garçons chez les parents de Barrett. Tate reçut une bonne accolade de Chuck Lee, qui avait tout l'air d'un vieillard. À cause de son attaque, il marchait avec une canne et sa diction était ralentie, pénible, aussi Tate attendit-elle patiemment tandis qu'il demandait laborieusement des nouvelles de Grant, Birdie, India, Chess, Billy, Teddy et Ethan. (Il se rappelait le nom de chacun, ce qui était incroyable, et, plus incroyable encore, se souvenait même du décès de Bill Bishop.) Tate lui assura que tout le monde allait bien, et que Birdie, India et Chess étaient heureuses dans leur maison de Tuckernuck.

— Ta mère était une très belle femme, dit Chuck.

— Elle l'est toujours, répondit Tate.

— Ta tante aussi, d'ailleurs.

— Elle aussi l'est toujours.

— Je n'en doute pas, dit Chuck.

Elle aurait pu discuter avec lui tout l'après-midi, mais elle sentait que Barrett était impatient de prendre sa bière sur la terrasse, et les enfants pleurnichaient. Tate se replia vers le pick-up avec Tucker, en promettant de revenir voir Chuck bientôt.

Tucker se mit à pleurer lorsque Tate boucla la ceinture de son siège, puis ce fut au tour de Cameron.

— Foutue migraine, dit Barrett.

En arrivant à la maison, Tate aida les enfants à sortir de la voiture et les conduisit à la douche extérieure. L'eau les fit pleurer de plus belle.

— Je vais chercher des pyjamas vite fait, dit Barrett.

— Tu veux que je leur lave les cheveux ?

— Tu ferais ça ?

Oui, elle le ferait, bien sûr qu'elle le ferait, elle ferait n'importe quoi pour Barrett et ses deux petits fantassins. Elle en ressentait un vrai bonheur – Barrett partit chercher les pyjamas tandis qu'elle faisait mousser les cheveux des garçons avec du shampooing Suave pour enfants, au parfum de tarte aux cerises, doux et artificiel. Ils pleuraient, le shampooing leur rentrait dans les yeux, l'eau était trop chaude, puis, lorsque Tate baissa le débit, trop froide. Tucker sortit en courant de la douche pour se tenir debout au milieu du carré de terre sec et poussiéreux de leur jardin raté. Il avait les cheveux blancs de savon et les pieds boueux.

— Tucker, reviens ici ! cria Tate.

Il pleurait, tandis que Cameron gémissait, mais lui au moins était propre et rincé. Tate l'enroula dans une serviette. Où étaient passés Barrett et ses pyjamas ?

— Tucker, dit-elle. Allez, mon chou !

Il pleurait, enraciné sur place.

Tate sortit dans le jardin en courant et saisit Tucker, qui se débattit et se tortilla dans ses bras tel un cochon huileux. Elle le coinça sous le jet d'eau et il se mit à hurler. Tate se demanda ce que penserait Barrett, elle s'inquiétait au sujet des voisins, s'inquiétait que le fait de voir une femme qui n'était pas sa mère l'amener de force sous la douche deviendrait pour Tucker un sujet qu'il ressasserait dans quelques années en thérapie. Elle le rinça, trempant ses vêtements au passage, mais l'eau chaude lui faisait du bien, elle lui semblait magique, et elle fut tentée de se déshabiller pour prendre une douche à son tour, là, tout de suite – mais ça, pour le coup, ça risquerait de traumatiser Tucker.

Elle coupa l'eau. Il n'y avait qu'une serviette accrochée dans la cabine de douche, et non deux, aussi Tucker n'avait-il pas de serviette.

— Barrett ! Ramène une serviette, aussi !

Plus de Barrett. Cameron se faufila par la porte coulissante pendant que Tucker hurlait, tout mouillé et nu comme un ver. Tate l'attrapa et le porta à l'intérieur.

Elle appela de nouveau Barrett. Pas de réponse. Elle suivit Tucker dans sa chambre. En chemin, elle saisit une serviette dans la salle de bains pour le sécher. Il cessa de pleurer et trottina jusqu'à son train, tout nu.

— Où est-ce que vous rangez les pyjamas ? demanda Tate.

Tucker désigna une rangée de crochets. Des pyjamas !

Tate habilla les deux garçons avant de ramasser les serviettes humides. Elle avait l'impression d'avoir tout juste fini une course d'obstacles. Où était Barrett ?

Cameron entra dans la pièce et annonça :

— J'ai faim.

— On va dîner, répondit Tate. Un instant.

Elle se dirigea vers le salon. Si Barrett était en train de siroter sa bière sur la terrasse, elle allait l'étrangler. Mais la pièce était déserte, la terrasse vide. Tate retourna à la cabine de douche, pensant qu'ils s'étaient peut-être croisés accidentellement, mais il n'y était pas non plus. Elle suspendit les serviettes sur la corde à linge comme une bonne épouse.

— Barrett ? appela-t-elle.

Rien.

Elle revint à l'intérieur et jeta un œil dans la chambre des garçons, qui jouaient au train.

— Vous avez vu votre père ?

— J'ai faim, répliqua Cameron.

Tate traversa le couloir jusqu'à la chambre de Barrett. S'il s'était endormi sur son lit, elle allait l'étrangler.

La porte de sa chambre était fermée. Elle essaya de tourner la poignée ; le verrou était mis. Elle frappa.

— Barrett ?

Elle l'entendait parler. Il était au téléphone. Elle frappa de nouveau. Il entrouvrit la porte, désigna le téléphone à son oreille, puis referma.

— Anita, écoutez. Écoutez-moi, l'entendit-elle dire.

Elle retraversa le couloir et alla s'asseoir sur la marche inférieure de l'escalier. Elle pensa à Chess, en train de mélanger le citron vert et la marinade de chili, qu'elle versait ensuite sur les steaks d'espadon blanc, retournant le poisson pour s'assurer que les deux côtés étaient également enduits. Elle pensa à Chess avec son bonnet de tricot bleu, arborant le tablier en denim de Birdie, se mouvant dans la petite cuisine encombrée, se sentant utile pour la première fois depuis des semaines. Chess souriait-elle, sifflotant, commandant Birdie et India comme des acolytes ?

Tate essaya de ne pas pleurer.

Barrett passa près d'une heure au téléphone avec Anita Fullin. Pendant ce temps-là, Tate prépara le dîner pour les enfants : des hot-dogs réchauffés au micro-ondes, découpés en rondelles comme ils les aimaient, servis avec du ketchup. Chaque garçon eut droit à une portion de biscuits en forme de poissons et à une compote de pommes. Comme Tate était aux commandes, ils eurent même droit à du sirop de chocolat dans leur lait. Ils mangèrent leur repas avec avidité et joie, pendant que Tate s'efforçait de cacher son anxiété et sa colère grandissantes à mesure que Barrett restait au téléphone. De quoi pouvaient-ils bien parler, lui et Anita ? Leur relation avait pris un tour inconvenant. Les autres gardiens ne s'enfermaient pas une heure ou plus pour parler à leurs clients, Tate en était sûre.

Après le dîner, elle offrit à chacun des garçons un petit pudding surmonté d'une volute de crème fouettée.

— Je t'aime bien, dit Tucker.

— Où est papa ? demanda Cameron.

Lorsque Barrett raccrocha enfin, il était 19 h 50. Il tapa des mains, s'exclamant d'une voix pleine d'entrain : « Où sont mes lieutenants ? » Tate et les enfants regardaient un épisode de *Go Diego !* installés sur le canapé. Tucker dodelinait de la tête au creux du bras de Tate. Cameron ne quittait pas l'écran des yeux.

Barrett effleura l'épaule de Tate. Elle ne détacha pas ses yeux de l'écran non plus. Diego tentait de sauver un bébé jaguar. Un regard à Barrett, et elle grognerait. Si elle ouvrait la bouche, ce serait pour le mordre.

— Désolée d'avoir été si long, dit Barrett en soulevant Tucker. Je vais le mettre au lit. Je reviens tout de suite.

— Quand ce sera fini, Cam, il faudra se brosser les dents, dit Tate.

— D'accord, acquiesça Cameron.

Tate supervisa le brossage.

— Tu es allé chez le dentiste hier ? demanda-t-elle à Cameron.

— Oui, répondit-il. J'ai eu une nouvelle brosse à dents !

Il la brandit avec un sourire. Barrett n'avait donc pas menti. Tate se sentait étrangement déçue.

Cameron grimpa dans son lit et Tate lui lut trois histoires. Elle faisait une maman merveilleuse. Elle embrassa Cameron sur le front, alluma la veilleuse, et laissa la porte entrouverte de quinze centimètres, juste comme il l'aimait. Border un enfant lui procurait un formidable sentiment d'accomplissement.

Elle passa la tête dans la chambre de Tucker. Celui-ci dormait, Barrett ronflant à ses côtés. Impossible de rester fâchée – ils étaient adorables tous les deux –, mais elle l'était quand même. Elle ne réveilla pas Barrett.

Elle monta à l'étage, ouvrit une bière, et fouilla le placard jusqu'à trouver une boîte de cacahuètes. Elle s'installa dans le canapé et alluma la télé. Un vrai luxe. Elle pouvait regarder n'importe laquelle de ses séries préférées sur HBO ou Showtime. Au lieu de quoi, elle trouva un match des Red Sox – contre les Yankees ! –, ce dont elle se contenta.

Elle souleva une des photographies de Stephanie en robe d'été. La vue semblait prise de l'autre côté d'une table, dans un restaurant peut-être. Steph était bronzée, souriante, heureuse.

Avait-elle jamais dû faire face à Anita Fullin et à son cirque ? Et si oui, avait-elle laissé derrière elle un mode d'emploi ?

Tate s'endormit sur le canapé, la télévision allumée. Elle avait ingurgité trois Corona et la moitié de la boîte de cacahuètes. Lorsque Barrett la réveilla à 1 h 10, les pièces à conviction gisaient sur la petite table : cadavres de bouteilles, boîte de cacahuètes pillée, cliché de Stephanie.

— Hé, dit-il.

Il lui souleva les jambes, s'assit, reposa les jambes de Tate sur ses genoux.

— Hé, répliqua-t-elle.

Elle n'était plus fâchée. Elle était trop fatiguée pour ça.

— Désolé pour le coup de fil, murmura-t-il.

Elle garda le silence. Elle ne voulait pas dire un mot de travers.

— J'ai des choses à t'expliquer, ajouta-t-il.

Elle le fixa dans le noir. Qu'allait-il dire ?

— Anita voulait acheter la sculpture de ta tante. Le petit personnage qu'on a vu l'autre jour dans sa chambre.

— Roger ?

— Oui, Roger. Elle le voulait vraiment. Le problème, c'est que quand Anita décide qu'elle veut acheter quelque chose, ça prend des proportions incroyables. C'est une obsession. Parce qu'elle n'a rien d'autre à faire. Pas de travail, je veux dire, pas d'enfant. Son seul but dans la vie, c'est d'acquérir des objets.

Tate fut tentée de remarquer combien c'était triste et pathétique, mais cela sembla inutile.

— Enfin bref, j'ai posé la question à ta tante. Je lui ai expliqué qu'Anita lui offrait cinquante mille dollars pour Roger, qu'elle serait probablement prête à aller jusqu'à soixante-quinze mille. Mais elle a refusé. Elle a dit qu'il était hors de question de le vendre.

— Elle roule sur l'or, dit Tate. Et la place de Roger est sur Tuckernuck.

— Je sais. N'importe qui comprendrait ça. Sauf Anita. Elle n'a pas l'habitude d'essuyer des refus. Elle n'a pas l'habitude de tomber sur des choses qui ne soient pas à vendre, parce que tout, dans ce monde, est à vendre, non ?

— Alors elle est énervée parce qu'elle ne peut pas avoir Roger ?

— Elle est effondrée. Tu ne connais pas Anita. Pour elle, ta tante – et par extension toi, vous quatre sur Tuckernuck – possède quelque chose qu'elle ne peut obtenir. Elle est aussi jalouse pour d'autres raisons – parce que je viens vous voir deux fois par jour, parce que j'aime bien ta famille, parce que je sors avec toi. Elle a donc monté un stratagème l'autre soir en me suppliant de venir pour le barbecue. Elle a promis de me payer des heures supplémentaires, en sachant que j'étais incapable de refuser une somme pareille. Et elle m'a fait promettre de l'amener à Tuckernuck le lendemain. Si seulement tu pouvais comprendre combien elle est manipulatrice… Elle ne me laisse jamais la possibilité de refuser.

— Est-ce que vous avez couché ensemble ? demanda Tate.

— Non, répondit-il. Tu auras sans doute du mal à le croire, mais la réponse est non. Elle ne m'attire pas. Elle est capricieuse, elle ne sait pas se conduire, c'est une femme vide et profondément malheureuse.

— OK, dit Tate. Alors c'était quoi ce coup de fil ? Anita était énervée de ne pas pouvoir acheter Roger, alors tu lui as expliqué et… quoi encore ? Tu l'as consolée ?

— Non. Pas exactement.

— Quoi, alors ?

— Elle m'a proposé un emploi.

— Tu as déjà un emploi. Tu as ta propre affaire.

Barrett soupira.

— En gros, elle m'a proposé le triple de ce que je gagne par an, plus l'assurance santé, si je travaille pour elle uniquement.

— Tu te fiches de moi.

— Je te jure que non.

— Travailler pour elle, ici, à Nantucket ? Ou bien est-ce que tu dois la suivre à New York, aussi ?

— Ici, à Nantucket, dit-il. Je ferais tout – je surveillerais la maison, les jardins, les bateaux, les voitures. Je m'occuperais de tout et de tout le monde, engagerais un chauffeur pour eux, passerais leurs réservations au restaurant, réserverais leurs vols, m'assurerais de la bonne livraison de leurs journaux, commanderais les fleurs, superviserais les bonnes. Je serais leur intendant, leur gardien, leur assistant personnel.

— Et tu travaillerais toujours pour nous ? Ou pour tes autres clients ? Les AuClaire, par exemple ?

Barrett secoua la tête.

— Seulement pour les Fullin.

— Et c'est ce que tu veux ?

— Il ne s'agit pas de ce que je veux, dit Barrett. Ils m'ont donné le *Girlfriend* ; ils pourraient le reprendre. Et puis, tu n'es pas au courant, mais il se trouve que j'ai emprunté beaucoup d'argent à Roman et Anita quand Steph était malade. Énormément d'argent. Deux cent mille dollars.

— Merde alors, dit Tate.

— J'en avais besoin pour payer les infirmières à domicile, expliqua Barrett. Afin de pouvoir garder Steph à la maison jusqu'au bout.

— Oh, fit Tate.

— J'étais prêt à aller à la banque pour contracter un second emprunt, mais Anita a proposé de m'aider. Elle m'a dit que je pourrais la rembourser quand je voulais. Je n'avais pas à craindre de perdre la maison en cas de problème.

— Je vois, dit Tate.

— Ça en valait la peine. Même si je dois prendre ce boulot et abandonner mon affaire, ça valait le coup de garder Steph à la maison.

Tate regarda la photo de Steph en souriant. Évidemment, aurait-elle dû répondre. Évidemment que tu es redevable à Anita Fullin pour le restant de tes jours, puisqu'elle t'a donné le *Girlfriend* et qu'elle t'a prêté l'argent qui t'a permis de garder ta femme mourante à la maison. Mais ce n'était pas vrai.

— C'est du chantage, dit Tate. Ou ça s'en rapproche.

— Je ne peux pas refuser cet argent, dit Barrett. Ni l'assurance santé. J'ai deux enfants.

— Je sais que tu as deux enfants, rétorqua Tate. Je les ai lavés, habillés et nourris, tout le temps où tu étais au téléphone.

— Tate…

— Elle essaie de t'acheter, poursuivit-elle. Tu n'as qu'à lui dire que tu n'es pas à vendre. Tu n'as qu'à lui dire qu'elle est virée ! Que tu ne veux plus d'elle comme cliente.

Il se mit à rire, d'un rire inquiétant.

— Et qu'est-ce que je suis censé faire pour l'argent ? Et mes dettes ? C'est facile pour toi de dire qu'elle essaie de m'acheter, et tu as raison, c'est le cas, mais je ne roule pas sur l'or, moi, je ne suis pas né une cuiller d'argent dans la bouche, je n'ai pas grandi à New Canaan avec une résidence d'été sur Tuckernuck. Je suis moi, j'ai besoin d'argent. Je vais accepter ce boulot, Tate, parce que je n'ai pas le choix.

Elle n'était pas convaincue.

— Bien sûr que si, tu as le choix ! Tu peux choisir de travailler pour d'autres. Tu peux la rembourser petit à petit, ou prendre ce fameux second emprunt pour la rembourser d'un coup. Je comprends que ça te semble plus simple de travailler pour elle. C'est la solution immédiate, et ça te rapportera plus. Mais tu finiras par payer plus sur le long terme. Tu le paieras de ton intégrité. Et de ta liberté.

Barrett se leva.

— Tu ne sais pas de quoi tu parles.

— Ah non ?

— Bonne nuit, dit-il.

Aux premières lueurs de l'aube, Tate se glissa dans la chambre de Barrett pour lui faire l'amour avant qu'il ne se réveille totalement. Il l'accepta, l'accueillit, la chérit ; elle sentit l'amour dans ses caresses. Le désespoir. La contrition. Après coup, elle pleura sur son torse. Elle allait le perdre.

Chess

Vingtième jour.

Les préparatifs du mariage commençaient à prendre le pas sur le reste de ma vie. Ma mère insistait pour installer un îlot flottant sur son étang ; elle l'avait vu en rêve et était déterminée à le voir se réaliser. Mon père refusait de payer. Je suis intervenue pour soutenir ma mère, prétendant que j'y tenais vraiment, même si je m'en fichais royalement. Peut-être mon père s'en est-il rendu compte, mais il a cédé quand même. J'ai raccroché le téléphone, que j'ai regardé fixement, en me disant que non seulement je me fichais de l'îlot, mais je me fichais également de tous ces préparatifs.

Je ne voulais pas me marier.

Je savais que Nick était de retour à New York, car Michael me l'avait dit. Evelyn voulait faire un dîner de famille en son honneur, pour fêter son contrat d'enregistrement. Elle voulait le faire au country club.

— Nick n'acceptera jamais, ai-je dit.

— Il l'a déjà fait, m'a répondu Michael.

On était à la mi-avril, et le New Jersey avait accueilli le printemps comme un don. Les arbres avaient viré au jaune verdâtre brillant, on venait de tondre le gazon du country club pour la première fois.

Les parterres étaient plantés de jonquilles, de crocus et de tulipes colorées comme des œufs de Pâques. La plupart des membres du club étaient encore en Floride, même si la douceur ambiante avait attiré des gens sur le terrain. Pour les Morgan, c'était comme une deuxième maison ; Cy et Evelyn l'avaient rejoint quand les enfants étaient petits, et c'était devenu pour eux un havre luxuriant, sûr et tranquille, où dévider leur vie de famille comme il se devait. Je savais que Nick détestait le country club, car il incarnait à ses yeux richesse, privilèges et élitisme. Michael adorait l'endroit ; j'avais dû le dissuader d'y organiser notre dîner de répétition.

Nous avons fait le trajet du centre-ville au country club dans une voiture de location. Cy, Evelyn, Nick et Dora étaient déjà sur place.

J'étais très agitée, en dépit de cet environnement raffiné. En mon for intérieur, j'étais persuadée que Nick ne viendrait pas. Il venait de tourner à travers le pays six mois durant, jouant dans des bouges, des clubs obscurs et des auditoriums mal famés ; il n'allait pas s'asseoir avec ses parents devant un martini et une côte de bœuf. Il allait se désister, fauchant une fois de plus mes attentes.

Je m'occupais l'esprit par le travail. J'étais en train de monter une idée d'article sur les menus de country club : des variations de club sandwiches, de salades Cobb et de soupes froides à servir dans son jardin. J'ai regardé mes pieds parcourir le chemin dallé menant à l'entrée, mon bras entrelacé avec celui de Michael. Nous sommes entrés. Le club avait la même odeur que tous les country clubs du pays : une odeur de frites, de fumée de pipe, de cuir usé et de laiton poli.

— Les voilà, a dit Michael.

J'ai levé les yeux. Dans le foyer se tenaient Cy et Evelyn, Dora, et Nick.

Michael est d'abord allé vers son frère, tentant une poignée de main qui s'est transformée en étreinte virile.

— Mince alors, t'as l'air en forme, a-t-il dit.

J'ai embrassé Cy par automatisme ; puis Evelyn, remarquant son parfum, que j'adorais ; et enfin Dora, de retour de Duke pour les vacances de mi-semestre. Je me dirigeais vers Nick. Il fallait que je le salue, mais j'avais peur.

— Salut, vous, lui ai-je dit.

— Salut, vous-même, m'a-t-il répondu.

Et il m'a embrassée comme un parfait beau-frère. Au coin de la bouche. Mais il tenait mon bras, aussi, qu'il serrait au point d'y laisser peut-être un bleu.

— Je n'arrive pas à croire que nous ayons pu réunir la famille dans son intégralité, a dit Evelyn. Je crois que je vais pleurer.

— Et moi je vais commander un cocktail, a dit Cy.

— Je vais t'imiter, a dit Nick avec une exubérance joviale que je n'avais encore jamais entendue. Je te suis.

On dirait la voix de Michael, me suis-je dit. La colère en était absente, le tempérament de mauvais garçon sous contrôle. Même physiquement, il ressemblait à son frère. Il s'était fait couper les cheveux et portait un pantalon repassé, un blazer bleu marine. Et des mocassins. Il paraissait lisse, convenable. À quoi joue-t-il ? me suis-je demandé. J'étais naturellement à la traîne ; les Morgan possédaient tous une grande foulée et une démarche agressive, en particulier lorsqu'il était question de cocktails. Nick se retourna pour m'adresser un clin d'œil.

— Jolie veste, lui ai-je dit.

— Je l'ai mise pour toi, m'a-t-il répondu.

Il s'est assis à côté de moi au dîner ; j'étais donc entre lui et Michael. Je me suis dit : Je peux y arriver. Et puis j'ai commandé un cosmopolitan au lieu d'un chardonnay. Cy a proposé un bref toast, saluant le retour de Nick ; nous avons tous trinqué. Il y avait sur la table une corbeille de pain remplie de crackers dans des emballages plastique. Dora a choisi un paquet – deux gressins au sésame – en disant : « Qu'est-ce que c'est rétro ! J'adore. »

Nick nous a parlé de sa tournée – Charleston et Houston étaient ses deux villes préférées, et si ça ne tenait qu'à lui il ne retournerait jamais en Ohio (désolé, Ohio). Je l'écoutais avec une profonde attention. Il était là, juste à côté de moi, en train de parler, je pouvais le toucher, ce que j'ai fait d'ailleurs, je lui ai tendu le ramequin de beurre sur lit de glace, nos doigts se sont effleurés. Je me suis dit : Qu'est-ce que je vais faire ? Qu'est-ce que je vais faire ? Nick était venu au country club, il s'était fait couper les cheveux et avait enfilé blazer et mocassins pour me prouver quelque chose. Pour me prouver qu'il en était capable.

— Nos préparatifs de mariage avancent, a dit Michael.

— Et comment ! s'est exclamée Evelyn. Raconte à Nick le coup de l'îlot flottant, Chess !

— Ça ne l'intéressera pas, ai-je répondu.

— Si, parle-moi de cet îlot flottant, a dit Nick.

Je me suis excusée pour aller aux toilettes.

Les toilettes comportaient une antichambre, où l'on pouvait s'asseoir sur des sièges aux coussins de satin en face d'un long miroir. Sous le miroir, il y avait une tablette avec des cendriers. Je me suis assise en imaginant les femmes mariées des banlieues du New Jersey installées là pour fumer et se poudrer le nez tout en échangeant des commérages. Nul doute qu'elles-mêmes devaient avoir des problèmes terribles et des décisions douloureuses à prendre. Elles étaient malheureuses en mariage, entretenaient des liaisons, leurs maris risquaient de perdre leur travail, ils avaient des problèmes d'alcool ou de jeu. Elles étaient enceintes contre leur gré ou au contraire ne parvenaient pas à concevoir.

Je me suis regardée dans le miroir un moment, je ne sais pas combien de temps. Trop longtemps.

Je me suis dit : Je ne veux pas me marier.

On a frappé à la porte. Michael, me suis-je dit, venu me chercher. Si cela avait été Evelyn, elle serait entrée directement. J'ai dit : « Me voilà ! » Et j'ai ouvert la porte.

Nick.

J'ai jeté un œil alentour. Une femme d'origine hispanique en uniforme de bonne poussait un aspirateur sans fil sur le tapis rouge sombre.

— Je ne veux pas me marier, j'ai dit.

— Alors tu ferais mieux d'y remédier.

J'avais envie de l'attraper pour l'embrasser, de l'entraîner dans la salle de bal vide et de le caresser, mais le country club de Fairhills n'était pas exactement l'endroit approprié. Nous avons regagné la table côte à côte, en parlant à voix basse, comme n'importe quels futurs beau-frère et belle-sœur.

— C'est toi qui m'as envoyé ces cartes postales.

— En effet, a-t-il concédé.

— Je t'ai manqué ?

— En effet.

— Beaucoup ?

Il s'est arrêté. Une horloge a sonné l'heure.

— Je me languissais de toi.

Cela m'a fait sourire.

— Tu as une sacrée tâche qui t'attend, a-t-il ajouté.

— Tu vas m'aider ?

— Non. C'est à toi de le faire ou de le défaire. Pour des raisons qui te sont propres. Je dois rester en dehors de tout ça.

Je n'ai rien répondu.

— Tu comprends ?

Je comprenais, cela ne m'empêchait pas de me sentir abandonnée.

Il a rit, d'un rire inquiétant.

— Tu ne le feras jamais.

Je me suis rassise, outrée. On m'avait lancé un défi. J'étais déterminée à le relever. La prochaine fois que je dînerais avec ces gens, ai-je décidé, je serais avec Nick.

Mais une fois engoncée dans la voiture avec Michael, je me suis mise à craindre que Nick eût raison. J'étais heureuse avec Michael, suffisamment heureuse. Nous étions faits l'un pour l'autre, le mariage était en marche, on avait dépensé des dizaines de milliers de dollars en mon nom. Je n'étais pas du genre à renverser le château de cartes. Je n'étais pas du genre à changer le cours de l'histoire.

Michael s'est rendu en Californie. En dépit de la nature exigeante de son travail, il ne voyageait presque jamais pour affaires. C'était un luxe inattendu de le voir parti. La ville tout entière me semblait différente. J'étais libre ! J'ai appelé Rhonda, nous nous sommes donné rendez-vous : d'abord un verre au Bar Seine, puis l'Aureole, le Spotted Pig, et le Bungalow 8.

J'étais heureuse, ce soir-là. J'ai appelé Michael et discuté avec lui en allant de l'Aureole au Spotted Pig. J'étais complètement ivre ; lui parler ne me semblait pas réel. Il se trouvait dans un autre fuseau horaire. Il semblait grave, maussade ; il n'avait plus un mais deux concurrents pour un poste de PDG très important auprès d'un géant de la technologie. Je lui ai souhaité bonne chance. Avant de raccrocher.

J'étais complètement ivre. J'ai envoyé un texto à Nick disant : Rejoins-moi au Bungalow 8. *Jamais il ne le ferait. Il ne m'avait retrouvée nulle part. En même temps, je ne le lui avais pas proposé. Je me suis demandé s'il savait que Michael était absent. Je consultais le site web de Diplomatic Immunity religieusement ; je savais que Nick était libre.*

À peine Rhonda nous avait-elle obtenu l'entrée du Bungalow 8 que j'ai aperçu Nick. Il tenait un verre ; il était au bar et discutait avec quelques jeunes gens qui semblaient avides, comme des fans.

Nick m'a vue. J'ai levé une main. Une minute. J'étais avec Rhonda, après tout. Il ne lui a pas fallu plus de trente secondes pour trouver une autre de ses connaissances, un grand Méditerranéen ténébreux qui l'a absorbée telle une éponge.

— Je reviens tout de suite, lui ai-je dit.

J'ai attrapé Nick et nous sommes partis.

— Où veux-tu aller ? m'a-t-il demandé.

— À Central Park.

— Ce n'est pas sûr la nuit, Chess.

— Marche avec moi.

Nous avons traversé la ville, parcourant presque soixante-dix blocs. J'ai dessaoulé, nous avons parlé. Que faisions-nous ? Était-ce réel ? Qu'est-ce que ça donnerait ? Il enregistrait un album. Il avait déjà reçu un chèque et visitait des appartements. Il devrait voyager, et il voulait que je le suive dans ses déplacements. Le suivrais-je ? Quitterais-je mon poste ? Je lui ai répondu que oui. Il m'a dit : « Jamais de la vie. » Mais je savais que si. J'aimais mon poste de journaliste gastronomique pour Glamorous Home, *mais une autre voie s'offrait à moi, plus vaste, plus profonde, plus riche. Ce soir-là, je voulais quitter Michael. Je voulais rompre mes fiançailles – non pour lui, mais pour moi. Je voulais Nick. Voulait-il de moi ?*

Il m'a arrêtée au coin de Broadway et de la 33e Rue. Il y avait plus romantique comme coin. Il a pris mon visage dans ses mains en disant :

— Tu es tout ce que je veux. Je vais quitter le groupe, arrêter la musique tout court, lâcher le poker et l'escalade. Je vais abandonner la viande rouge, la bière, les cigarettes, tout, rien que pour être avec toi. Je te tiendrai

la main et nous allons traverser ce monde, je chanterai pour toi et pour nos enfants, et ça me suffira.

— Ça te suffira ?

— C'est tout ce que je veux.

Nous nous sommes embrassés. Le monde s'est mis à valser.

En rentrant chez moi cette nuit-là, j'ai appelé Michael pour rompre les fiançailles. J'ai lâché ma bombe comme une poignée de linguine dans une casserole d'eau bouillante. Cassées en deux. Impossibles à recoller. Je n'ai pas hésité ; je n'ai pas laissé de place au doute.

Chess prépara le dîner. C'était un progrès considérable pour elle qui avait juré, à peine un mois plus tôt, de ne plus jamais faire la cuisine. Et pourtant : espadon au chili et au citron vert et purée d'avocat, salade de maïs, tomates anciennes au bleu et au bacon. Un vrai festin. Tate manquait à l'appel, mais Chess avait plus pitié de sa sœur que d'elle-même. Chess, Birdie et India allumèrent les bougies à la citronnelle, et burent, mangèrent et discutèrent par-dessus le bruit des vagues, assises à la table du jardin. Le soleil se couchait. Chess repensa à la soirée au Bungalow 8, à cette longue promenade avec Nick comme s'ils étaient les deux seuls habitants de Manhattan et que le monde était rempli de possibilités toutes neuves. Cela faisait-il seulement trois mois ? Tant de choses avaient changé. Chess maudissait ces changements ; elle maudissait le décès de Michael, mais ce rejet, la colère qu'elle en ressentait, constituaient un pas dans la bonne direction. Jette ces cailloux. Déleste-toi de ton fardeau.

Soudain, elle se mit à pleurer. India et Birdie cessèrent leur conversation sur les catastrophiques talents de cuisinière de leur mère (elles en étaient arrivées à ce sujet après avoir loué les talents de Chess : l'espadon fondait dans la bouche). Birdie fut la première à tendre la main, puis India bougea de façon à ce qu'elles se trouvent toutes les deux de chaque côté de Chess qu'elles soutenaient, et elle put se laisser aller à pleurer. Il lui avait fallu près de trois semaines, mais elle était en bonne voie – vers un nouvel état d'esprit, un nouvel état tout court.

— Lâche-toi, ma chérie, dit Birdie.

— C'est ce qu'on attendait, renchérit India. C'est exactement ce qu'on attendait.

La vie était triste et difficile. On blessait ceux qu'on aimait le plus. Michael était mort. Nick parti. Chess voulait tout ressentir – la douleur, le chagrin, la culpabilité. Je suis prête.

Elle se mit à la marche. Alors que Tate était du matin, Chess préférait faire de l'exercice en fin d'après-midi, juste avant l'apéritif. C'était le moment auquel elle faisait son footing en ville – après le travail, pendant cette heure sacrée qui séparait ses journées de ses nuits. Elle quittait la maison à 16 h 30 munie d'une bouteille d'eau fraîche, d'un chapeau, de lunettes de soleil et chaussée de ses tennis, qui lui semblaient restrictives après trois semaines en tongs. Elle traversait Tuckernuck jusqu'à la côte ouest, aller et retour. Elle aurait aimé courir, mais elle aurait perdu son souffle au bout de quelques minutes, découragée et démoralisée. Elle avait l'habitude de courir avec Michael dans Central Park ; c'était le moment où elle se sentait le plus proche de lui. Il se calait toujours sur ses foulées, même s'il aurait pu aller beaucoup plus vite. Il n'aimait pas parler en courant, et elle non plus. En cas de nécessité, ils communiquaient par gestes. Elle se sentait réconfortée, revigorée par la présence de Michael, ses foulées en cadence avec les siennes, leurs cœurs battant au même rythme.

Tuckernuck était magnifique. C'était, décida Chess, le plus bel endroit de la terre. L'océan, le ciel bleu, les simples sentiers de terre et de gravier qui traversaient les hectares d'anciennes terres agricoles, à présent ouvertes aux lapins, aux mulots et aux buses à queue rousse. Il y avait des maisons çà et là, des résidences familiales ; sa mère et sa tante savaient précisément à qui appartenait chacune et depuis quand. Tous ces autres gens – certains riches, d'autres célèbres – avaient appris le secret de la vie et, l'espace d'un instant, Chess eut l'impression de le connaître, elle aussi.

Une jeune fille blonde à queue-de-cheval fonça à vélo sur Chess. Celle-ci remontait une petite colline raide, que la fille dévalait. Le vélo gagnait de l'allure, le pneu avant oscillait. La fille s'exclama : « Je n'ai pas de freins ! » Elle fléchit les jambes, son expression était comique, d'ailleurs, Chess riait, mais elle se rendit vite compte que la fille allait avoir un accident – et, pire encore, la percuter. Elle fit un bond de côté, se prit le pied dans une racine exposée et tomba dans les herbes. Jeune fille et vélo chavirèrent avec fracas. Elle hurla avant de se mettre à pleurer.

Chess se releva en s'époussetant. Elle rejoignit la fille, qui devait avoir treize ou quatorze ans.

— Tout va bien ?

La jeune fille avait une plaie poussiéreuse et sanglante de deux centimètres sur un genou et les paumes écorchées. Elle essaya de se relever, Chess l'aida à redresser son vélo. L'enfant renifla ses larmes.

— Ça va, dit-elle.

Elle inspecta son genou, s'essuya les mains sur son short en jean, puis adressa un faible sourire à Chess.

— La vie est belle, dit-elle.

Elle enfourcha son vélo.

— La vie est belle, répliqua Chess.

Le lendemain matin, Chess sentit Tate quitter le lit pour son jogging, mais elle ne put ouvrir les yeux. Tate avait passé l'avant-veille avec Barrett sur Nantucket et en était revenue toute grincheuse – il se tramait quelque chose. Chess lui avait demandé le lendemain si elle retournait y passer la nuit, et Tate avait répondu que non.

— Barrett a une grande décision à prendre, et je vais le laisser y réfléchir en paix.

Chess avait été tentée de s'enquérir de quoi il s'agissait, mais il eût été injuste de lui poser la question alors qu'elle-même n'avait rien révélé de sa propre vie, aussi s'était-elle abstenue, et Tate ne lui avait rien dit. Chess murmura quelque chose comme *Cours bien*, mais ses lèvres refusèrent d'articuler les mots correctement. Elle était nappée de sommeil.

Elle se réveilla un peu plus tard. Elle était éveillée, parfaitement consciente, mais elle ne parvenait pas à ouvrir les yeux. Elle leva les mains à son visage. Quelque chose n'allait pas. Sa peau était rêche, bosselée. Elle entrouvrit les paupières et parvint à voir la pièce sombre à travers un film laiteux. Elle se mit à paniquer. Que se passait-il donc ? Elle frotta le dos de sa main ; à cet instant précis, son corps tout entier explosa, en proie à la démangeaison. Et quelle démangeaison ! Elle se gratta les bras, le cou, le visage. Elle glissa hors du lit et tituba jusqu'à la porte. Elle descendit l'escalier quatre à quatre pour se précipiter dans la salle de bains. Qu'avait-elle donc ? Elle se regarda dans le miroir dépoli et vit son visage monstrueux – constellé de rougeurs. Ses yeux enflés étaient réduits à de simples fentes, mais elle voyait assez pour reconnaître la gravité de la situation.

Sumac vénéneux.

L'intérieur de son oreille lui démangeait. Elle imagina son canal auditif recouvert de cette sève à laquelle elle était si violemment allergique. Elle mourait d'envie de se fourrer une brosse à dents dans le pavillon pour gratter, gratter, gratter. Elle imagina son cerveau recouvert de bosses roses. Le sumac vénéneux avait envahi son cerveau. Comment le gratter ?

Elle se griffa le visage. Elle voulait se l'arracher. Elle pleurait. Ce foutu sumac vénéneux. Le fléau du diable. Elle se gratta jusqu'au sang, tout en sachant que c'était la pire chose à faire. Elle en avait partout – sur le visage, dans les oreilles, sur la poitrine, le cou, les bras. Entre ses doigts.

Elle dévala l'escalier menant à la cuisine.

— Maman ! Ma petite maman !

Birdie se retourna, les yeux écarquillés.

— Oh non, ma chérie !

— Je suis tombée hier. Un vélo arrivait d'en face, j'ai fait un bond de côté, et je suis tombée dans l'herbe.

— Qu'est-ce que je peux faire ? demanda Birdie. Tu veux de la calamine ?

— De la calamine ?

La calamine ne servirait à rien, à moins d'en remplir une cuve et d'y plonger Chess comme une sorcière de Salem. Il lui faudrait un bain entier de calamine. Le demi-flacon de liquide rose craie qu'elles gardaient à l'étage n'offrirait pas le moindre début de remède à son problème. Et ses yeux ? Et ses oreilles ? Et son cerveau ? Que faire de son cerveau ?

— J'ai besoin d'aide, maman. C'est grave.

— Barrett est toujours là, répondit Birdie. Il vient tout juste de partir, je vais lui courir après, je vais le rattraper.

Elle s'élança hors de la pièce en hurlant :

— Barrett ! Attends !

Chess ne tenait pas spécialement à ce que Barrett la voie dans un état aussi déplorable, mais elle n'avait guère le choix. Elle saisit le chapeau de pêcheur blanc de son grand-père, qui lui couvrirait le visage plus efficacement que son bonnet. Elle portait une chemise de nuit. Pour sortir, il lui fallait des vêtements, mais elle ne pouvait remonter. Elle voyait à peine. Elle s'assit sur le canapé en tremblant alors même qu'elle n'avait pas froid. Elle avait chaud et la peau lui grattait. Juste au moment où ça commençait à aller mieux… quelle galère ! Elle se gratta, puis serra les mains pour s'en empêcher. Elle jura. Et jura encore, plus grossièrement, d'une voix tonnante. L'association des propriétaires lui collerait une amende s'ils l'entendaient.

Elle sentit une main sur son dos. Birdie.

— Barrett est là, dit-elle. Il va t'emmener à l'hôpital.

— OK, murmura Chess.

Elle se retourna pour lui faire face.

— Oh merde, dit Barrett.

Elle garda la tête baissée pendant tout le trajet en bateau. Elle avait enfilé des sous-vêtements et son short militaire sous sa chemise de nuit. Le chapeau de pêcheur de son grand-père et les squames qui s'étendaient sur son visage lui donnaient des airs de gnome. Elle allait effrayer les enfants. Elle essayait de ne pas se gratter, mais elle ne pouvait s'en empêcher ; elle se concentrait sur une zone – sa nuque, l'intérieur de ses bras –, grattant jusqu'à faire suinter ses pustules. Cela ne faisait que répandre le poison, mais elle ne pouvait s'en empêcher. Elle voulait s'arracher les yeux.

Elle ne leva pas les yeux sur Barrett. Elle n'y voyait rien, de toute façon. Elle sentit le bateau ralentir puis s'arrêter ; elle entendit Barrett jeter l'ancre.

— OK, suis-moi, dit-il.

Et il la mena par la main vers le rebord de l'embarcation. Elle allait devoir sauter dans le canot. Barrett lui tenait maladroitement la main, et Chess eut peur de le contaminer. Était-il allergique ? Une fois la parole recouvrée, il lui faudrait dire à Barrett de bien se laver les mains avec de l'eau et du savon. Elle repensa à sa chute, droit dans les branches de cette plante retorse et maléfique.

La vie est belle, avait dit la jeune fille à travers ses larmes.

Chess atterrit dans le canot. Le scalp lui démangeait. Elle voulait demander à Barrett de l'arroser d'essence pour y mettre le feu.

Elle était fichue.

Il leur fallut vingt minutes pour atteindre l'hôpital, vingt minutes de torture durant lesquelles Chess ne fit que deux choses : se gratter et essayer de ne pas se gratter. Une fois dans l'atmosphère stérile, climatisée et raréfiée du Nantucket Cottage Hospital, dans un lieu où les gens seraient à même de l'aider, elle relativisa : elle ne s'était pas brisé l'échine ou ouvert le crâne dans une chute de trente mètres. Elle avait été piquée par un sumac vénéneux.

Barrett la dirigea vers le bureau des admissions, où elle dicta ses informations à une femme dont le badge indiquait qu'elle s'appelait *Patsy*. Les doigts de Chess, enflés, lui démangeaient, et Patsy ne semblait guère disposée à lui tendre le stylo, ce dont elle ne pouvait lui en vouloir. On leur dit, à elle et Barrett, d'attendre, ce qu'ils firent, tandis que Chess reprenait son grattage frénétique. Le téléphone de Barrett sonna.

— Tu es obligé de répondre ? demanda-t-elle.

— Non, répliqua-t-il en mettant son téléphone sur silencieux.

— Alors, comment va la vie ?

— Je ne saurais même pas t'expliquer, dit-il.

À qui le dis-tu, pensa-t-elle.

— Tu te rappelles être venu me voir dans le Vermont ?

— Si je me rappelle ? Évidemment !

— J'ai été terriblement mal élevée.

— Non, c'est moi, dit Barrett. Je t'ai sauté dessus à l'improviste. J'aurais dû t'appeler pour te prévenir.

— Mais la moindre des choses aurait été de déjeuner avec toi, dit Chess. Je m'en suis toujours voulu pour ça.

— Je crois que si je ne t'ai pas appelée pour te prévenir, c'est parce que j'avais peur que tu ne veuilles pas que je vienne, précisa Barrett. J'ai supposé que j'aurais plus de chance comme ça.

— Ce n'était pas le cas.

— Non, en effet. Tu m'as brisé le cœur.

— N'importe quoi. On se connaissait à peine. On était sortis une fois, et j'ai vomi…

— J'étais content de te voir vomir, dit Barrett. Parce qu'à mes yeux, tu étais une espèce de déesse, tu avais un an de plus, tu allais à la fac, tu lisais tous ces pavés. Ça a été un soulagement de te voir vomir. Tu étais une personne normale, tout comme moi.

— C'était répugnant. Et j'ai bien vu que tu n'avais pas essayé de m'embrasser après.

— Vrai, concéda Barrett.

Ils rirent à l'unisson.

— Mais je t'ai embrassée dans le Vermont. Devant ma voiture, tu te souviens ?

— Je m'en souviens.

— Pour moi, ma mission était accomplie. Je suis reparti heureux.

Chess se sentit envahie de chaleur. Ils étaient en train de tourner une page ensemble.

Une infirmière apparut.

— Mary Cousins ?

— C'est moi, répondit Chess en se levant.

L'infirmière aperçut Barrett, et une expression de surprise gagna son visage.

— Salut, Barrett.

— Salut, Alison.

Ils se regardèrent quelques instants. Alison était brune, très grande, mince et anguleuse comme un mannequin. Elle avait la petite quarantaine, trop vieille pour être une ex. Ou peut-être pas.

— Très bien, Mary, suivez-moi je vous prie.

— Je reste là, dit Barrett.

Alison l'infirmière fit à Chess une injection de prednisone qui, promit-elle, devait réduire ses désagréments de façon spectaculaire. Elle n'aimait pas trop faire cette piqûre, car il y avait souvent de vilains effets secondaires – augmentation du taux de sucre, de l'appétit, instabilité émotionnelle, psychose –, mais l'infection de Chess était si sévère que c'était nécessaire. Chess lui en était reconnaissante. Qu'importait un petit supplément de psychose, après tout ? L'aiguille ne lui fit même pas mal en pénétrant sa peau ; elle lui délivrait le salut. Chess respira.

— Combien de temps ça va durer ? demanda-t-elle.

— Vingt-quatre heures.

— Je peux revenir demain ?

Alison éclata de rire. Chess prit cela comme un refus.

— J'ai aussi une pommade pour vous, dit Alison.

— Il m'en faudra un tonneau.

— Elle est très efficace.

Alison sortit un tube et déposa sur son doigt un peu d'émulsion claire qu'elle tamponna doucement sur tout le visage de Chess. Celle-ci ferma les yeux et s'imagina en train de recevoir un soin. Il lui semblait incroyable qu'elle ait jamais pu être suffisamment détendue, heureuse, normale pour recevoir des soins, mais Michael aimait lui offrir des bons pour des soins et des massages. Il les laissait sur son oreiller la nuit, ou faisait mine de les trouver dans les menus du chinois à emporter. Michael était un prince. Maintenant, il gisait, mort, dans une boîte en acajou.

— Si je puis me permettre, dit Alison, qu'est-il arrivé à vos cheveux ? Est-ce que vous suivez un traitement ?

Chess rougit.

— Non, répondit-elle. Je les ai coupés. C'est une décision que j'ai prise dans une période d'extrême instabilité mentale.

Alison ne sembla guère impressionnée par cette déclaration honnête et brutale. C'était une professionnelle.

— Ah, dit-elle, comme si elle avait déjà vu cela des milliers de fois.

Le silence s'installa, seulement perturbé par le murmure poisseux de la pommade qu'appliquait Alison. Vite, un nouveau sujet, pensa Chess.

— Comment connaissez-vous Barrett ? demanda-t-elle.

— Je travaillais avec sa femme. Stephanie. Elle était infirmière dans la maternité. C'était une des personnes les plus cool que j'aie jamais connues. Et vous, comment vous le connaissez ?

— Ma famille passe l'été à Tuckernuck. C'est notre gardien.

— Aha ! s'exclama Alison. En tout cas, c'est un type bien. Et un père merveilleux.

— Oui.

Chess releva le menton pour permettre à Alison de déposer le remède sur son cou. Sa peau picotait et bourdonnait sous l'effet de la pommade, et elle sentait la prednisone se répandre dans ses veines comme du PCP.

Elle se sentait apaisée, soulagée. Alison appliqua l'émulsion sur ses avant-bras.

— J'ai pensé que vous étiez peut-être sa petite amie, glissa Alison.

— Oh, dit Chess.

Ses yeux tressaillirent, mais ses paupières se faisaient lourdes, badigeonnées de pommade.

— Non.

Alison raccompagna Chess dans la salle d'attente et la présenta à Barrett. Elle avait préparé un tube de pommade dans un sac en papier blanc, ainsi qu'une ordonnance.

— Elle survivra, dit-elle.

— Très bien, répliqua Barrett. Et toi, comment ça va ?

— Oh, tu sais. C'est l'été. J'ai eu ma dose d'accidents de mobylette et de coups de soleil. Sans parler du sumac vénéneux.

— Désolée, murmura Chess.

Elle se faisait l'effet d'une touriste élevée en serre. Elle était grotesque en chemise de nuit, short et chapeau ridicule. Sa peau était non seulement malade, mais aussi brillante et graisseuse à présent. Elle voulait sortir de là.

— Vous n'avez aucune raison d'être désolée. C'est mon travail, dit Alison avant de se tourner vers Barrett. Et toi, comment vas-tu ? Et les enfants ?

— Je vais bien, assura Barrett sans conviction. Les enfants vont bien. Les cours de natation, le dentiste. Cameron sera assez grand pour aller au Boys and Girls Club à l'automne.

— Je n'arrête pas de penser à Steph, dit Alison.

Barrett acquiesça. Chess ressentit un besoin spectaculaire d'attaquer la pommade à coups d'ongles.

Alison tapota l'épaule de Barrett. Avant de dire à Chess :

— Ça ira mieux très vite.

Barrett roula jusqu'à la pharmacie Chez Dan acheter le traitement pour Chess. À son retour dans la voiture, son téléphone sonna. Il jeta un œil à l'affichage.

— Je vais ignorer ce numéro quelques heures encore, annonça-t-il avec un sourire à Chess. Tu veux déjeuner ?

— Déjeuner ?

— Oui, il me semble bien qu'on avait dit que tu me devais un déjeuner.

— Oh, bon sang, Barrett. Je ne peux pas me montrer comme ça.

— Bien sûr que si.

— Puisque je te dis que non ! Me voir suffira à couper l'appétit des gens.

— Très bien. Tu sais quoi ? On va s'acheter des sandwiches à Something Natural et manger sur la plage.

— Je ferais mieux d'éviter le soleil, dit Chess.

— J'ai un parasol. Tu as encore d'autres excuses à me sortir ?

— Non, répondit Chess.

Il était presque 13 heures et elle n'avait rien mangé. Et d'un seul coup, les propos d'Alison concernant la prednisone et ses effets sur l'appétit devinrent clairs comme de l'eau de roche. Chess mourait de faim !

— Allons-y, alors, dit Barrett.

Elle commanda un BLT à la dinde, avec avocat, emmental et supplément de mayonnaise sur pain noir.

Un sandwich de la taille d'un dictionnaire, et pourtant, jugea Chess, ce ne serait pas suffisant. Barrett lui avait également acheté un paquet de chips, un thé glacé, et un cookie aux pépites de chocolat. Elle serrait son déjeuner sur ses genoux, luttant contre le besoin de commencer, tandis que Barrett les emmenait hors d'Eel Point Road. Elle appréciait de sortir un peu de son cocon ; elle se sentait un peu voyeuse, à observer les autres voitures et les maisons défiler. Une fois arrivés à la plage, ils virent d'autres gens – des mères avec leurs enfants, une bande d'étudiants. Un tel monde ! Barrett passa en quatre roues motrices et roula jusqu'à un endroit déserté de la plage. Il planta le parasol et disposa deux chaises à l'ombre ; puis il vint ouvrir la portière de Chess.

— Je me sens ridicule, dit-elle.

— Il ne faut pas.

— Je suis en chemise de nuit.

— Personne ne le sait. Et tout le monde s'en fiche.

Il avait raison. Chess sauta hors du véhicule et atterrit dans le sable chaud. Ses pieds et ses jambes allaient bien – lisses, impeccables, non contaminés par le fléau. Elle avait hâte de manger. Elle s'installa. Sa lèvre supérieure était enflée et son visage engourdi, comme si on lui avait injecté de la procaïne.

Barrett s'assit sur la chaise à côté. Il pointa son doigt vers l'horizon.

— Tu vois cette terre là-bas ? Tu sais ce que c'est ?

Il n'y avait qu'une seule réponse possible, bien entendu, mais Chess n'en fut pas moins surprise.

— Tuckernuck ?

— Bingo.

Chess fixa la lointaine côte verte des yeux. C'était surréaliste. Elle avait passé les trois dernières semaines, et même des années avant cela, à contempler Nantucket sans même penser que ses habitants pouvaient eux-mêmes la regarder. Elle visualisait Tate étendue sur la plage, et Birdie et India dans leurs fauteuils, en train de manger leurs sandwiches gourmets faits de fines baguettes, de lire, de nager, jouer au frisbee, peut-être même de marcher le long de la plage, ramassant un dollar des sables ou une coquille de bulot. Chess se languissait d'elles, tout comme elle se languissait des autres. Elle avait l'étrange sentiment qu'elle ne les reverrait jamais.

— J'ai l'impression d'être en vacances de mes propres vacances, dit-elle.

Barrett déballa son sandwich, ce que Chess prit comme le signal du départ. Frémissant d'impatience, elle déplia soigneusement les épaisseurs de cellophane entourant son BLT. Elle en prit une bouchée – fumée, craquante, juteuse, acidulée, croustillante. Grands dieux ! Elle ne savait plus quand le simple acte de manger lui avait procuré un tel plaisir. Avant « tout ce qui était arrivé », la nourriture était sa passion. Comme Michael aimait à le lui rappeler, manger lui importait plus que faire l'amour. Il y avait une part de vérité là-dedans ; Chess en éprouvait un plaisir hautement sensuel, qu'il s'agisse de chips salées trempées dans une sauce froide et crémeuse, de la texture veloutée d'un foie gras, ou encore de la fraîcheur pétillante d'un champagne français. Elle avait un faible pour les tomates, les framboises, le maïs grillé, les bons fromages, les huiles d'olive fruitées, le thym, le paprika fumé et les oignons sautés au beurre. Son but à *Glamorous Home* était de créer des recettes à la fois fiables et surprenantes : un bon plat de pâtes dont on puisse faire sa spécialité, ou un gâteau d'anniversaire spécial qui donne naissance à une tradition.

Elle prit une deuxième bouchée, qu'elle savoura. Après « tout ce qui était arrivé », Chess avait perdu tout intérêt pour la cuisine. La nourriture était devenue grise, comme tout le reste. C'était triste, mais elle ne parvenait pas à s'en soucier. Les retrouvailles avec son sens du goût, en ce jour, à cette heure même, n'étaient pas un événement à saluer avec excitation, mais plutôt à amadouer tout doucement.

La prednisone faisait pourtant son effet. Chess déchira le paquet de chips et dut se retenir de les renifler. Elle engloutit son thé glacé.

— Tout va bien avec Tate ? s'enquit-elle.

— Tu es sûre de vouloir parler d'elle ? répliqua Barrett.

— Pourquoi pas ?

Quelque chose dans son visage – sous le champ de force luisant de la pommade – la mettait en confiance.

— OK, peut-être pas.

Ils restèrent silencieux. Chess mangeait avec application. Elle ne pouvait mâcher normalement à cause de sa lèvre supérieure gonflée. Des miettes de nourriture tombaient de sa bouche sur sa chemise de nuit.

— Tout allait si bien au début, dit Barrett. Et maintenant, tout est bizarre.

— Bizarre ?

— Déroutant.

— Comment ça ? demanda Chess.

— Ma cliente, Anita Fullin – tu sais, celle qui est venue visiter votre maison –, veut m'engager à plein temps. Ce qui signifierait que je ne pourrais plus travailler pour vous. Enfin, je pourrais sans doute continuer demain, peut-être après-demain, mais au-delà, je devrais sous-traiter afin que quelqu'un d'autre s'occupe de vous et de tous mes autres clients, jusqu'à ce que vous puissiez tous trouver un nouveau gardien pendant que je travaillerais pour Anita.

— C'est ce que tu veux ? Travailler pour Anita ?

— Grands dieux, non ! Absolument pas. Mais elle me tient financièrement. Je ne peux pas refuser son offre.

— Tate est au courant ?

— Elle pense que je ne devrais pas accepter. Je ne suis pas sûr qu'elle comprenne bien ma situation.

— Elle est dingue de toi, dit Chess.

— Et je suis dingue d'elle, répondit Barrett.

— Tu es amoureux ?

Il fit une grimace. C'était injuste de sa part, de le mettre sur la sellette.

— Tu n'es pas obligé de répondre, ajouta-t-elle.

— C'est trop tôt pour le dire… mais oui.

Il rougit et mordit dans son sandwich avant de lancer un regard vers la côte de Tuckernuck.

— Mais je ne sais pas ce que je vais faire. Elle part dans une semaine. Je ne peux pas lui proposer de partir avec elle. Je ne peux pas déraciner mes enfants.

— Tu pourrais lui demander de rester, dit Chess en prenant une gorgée de thé glacé. Enfin, c'est pas mes affaires, tout ça.

— T'inquiète.

— Tate me détesterait si elle savait qu'on est en train de parler d'elle.

Barrett ignora cette remarque.

— Je lui demanderais bien de rester, mais imagine qu'elle le fasse et que ça ne lui plaise pas ?

— Alors, elle partira.

— Je dois penser aux enfants. Je ne peux pas la faire entrer dans leurs vies si c'est pour qu'elle en ressorte aussitôt.

— Écoute, quoi que tu fasses, sois prudent avec elle. C'est la première fois qu'elle a une histoire sérieuse. Je ne veux pas la voir souffrir.

Barrett chiffonna l'emballage de son sandwich.

— Je ne lui ferais jamais de mal exprès.

Bien sûr, pensa Chess. En même temps, les gens font rarement exprès de se faire du mal.

Le téléphone de Barrett sonna.

— Punaise, dit-il.

Tate

Lorsque, revenant de son jogging, elle découvrit que Barrett avait emmené Chess à l'hôpital pour sa réaction au sumac, elle se sentit prise d'une jalousie psychotique.

— Elle avait vraiment besoin d'aller à l'hôpital ? dit-elle. Elle ne pouvait pas se mettre de la calamine, tout simplement ?

— C'était horrible, expliqua Birdie. Elle avait tout le visage, le cou et les bras recouverts. Elle en avait dans les oreilles. Ses yeux étaient tellement gonflés qu'elle pouvait à peine les ouvrir. Elle se grattait jusqu'au sang. La calamine n'aurait pas suffi.

Dans ce cas, pourquoi est-ce qu'ils n'ont pas attendu mon retour ? voulait demander Tate. Je les aurais accompagnés. Je les aurais aidés. Mais c'était immature, déraisonnable. Le sumac vénéneux constituait une quasi-urgence. Évidemment qu'ils ne pouvaient pas l'attendre. Barrett avait bien fait. Cela n'empêchait pas Tate de se consumer de jalousie. Elle gisait étendue sur sa serviette, scrutant l'horizon à la recherche du bateau de Barrett, se demandant où ils étaient, ce qu'ils faisaient, quand ils allaient revenir. Il était près de 14 heures. Voilà cinq heures et demie qu'ils étaient partis. Étaient-ils toujours à l'hôpital ? Avaient-ils bougé ? Étaient-ils rentrés chez Barrett ? Tate sentit son cœur se soulever. Elle se rappela ce fameux déjeuner avec Barrett, treize ans auparavant. Combien de fois avait-il regardé Chess, son désir à nu ? Il avait eu le courage de lui proposer un rendez-vous. Si Chess n'avait pas vomi à l'arrière de son bateau, ils se seraient peut-être embrassés. Ils auraient peut-être fini l'été ensemble. Cette année encore, Barrett avait invité Chess en premier. Pourquoi ? Tate ne lui avait jamais posé la question ; elle s'était satisfaite d'être celle avec qui il était finalement sorti. À présent, elle voulait savoir pourquoi. Était-ce parce que Birdie l'y avait poussé, ou parce que subsistaient en lui des vestiges de ses vieux sentiments ? Était-ce Chess qu'il voulait en réalité ?

— C'était grave ? murmura Tate. Si grave que ça ?

— Absolument épouvantable, répondit Birdie.

Ils ne revinrent qu'à 16 heures. Tate les attendait debout sur la plage, les mains sur les hanches. Barrett entra dans la crique, jeta l'ancre, et aida Chess à descendre dans l'eau. Elle dit quelque chose ; il rit. Puis il dit à son tour quelque chose qui la fit rire. Rire. Tate était sur le point de démontrer sa fureur d'une façon totalement inappropriée. Elle tenta de se restreindre. Chess avait effectivement un air épouvantable – toujours en chemise de nuit, affublée de son horrible short et du chapeau de leur grand-père. Tandis qu'elle pataugeait vers la rive, Tate constata que son visage était zone sinistrée. Colonisé par le sumac vénéneux.

Tate n'était pas sensible au sumac. Voilà qui, aux yeux de Chess, devait constituer une injustice.

— Bon dieu, dit Tate.

— Toi, au moins, tu ne fais pas dans la dentelle, rétorqua Chess.

Barrett portait un paquet de provisions et un sac de glace. Il s'approcha, le regard rivé sur ses pieds.

— Alors, tout va bien ? On t'a soignée à l'hôpital ?

— On m'a fait une injection. Et on m'a mis de la pommade.

Chess montra un sac de pharmacie blanc à Tate.

— Je monte, annonça-t-elle.

Barrett s'arrêta devant Tate.

— Salut, dit-il. Comment tu vas ?

— Moi ? Oh, très bien.

— Écoute… Je vais accepter le boulot d'Anita.

— Ouais. Je m'en doutais un peu.

— Je sais que tu ne comprends pas…

— Si, si.

— Non, je t'assure…

— Elle te tient, Barrett, dit Tate. Elle te mène à la baguette.

Barrett secoua la tête. Touche-moi ! pensa-t-elle. Dis-moi que tu tiens à moi ! Tout allait si bien, ils étaient si proches, et il avait suffi d'un clignement d'yeux pour que tout s'effondre. C'était la scène de *Mary Poppins* qui la faisait toujours pleurer – les magnifiques fresques à la craie sur le trottoir, effacées par les averses printanières.

— Tu as passé une bonne journée ? demanda Tate. Comment était Chess ?

— Ça va. Je l'ai emmenée à l'hôpital, j'ai acheté ses médicaments. Puis on est allés déjeuner et elle a fait une sieste. Après je devais faire les courses pour ta mère, Chess est restée dans le pick-up. Elle ne voulait pas se montrer.

Tate bloquait sur « on est allés déjeuner » et « elle a fait une sieste ». Elle imagina Chess, installée sur ce qui était devenu son siège, dans le véhicule de Barrett.

— Je crois qu'on devrait cesser de se voir, dit-elle.

Barrett semblait affligé. Tate n'arrivait pas à croire qu'elle venait de prononcer ces mots. Elle les avait dits de façon impulsive, comme on jette un verre à travers la pièce, et ils résonnaient. Les pensées de Tate, guère raisonnables, refusaient de s'arrêter : Barrett aimait sa sœur, depuis toujours, il s'était toujours langui d'elle, même marié à Stephanie, et même pendant l'agonie de celle-ci, son cœur était avec Chess, qui ne le méritait pas.

— Il ne reste plus qu'une semaine avant le départ, dit Tate. Mieux vaut limiter les dégâts dès maintenant.

— Limiter les dégâts ? Tu crois vraiment à ce que tu dis ?

Tate haussa les épaules. Elle n'y croyait pas, mais elle refusait de se rétracter. Elle refusait de se battre pour cette relation. Elle voulait que ce soit lui qui se batte. Elle voulait l'entendre dire qu'il l'aimait. Mais s'il avait le moindre sentiment pour Chess – ce qui était à l'évidence le cas –, Tate ne pouvait rester avec lui.

— Bon, très bien, dans ce cas, je vais dire à Anita que je peux commencer dès demain. Et je vous enverrai Trey Wilson pour veiller à l'approvisionnement. C'est un beau gosse. Il va te plaire.

— Qu'est-ce que tu racontes ? s'insurgea Tate.

Barrett laissa tomber les provisions et la glace aux pieds de Tate. Il regagna son bateau en pataugeant. Avant de grimper à bord, il ajouta :

— Je dirai au revoir aux enfants de ta part.

Les enfants. Tate sentit son cœur pulvérisé par l'hélice du bateau tandis que Barrett démarrait et prenait un virage de cow-boy avant de s'éloigner à toute vitesse. Mon boyfriend me largue à bord du *Girlfriend*, pensa Tate. Avant de se dire : Les enfants. Barrett.

Barrett !

Elle voulait l'appeler, mais il était trop tard. Elle faillit nager à sa poursuite – Nantucket était à moins d'un kilomètre –, mais elle était trop faible.

Elle s'assit sur les marches traitées toutes neuves en bois jaune au parfum doucereux et pleura.

Elle était là depuis dix ou quinze minutes quand Chess la rejoignit.

— Qu'est-ce qui s'est passé ? demanda-t-elle.

— Qu'est-ce qui s'est passé ? répéta Tate. Tu te fiches de moi ? Tu es arrivée, voilà ce qui s'est passé.

— Je ne comprends pas, dit Chess.

— Il t'aime encore. Depuis toujours.

Chess laissa échapper un rire incisif.

— Bon Dieu, Tate, regarde-moi ! Il m'a emmenée à l'hôpital d'abord, puis à la pharmacie.

— Il t'a emmenée déjeuner.

— Il ne m'a pas emmenée déjeuner, rectifia Chess. On a acheté des sandwiches et on est allés à la plage. On a parlé un moment, puis je me suis endormie, sous l'effet de mon injection. Quand je me suis réveillée, on est allés faire les courses pour Bird, et puis il m'a ramenée.

— De quoi vous avez parlé ? Dis-moi tout. De quoi vous avez parlé ?

— J'en sais rien, dit Chess. De choses.

Elle commença à se gratter la gorge ; elle était à vif, rouge et bosselée. Tate sentait sa propre gorge la démanger rien qu'en la regardant.

— Il y a un truc que je voulais te dire, le soir où tu es sortie avec Barrett pour la première fois.

— Quoi ?

— Comment, il y a des millions d'années, Barrett s'est pointé à Colchester. Pour me voir. Et j'ai été dure avec lui. Je l'ai littéralement chassé de la ville. Et je m'en suis toujours voulu. Alors, aujourd'hui, ça m'a fait du bien. J'ai eu une chance de me faire pardonner.

— De quoi tu parles ?

— Barrett est venu à Colchester pendant ma deuxième année, expliqua Chess. En voiture depuis Hyannis.

Elle livra à Tate l'épisode dans ses moindres détails : le stand saucisses, la caisse, jusqu'à la maison de fraternité où elle avait trouvé Carla Bye assise au salon, en pleine conversation avec Barrett. Comment Barrett avait fait six heures de route dans sa Jeep bleue pour la voir. Et elle qui l'avait repoussé.

À la fin du récit, Tate fut suffoquée de honte pour sa sœur ; Chess n'était qu'une snob, méchante et minable d'avoir traité Barrett de cette façon. L'histoire la rendit aussi jalouse – ou plutôt, elle confirma sa jalousie. Barrett avait suffisamment aimé Chess pour la poursuivre jusqu'à Colchester. Tate était verte : pourquoi Chess ne lui avait-elle pas raconté tout cela plus tôt ? Et pourquoi Barrett lui-même n'en avait-il soufflé mot ?

— J'ai essayé de te le dire le soir où vous êtes sortis ensemble pour la première fois, dit Chess. Mais tu ne voulais rien entendre. Et je suis sûre que Barrett ne t'en a rien dit parce qu'il a complètement oublié cette histoire. Ça n'a aucune importance.

— Aucune importance ? Si ce n'est que tu as ressenti le besoin de lui faire tes excuses aujourd'hui quand vous étiez tous les deux. Tu as déjeuné avec mon petit ami. Tu as fait une sieste avec lui !

— Pas la peine d'en faire un fromage, Tate.

Chess avait à présent recours à sa voix de grande sœur, à sa foutue voix de journaliste gastronomique.

— J'ai fait une sieste dans un fauteuil de plage pendant que Barrett était assis sur le pare-chocs de son pick-up et discutait au téléphone avec Anita Fullin.

— Alors, tu es au courant pour Anita Fullin ? Pour son offre d'emploi ?

Chess ne répondit pas. Elle n'avait pas de réponse. Bien sûr, elle était au courant ; Barrett s'était confié à elle. Ce matin-là, au réveil, le pire problème de Tate avait pour nom Anita Fullin. À présent, son pire problème, c'était sa sœur.

— Il était obligé de m'en parler, dit Chess. Son téléphone n'arrêtait pas de sonner.

— Je te déteste, dit Tate.

Elle se leva, de façon à dominer sa sœur.

— Tu m'entends, je te déteste ! Tu gâches tout, tu voles tout. Tu n'as pas arrêté de me gâcher la vie, depuis la naissance. Tu as pris tout ce qu'il y avait de meilleur pour me laisser les miettes.

— Tate…

— Tais-toi !

Tate hurlait à présent.

— Je te déteste ! J'aime Barrett depuis que j'ai dix-sept ans, mais c'est toi qu'il a toujours préférée. Tu es la plus jolie, je suppose, la plus cool, tu es bien mieux que moi. Tu obtiens tout ce que tu veux, depuis toujours, et je suis sûre que ça sera toujours comme ça !

— Tate, tu sais bien que ce n'est pas vrai…

— Si, c'est vrai !

Tate, hystérique, peinait à reprendre son souffle. Elle contempla Nantucket au loin. Peut-être ne reverrait-elle jamais Barrett. Elle l'avait chassé, stupidement, comme une idiote.

— Je ne peux plus respirer quand tu es dans le coin ! Tu pompes tout l'oxygène. Tu es tellement égocentrique, tellement narcissique…

— Tate…

— Tu m'as volé mon petit ami. Tu as passé la journée avec lui ! Tu as déjeuné avec lui, fait une sieste avec lui, fait les courses avec lui, il s'est confié à toi…

— Oui, dit Chess. Oui, oui, oui. Il s'est confié à moi. Il m'a dit qu'il t'aimait.

Tate agrippa le poignet de sa sœur. Il était rêche, bosselé par les allergies. Tate mourait d'envie de lui arracher le bras.

— Il t'a dit ça ? Il t'a dit ça à toi ? Mais il me l'a jamais dit, à moi ! Tu ne vois pas ? Tu ne vois pas que tu te mets en travers, que tu gâches tout ?

Elle relâcha violemment le poignet de Chess, qui recula en titubant et tomba dans le sable. Au lieu de s'excuser, Tate se jeta sur sa sœur, pressant ses deux mains sur sa poitrine pour la renverser.

— Tate ! cria Chess. Fiche-moi la paix !

— Non, toi, fiche-moi la paix ! Tu me fais regretter d'être née !

— Je suis désolée ! dit Chess.

Elle pleurait.

— Je suis désolée de m'être fait piquer par du sumac vénéneux et d'avoir dû aller à l'hôpital. Je suis désolée que ton petit ami ait été le seul à pouvoir m'y emmener. Je suis désolée que tu penses que je t'ai pourri la vie. Je suis désolée que tu croies ma vie si parfaite. Mais je t'assure qu'elle ne l'est pas. Je t'assure que je n'ai pas eu tout ce que je voulais. Loin de là.

— Eh bien, si tu as un problème avec ta vie, pourquoi est-ce que tu ne m'en parles pas ? Raconte-moi ce qui s'est passé avec Michael ! Dis-moi ton terrible secret !

— Je ne peux pas ! s'exclama Chess. Je ne peux pas t'en parler. Je ne peux en parler à personne !

— Et à Barrett ? Tu lui en as parlé aujourd'hui ?

Chess pressa ses doigts sur ses yeux rouges et gonflés. Son visage n'était qu'une masse de plaques désordonnées ; les taches de sumac semblaient devenir de plus en plus rouges et irritées.

— Ce que tu peux être immature, dit-elle. Non mais, écoute-toi un peu. On dirait une gamine de douze ans.

— La ferme ! hurla Tate.

— Toi, la ferme ! Et fous-moi la paix !

— Je te déteste ! Tant mieux si t'es malheureuse !

Birdie et India

India était dans sa chambre lorsque les hurlements se firent entendre. Elle savait que cela venait de la plage, mais il lui fallut un instant pour comprendre qu'il s'agissait de Chess et de Tate. Elle s'assit sur son lit et ferma les yeux. Seigneur, la douleur d'avoir une sœur, une autre fille, une autre femme, qui n'est pas soi mais presque. Une amie, une confidente, une rivale, une ennemie. Elle se rappelait l'été où… Billy avait trois ans, Teddy quatorze mois, et Ethan était dans son ventre. Ils étaient sur la plage, à Tuckernuck ; India installée dans une chaise longue, Teddy sur ses genoux, et Billy au bord de l'eau. India était si fatiguée, épuisée par son premier trimestre, qu'elle ne pouvait garder les yeux ouverts, mais avant qu'elle ait pu s'en rendre compte, ses yeux étaient écarquillés et elle regardait Billy sombrer, zoum, comme aspiré par un vortex. India avait essayé d'appeler – *Au secours ! Billy !* –, elle avait essayé de sauter hors de sa chaise, mais Teddy était endormi et pesait comme du plomb dans ses bras. Son corps léthargique la trahissait. Elle ne pouvait se forcer à bouger assez vite.

— Bill !

Où était-il ?

— Billy !

Birdie était apparue de nulle part. Elle avait foncé dans l'eau pour en tirer Billy ; il avait crachoté d'abord, avant de se mettre à pleurer. Birdie lui avait tapoté le dos pour faire sortir l'eau de mer, puis elle l'avait consolé contre sa poitrine. India avait détesté Birdie à ce moment-là, elle avait détesté que Birdie soit celle qui avait arraché Billy à l'océan, qui lui avait sauvé la vie. Et elle l'avait adorée, aussi. Elle l'avait adorée avec une profondeur et une passion qu'elle ne pouvait expliquer. Birdie avait répondu à l'appel, quand personne d'autre ne l'avait fait.

Les hurlements continuaient. India descendit au rez-de-chaussée.

Birdie était en train de se servir un verre de sancerre lorsque les hurlements se firent entendre. Elle ne sut pas tout d'abord que diable… alors elle sortit sur le rebord de la falaise. On aurait dit Chess et Tate. Était-ce possible ? Elle les vit au bas des marches. Elle entendit Tate crier : « Je te déteste ! »

Birdie fit volte-face et regagna la maison. Son cœur dépérissait à chaque pas. Qu'il était horrible d'entendre ses filles se parler sur ce ton. Probablement aussi dur que d'entendre, enfant, ses parents se disputer. Au moins ne s'étaient-ils jamais affrontés devant les filles, elle et Grant. Ils n'avaient pas vraiment de quoi pavoiser, mais cela, ils pouvaient en être fiers.

India se tenait près de la table du jardin quand Birdie approcha. Elle lui tendit les bras. Elles s'étreignirent sans un mot. Birdie sentit le parfum musqué d'India ; elle sentit les mèches de ses cheveux courts et la douce peau de ses joues.

Elles se détachèrent l'une de l'autre. India tendit à Birdie son verre de vin avant de lui offrir une cigarette.

— Merci, murmura Birdie.

— Je t'en prie, lâcha India en retour.

Chess

Nick et moi avions un accord : je devais d'abord rompre proprement avec Michael. Proprement, c'est-à-dire sans lui parler de Nick. Ce qui ne me laissait aucune raison de rompre les fiançailles, en dehors du brutal et entier : Je ne suis plus amoureuse de toi.

Ma conversation avec Michael, en réalité une série de conversations, se déroula donc comme suit :

— (En pleurs) Je ne peux pas t'épouser.

— Quoi ?

— Je ne peux pas t'épouser. (J'ai dû le répéter cinq ou six fois pour que ça rentre.)

— Pourquoi ? Qu'est-ce qui s'est passé ?

« Ce qui s'était passé », voilà la grande question – que m'ont posée tour à tour Michael, ma mère, mon père, ma sœur, Evelyn, mes amis, mon assistante. Je me demande si Nick a demandé : « Qu'est-ce qui s'est passé ? » lorsque Michael a appelé Nick pour lui dire que les fiançailles étaient rompues. J'étais à peu près sûre que non, mais je n'avais aucune certitude. Nous étions convenus de ne pas nous reparler tant que le soufflé ne serait pas retombé.

— Il ne s'est rien « passé ». Mes sentiments ont changé, c'est tout.

— Mais pourquoi ? Je ne comprends pas. Est-ce que j'ai fait quelque chose de mal ? Ou dit quelque chose qu'il ne fallait pas ?

— Non, non, non.

Je ne voulais pas rejeter la faute sur lui. La seule chose qu'il ait pu faire « de mal » était de me demander ma main en public. J'avais été obligée de dire oui. Mais j'aurais pu me rétracter juste après ; le nœud était encore lâche à ce moment-là. On n'avait encore fait aucun préparatif, cherché aucune demoiselle d'honneur, engagé aucun frais. J'aurais pu demander un temps de réflexion, puis un autre, et m'esquiver.

— Je n'aurais jamais dû accepter.

— Parce que tu ne m'aimais pas non plus alors ? Tu ne m'as donc jamais aimé ?

— Si, je t'ai aimé. Je t'aime encore.

— Alors épouse-moi.

Voici ce que je ne lui ai pas dit : Je ne t'aime pas assez, je ne t'aime pas comme il faut. Si je t'épouse, ça sera un massacre. Peut-être pas tout de suite, mais sur le long terme. Je me surprendrai à regarder Nick avec langueur pendant les réunions de famille. Je le croiserai derrière la cabane au fond du jardin de tes parents, où un de nos enfants aura jeté son frisbee, et il m'embrassera. Alors, sur le trajet du retour, je serai de mauvaise humeur, et, une fois rentrés à la maison, je ferai mes valises. Ou alors j'aurai carrément une liaison avec quelqu'un qui me rappelle Nick mais qui ne se soucie pas de tes intérêts comme il le fait. Cet homme m'emportera loin de toi ; il te volera ta maison et tes enfants. Et te laissera moins que ce que tu possèdes en ce moment.

Je me suis contentée de lui dire :

— Je ne peux pas.

— Si, tu peux.

— Eh bien, dans ce cas, je refuse.

Il ne comprenait pas. Personne ne comprenait. Michael et moi étions si parfaitement accordés. Nous aimions les mêmes choses ; nous semblions si heureux. Il y avait deux catégories de personnes : celles qui comprenaient la nature intangible de l'amour et pensaient qu'il était intelligent de ma part de me rétracter tant que je le pouvais. Et celles qui ne comprenaient pas cette même nature intangible de l'amour. Ces personnes-là nous regardaient, Michael et moi, et tout ce qu'elles voyaient, c'était un couple – parfait sur le papier ! –, et elles pensaient que je faisais une terrible erreur qui allait me détruire.

Je me suis expliquée jusqu'à ce qu'il ne reste plus rien en moi en dehors de cette vérité que je me refusais à révéler : j'aimais Nick.

Michael se doutait qu'il y avait quelqu'un d'autre. Il m'a posé la question, encore et encore, à chaque conversation :

— Est-ce que tu as rencontré quelqu'un ?

— Non, répondais-je.

Et c'était vrai. Nick n'était pas mien en réalité. Il n'avait aucune légitimité sur moi, ni moi sur lui. Mais je savais qu'il attendait.

Nous nous sommes reparlé une dizaine de jours après. Je lui ai fait mon compte rendu, il m'a fait le sien. Car Michael ne parlait pas qu'à moi ; il parlait aussi à Nick.

— Merde, c'est dur, m'a dit Nick. Ça me pèse.

— Qu'est-ce qu'on doit faire ?

— Je pars le 10 juin pour Toronto afin d'enregistrer cet album. Je veux que tu viennes avec moi.

— Que je vienne avec toi ?

— Que tu viennes à Toronto. Vivre avec moi. Qu'on voie si c'est bien réel, tout ça.

Cela supposait que je démissionne. Que je quitte New York. Le travail ne posait pas de problème. J'étais rédactrice depuis trois ans ; ce qui avait été le plus grand défi de ma vie était devenu simple routine. Janvier/février : bons petits plats anti-déprime. Mars/avril : cuisine détente. Mai : cuisine de tous les pays. Juin : trésors du potager. Juillet : barbecue. Août : pique-nique. Septembre : en-cas d'après match. Octobre : parfums d'automne. Novembre : Thanksgiving. Décembre : Noël et Hanukkah. J'étais prête à quitter le navire.

On a bouclé le numéro de juillet en avance et terminé à 14 heures. C'était une belle journée de printemps, aussi ai-je donné congé à Erica, mon assistante. Puis je me suis rendue dans le bureau de mon directeur éditorial, David Nunzio, pour lui annoncer mon départ de la revue. De là, je suis allée au bureau de mon rédacteur en chef, Clark Boyd, suivie de David Nunzio, qui disait espérer que je n'étais pas sérieuse, comment pouvais-je démissionner, boum, comme ça, et que pouvaient-ils faire pour me retenir ? Voulais-je une augmentation ? J'ai dit à Clark Boyd que je partais.

— Tu pars ?

— C'est fini. Je démissionne.

Clark Boyd et David Nunzio m'ont toisée un moment, comme s'ils se rendaient compte tous les deux, pile en même temps, que j'avais peut-être perdu la tête. Effectivement, j'avais perdu une part essentielle de mon être : j'adorais mon travail, j'étais douée, et pourtant voilà, je plaquais tout.

— Je sais que ces derniers temps ont été difficiles pour toi..., a dit Clark.

J'ai ri, mais on aurait plutôt dit un hoquet. Je ne parvenais même plus à rire comme il fallait. Mais j'ai trouvé drôle que Clark Boyd puisse avoir le moindre soupçon concernant mes fiançailles rompues, même si les locaux de Glamorous Home, *à l'instar de n'importe quel lieu de travail, grouillaient évidemment de rumeurs et de commérages. J'avais essayé de garder l'affaire secrète ; je n'avais pas passé un seul coup de fil privé.*

— Ça n'a rien à voir avec..., ai-je commencé.

Avant de me taire. Je ne leur devais aucune explication.

— Si tu as besoin de temps..., a dit Clark.

— C'est fini, ai-je dit. Terminé. Je vous ferai une lettre de démission.

Même si c'était juste une formalité. Tout ce que je voulais, c'était reprendre ma liberté.

Une fois dans la rue, je me suis sentie mieux. J'ai regardé les autres New-Yorkais, en costumes et talons, chargés de sacs Duane Reade et Barnes and Noble, et je me suis dit : OK, et maintenant ?

Nick et Michael allaient faire de l'escalade à Moab le week-end du Memorial Day. Nick allait tout lui dire. Il le devait, parce que j'allais le suivre à Toronto. Je voulais me rendre au Canada en secret. Il n'était pas nécessaire de mettre Michael au courant dès maintenant ; il eût été plus sage de lui donner du temps, de le laisser fréquenter quelqu'un d'autre. Mais Nick se montrait droit, et Michael était son frère. Nick le lui dirait lorsqu'ils se trouveraient seuls dans le désert. Michael pourrait hurler tant qu'il voudrait ; il pourrait le frapper. Nick accepterait ses coups.

C'était le pari ultime. Je craignais que ce fût ce qui plaisait à Nick dans cette entreprise. Il ne perdait jamais aux cartes, mais quid de cette fois-ci ?

— Qu'est-ce que tu vas lui dire ? lui ai-je demandé.

— La vérité, m'a répondu Nick. Que je t'aime. Que je t'ai aimée dès l'instant où je t'ai vue.

J'avais sous-loué mon appartement à une amie de Rhonda à la New School (je tenais à ce logement comme à la prunelle de mes yeux et ne pouvais me résoudre à l'abandonner), fait mes bagages et étais arrivée devant la maison de ma mère à peu près au moment où Michael et Nick atterrissaient en Utah. Je n'allais pas bien. J'étais anxieuse, nerveuse, morose. Je ne pouvais me mettre à la place de Nick, ni à celle de Michael. J'ai essayé de jeter mon téléphone, mais ma mère l'a ramassé dans la poubelle en pensant que je l'en remercierais plus tard.

J'ai dormi la majeure partie du week-end. Je me cachais derrière mon Vogue *; j'ai tenté de lire un roman, mais ma propre histoire ne cessait de venir s'immiscer entre les pages du livre. J'ai essayé de me* *rappeler qui j'étais avant de rencontrer les frères Morgan. Où était passée la jeune fille heureuse qui avait franchi le seuil du Bowery Ballroom par cette soirée d'octobre ? J'ai essayé de peaufiner un plan ; j'avais toujours eu un don pour faire des projets et m'y tenir. J'irais à Toronto, en partirais pour passer deux semaines à Tuckernuck avec ma mère et ma sœur (que je mettrais alors au courant), puis retournerais à Toronto. Et si tout ça se révélait réel, si j'étais vraiment amoureuse, si j'étais heureuse, je suivrais Nick en tournée. Et que ferais-je côté finances ? Des piges ? Écrire un roman ? Cela semblait si galvaudé. Typique d'une crise de la quarantaine. Je n'avais que trente-deux ans.*

Lorsque c'est arrivé, Nick a d'abord appelé ses parents avant de me joindre. Au téléphone, sa voix était calme, dénuée d'émotion. Je ne le comprenais pas. Je ne le comprends toujours pas. Selon Robin, ma thérapeute, il était probablement en état de choc.

En état de choc.

— Michael est mort, m'a-t-il dit. Il a fait une chute. Il s'est réveillé ce matin à l'aube et il est parti faire de l'escalade tout seul. Il n'était pas correctement harnaché. Il a fait une chute.

Je ne lui ai pas demandé. Je savais. Je ne lui ai pas demandé.

— Je lui ai dit hier soir. Ça ne semblait pas lui poser de problème. Il était en colère, foutrement en colère, ça oui, il a défoncé le mur de la chambre d'hôtel à coups de poing, un trou dans le plâtre, et je me suis dit : OK, c'est déjà ça. Je lui ai dit la vérité :

qu'on s'était embrassés, sans aller plus loin. Je lui ai dit que si je pouvais changer mes sentiments, je le ferais, pareil pour toi, mais qu'on n'y pouvait rien. C'était là, tangible. J'avais ces sentiments énormes, effrayants, pour toi, et tu en avais pour moi. Il a dit que, oui, il comprenait. On est allés dans un bar boire des bières, des shots de tequila, manger des burgers. Il s'est saoulé, je l'ai laissé faire. Pourquoi pas ? Il le prenait plutôt bien, il se montrait classe, un gentleman comme toujours. On est rentrés à pied à l'hôtel, il m'a demandé si je le détestais parce que tout lui avait toujours été plus facile, et je lui ai répondu : « Non, Mikey, je ne te déteste pas. Il ne s'agit pas de ça. »

Il m'a demandé si je le détestais à cause de ce coup de poing des années plus tôt, le fameux coup qui m'avait brisé le nez. Déjà, à l'époque, on s'était battus pour une fille, une fille de l'école nommée Candace Jackson. Il avait remporté le combat et Candace. Et je lui ai répondu : « Non, ce n'est pas de Candace ni de mon nez qu'il s'agit. »

Il m'a dit : « D'accord, je te crois. »

Et puis, au matin, il est parti faire de la varappe à Labyrinth, tout seul. Labyrinth n'était pas un endroit sûr à escalader en solo, et il n'était pas harnaché correctement.

Nick a éclaté en sanglots.

— Chess, m'a-t-il dit. Chess.

— Je sais. Je sais, bon dieu.

— J'ai dit à mes parents qu'il n'était pas harnaché correctement. Mais tu sais quoi ?

— Quoi ? Qu'est-ce qu'il y a ?

— Il n'était pas harnaché du tout.

Michael n'était pas mort à cause d'un défaut de son équipement. Il était mort parce qu'il était parti faire de la varappe sans matériel de sécurité.

La différence entre ces deux réalités, entre l'accidentel et l'intentionnel, était monstrueuse. C'était le secret monstrueux qui me liait à présent à Nick.

Chess referma le carnet. Sa confession s'achevait là. À l'enterrement, Nick s'était tenu à l'autel pour dire devant toute l'assemblée : « Il t'aimait vraiment, Chess. » Il n'avait pas dit : « Je t'aime vraiment, Chess. » Peut-être l'avait-il ressenti, Chess en était sûre, et où qu'il soit – toujours à Toronto, ou quelque part sur la route –, il ressentait la même chose qu'elle en ce moment, comme si une flèche l'avait transpercé de part en part, la douleur, le désir, l'amour, les regrets. Mais il se taisait parce que Michael était son frère, mort à présent, et parce que dire la vérité à voix haute tiendrait de la profanation.

Tate prit la Scout et disparut dans un nuage de poussière et un jet de gravillons. India et Chess s'assirent dans le jardin pendant que Birdie préparait le dîner.

— Elle ne va plus jamais me parler, dit Chess.

— Tu serais surprise, répondit India.

Tate sauta le dîner. Elle resta dehors jusqu'au coucher du soleil ; elle resta dehors jusqu'à la nuit. Birdie, India et Chess s'assirent sous le porche, Birdie à son ouvrage, India à ses mots croisés, et Chess feignant de lire *Guerre et Paix* quand en réalité elle essayait de ne pas se gratter le visage et de cacher qu'elle guettait le retour de la voiture.

— Elle ne va pas rester dehors toute la nuit, dit-elle.

— Ne t'en fais pas, elle va revenir, la rassura India. Ça lui fera du bien de s'évader un peu. Je suis sûre qu'elle réfléchit. Et qu'elle regrette tout ce qu'elle t'a dit.

Mais Chess savait que Tate ne regrettait pas ses propos. Elle avait attendu toute une vie pour les dire. Chess, de par sa simple naissance, avait toujours éclipsé Tate. Elle avait limité son développement. Mais ce n'était pas délibéré, et elle n'avait jamais eu l'intention de rivaliser avec elle pour les faveurs de Barrett.

Birdie soupira.

— Si seulement Grant était là.

Chess alla se coucher avant le retour de sa sœur. Elle déposa sa confession sur son oreiller.

Lorsque Chess se réveilla, le lit de Tate était vide. Il n'avait pas été défait, et le carnet de Chess n'avait pas bougé.

Chess descendit à la salle de bains et jeta un œil par la fenêtre. La Scout était garée dans l'allée.

Chess se glissa au rez-de-chaussée, le cœur à l'affût. Elle avait peur de sa propre sœur. Elle se sentait coupable pour des années et des années d'infractions, aussi involontaires fussent-elles. Elle voulait l'absolution ; elle avait besoin de l'amour inconditionnel de Tate, mais celui-ci lui avait été retiré. *Je te déteste ! Tu me fais regretter d'être née !* Chess était donc dangereuse après tout, comme elle le craignait au début de ce voyage. Lentement, en silence, elle avait contaminé l'eau de Tate, pollué son atmosphère. *Tu pompes tout l'oxygène, je ne peux pas respirer !* Ceci, pensa Chess, était l'horrible fin. Elle pouvait perdre Michael, elle pouvait perdre Nick – ce n'étaient que des garçons –, mais elle ne pouvait perdre sa sœur.

Lorsque Chess arriva en bas, elle vit l'afghan en tricot rêche étalé sur le canapé vert abrasif.

— Est-ce qu'elle…

— Elle a dormi sur le canapé, confirma Birdie.

Chess n'avait aucune idée de ce qu'en pensait Birdie.

— Est-ce qu'elle a dit quelque chose ?

Birdie lui tendit une assiette avec deux œufs au plat et un toast, généreusement beurré. Chess l'accepta.

— Elle est toujours en colère, dit Birdie.

— Je n'ai rien fait, Birdie, répondit Chess.

Elle tenait à ce que sa mère le comprenne.

— Je n'ai pas l'intention de lui piquer Barrett.

— Oh, je le sais bien, ma chérie. Et elle le sait aussi. Je pense qu'elle essaie de régler des problèmes plus anciens.

Birdie ne contribuait pas à rasséréner Chess. Elle avait toujours été plus proche de Tate. Tate flattait Birdie d'une façon que Chess trouvait inutile. Mais, en ce moment même, elle s'en rendit compte, elle aurait aimé avoir sa mère de son côté.

— J'imagine, dit Chess.

— Ta sœur a toujours été jalouse de toi. De la même façon que j'ai été jalouse d'India.

— Jalouse de moi ? dit India en descendant l'escalier. Mais qu'est-ce que tu racontes, enfin ?

Quelques minutes plus tard, un jeune homme apparut sur le seuil.

— Je suis bien chez les Tate ? questionna-t-il.

Il devait avoir dix-neuf ou vingt ans et ressemblait suffisamment à un jeune Barrett Lee pour que Chess ait un mouvement de surprise. Les cheveux blonds tombant sur les yeux, la silhouette déliée, la visière, les lunettes de soleil, les claquettes.

— Oui ! répondit Birdie.

— Je me présente : Trey Wilson, dit le garçon. Je travaille pour Barrett Lee.

— Tu pourrais être sa doublure, déclara India.

— Où est Barrett ? s'enquit Birdie.

— Occupé ailleurs, l'informa Trey. Il m'a envoyé à sa place. Je vais me charger de vos livraisons à partir d'aujourd'hui. Il m'a dit que je devais emporter les poubelles, le linge et la… liste ?

— Je ne comprends pas, dit Birdie.

À cet instant, Tate entra dans la pièce. Elle se tourna vers Trey et y regarda à deux fois ; puis elle s'engouffra avec fureur dans l'escalier. Trey ramassa un sac de glace dégoulinant et un paquet de provisions sur la table du jardin.

Chess prit la glace.

— Barrett est occupé ailleurs, alors il nous envoie Trey. C'est Trey qui va venir nous voir à partir de maintenant.

— Mais, et Barrett ? demanda Birdie.

— Plus là ! cria une voix à l'étage.

India

Barrett manquait plus à India qu'elle ne l'aurait cru. Le nouveau gamin était mignon – il ressemblait suffisamment à Barrett pour être son petit frère caché –, mais il n'était pas aussi doué pour les relations humaines. Trey Wilson était un gosse capable de conduire un bateau. Sans histoire ni intrigue. Dommage, pensait India, qu'elles doivent terminer leurs vacances ainsi.

Dans son souvenir, Chuck Lee n'avait manqué à l'appel qu'une fois, et cela avait été de sa faute. C'était l'été qui avait suivi le suicide de Bill ; India était venue à Tuckernuck comme d'habitude, mais dès le début le cœur n'y était pas. Deux de ses fils étaient avec elle ; Billy travaillait tout l'été comme consultant au camp de basket de Duke. Birdie, Grant et les filles étaient là et vaquaient à leur train-train habituel – la conduite accompagnée, les pique-niques aux palourdes, les promenades à North et East Pond –, mais India avait toujours l'impression de les observer à distance. C'était Chuck Lee qui venait deux fois par jour à l'époque, même s'il amenait souvent Barrett avec lui pour son apprentissage. Lorsque Chuck venait seul, il avait toujours un mot gentil pour India, dont il complimentait les cheveux, les boucles d'oreilles, ou le bronzage ; à plusieurs occasions, ils avaient partagé une cigarette sur la plage. Dans le temps, on ne pouvait fumer dans la maison, car Grant détestait l'odeur du tabac. Chuck n'avait jamais demandé ce qui était arrivé à Bill, même si India supposait qu'il était au courant. Une fois, il avait ramassé un dollar des sables parfaitement conservé, qu'il lui avait donné. En disant : « Tiens. Souvenir de Tuckernuck. » India l'avait gardé – elle l'avait toujours –, parce que c'était un don de Chuck, et que Chuck avait été le premier homme qu'elle eût jamais remarqué, alors qu'elle ne portait pas encore de soutien-gorge. Elle s'était dit que peut-être – qui sait – il aurait pu se passer quelque chose cet été-là, mais elle était trop engourdie pour passer à l'acte, et Chuck avait une épouse sur l'autre rive. Eleanor, c'était son nom, la mère de Barrett, mariée à Chuck depuis un million d'années, une vraie hache de guerre, disait Chuck, quoi que cela puisse signifier.

Vers la fin de leur séjour, Chuck était venu avec des filets de tassergals qu'il avait pêchés lui-même ; il les avait présentés à India dans un sac Ziploc robuste, et India avait bien vu, à la tension dans ses épaules et à la façon dont il faisait mine que ce n'était rien, que c'était en réalité un geste significatif. Elle s'était montrée très reconnaissante. Mais les filets étaient d'un rouge criard, lisses et huileux, et India, à l'instar du reste de la famille, détestait le tassergal. Elle avait couvert Chuck de remerciements, lui promettant de faire griller le poisson au dîner le soir même. Cela avait semblé faire plaisir à Chuck, autant qu'il était possible, et l'esquisse d'un sourire avait soulevé la cigarette qu'il avait au bec.

— D'accord, très bien, avait-il dit. Content de vous les avoir apportés.

À peine Chuck était-il parti qu'India avait jeté les filets du haut de la falaise. Les mouettes avaient fondu pour les dévorer.

Le lendemain matin, India avait mis un point d'honneur à lui dire combien ils s'étaient régalés. Chuck avait de nouveau esquissé son demi-sourire. Moins de cinq minutes plus tard, le cadet des fils d'India, Ethan, était sorti de la maison, et lorsque Chuck lui avait demandé s'il avait aimé le poisson, il avait répondu : « Maman a jeté le poisson de la falaise et les mouettes l'ont mangé. »

India était mortifiée. Elle se rappelait son visage en feu ; elle se rappelait être restée sans voix. Chuck ne l'avait même pas regardée. Il avait ramassé les poubelles et était parti sans prendre la liste. Il n'était pas revenu l'après-midi ni le lendemain matin. Grant réclamait son *Wall Street Journal* à grands cris, et India s'enfermait dans sa chambre, l'œil rivé à la fenêtre, comme les vieilles veuves de Nantucket attendant le retour de leurs maris partis en mer. Elle n'en revenait pas de se sentir aussi mal. Elle avait déjà assez souffert ; elle ne croyait pas pouvoir encore être affectée par quoi que ce fût. Mais elle aimait bien Chuck. Elle avait expliqué ce qui s'était passé à Birdie, ce qui lui avait fait du bien car Birdie comprenait ce qu'India ressentait pour Chuck Lee ; elle partageait à peu près les mêmes sentiments. Chuck Lee était le héros romantique de leur adolescence. Birdie et India avaient paniqué ensemble ; elles avaient craint de ne plus jamais le revoir.

Il avait fini par revenir, mais India avait senti que les choses n'étaient plus les mêmes. Il ne l'aimait plus. Ne se rendait-il pas compte qu'elle n'avait menti que pour épargner sa sensibilité ? Elle ne pouvait lui en parler en face ; ce n'était pas le genre d'homme à qui l'on pouvait présenter des excuses. C'était le genre d'homme que l'on essayait de toujours rendre heureux car il suffisait d'un faux pas pour…

Enfin, les choses avaient changé à jamais. Plus de compliments, plus de pauses cigarette ensemble, plus de cadeaux de dollars des sables ni de poisson. Ils étaient repartis cet été, et à leur retour l'année suivante, c'était Barrett qui assurait les livraisons.

Et voilà que Barrett disparaissait à son tour. India ne pouvait s'empêcher de se sentir un peu abandonnée.

L'après-midi du deuxième jour, Trey Wilson apparut avec un paquet pour India. Il n'était même pas sûr de savoir laquelle de ces dames était India, mais par chance celle-ci fumait une cigarette, assise dans le jardin. Chess était à la plage, Tate avait pris la Scout jusqu'à North Pond – les deux filles ne se parlaient toujours pas –, et Birdie se « baladait », ce qui signifiait qu'elle était partie soit consoler Tate en secret, soit passer un de ses coups de fil clandestins.

— India ? hasarda Trey.

Il était si jeune qu'il aurait dû, par correction, l'appeler « Mme Bishop », mais on était sur Tuckernuck, où tout se faisait dans la plus grande familiarité, et puis, les amis de ses enfants l'avaient toujours appelée

« India », de toute façon. Trey lui tendit le petit paquet plat.

— Pour moi ? demanda-t-elle.

Elle chaussa les lunettes de Bill. L'écriture familière, l'adresse grotesquement incomplète.

— Bien, je te remercie.

— Je vous en prie, répondit Trey Wilson avec un sourire. Qu'est-ce que je fais des provisions ?

— Tu peux les laisser sur le plan de travail, merci.

Il s'exécuta, puis traîna à proximité, comme s'il attendait un pourboire. Ce n'était tout de même pas le cas ? India n'avait pas manipulé d'argent depuis des semaines ; elle ne savait même plus où était son portefeuille. Elle lui sourit.

— Vous n'avez rien pour moi ? dit-il.

À quoi faisait-il allusion ?

— Des poubelles ? ajouta-t-il. Du linge ? La liste ?

— Oh ! fit India avec un sursaut.

Barrett vidait les sacs par automatisme et récupérait la liste à son emplacement habituel – sous le bocal de coquillages et de verre poli posé sur le plan de travail. India n'était pas la maîtresse de maison, mais voilà qu'elle devait apprendre les ficelles au jeune homme. Cela avait-il seulement un sens, à cinq jours de leur départ ?

— La poubelle est là, dit-elle.

Elle souleva le sac et fixa la poignée en plastique jaune ; puis elle en plaça un nouveau, même si c'était d'ordinaire la tâche de Barrett.

— Et on laisse toujours la liste juste là.

Trey acquiesça d'un air morose et prit la liste.

— OK, dit-il. Merci.

— Non, merci à toi.

Le garçon s'éloigna à grandes enjambées. India regrettait le vrai Barrett. Et elle regrettait Chuck Lee, le premier homme de ses rêves.

De retour à la table du jardin, elle retourna le paquet dans ses mains.

Elle avait envie d'un verre de vin ou d'une cigarette – ou de préférence les deux –, mais elle n'en avait pas le temps. Les autres pouvaient arriver d'un moment à l'autre. Alors, dépêche, ouvre !

C'était une peinture. Ou plutôt, un fragment de peinture, un fragment d'un des nus d'India, dans lequel Lula avait découpé et recadré un carré de douze centimètres de côté. India étudia le morceau de canevas ; elle l'orienta au soleil. Avant de saisir : il représentait la courbe de sa hanche, délicatement ombrée pour souligner le mouvement sensuel vers la zone située juste en dessous. India sut immédiatement quelle toile Lula avait taillée : il s'agissait du somptueux tableau que Spencer Frost avait acheté pour l'école. India eut le souffle coupé en pensant à cette toile exceptionnelle à présent vandalisée ; Lula avait découpé la hanche comme une ménagère un coupon. Ce geste était tout sauf anodin, India le savait. Lula avait dû décrocher le tableau du mur pour le ramener dans son atelier. Cela avait dû être facile à faire sans être repérée ; l'été, les couloirs des Beaux-Arts étaient déserts et l'école n'avait pas les moyens de sécuriser les œuvres des étudiants. Même si Lula avait quitté l'établissement, elle n'aurait pas à rendre ses clés ni à vider son atelier avant la mi-août.

India imagina l'atelier de Lula : elle avait obtenu une de ces pièces en angle si convoitées, avec une grande fenêtre surplombant la ville côté sud. Elle avait un canapé en cuir défoncé, maculé de peinture, et une vieille malle de voyage qui faisait office de table basse. Elle avait un petit réfrigérateur, une table à dessin grand format récupérée à l'extérieur d'un grand cabinet d'architecture, des piles et des piles de livres d'art et de magazines – *Vogue, Playboy, Nylon*. Elle avait un système d'enceintes pour connecter son iPod et un placard de fortune, où elle rangeait quelques vêtements afin de ne pas avoir à retourner se changer chez elle avant de sortir le soir. L'atelier était son sanctuaire. Elle avait dû étendre la toile sur la table à dessin pour l'étudier avant de décider quelle zone et quelle surface extraire. Le procédé avait dû être aussi grave que celui d'un chirurgien. En taillant la toile, elle se taillait elle-même. Ce qu'elle avait envoyé, India en prit conscience, n'était rien d'autre que sa propre interprétation de l'oreille de Van Gogh. C'était de l'amour, c'était de la folie.

À certains égards, la petite peinture rappelait à India les détails de tableaux dans les manuels d'histoire de l'art – où l'on zoomait sur des portions de toile afin de montrer au lecteur le tracé délicat ou la technique. D'un autre côté, ce petit fragment prenait une autre dimension. Cela pouvait être l'intérieur d'un coquillage, ou la volute d'une dune sablonneuse. Lula restait, comme toujours, un génie. Cette petite peinture se suffisait à elle-même.

Elle était accompagnée d'une minuscule enveloppe blanche, comme celles utilisées par les fleuristes pour leurs livraisons. India l'ouvrit d'un coup. Un seul mot.

Essayer ?

Elle fut saisie par le point d'interrogation. Lula demandait, priait, implorait.

Essayer ? Pouvait-elle essayer ?

Barrett conservait une boîte à outils au fond du placard sous l'escalier. En la fouillant, India trouva un marteau et un clou. Elle planta le clou dans le mur de sa chambre à l'étage. Sa première tentative suffit à enfoncer le clou à travers le plâtre. Mieux valait trouver une solive. Elle essaya un autre endroit, et le clou rencontra de la résistance. Elle frappa ; les murs de la maison remuèrent, et India les imagina ployant comme un château de cartes. Elle parvint cependant à rentrer le clou, et y accrocha le tableau. Parfait, décida-t-elle. On aurait dit la courbe de Bigelow Point, ou l'intérieur soyeux d'une des coquilles de bulot que les enfants avaient ramassées à Whale Shoal.

Elle contempla Roger.

— Qu'est-ce que tu en penses ? demanda-t-elle.

Ses cheveux d'algues ondulèrent sous la brise.

Birdie

De l'extrémité de Bigelow Point, elle appela Grant.

— Il est en réunion, l'informa Alice, sa secrétaire. Voulez-vous qu'il vous rappelle ?

— Non merci, dit Birdie. Ce n'est pas la peine.

Elle raccrocha, instantanément désabusée. Voilà. C'était le Grant Cousins qu'elle connaissait depuis trente ans. En réunion. Au huitième trou. En conférence téléphonique avec Washington, Tokyo, Londres. À un dîner au Gallagher's. Indisponible. Voulez-vous qu'il vous rappelle ? Voulez-vous que je prenne un message ? Oui, dites-lui que j'ai besoin de lui. Tate a encore poussé un enfant du toboggan, et le petit s'est cassé le bras. Ce serait un miracle que les parents ne portent pas plainte. C'est urgent. J'ai fait une nouvelle fausse couche, en route pour l'hôpital. Veillez, je vous prie, à ce qu'il aille chercher les filles à la garderie. C'est une urgence. Dites-lui que j'aimerais lui dire deux mots au sujet d'Ondine Morris. Quelqu'un l'a surprise vantant le physique avantageux de Grant dans les vestiaires des dames du club. Qu'il me rappelle immédiatement. Je m'ennuie, je me sens seule, je n'aurais jamais dû quitter mon poste chez Christie's, j'adorais les tapis, les histoires qu'ils racontaient, les mains qui les avaient tissés, et il le savait. Pourquoi m'a-t-il demandé de démissionner ? Dites-lui que gagner dix millions de dollars par an ne lui donne pas le droit d'ignorer ses enfants. Ils le réclament à grands cris.

Moi aussi, je le réclame à grands cris. Dites-lui de me rappeler, s'il vous plaît.

Birdie voulait parler des filles à Grant. C'était leur père. Mais que dirait-il en apprenant qu'elles étaient fâchées ? Se ferait-il autant de souci que Birdie ? Ou se contenterait-il d'attendre, comme toujours, qu'elle lui dise comment réagir ? Durant les quelques semaines qu'elle avait passées ici, elle avait détecté une métamorphose chez lui. L'émergence d'une sensibilité. Il s'était révélé doux et attentif au téléphone, l'encourageant dans ses démarches à l'égard de Hank ; il s'était montré nostalgique, romantique. Il lui avait envoyé des fleurs, écrit un petit mot parfait. Birdie avait du mal à l'admettre, mais elle avait joué avec l'idée de se remettre avec Grant. Jamais, au grand jamais, elle ne pourrait ré-emménager avec lui, mais ils pouvaient devenir amis. Ils pouvaient faire des choses ensemble, seuls ou avec les enfants. Elle s'était crue insensible aux vieilles blessures. Il est en réunion. Voulez-vous qu'il vous rappelle ?

Mais non.

Elle retrouva Tate par accident, bien que Tuckernuck fût petite et qu'elle sût où chercher. Elle avait tout d'abord pensé la voir à North Pond, et comme ce n'était pas le cas, avait opté pour East Pond. Plus petit et pas tout à fait aussi beau que North Pond, East Pond n'en avait pas moins un charme bien à lui ; la zone de l'étang la plus enfoncée dans les terres était bordée de *Rosa rugosa* odorante et de *prunus maritima*. Birdie supposa que Tate était d'humeur à se trouver là, se sentant elle-même plus petite et pas tout à fait aussi belle.

Elle avait vu juste. Tate était là, les écouteurs vissés sur les oreilles. Elle se redressa sur ses coudes, mais se laissa retomber en voyant Birdie. Celle-ci hésita à poursuivre sa route. Tate n'avait pas envie de la voir, et Birdie n'avait aucun droit de cité dans le conflit qui opposait les deux filles, quel qu'il fût. Birdie avait eu tellement de mal à gérer leurs querelles adolescentes qu'elle avait consulté un conseiller familial, lequel lui avait recommandé de laisser les filles régler leurs affaires entre elles. L'avait-elle écouté ? Non. C'étaient ses filles ; elle voulait qu'elles s'aiment. Elle avait négocié un traité de paix à l'époque, et voilà qu'elle refaisait exactement de même.

Elle alla s'asseoir à côté de Tate et lui toucha le bras. Tate se redressa à demi, ôtant un de ses écouteurs.

— Salut, dit Birdie.

— Non, Birdie, je t'en supplie, répliqua Tate.

— Non quoi ?

— N'essaie pas de me réconforter. Parce que ça ne servira à rien. Ce n'est pas quelque chose qu'une mère peut réparer.

— OK, dit Birdie.

— Barrett me manque, poursuivit Tate. C'est moi qui l'ai repoussé, et voilà que maintenant je voudrais qu'il revienne.

— Je suis sûre que tu lui manques aussi.

— Tu n'y as jamais cru. Mais moi si. Parce que je l'aime. Je l'ai toujours aimé.

— Ce n'est pas que je n'y croyais pas…

— Tu pensais que ce n'était qu'un rêve de midinette. Un stupide fantasme estival.

— Tate, ne sois pas méchante.

— C'est vous, les méchantes. Toi et ma sœur.

— Tate.

— J'ai dit à Chess que je la détestais, et j'étais sérieuse. Je la déteste. Tout ce que je voulais dans la vie, elle l'a pris.

— Ce n'est pas vrai.

Tate serra les lèvres, et Birdie la perçut comme une petite fille, bornée, rebelle, hargneuse. Elle avait toujours été très affectueuse, mais elle avait toujours été colérique aussi. Rien de ce que Birdie avait fait ces trente dernières années n'avait pu y faire.

Birdie se releva et s'essuya les paumes sur son short.

— Je vais vous laisser régler ça entre vous, dit-elle.

Tate murmura quelque chose tout en se retournant à plat ventre, mais Birdie, qui n'avait pas entendu, se refusait à la prier de répéter comme elle avait pu le faire lorsque Tate était adolescente. Pourtant, en remontant le chemin qui menait à la maison, elle se demanda ce que Tate avait bien pu dire. Sans doute « Comme tu voudras », ou « Ouais, c'est ça ». Ou peut-être avait-elle murmuré « Merci », ce qui était ce que Birdie aurait pu espérer de mieux.

Tate

Ce soir-là, Tate quitta la maison pendant l'heure commune de flânerie sous le porche et descendit les escaliers jusqu'à la plage. La lune, ronde et pleine le soir du pique-nique, avait à présent entamé son dernier quart, ce qui attrista Tate. Le lendemain, il ne leur resterait plus que quatre jours, et trois le surlendemain – après quoi il faudrait commencer à faire les valises. Sur la rive d'en face brillaient les lumières de Nantucket.

Barrett !

Que faisait-il ce soir ? Était-il chez lui avec les enfants, ou accompagnait-il Anita à un dîner de charité huppé pour remplacer Roman coincé en ville ?

Elle devait bien lui manquer. Il devait bien penser à elle. Il était amoureux d'elle. Il l'avait dit à Chess (à moins que celle-ci n'ait menti, mais quand même elle n'irait pas aussi loin).

Les prières étaient efficaces, se rappela-t-elle. Elle pria donc. S'il vous plaît s'il vous plaît s'il vous plaît s'il vous plaît s'il vous plaît s'il vous plaît s'il vous plaît.

Demain, décida Tate, il viendra.

Le lendemain matin, Tate se tenait sur la plage lorsque le *Girlfriend* pénétra dans la crique.

Trey à bord.

Tate pensa : Quelle foutaise, ces prières.

— Comment va Barrett ? demanda-t-elle.

Trey haussa les épaules.

— Il est occupé.

Quelques minutes plus tard, elle frappa à la porte d'India.

— Entrez ! dit India.

Tate s'exécuta et remarqua immédiatement un changement. Un tableau. Un petit tableau carré au mur.

— Qu'est-ce que c'est ? s'informa-t-elle.

— L'intérieur d'une coquille de bulot, répondit India.

Elle lisait en fumant, étendue sur son lit.

— Oh, fit Tate. Oui, je vois ça. Qui est-ce qui l'a fait ?

— Une étudiante, dit India en expirant de la fumée. Tu viens me voir pour une raison précise, ou bien est-ce juste par politesse ?

— J'ai une raison.

Tate n'était pas sûre de pouvoir aller au bout. Elle n'aimait pas demander de l'aide aux autres. C'étaient les autres qui lui demandaient de l'aide, à elle. C'était son travail ; c'était ainsi qu'elle menait sa vie.

— Je t'écoute, dit India.

Tate se laissa couler sur le lit. Quel matelas insolite. On l'aurait dit rempli de sables mouvants ; il suffisait de s'asseoir dessus pour être englouti. Tate aurait parié que si on l'ouvrait, on le trouverait rempli de quelque substance bizarre, horrible, comme le plasma de ses ancêtres, par exemple.

— Barrett a une cliente, Anita, dit Tate.

— Je l'ai vue.

— Elle veut acheter Roger.

— Oui, je sais. Barrett me l'a dit. Cinquante mille dollars.

— Alors tu lui as dit qu'il n'était pas à vendre, et il a transmis à Anita. Et Anita est devenue dingue. Elle a monté un piège, en offrant à Barrett un emploi à temps plein, où il ne travaillerait que pour elle, pour un salaire qu'il ne pouvait pas refuser. Il lui doit plein d'argent de toute façon, d'avant, quand sa femme était malade et qu'elle avait besoin d'infirmières à domicile.

— Oh, dit India. Je n'étais pas au courant de tout ça.

— C'est pour ça que je te le dis. C'est pour ça qu'il ne vient plus. C'est pour ça qu'il nous envoie Trey.

— Ah, fit India.

— Et il ne vient plus me voir non plus parce que j'étais fâchée qu'il travaille pour Anita.

Tate fixa le nouveau tableau d'India. Il avait quelque chose de captivant.

— Je suppose qu'on pourrait dire qu'on a rompu.

— Merci de ces explications, dit India. J'étais intriguée, mais ce n'était pas à moi de te poser des questions. Je ne suis que ta tante.

— Non, tu es beaucoup plus que ça, répondit Tate. Tu es des nôtres.

— Merci, tu es gentille. Et tu sais que je vous aime, toi et Chess, comme mes propres enfants.

Tate acquiesça. Elle avala sa salive. Elle avait la gorge enduite d'une couche de désespoir.

— Enfin, bref, je suis venue voir si tu ne pouvais pas changer d'avis pour Roger.

India écarquilla les yeux, plus d'approbation, espérait Tate, que par choc ou de colère.

— J'ai pensé que si je revenais à l'origine du problème, je pourrais le résoudre. Si tu vends Roger à Anita, elle laissera Barrett tranquille.

— Fais-moi plaisir, tiens Roger, dit India.

Tate prit Roger sur la commode – mais avec précaution ! Il était délicat et précieux. Il était léger comme un souffle, fait de bois flotté et d'algues séchées, de verre poli et de coquillages. Il avait du style, cependant. Ses cheveux ressemblaient à des dreadlocks et il avait les yeux ronds comme des lunettes rigolotes à la Elton John.

— Comment est-ce qu'oncle Bill a pu fixer le verre et les coquillages ?

— Chuck Lee lui a prêté un pistolet à colle. En secret, je suppose. Et Bill a détourné l'électricité du générateur. Il était débrouillard.

Tate caressa le bois, terni par les ans, donnant à Roger l'air d'avoir vieilli comme une vraie personne.

— Ton oncle l'a fait pour moi après une terrible dispute, expliqua India.

Tate acquiesça. Une terrible dispute.

— Je ne peux pas le vendre, poursuivit India. Sa place n'est pas chez Anita Fullin, ni dans un musée. Elle n'est même pas avec moi en Pennsylvanie. Sa place est ici, dans cette demeure. Il restera ici – à jamais, je l'espère. C'est là le secret de certaines œuvres d'art. Elles ont leur propre intégrité, et nous, en tant qu'humains, nous nous devons de les respecter.

Elle éteignit sa cigarette.

— Je ferais n'importe quoi pour toi, Tate. Je sais que tu aimes Barrett, je sais que tu souffres, mais je peux te dire que ce n'est pas en vendant Roger à Anita Fullin que tu pourras obtenir la solution que tu recherches. Toi seule peux la trouver.

Tate reposa Roger sur la commode. De façon puérile, elle sentit des larmes brûlantes de déception emplir ses yeux – comme lorsqu'elle avait perdu le sprint du cent mètres face à Marissa Hart, qu'elle détestait, aux championnats régionaux de Fairfield. Ou comme lorsque son père l'avait punie pour une mauvaise note en anglais et qu'elle avait manqué le concert de Bruce Springsteen aux Meadowlands. Elle n'avait pas évolué sur le plan émotionnel depuis l'adolescence – voilà le problème. Elle avait besoin de comprendre, de quelque façon que ce soit, comment une femme adulte devait se comporter.

— Je sais, dit-elle. Je voulais juste tenter le coup.

— Je suis contente que tu l'aies fait, dit India. Je suis contente que tu puisses venir à moi quand tu rencontres un problème. Et, crois-moi, si je pouvais t'aider, je le ferais.

Tate acquiesça. La gentillesse de tante India ne faisait qu'aggraver les choses. Lorsqu'elle se releva, ses yeux furent attirés par la toile. L'intérieur d'une coquille de bulot ? Tate le voyait, d'une certaine manière, mais pour elle, la courbe pâle, couleur chair, représentait autre chose : la solitude, la désolation.

Chess

Tate n'avait pas lu sa confession ; une infraction qu'elle ne pouvait pardonner. Tate avait dit vouloir comprendre « tout ce qui était arrivé », et tout était là, couché sur le papier dans les moindres détails, et pourtant Tate n'avait même pas soulevé la couverture. Elle avait déposé le journal sur la commode, mais Chess voyait bien qu'elle ne l'avait pas ouvert.

Il ne restait plus que trois jours. D'un côté, Chess était contente. Elle ne supportait pas cette tension entre elle et sa sœur. Elles ne se parlaient plus, sauf en cas d'extrême nécessité. Chess avait accidentellement ouvert la porte de la salle de bains alors que Tate était aux toilettes, et celle-ci avait aboyé : « C'est occupé ! »

Et puis, au dîner, elle avait dit : « Passe-moi le sel. »

La discorde qui déchirait les deux sœurs flottait comme du brouillard sur la maison. Et pourtant, Chess ne pouvait se résoudre à quitter Tuckernuck. Une chose était devenue claire : elle était en sécurité ici. Elle se demandait si elle pourrait rester toute seule, et, dans ce cas, que se passerait-il ? Elle deviendrait une espèce d'ermite bizarre, sale et mal rasée, parlant toute seule. Mais elle savait lire, écrire, cuisiner certains plats ; elle pourrait se mettre à l'astronomie ou à la pêche à la mouche. Elle pourrait vivre en autarcie et, après quelque temps, supposait-elle, ses souvenirs de l'espèce humaine finiraient par s'estomper.

Elle se retira au grenier après le dîner. Tate était partie à bord de la Scout voir le coucher de soleil sur la falaise ouest ; Chess avait envie d'y aller, aussi, mais elle n'avait pas osé demander. Elle gisait sur son lit, sachant qu'elle devrait descendre s'asseoir sous le porche avec sa mère et sa tante, mais la motivation lui faisait défaut. On ne devrait pas la laisser rester sur l'île toute seule ; ce n'était pas sain. Il lui fallait retourner à New York, tout recommencer. Elle était épuisée rien que d'y penser. Elle resta étendue sur son lit jusqu'à ce que la lumière baisse et que la soirée s'empourpre. Elle tendit l'oreille à l'affût de la Scout. Rien, si ce n'était un épais silence.

Puis elle entendit un bruit. Un grincement. Une présence, là, dans la pièce. Elle savait ce que c'était, quelque part près de sa tête, le claquement d'ailes noires écailleuses. Elle se redressa, prise de panique. Oh. Mon. Dieu. Toute sa vie, elle avait redouté cet instant : celui où de maléfiques poches noires se déplieraient pour engendrer des vampires. Une chauve-souris ! Elle voleta au-dessus de sa tête ; Chess sentait le souffle de son battement d'ailes. Puis une autre. Elles étaient deux, prêtes à fondre sur elle.

Chess couvrit son visage de ses bras. Elle envisagea de se glisser sous les couvertures, mais elle ne voulait pas s'enfermer. Il fallait sortir du grenier, même si elle était trop terrifiée pour bouger. Tate avait toujours raillé sa peur des chauves-souris – disant tout d'abord qu'il n'y en avait pas, puis que même s'il y en avait, elles se dirigeaient au sonar et n'effleureraient jamais ses cheveux ni son visage. Celles-ci devaient pourtant avoir subi une mutation génétique, car elles devenaient dingues ; Chess les entendait pousser leur plainte aiguë et intense.

Comme elle ne savait quoi faire, elle se mit à crier. Elle cria de toutes ses forces. « Aaaaaaahiiowiiii ! Au secours ! Aaaaaaahiiowi ! » Elle agita les bras au-dessus de sa tête. Puis elle craignit de les toucher par accident. Elle ne voulait pas les sentir tout près, avec leurs yeux globuleux, leurs petites dents pointues, leurs horribles ailes de dentelle noire, à même de recouvrir sa bouche pour l'étouffer. Elle hurla. Hurler lui faisait du bien, elle lâchait tout, exprimant non seulement sa terreur, mais aussi sa tristesse, sa colère. Aaaaaaa-hiiiowi ! » Elle cria jusqu'à s'enflammer la gorge.

La porte s'ouvrit à grand fracas et Tate surgit, armée du balai de la cuisine. Elle portait des gants de travail, qu'elle avait dû prendre dans la boîte à outils de Barrett. Elle avait toujours dit à Chess que les chauves-souris se nourrissaient de moustiques, non d'humains, mais si elle y croyait, alors pourquoi portait-elle des gants de travail ? Chess voulait les mêmes ; elle voulait une armure. Vraiment, pensa-t-elle, elle n'avait jamais été aussi heureuse de voir sa sœur.

Tate agita le balai en direction des chauves-souris. Elles voletaient autour d'elle, esquivant ses attaques. Il y en avait une troisième à présent – Chess pouvait ouvrir les yeux pour voir trois chauves-souris !

— J'essaie de les encourager à sortir par la fenêtre, expliqua Tate.

Chess faillit sourire. C'était si mignon, comme formulation, « les encourager », alors même que Tate avait plutôt l'air de vouloir les battre à mort. Chess resta recroquevillée sur le lit pendant que Tate courait en tous sens avec son balai, qu'elle abattait plus ou moins en direction des volatiles. L'unique et minuscule fenêtre était ouverte, mais pousser les chauves-souris dans sa direction – vers le ciel, l'air nocturne, le buffet de moustiques à volonté – ne semblait guère efficace.

— J'ai une autre idée, dit Tate.

Et elle partit.

— Noooooooooon ! s'écria Chess.

Elle plia les genoux et enfouit son visage avant de se couvrir la tête des mains, adoptant la position recommandée en cas d'urgences et de catastrophes naturelles.

— Tate ! Taaaaaaaaaate !

Tate revint munie d'une épuisette, celle que leur grand-père utilisait pour pêcher crabes et petits poissons. Elle courut tout autour de la pièce en tentant d'attraper les chauves-souris de son filet, et en la regardant – elle portait toujours les gants de travail, maintenant assortis d'une casquette de base-ball achetée au magasin de souvenirs de Nantucket, probablement fermé depuis –, Chess se rendit compte que Tate avait peur des chauves-souris, elle aussi. Elle avait peur ! Cela rassura Chess, pour qui observer Tate pourchasser les bestioles à travers la pièce avec son filet dans ce qui était clairement une entreprise stérile sembla soudain… drôle. Un gloussement jaillit de sa gorge ; puis elle se mit à rire. Elle rit, rit jusqu'à s'en tenir les côtes en hoquetant.

Tate lui jeta un regard avant de s'arrêter net. Elle lâcha l'épuisette qui tomba au sol avec un claquement. Puis elle alla sur le lit et serra Chess dans ses bras.

— J'abandonne, dit-elle. Qu'elles viennent.

— Qu'elles nous mangent, ajouta Chess.

— Peut-être qu'on deviendra des vampires. C'est à la mode ces temps-ci.

Elles restèrent assises en silence, à demi enlacées, pour voir ce qui allait arriver.

— Où sont Birdie et India ? murmura Chess.

— Sous le porche, répondit Tate. Je leur ai dit que quel que soit le problème, je m'en chargeais.

— Oh, oui, je vois ça.

Elles ne faisaient pas de bruit. Les chauves-souris semblaient s'être calmées. Elles tournaient, viraient, volaient en huit. Elles étaient pleines de grâce, décida Chess. Elles s'élevaient en direction du plafond, avant de fondre vers le bas – un, deux, trois – dans un ballet particulier. Que cherchaient-elles ? se demanda Chess, même si elle savait la réponse prosaïque : elles cherchaient des insectes. Elles s'agglutinèrent ; l'espace d'un instant, elles semblèrent suspendues dans l'air chaud du grenier. Et puis, une par une, elles découvrirent la fenêtre ouverte, ce carré des possibles, portail donnant sur leurs rêves de liberté les plus fous.

Chess et Tate demeurèrent éveillées une bonne partie de la nuit. Craignant le retour des chauves-souris, elles fermèrent la fenêtre et endurèrent la chaleur étouffante. Tate alla inspecter les recoins éloignés du grenier pour s'assurer qu'il ne restait plus de volatiles tapis dans le noir. Elles étaient à l'abri.

Chess lut sa confession à Tate, à la lueur de sa lampe torche, et Tate l'écouta, captivée. Cela rappela à Chess ces années lointaines où elle lisait des histoires à sa sœur. Tate ne fit aucun commentaire sur ce qu'elle entendit ; peut-être était-elle horrifiée, à moins qu'elle ne fût compréhensive. Chess n'aurait su dire. Elle restait allongée, les yeux fixés sur Chess. La confession se déroulait comme une histoire, une fiction, et, grands dieux, comme Chess aurait voulu que cela en soit une !

Après avoir refermé le carnet, la vérité enfin sortie flottant dans les airs autour d'elles, Chess demanda :

— Alors, qu'est-ce que tu en penses ?

— Et toi, qu'est-ce que tu en penses ?

— J'aurais dû dire à Michael ce que je ressentais pour Nick. Mais je n'étais pas sûre que mes sentiments étaient réels, et comme ce n'était peut-être pas le cas, ils étaient faciles à cacher.

Elle regarda Tate, et même dans les ténèbres, vit une expression se former sur le visage de sa sœur. Chess sursauta ; c'était presque comme si elle était assise dans le grenier en compagnie de quelqu'un d'autre. Tate avait l'air sérieux ; elle semblait pensive.

— Je sais pourquoi tu ne l'as pas dit à Michael, dit-elle. Tu n'en avais pas envie. Tu aimais bien Michael. Tu l'aimais tout court. Tu ne voulais pas être celle qui nourrissait une indéfectible obsession pour sa rock star de petit frère. Tu n'as jamais voulu dévier de ta course, Chess. Tu es entrée dans ce schéma, dans ce moule, comme maman, papa et tous les autres, où tout ce que tu fais est juste. Michael était le genre d'homme que tu t'attendais, toi-même, à épouser. Il cadrait idéalement avec ta parfaite petite vie. Si tu l'avais épousé – est-il besoin de le préciser ? –, tu aurais eu une maison de cinq cents mètres carrés, une pelouse impeccable, des enfants magnifiques – et tu aurais été malheureuse. Ce n'est pas Michael que tu as trahi en ne lui parlant pas de Nick. C'est toi. Tu ne voulais pas être celle qui aimait Nick, mais, tu sais quoi ? Tu étais bien cette personne. Tu l'es encore.

Chess dévisagea la jeune femme assise à l'autre bout du lit, qui était peut-être, ou peut-être pas, sa sœur.

— Tu as raison.

— Je sais.

Chess se pinça l'arête du nez.

— Je vais te dire un truc, sœurette.

Elle prononça ce dernier mot avec ironie ; car en cet instant, Tate était indubitablement devenue l'aînée.

— L'amour n'en vaut pas la peine.

— Ah, fit Tate. C'est là que tu te trompes.

Tate

Sur la liste pour Barrett, à présent adressée à Trey, elle écrivit : *Ne repars pas sans moi !*

Et lorsqu'elle revint de son jogging, Trey, jeune homme docile, l'attendait sur la plage. Elle ne lui avait pas dit pourquoi elle allait à Nantucket, et il ne lui posa pas de question. Il n'était pas curieux ; il s'en fichait. C'était pour le mieux.

Il avait appris – par Barrett – que Tate était fan de Springsteen. Et devinez quoi ? Lui aussi ! Il voulait discuter du Boss, des nouveaux albums, des anciens aussi. Ce genre de conversation ravissait Tate, d'ordinaire, mais là c'était à peine si elle pouvait trouver un mot à dire pour exprimer son amour pour « Jungleland », qu'elle considérait comme un chef-d'œuvre comparable à *West Side Story*. Les choses qui comptaient auparavant, la personne qu'elle était, tout lui avait été usurpé. Son esprit n'avait plus de place que pour Barrett.

L'amour en vaut la peine.

Une fois arrivés, amarrés, et après qu'ils eurent rejoint la rive en canot (Tate éprouvait une douleur physique à faire tout ceci avec Trey plutôt qu'avec

Barrett), Trey lui demanda s'il pouvait la déposer quelque part.

— J'ai *Born to Run* dans ma camionnette, dit-il.

Elle accepta qu'il l'emmène en ville, et ils écoutèrent « Thunder Road » et « Tenth Avenue Freeze-Out ». Trey frappait le rythme sur son volant et hochait la tête comme le fan transi qu'il était. Tate lui demanda de la laisser sur Main Street, devant la pharmacie.

— Comment est-ce que tu vas rentrer ? demanda-t-il.

— En taxi. Je serai à Madaket Harbor à 15 h 45.

Il leva les deux pouces avec un sourire. Dans son esprit, ils étaient potes.

Main Street était en effervescence. Il y avait du monde partout : deux adorables dames vendant des tickets de tombola pour un tapis en crochet au bénéfice de l'église épiscopale devant les assurances Congdon and Coleman, une nuée de passants regroupés autour du camion de Bartlett Farm pour y acheter courgettes, gueules-de-loup et maïs grillé, touristes armés de plans, de poussettes et de cabas. Tout le monde semblait heureux. Est-ce que tous, ici, avaient trouvé l'amour, sauf elle ?

Elle erra à travers la ville et s'arrêta deux fois pour demander le chemin de Brant Point. Les rues se firent progressivement plus résidentielles, puis Tate trouva le coin familier et tourna à droite. En son for intérieur, le calme régnait, ce qui l'étonna. Elle était pareille à un lac frais et lisse.

Elle trouva facilement la demeure d'Anita ; celle-ci était impossible à oublier. Elle jeta un œil à travers les treillis couverts de roses. La pelouse et les jardins étaient paisibles et sereins, à l'exception du grincement des arrosoirs.

OK, et maintenant ? Fallait-il frapper ? Entrer ?

Elle ne voyait pas le pick-up de Barrett. Était-il en train de faire une des innombrables courses qu'Anita Fullin et sa maison exigeaient ? Tate étudia la façade pittoresque de la maison – l'étendue de bardeaux gris, les nombreuses fenêtres bordées de blanc, les buissons d'hortensias gras et heureux, avec leurs floraisons bleu pervenche.

Tate ouvrit le portail et se dirigea vers la porte d'entrée. Elle était venue parler à Barrett ; elle ne partirait pas avant de l'avoir fait. Pour elle, les hommes tombaient immanquablement dans deux catégories : Barrett, ou tous les autres. Elle frappa d'un air important. Attendit. Pensa à Chess et à tout ce qui était arrivé. Chess pensait que sa chance d'être heureuse était passée ; son système était en panne et ne pouvait être sauvegardé ni restauré. Michael était mort ; Nick ne reviendrait pas. Elle allait bien, avait fait remarquer Tate, rencontrer quelqu'un sur son chemin.

« Oui, avait dit Chess. Mais ça ne sera pas Nick. »

Et Tate avait concédé : ce ne serait pas Nick.

« Et Michael est mort.

— La mort de Michael était un accident », avait observé Tate.

Chess avait répliqué : « C'était un suicide.

— Tu n'es pas sérieuse ? avait demandé Tate.

— Si, je suis tout à fait sérieuse », avait répondu Chess.

Tate s'était préparée à tout lorsque Anita Fullin ouvrit la porte. Du moins le pensait-elle.

Anita Fullin portait un bikini orange. Elle avait les cheveux en chignon et le visage luisant d'écran total. Elle se prélassait au soleil. Dans la maison, Tate pouvait voir une serviette orange étendue sur une chaise longue sur la terrasse ; elle voyait aussi une radio Bose sur la table et un verre de vin blanc. Était-ce ainsi qu'Anita Fullin passait ses journées ? Tate était mal placée pour la juger ; elle avait employé les vingt-cinq derniers jours plus ou moins de la même façon.

Le visage d'Anita était vaguement aimable, attentif, méfiant. Pourquoi avait-on interrompu son bronzage ?

Elle ne me reconnaît pas, pensa Tate. Elle ne sait absolument pas qui je suis.

Bon, voilà qui était exaspérant. La colère lui faisait du bien ; elle lui fournissait des munitions.

— Bonjour, Anita ! Navrée de vous importuner. Je cherche Barrett, dit-elle.

Anita esquissa un sourire dément, avant de laisser échapper un rire unique, comme un coup de feu.

— Ha !

Mon Dieu, pensa Tate.

— Voulez-vous entrer vous asseoir ? demanda Anita.

Tate respira un coup.

— Non, je vous remercie. Je cherche juste Barrett.

Anita plaça un index sous son nez et inhala.

— Eh bien, vous ne le trouverez pas ici.

— Ah bon ?

— Il est parti ce matin.

— Parti… pour aller où ?

— Où ça, on se le demande ! S'occuper de ses petites affaires, d'autres clients, des gens qui ont paraît-il besoin de lui, à l'en croire. De sa petite vie pathétique et solitaire, où il n'aura jamais les moyens de faire quoi que ce soit d'intéressant ni la possibilité de devenir un homme, un vrai. Il est parti parce qu'il juge mon comportement indécent. Je suis mariée, dit-il, et je ferais bien d'agir en conséquence, sans quoi il appellera Roman pour jouer les rapporteurs, comme un gamin de six ans.

Elle laissa échapper un trille sardonique qui palpita comme un vol d'oiseaux.

— Il croit pouvoir me faire chanter, moi ! Non non non non non non non.

Tate fit un pas en arrière. Anita lui agrippa le bras.

— Je vous en prie, entrez. On va prendre un verre.

— Impossible, dit Tate.

— Allez ! Je ne suis pas le monstre qu'il voudrait faire croire.

Elle recula pour ouvrir la porte un peu plus grand, et Tate franchit le seuil. Elle pensa immédiatement à Chess, faisant ce qu'on attendait d'elle au lieu de suivre son instinct. Tate savait bien qu'elle n'aurait pas dû pénétrer sur le territoire d'Anita – mais qu'y pouvait-elle ? Elle entra donc.

Anita semblait stimulée par la présence de Tate. Elle referma vigoureusement la porte derrière elle.

— Venez, venez donc, asseyez-vous là pendant que je vais vous chercher un verre de vin. Du chardonnay, ça vous va ?

— Euh, fit Tate.

Il n'était même pas 10 heures.

— Vous n'auriez pas plutôt du thé glacé ?

— Du thé glacé ?

Anita disparut dans la cuisine et en ressortit quelques secondes plus tard avec deux verres de vin.

— Voilà, dit-elle joyeusement. Je vous en prie, asseyez-vous.

Tate était timidement perchée sur l'accoudoir d'un fauteuil, ce qui était plutôt mal élevé, comme elle s'en rendit compte, mais elle n'irait pas plus loin. Elle ne voulait pas s'asseoir. Anita posa les verres sur la table basse en verre et se laissa tomber avec décontraction sur le canapé. Que pouvait faire Tate ? Elle avait été élevée par Birdie. Elle s'assit dans le fauteuil et sourit à Anita.

— Vous avez une maison splendide.

Anita souleva son verre.

— Santé !

Elle s'avança pour le faire tinter contre celui de Tate, l'obligeant à trinquer avec elle. Passait encore. Mais Anita ne pouvait la faire boire. Tate porta le verre à ses lèvres. Anita l'observait. Elle prit une minuscule gorgée, juste assez pour humecter ses lèvres.

— Comment le trouvez-vous ? s'enquit Anita.

— Délicieux.

— Vous semblez nerveuse. Je me trompe ?

— Un peu… Je ne voulais pas vous déranger.

— Oh ! Vous ne me dérangez pas le moins du monde. Je ne faisais que me détendre au soleil. Je suis vraiment paresseuse.

Elle sourit à ces mots. Tate pensa qu'elle plaisantait, aussi rit-elle juste comme il fallait. Mais Anita reposa brutalement sa boisson sur la table en verre, avec un bruit pareil à une cloche dissonante. Tate en déduisit que son rire avait dû être déplacé ; elle aurait dû dire quelque parole apaisante à la place, comme *Vous êtes en vacances, après tout*, par exemple. Tate n'était pas douée pour les conventions sociales, en dépit de l'enseignement de Birdie.

— Roman me croit totalement inutile, à traîner ici, sur Nantucket, sortir déjeuner ou dîner, dépenser son argent sans travailler, sans contribuer à ma communauté locale ni à ce qu'il appelle « le vaste monde ». C'est pourquoi nous sommes séparés, lui à New York et moi ici, nous ne sommes plus en couple, et ça me va très bien.

— Oh, dit Tate. Désolée de l'apprendre.

— Désolée ? Vraiment ? demanda Anita.

Elle but encore. Ses cheveux lui tombèrent dans la figure, et Tate se demanda quelle quantité d'alcool elle avait déjà ingurgitée dans la matinée. Avait-elle arrosé ses céréales de chardonnay ?

— Ce que Roman ne sait évidemment pas, et que je n'ai jamais pu lui dire, c'est que j'avais placé mes espoirs en Barrett. Nous étions devenus si proches quand sa femme était mourante, et plus encore après son décès. Je lui ai prêté beaucoup d'argent, mais cela n'avait pas grande importance parce que j'adore Barrett et que je ferais n'importe quoi pour lui. Et puis, pas plus tard que la semaine dernière, quand je l'ai pris à mon service exclusif, je me suis dit que c'était l'occasion rêvée pour faire quelque chose de lui.

— Faire quelque chose de lui ?

— Faire de lui une réussite. Le présenter à qui de droit, lui trouver un emploi…

— Il a déjà un emploi. Il a sa propre entreprise.

Anita dévisagea Tate. Elle avait le visage tanné, totalement dépourvu de rides. Son rouge à lèvres était parfait.

— Il peut faire mieux. Il peut devenir comme Roman : un banquier d'investissement, un homme du monde. Un homme avec de l'argent et du pouvoir. Il le mérite. Il mérite tellement mieux que ce qui lui a été accordé.

— Vous croyez ?

— Oui.

Anita termina son verre. Elle jeta un regard à la boisson, restée intacte, de Tate, qui manqua de la lui offrir.

— J'en suis convaincue.

Quelque chose dans la façon dont elle articula ces derniers mots fit comprendre à Tate que, pour Anita, les hommes tombaient dans deux catégories : Barrett, et tous les autres.

— Mais il a tout gâché aujourd'hui. Il m'a plantée là. J'ai décidé de lui laisser jusqu'à midi pour revenir. Sans quoi, je vais devoir m'asseoir à mon bureau donner des coups de fil.

— Des coups de fil ?

— Je vais appeler tous ses clients pour leur dire à quel point il est égoïste. Je vais appeler toutes mes amies, qui passeront le relais. Je vais reprendre possession du bateau. Je vais appeler mon avocat au sujet de l'argent qu'il me doit. Je vais lui barrer toutes ses options, jusqu'à ce qu'il n'ait plus d'autre choix que de revenir ici.

Elle souleva son verre vide et se leva.

— Je vous aurais bien appelées, vous aussi, mais vous n'avez pas de téléphone.

Elle sourit.

— Quelle chance que vous soyez passée !

Tate s'excusa pour aller aux toilettes. Anita retourna à la cuisine se resservir du vin. Tate descendit un long couloir, dépassant la salle de bains, jusqu'à une petite véranda. Ce qu'elle cherchait ne s'y trouvait pas. Elle essaya une autre porte et trouva un boudoir où deux chats roux paressaient sur un sofa. Elle se retourna et vit une volée d'escaliers. Elle grimpa les marches et rôda – suite principale, chambre d'ami, chambre d'ami – jusqu'à trouver le bureau. Elle s'assit en face de l'ordinateur et tapota légèrement le clavier. L'écran s'éveilla. Tate sourit ; c'était un bon modèle, cher, un Dell, parmi ses préférés. Elle avait l'impression de retrouver un vieil ami. Elle vérifia la configuration du bureau et se mit au travail. Ses doigts volaient. Elle aurait pu le faire dans son sommeil. C'était effrayant, en vérité, comme un génie de l'informatique pouvait faire le bien comme le mal. Elle entendit Anita l'appeler depuis le rez-de-chaussée : « Hello ? Hello ? » Tate s'efforça d'aller plus vite, plus vite encore, jusqu'à mettre le système à genoux ; une seule pression sur une touche, et elle effacerait l'intégralité du disque dur – tous les documents, les emails, les photos, la musique, absolument tout. Tout effacer ! Tate en eut le vertige.

— Hello ? appela Anita depuis l'escalier. Tate ?

Tate remua les doigts dans le vide au-dessus du clavier en une petite mise en scène personnelle à laquelle

elle aimait s'adonner pour se rappeler la magie dont elle était capable. Le simple fait de pouvoir lâcher un ouragan technologique sur Anita Fullin suffisait à son bonheur. Elle se leva du bureau. Une satisfaction inattendue l'envahit. Anita Fullin connaissait son nom.

Tate descendit l'escalier. Anita l'attendait en bas.

— Vous feriez mieux de partir, dit-elle.

Tate leva les mains pour lui montrer qu'elle n'avait rien volé. À l'étage, l'ordinateur attendait, suspendu à un fil. Peut-être Anita Fullin appuierait-elle d'elle-même sur la touche fatidique.

— Vous avez sans doute raison, dit Tate.

Tate suivit la rue étouffante en direction de la ville. C'était le moment où Barrett était censé faire son apparition pour la prendre dans ses bras afin qu'ils s'éloignent en voiture dans le soleil de midi. Il avait démissionné d'Anita Fullin ; il avait repris sa liberté. Où était-il donc ?

Elle acheta deux bouteilles d'eau fraîche en ville et marcha jusqu'à Madaket Harbor. Il faisait beau et chaud, et contrairement à Tuckernuck, la piste cyclable ici était pavée et surpeuplée ; les gens fonçaient autour de Tate sur leurs vélos, faisant tinter leurs timbres. « Sur votre gauche ! » Des voitures passaient à toute vitesse, et elle croyait voir Barrett dans chacune d'elles. Mais non.

Elle arriva à Madaket Harbor à 14 heures. Elle acheta un sandwich et une nouvelle bouteille d'eau au magasin de Westender, puis mangea sur le quai, les pieds dans l'eau. Elle envisagea de plonger tout habillée – mais elle avait décidé, à partir de maintenant, de se comporter en adulte. Non à l'image d'Anita Fullin, de Chess, de sa mère ou de tante India – mais comme l'adulte qu'elle était en son for intérieur.

Puis elle se dit : L'adulte en moi a chaud et transpire. Alors elle plongea.

Elle dormait sur le quai, ses vêtements en train de sécher, lorsque Trey lui donna un petit coup de chaussure.

— Ohé, dit-il.

Elle ouvrit les yeux, puis les referma. Lorsqu'elle les entrouvrirait de nouveau, ce serait Barrett et non plus Trey qui se dresserait devant elle. Elle comprit alors pourquoi Chess dormait tout le temps : lorsque la vie vous contrarie, il est plus simple de piquer du nez.

— Allez, dit Trey. On y va.

Tate se redressa, les yeux bouffis. Madaket Harbor se déroulait devant ses yeux tel un tableau. Le bleu de l'eau, le vert des algues, le blanc des bateaux. Trey portait un sac de glace et un paquet de provisions ; il était en train de détacher le canot. Elle tituba jusqu'à la plage. Ses vêtements étaient raidis par le sel, et elle n'osait imaginer l'état de ses cheveux.

Ils s'installèrent dans le bateau.

— Mais où est Barrett, enfin ? demanda Tate.

— À l'aéroport. Il est allé chercher le mari.

— Le mari ?

— C'est ce qu'il a dit.

— Tu veux dire, Roman ? Je croyais qu'il en avait fini avec Anita.

— Il n'en aura jamais fini avec elle.

Tate sentit son cœur chamboulé. C'était sans doute vrai. Anita avait dû l'appeler pour poser son ultimatum : Si tu n'es pas revenu avant midi, je te détruis. Et Barrett avait dû faire la seule chose possible : y retourner. Il devait penser à ses enfants. Il n'était qu'un tassergal, cruellement hameçonné à la lèvre par Anita. Il avait beau lutter, elle ne le relâcherait pas.

Lorsque Tate regagna la maison, elle trouva Birdie, tante India et Chess assises dans le jardin, buvant du sancerre et grignotant des amandes. Ses yeux s'emplirent de larmes de gratitude.

— Comment s'est passée ta journée ? s'informa Birdie.

— Horrible, répliqua Tate.

Et elle s'assit à sa place, dans la quatrième chaise.

Chess et Tate mettaient la table. D'ordinaire, à quelques jours du départ, Birdie cuisinait des combinaisons de restes bizarres, comme des œufs brouillés au maïs et à la tomate, mais ce soir elles mangeaient des steaks, des pommes de terre à l'étouffée, de la salade sauce babeurre et du pain.

Chess posait les sets de table, suivie de Tate avec l'argenterie.

— Alors, tu as trouvé Barrett ? demanda-t-elle.

— Non, répondit Tate.

— Ça va ?

— Non.

Psst. Un bruit pareil à celui d'une fuite d'air dans un pneu.

Tate regarda alentour, craignant que cela vienne de la Scout.

Pssst.

Barrett remontait les escaliers depuis la plage.

Car c'était bien lui, non ? Pas Trey qui ressemblait à Barrett ?

Il agitait le bras, lui faisant signe d'approcher.

— Miss Singe !

Oui, elle arrivait, accourait, comme dans les films, elle courait dans ses bras, bon sang, ce qu'il sentait bon, elle embrassait son cou, il avait bon goût, il était réel, il était là, elle l'aimait, qu'est-ce qu'elle l'aimait. Il l'entourait de ses bras, riait. Elle embrassait sa bouche. Il… la laissait l'embrasser, mais sans retourner le baiser, du moins pas avec la passion qu'elle espérait. Quelque chose clochait, il y avait un problème quelque part. Il allait lui dire qu'il travaillait toujours pour Anita. Était-ce ça ? Et que répondrait-elle ? Pouvait-elle faire avec ? Vraiment ? Une chose était sûre : il semblait heureux. Il souriait.

— Oh, bon sang, jamais de toute ma vie je n'ai été aussi contente de voir quelqu'un ! dit-elle.

Il la serra. Avant de chuchoter :

— J'ai une surprise.

Une surprise ? Elle entendit des bruits de pas. Il avait amené quelqu'un. Encore ? Tate sentit son cou se raidir. Elle tenta de se détacher de lui ; Barrett la retint. Elle scruta les alentours à la recherche de la personne qui montait les escaliers en suffoquant.

C'était son père.

Birdie

Elle imaginait que cela deviendrait un nouvel épisode de la mythologie familiale de Tuckernuck : le jour où elle avait failli mettre le feu à la maison.

Il fallut une seconde à Birdie pour comprendre exactement ce qui était en train de se passer. Elle était surprise de voir que Barrett était revenu ; elle en était ravie pour Tate. Elle se souciait peu de savoir qui Barrett avait ramené. Un homme d'âge mûr, bronzé, propre sur lui, bel homme. Un homme qui lui rappelait… qui ressemblait beaucoup à… qui était… Grant ! Mais oui, c'était Grant ! Ici, à Tuckernuck ! Ici ! Puis Birdie se rendit compte qu'elle fumait, or elle ne pouvait le faire devant Grant, aussi jeta-t-elle sa cigarette au sol, ce qui ne lui ressemblait guère. Elle ne voulait pas faire de dégât ; elle voulait simplement se débarrasser de son mégot avant que Grant ne le voie dans sa main. Par chance, il atterrit, non à ses pieds, mais dans le sac en papier où elles mettaient les journaux à recycler. Contenant et contenu se consumèrent en quelques secondes à peine.

India gesticulait en poussant des cris. Birdie était trop confuse pour le remarquer ; elle était assaillie d'une avalanche de questions, roulant, cascadant.

Grant avait belle allure, il était magnifique, avait perdu du poids, bronzé, changé. Il portait un polo blanc, un short de crêpe rayé blanc et bleu, et des tongs ? Grant ne portait jamais rien de plus décontracté que des chaussures de golf ou des mocassins. Pourtant le voilà en tongs, l'air relax, à l'aise, tout à fait présent, trois choses que Birdie avait vainement demandées pendant trente ans.

Puis elle sentit une odeur de fumée – non de fumée de gril, mais de fumée fumée – et vit les flammes lécher les bardeaux de la maison. Elle eut la rapide vision de la maison de ses grands-parents rasée par l'incendie. Elle regarda Barrett, paniquée. Il y avait un camion de pompiers sur l'île, doté d'un réservoir d'un mètre cube, tout le monde sur Tuckernuck le savait, mais ce que Birdie ne savait pas, c'était qui conduisait le camion, ni qui appeler pour le faire venir.

Pendant ce temps-là, Grant franchissait la distance qui le séparait de Birdie.

— Recule, dit-il. Recule, Birdie, nom d'un chien !

Il attrapa la carafe d'eau sur la table et la vida sur les flammes. Il y eut un sifflement suivi d'un tourbillon de fumée aigre. Grant vérifia que le feu était bien éteint. Il saisit la bouteille de sancerre et éteignit les braises ardentes. Non, pas le sancerre ! pensa Birdie. Mais c'était la chose à faire, bien sûr.

Barrett, India et les filles la regardaient tous, perplexes. Birdie était gênée.

— J'ai jeté ma cigarette dans le sac par accident, dit-elle.

— Tu fumais ? s'étonna Grant.

— En quelque sorte, répondit Birdie.

India éclata de rire.

— En quelque sorte, singea-t-elle.

— Mais que diable fais-tu ici, Grant Cousins ? demanda Birdie.

Grant lui prit les mains. Ses yeux semblaient d'un bleu plus clair, ses cheveux plus longs qu'à l'accoutumée ; ils rebiquaient sur les pointes. Il était « mignon », de la même façon que les adolescentes trouvaient les chanteurs de rock « mignons » – il était hirsute et sexy.

— Je suis venu te voir, dit-il.

Birdie se trouva incapable de parler, la bouche béante. Il l'embrassa – Grant Cousins l'embrassa, mais oui, devant tout le monde. Et ce ne fut pas tout : son désir s'éveilla. Grands dieux, elle avait tout oublié de cette sensation.

India

Elle contempla son lit – ce gouffre spongieux, avec ses cinq oreillers neufs bien fermes pour compenser – et sut qu'elle ne parviendrait pas à dormir. Elle avait senti venir l'insomnie, tel un vaisseau fantôme sur l'horizon, approchant progressivement. Sa tête était en proie à un bourdonnement électronique ; elle avait l'impression qu'on l'avait attrapée par la peau du cou et qu'on refusait de la lâcher.

L'arrivée de Grant avait tout bouleversé. India lui en voulait terriblement d'être venu à l'improviste, volant la vedette. Birdie était extatique, les filles ravies, Barrett impressionné. L'homme de la maison avait fait son entrée ! Comme si tout ce qui leur avait manqué ces dernières semaines, c'était un homme. Tu parles, pensa India. Elles étaient très bien ici, rien que toutes les quatre. Aux yeux d'India, Grant n'était qu'un vil intrus.

Il avait fait montre d'une certaine nervosité devant India, et elle pensa : Tu m'étonnes ! Tu peux trembler dans tes bottes ! C'était la maison des Tate, leur maison, non celle de Grant ; pour autant qu'elle s'en souvienne, il n'avait jamais fait que dénaturer le mode de vie propre à Tuckernuck en passant des heures pendu à son téléphone portable sur la falaise, ou occupé à parcourir la liasse de documents qu'on lui expédiait chaque jour par FedEx. Il transformait la table du jardin en bureau, maintenant les papiers en place à l'aide de cailloux pris sur la plage, demandant à Birdie de lui apporter plus de café. Birdie lui obéissait en épouse soumise, mais en son for intérieur, India le savait, elle trouvait cela tout aussi répugnant que sa sœur.

— India, dit Grant, je suis désolé de venir mettre mon grain de sel…

Il s'apprêtait à lui présenter une excuse ou une bonne raison, mais India secoua la tête. À l'école, ce geste faisait toujours son petit effet.

Grant baissa la voix.

— Je suis venu pour Birdie.

India n'était pas sûre de savoir comment interpréter ces mots. Il était venu pour Birdie. Voulait-il dire qu'il était venu la chercher, se l'approprier, la ramener chez lui ? Ou bien était-il venu parce qu'elle le lui avait demandé ? Birdie n'avait cessé de faire de mystérieuses excursions armée de son téléphone, aussi cette dernière hypothèse n'était-elle pas impossible.

India était assez âgée pour faire son autocritique. Elle se demanda si ce qui l'ennuyait réellement au sujet de l'arrivée de Grant était le fait qu'il fût venu pour Birdie – alors que personne n'était venu pour elle. Sa colère prenait racine dans une rivalité fraternelle vieille de près de soixante ans. Birdie était heureuse – lumineuse, même ! –, et il eût été répugnant de lui reprocher ce bonheur.

Le dîner aurait pu être tendu, mais Tate partit avec Barrett. En plus de ressentir de la jalousie envers Grant et Birdie, India en conçut également tandis que Tate et

Barrett s'éloignaient à grande vitesse dans le bateau nommé *Girlfriend*. Barrett était revenu, en héros romantique, emporter au loin la jeune et belle nièce. Il avait déposé un baiser sur la joue d'India, laquelle lui avait, en retour, pincé les fesses. Avant de se dire : Bon sang, India, ressaisis-toi !

Après le dîner, tous se retirèrent sous le porche. Grant avait apporté une bouteille de scotch pour lui-même, ainsi que de la vodka et du tonic pour India. (Il savait qui serait la pire gorgone à séduire, ce salaud manipulateur.) N'ayant plus aucune raison de se retenir, India se saoula avec enthousiasme. Elle s'adonna avec Grant à un concours d'anecdotes où toutes les histoires se rapportaient à Bill. Pendant quelque temps, Bill et Grant s'étaient livrés ici à un sérieux duel de plaisanteries : vol de draps, pendaison de tassergal dans l'encadrement de la porte, chapardage d'alcool, de cigarettes, de cigares, dépôt de crabes violonistes dans les lits, coupure de bière à l'eau, introduction de poil à gratter dans le talc, de préservatifs dans la salade. Grant, qui aimait les jeux virils, était incroyablement friand de ce genre de blagues, mais c'était Bill qui se montrait le plus créatif. Ils faisaient bien la paire, et, en adversaires de valeur, se prouvaient leur affection par le temps, le soin et l'effort mis à réaliser leurs tours.

Le souvenir laissa India au bord des larmes. Grant s'était orchestré une résurrection digne de Lazare, ce que Bill ne pouvait faire. Michael Morgan non plus. Peut-être l'idée avait-elle aussi effleuré Chess, car elle s'étira, se leva, et s'excusa. Elle embrassa son père d'abord, en disant : « Contente que tu sois venu, papa. » Puis elle embrassa sa mère. Enfin, elle approcha et serra farouchement India dans ses bras, en signe de solidarité ; India, en dépit de ses plus fervents désirs, sentit couler ses larmes, qu'elle essuya rapidement.

— Je vais me coucher, moi aussi.

Et lorsqu'elle posa les yeux sur son lit, India pensa : Jamais je ne vais pouvoir m'endormir.

Elle s'endormait deux, trois, quatre minutes – comme toujours les nuits d'insomnie –, et c'était insupportable. À peine goûtait-elle à une douceur indicible – le sommeil, le vrai ! – qu'elle la perdait aussitôt. C'était comme un fil de cerf-volant qu'on lui arrachait des mains. Elle se leva ; l'autre chambre était silencieuse, et India imagina Grant et Birdie entremêlés dans un de ces lits de vieille fille, épuisés et heureux.

Quelque chose dans la pièce l'appelait. D'accord, elle était dingue, aussi malade mentalement que Bill sur ses vieux jours. Les objets inanimés ne cessaient de lui parler. Voilà à quoi cela ressemblait, d'être sculpteur : il entendait parler les formes. Son travail était alors de leur donner corps.

Quinze ans qu'elle avait passés sous son emprise.

Elle regarda par la fenêtre. Elle ne profitait pas de la vue, contrairement à Birdie. Car c'était, en vérité, la maison de Birdie ; c'était à elle que leurs parents l'avaient léguée, laissant à India l'équivalent en espèces, qu'elle avait employées à acheter leur demeure et leur domaine en Pennsylvanie. C'était de bonne guerre, d'ailleurs Birdie ne rappelait jamais que la maison lui appartenait, elle en assumait toutes les dépenses sans jamais demander un sou à India, qui était libre de venir quand elle le voulait. Birdie était une bonne pâte, un petit bout de femme avec un cœur en or massif. Elle méritait de voir l'homme dont elle avait divorcé par frustration revenir à elle en rampant.

Quelque chose dans la pièce l'appelait. Rien dehors, ni prétendant sous la fenêtre, ni voisin imbibé titubant, ni ados chahutant sur leurs VTT, rien que Tuckernuck, ses pistes poussiéreuses, ses mystères.

Était-ce Roger ? Il se dressait sur la commode, petit, léger, parfait. Elle l'attrapa comme elle l'aurait fait d'un poussin et le berça dans ses mains. C'est toi qui me parles, Roger ?

Silence. Elle perdait la boule. Elle reposa Roger. Roger n'était pas un être humain ; pas même un talisman, ni un objet mystique. Ce n'était ni un totem, ni une idole. Juste une sculpture.

Quelque chose dans la pièce l'appelait. Elle tendit l'oreille. Était-ce Chess, depuis le grenier ? Une nouvelle chauve-souris ? Ou une autre, dans cette pièce même ? Une souris ? Une couleuvre ? Une veuve noire ? India décrocha le tableau de Lula. C'était la seule présence étrangère de la maison ; en dehors des oreillers et des draps que Birdie avait commandés cet été, chaque objet ou meuble était là depuis des décennies.

Il faisait si sombre qu'India ne pouvait discerner la peinture, mais peu importait : elle savait à quoi elle ressemblait. Il s'agissait de son corps, après tout. Sa hanche, la coupe superficielle en dessous. Une dune sablonneuse. L'intérieur d'un coquillage. Elle se rappela être restée étendue sur le canapé en daim blanc de Lula ; le souvenir en lui-même aussi fort qu'une étreinte. Lula esquissant, son crayon ravissant la page. Une expérience sensuelle, les yeux de Lula dévorant India, ses cheveux tombant devant son visage, sa peau transpirant légèrement, le kohl coulant autour de ses yeux. Un parfum flottait dans la pièce, une odeur de femmes, de sexe – son musc, ou celui de Lula, ou les deux, mélangés. Elle s'était imaginée faisant l'amour avec Lula – qui sait à quoi ça pouvait ressembler – alors que Lula pensait à son travail. Le corps d'India devenait l'œuvre de Lula, sa plus belle œuvre à ce jour, le sujet de son génie. India n'avait jamais été la muse de Bill de cette façon. Son travail à lui était trop carré, trop masculin, trop civil. Mais elle avait été la muse de Lula.

Me suis-je trompée à ton sujet ?

Que dois-je faire ?

Essayer ?

À quoi ressemblerait la vie avec Lula ? Ce serait peu conventionnel, voire carrément choquant. Dans quelques petites semaines, India allait devenir grand-mère : une femme qui vient d'avoir un petit-enfant pouvait-elle prendre une amante en âge d'être sa fille ? Que diraient ses fils ? Que diraient la faculté, l'administration, le conseil – Spencer Frost ! (Frost approuverait, décida India. C'était un homme du monde, à la sensibilité européenne.) Que diraient Birdie, Chess, Tate ? India se souciait-elle de l'opinion des autres ? Vraiment, à cinquante-cinq ans ?

Il y avait un autre obstacle en travers de son chemin, qui l'empêchait d'empoigner le bonheur, de dire : Oui, j'essaie. C'était le pilote du vaisseau fantôme à l'approche. Le fantôme lui-même.

Quelque chose dans la pièce l'appelait. India remit le tableau en place sur le mur. Elle fit le tour de la chambre. La voix se faisait plus puissante, plus forte ; elle se rapprochait, comme un enfant jouant à cache-cache. Elle s'étendit sur le lit. Les yeux lui brûlaient. Ses yeux. Elle se tourna vers la table de nuit – son livre était posé là, ainsi que… les lunettes de lecture de Bill. Ses lunettes. Elles luisaient presque. Les verres réfléchissaient la lumière lunaire par la fenêtre, si ce n'est qu'il n'y avait pas de lune. Alors, d'où venait cette lueur ?

India saisit les lunettes. Elles étaient froides au toucher, comme de bien entendu. La monture était en plastique, d'un vert de jade marbré qui lui valait souvent des compliments. « J'adore vos lunettes. » « Oh, merci. Elles appartenaient à mon défunt mari. »

India avait pris les lunettes dans la chambre d'hôtel à Bangkok. Elles étaient posées sur la table de nuit, tout près d'un calepin et d'un stylo fournis par l'hôtel. India imagina Bill chaussant ses lunettes tandis qu'il tenait le stylo au-dessus de la page blanche, essayant de décider quoi écrire. S'il avait laissé une lettre, elle l'aurait prise, mais comme ce n'était pas le cas, car Bill n'avait pas pu trouver un seul mot pour sa défense, India s'était rabattue sur les lunettes. Elles n'avaient rien de spécial. India savait que Bill les avait achetées au drugstore, à Wayne. Mais elle les prit comme une relique de son mari, et quinze ans durant, les avait portées autour du cou. Pliées contre son cœur.

India ouvrit la porte de sa chambre, sortit dans le couloir, descendit l'escalier à pas feutrés. Elle traversa le salon, la cuisine, la porte d'entrée. La nuit brillait de mille ténèbres. Le ciel était saupoudré d'étoiles – diamants sur obsidienne –, mais pas de lune. Elles avaient battu la lune. India aurait dû retourner chercher une lampe ; elle n'y voyait fichtre rien. Mais on était à Tuckernuck : elle aurait trouvé le chemin de la plage, même aveugle ou endormie. Elle traversa le jardin en flottant et tâtonna à la recherche de la rambarde au haut de l'escalier ; elle se trouvait pile où elle s'y attendait. Elle descendit les escaliers. Les marches neuves étaient solides. Elle se rappela l'été où Teddy avait passé le pied à travers l'une des vieilles planches, récoltant une vilaine écharde au passage. Bill l'avait retirée à l'aide de ses pinces de sculpteur. Il y avait un souvenir pour tout, se rendait compte India ; inutile d'essayer d'y échapper.

Cela ne signifiait pourtant pas qu'elle devait passer le reste de son existence hantée par le fantôme de feu son mari. Elle était encore jeune. Elle n'avait pas à passer le reste de son existence à regarder le monde à travers les yeux de Bill Bishop.

Lorsqu'elle atteignit le rebord de l'eau, les lunettes s'étaient réchauffées dans sa main. Essayer ? pensa-t-elle. Essayer ? Elle tournoya du bras comme elle en avait l'habitude (elle avait lancé tellement de balles aux garçons tout au long de leurs saisons de Petite Ligue. Elle avait été une bonne mère, une bonne épouse. Elle avait été une bonne épouse, merde !) et pfuiiiiiiiiii… laissa les lunettes prendre leur envol.

Elle les entendit plonger dans l'eau et espéra qu'elles avaient atterri suffisamment loin pour être emportées par la marée. Si elles réapparaissaient sur la rive, décida-t-elle, elle les enterrerait.

Léthargique, elle reprit la direction des escaliers. Ses paupières se refermaient. On avait coupé l'alarme ; la chambre dans sa tête était dominée par les ténèbres et le silence. Elle était prête à se coucher.

Tate

Elle se réveilla au matin dans le lit de Barrett, dans ses bras.

Le bonheur parfait, pensa-t-elle.

Les enfants dormaient dans leurs chambres. Lorsque Tate était entrée la veille, ils lui avaient sauté dans les bras, l'avaient acclamée, poussé des cris de joie, et elle avait eu l'impression d'être Bruce Springsteen. Elle s'était sentie aimée. C'était enivrant.

Barrett voulait lui raconter en détail ce qui s'était passé. Il parlait vite, au point qu'elle avait dû le forcer à ralentir.

Touuuuuuuut doux.

Il s'était promis, quoi qu'il arrive, de ne travailler pour Anita que trois jours. Cela avait commencé sous d'étranges auspices, à l'en croire, puisque Anita l'avait mené jusqu'à la chambre à coucher, ouvert les portes du placard de Roman, et dit à Barrett qu'il pouvait porter ce qui lui plaisait. Il y avait là, disait-il, une collection de magnifiques chemises confectionnées à Londres, digne d'un Jay Gatsby. Des pulls cachemire, des culottes de golf, des mocassins italiens.

— Je n'ai pas besoin de vêtements, avait-il dit à Anita. J'ai les miens.

Elle l'avait imploré de porter une des chemises roses de Roman, un simple polo, mais, tout de même, appartenant à Roman. Barrett était mal à l'aise. Qu'allait faire Roman en le voyant porter sa chemisette ?

— Oh, ne t'inquiète pas, avait dit Anita. Roman ne reviendra pas.

Elle lui avait alors expliqué qu'elle et Roman étaient séparés. C'était un essai ; il détestait Nantucket, de toute façon. C'était une des raisons pour lesquelles elle avait engagé Barrett à plein temps. Elle était toute seule à présent.

Barrett avait mis le polo. Il avait accroché un nouveau tableau, puis lavé son yacht de la proue à la poupe avant d'emmener Anita et sa cour en croisière autour du port. La croisière comportait un déjeuner pris chez un traiteur, mais ces dames n'avaient rien mangé à part quelques feuilles de laitue et une poignée de grains de raisin, aussi Jeannie, la cuisinière, avait-elle offert l'intégralité du festin à Barrett. Il s'était gavé et avait emporté le reste chez lui.

— Ce n'était pas si terrible, dit-il à Tate. Du moins ce moment-là.

À 17 heures, alors qu'il devait aller chercher les enfants chez ses parents, Anita ne voulait plus le laisser partir. Elle voulait qu'il reste prendre un verre de vin. Qu'il lui fasse un massage.

— Un massage ?! s'exclama Tate.

Anita faisait venir une masseuse tous les jours à domicile, mais celle-ci avait annulé de plus en plus souvent ces derniers temps, d'ailleurs elle avait annulé ce jour-là, et Anita avait la nuque et les épaules raides.

Barrett ne pouvait-il pas les lui frotter un peu ? Tout ce qu'elle désirait, c'était une paire de mains puissantes.

Non, avait dit Barrett. Il refusait. Il ne pouvait rester pour le vin non plus. Il devait aller chercher ses enfants.

Elle avait fait la moue mais semblait accepter cette réponse.

Le lendemain, dit-il, il y avait eu une nouvelle chemise. Bleue, à rayures blanches.

— Celle que je porte ne va pas ? avait-il demandé.

— Mets-la, s'il te plaît, avait-elle répondu.

Il la considérait comme un uniforme. Un uniforme qui le faisait ressembler à son mari. Tout cela ne lui paraissait pas très correct, mais il n'y trouvait rien d'ostensiblement mal non plus. Elle l'avait envoyé à la poste expédier un colis à sa sœur en Californie ; il l'avait emmenée au Galley, où elle avait déjeuné avec les mêmes amies que la veille. Il avait offert de laver les carreaux de la maison.

— J'engagerai quelqu'un pour ça, avait-elle répondu.

— Vous avez déjà quelqu'un pour ça : moi.

— Ne t'avise pas de toucher à ces carreaux. J'appellerai quelqu'un.

— Laissez-moi faire, Anita. Vous n'avez aucune raison de payer quelqu'un d'autre.

— Qui est le patron ici, toi ou moi ?

Pendant qu'elle déjeunait, il avait commencé à les laver. Les fenêtres qui donnaient sur le port étaient maculées d'une crasse saline. Lorsque Anita était rentrée, elle l'avait trouvé juché sur une échelle avec un racloir. Il avait remis sa chemise.

Elle s'était tenue au pied de l'échelle, les mains sur les hanches. À en juger par son regard, il se doutait qu'elle avait dû boire pendant le repas.

— Qu'est-ce que tu fabriques ? avait-elle demandé.

— À votre avis ?

Elle s'était engouffrée avec fureur dans la maison.

Le troisième jour, elle l'avait laissé tranquille. Il y avait une liste des plus banales sur le comptoir – porter les déchets recyclables à la décharge, commander les fleurs, aller chercher de la salade de homard et de brocoli à Bartlett Farm. (Elle aimait avoir ce genre de plats dans son réfrigérateur, même si elle ne mangeait jamais.) Tout en bas de la liste était écrit *Dîner à 19 heures.*

Elle avait passé le gros de la journée sur la terrasse à l'arrière de sa chambre à coucher, et la déranger eût été comme réveiller un lion endormi. Alors qu'il terminait son travail sur le coup de 17 heures, elle avait descendu l'escalier vêtue d'un peignoir blanc gaufré. Elle tenait un blazer bleu marine. Il avait un mauvais pressentiment.

— Où vas-tu ? avait-elle questionné.

Il avait consulté sa montre avec force démonstrations.

— Je rentre récupérer les enfants.

— Mais tu seras de retour à 18 h 45 ? Nous sommes attendus à 19 heures.

— Attendus où ?

— Au Straight Wharf pour dîner. Les Jamieson et les Graham m'ont invitée, et je ne peux pas y aller seule.

— Moi, en tout cas, je ne peux pas vous accompagner.

Il s'attendait à ce qu'elle le manipule. Il s'attendait à ce qu'elle lui rappelle combien elle le payait. (Il y pensait constamment. Cela représentait une somme énorme.) Au lieu de quoi, elle avait dit :

— Ah bon ?

— Les enfants.

— Tu ne peux pas les faire garder ? C'est important pour moi.

Il avait cédé.

— Pourquoi ? lui demanda Tate. Tu ne voyais pas qu'elle se servait de toi ?

Il avait de la peine pour elle. Elle était profondément malheureuse. Il avait appelé une baby-sitter. Il avait enfilé son propre blazer bleu marine. Et retrouvé Anita au restaurant. Elle l'avait salué d'un baiser sur les lèvres. Elle avait effleuré sa cuisse sous la table. Il s'était écarté. Avait discuté pêche avec les autres convives masculins. Il était l'expert de service ; les deux hommes l'avaient écouté attentivement. Barrett pensait nager hors de sa catégorie à ce dîner, mais il s'était finalement senti plutôt content de lui. Ce que voulaient ces gens, c'était le vrai Nantucket ; et le vrai Nantucket, c'était lui.

Anita s'était généreusement servie en vin rouge tout au long du dîner, puis elle avait pris une coupe de champagne pour accompagner son dessert. Elle était ivre, incohérente, s'adonnait à des démonstrations d'affection désordonnées. Barrett l'avait ramenée en voiture. Elle avait essayé de le persuader d'entrer ; il avait décliné. Elle lui avait demandé de l'accompagner jusqu'à la porte. D'accord, il l'accompagnerait jusqu'à la porte. Elle lui avait sauté dessus.

Il lui avait souhaité bonne nuit.

— Voilà comment se sont déroulés ces trois jours, dit-il à Tate.

— Et ensuite, qu'est-ce qui s'est passé ? demanda Tate. Tu as simplement décidé de démissionner ?

— Non. Ensuite, ton père a appelé.

Grant Cousins avait appelé Barrett à 23 heures, tandis qu'il rentrait en voiture à Tom Nevers. M. Cousins voulait faire une surprise à ces dames de Tuckernuck. Il voulait atterrir à 17 heures le lendemain et avait besoin qu'on vienne le chercher à l'aéroport pour l'emmener sur l'île.

— Je vous enverrai Trey, avait dit Barrett. C'est un gamin qui travaille pour moi à présent.

— Si ça ne vous dérange pas, avait répondu Grant, j'aimerais autant que ce soit vous, Barrett.

Barrett avait failli lui dire qu'il ne s'occupait plus de son affaire de gardiennage au quotidien. Que cela serait Trey ou rien. Mais Barrett s'était rendu compte qu'il voulait être celui qui déposerait M. Cousins à Tuckernuck.

— Très bien, dans ce cas, je vous retrouve à 17 heures.

Le matin, Barrett avait annoncé à Anita qu'il devait partir un quart d'heure plus tôt. En lui expliquant pourquoi.

— Mais tu ne travailles plus pour cette famille, avait-elle avancé.

— Je sais, c'est vrai. Il s'agit d'un service personnel.

— Laisse-moi te dire que tu ne partiras pas d'ici une minute plus tôt si c'est pour rendre un service personnel à ces gens-là.

Son ton l'avait choqué.

— Mais enfin, qu'est-ce qu'ils vous ont fait ?

Anita avait reniflé. Avant de dire :

— Tu voudras bien me changer le rouleau d'essuie-tout dans la cuisine ? On n'en a plus.

Changer l'essuie-tout ? Il était devenu l'objet de ses propres blagues.

— C'est là ? demanda Tate.

— C'est là, confirma Barrett. Je suis parti. Anita a commencé à passer ses coups de fil à 12 h 05, comme annoncé, et dès 14 heures, cinq personnes m'avaient contacté pour m'engager comme gardien.

— Tu rigoles.

— Y compris Whit Vargas, qui possède un énorme domaine à Shawkemo, et qui est prêt à me payer le double de ce que me donnait Anita justement parce que je l'ai lâchée. Il m'a dit être très bon ami avec Roman Fullin, en même temps qu'un client de ton père. Il m'a demandé si on se voyait toujours.

— Et qu'est-ce que tu lui as répondu ?

— J'ai répondu que oui.

Tate jubilait et paniquait en même temps. Elle avait reconquis Barrett ! Mais elle allait le perdre.

— Je pars demain, lui dit-elle.

— Je sais.

Elle pensa : Demande-moi de rester ! Demande-moi d'emménager ! Je pourrais t'aider à rembourser Anita !

Je pourrais t'aider pour les enfants ! Je cadrerai parfaitement avec ta vie ici ! Promis promis promis !

Tout doux ! se dit-elle.

— Lundi, je démarre un boulot pour les bretzels Bachman à Reading, en Pennsylvanie.

Il la serra.

— Ça te prendra combien de temps ?

— Tout dépend de la gravité de la situation. Cinq ou six jours ?

— Et après, tu reviens ?

— Revenir…

— … Ici ? Tu veux bien revenir ici quand tu en auras fini ? Je sais que c'est cher, mais…

— Oh, mon dieu ! Cher ? Je m'en fous, que ça soit cher. Je m'en fous même si je dois faire l'aller-retour douze fois de suite. Ça en vaut la peine, si je peux être avec toi. Oui, Barrett Lee, tu en vaux la peine !

Il la fit taire et l'attira à lui. Il n'avait pas envie de réveiller les enfants tout de suite.

Birdie

Elle avait entendu parler de couples qui avaient divorcé pour se remarier ensuite. Tout le monde en avait entendu parler. Ces histoires avaient un petit côté romantique, en particulier pour les enfants des couples en question, qui faisaient l'expérience singulière de voir leurs parents se marier. Mais dans son cas, Birdie n'était pas prête à faire ce genre d'ânerie. Elle ne voulait pas se montrer trop pressante, ni excessivement optimiste. Il y avait une raison à son divorce : après trente ans d'un véritable désert émotionnel, elle avait tourné la page. Elle allait soit vivre seule et mener une existence remplie et stimulante, soit trouver quelqu'un d'autre qui appréciait les mêmes choses qu'elle.

Birdie s'autorisa une dernière pensée, longue et nostalgique, pour Hank.

Hank !

Avec Grant Cousins, elle savait à quoi s'en tenir. Avocat, chargé de stratégie, magicien de la finance, expert en failles dans les comptabilités, golfeur, aficionado de scotch, de bœuf, de cigares et de voitures de luxe. Il avait fait un père convenable, sans doute. Il subvenait généreusement aux besoins de la famille, elle lui accordait cela.

Quelle était la probabilité que Grant Cousins, à soixante-cinq ans, puisse changer ? Pas très élevée. Une montagne ou un glacier semblaient plus à même de le faire. Et pourtant, le Grant Cousins qui avait débarqué à Tuckernuck était différent de l'homme auquel Birdie avait été mariée.

Le simple fait qu'il soit venu ! Spontanément !

— Qu'est-ce que tu fais ici ? lui demanda-t-elle. Sérieusement.

— Je te l'ai dit.

— Mais, et le travail ?

— Quoi, le travail ? Je dois avoir droit à cinq ans de vacances au moins, et j'ai bien l'intention de les prendre.

— Mais bien sûr.

Elle avait dit cela comme une adolescente renfrognée, mais pouvait-on lui en tenir rigueur ?

Plus tard, après le dîner, après la séance de souvenirs avec India sous le porche (Birdie avait remarqué combien Grant se montrait gentil avec India, rapportant toutes ces anecdotes amusantes au sujet de Bill), ils durent faire face à une décision délicate : celle de savoir où Grant allait dormir. Sa valise était restée dans le salon.

— Tu peux prendre le deuxième lit dans ma chambre, dit Birdie.

— Tu es sûre ?

— Oui, j'en suis sûre.

Il avait changé, songea Birdie. Ou alors elle se faisait avoir. Il s'était adouci ; il avait gagné en souplesse, en légèreté. Et ses cheveux ! Ils étaient si longs.

Ils montèrent l'escalier ensemble. Birdie avait consommé la quantité habituelle de vin, mais s'était resservie à cause de la présence de Grant – à moins que le vin n'ait eu un effet différent en raison de cette même présence. Elle se sentait pompette, étourdie, puérilement nerveuse, comme elle ne l'avait plus été depuis ces lointains week-ends dans les Poconos, quand Grant lui rendait visite dans sa chambre au milieu de la nuit.

Arrivée en haut, elle enfila sa chemise de nuit en coton blanc. Elle pensa un instant s'enfermer dans la salle de bains pour le faire, mais cela semblait ridicule. Grant avait été son époux trente ans durant. Il l'avait vue nue des milliers et des milliers de fois. Pourtant, elle se sentait gênée, timide, d'autant plus qu'elle entendait les bruissements de ses habits à l'autre bout de la pièce. Une fois dans sa chemise de nuit (qui n'était pas exactement sexy, mais neuve – achetée pour les nuits avec Hank –, jolie, féminine) et lui dans son pyjama (qu'elle lui avait acheté chez Brooks Brothers des années auparavant), ils se regardèrent avec un sourire. Elle était nerveuse !

— Tiens, dit-il en lui faisant signe d'approcher. Viens t'asseoir avec moi sur le lit.

Elle obéit, soulagée qu'il la dirige. Elle s'assit, Grant s'installa à côté d'elle, le lit grinça, et Birdie pensa qu'ils allaient peut-être le casser en deux. Ils avaient fait l'amour dans ces mêmes lits. Birdie se rappelait ces occasions comme des moments où ils avaient rempli leur devoir conjugal ; elle se souvenait avoir eu peur que les enfants les entendent, ou Bill et India (car Birdie et Grant les entendaient, eux), ou encore ses parents. Elle se rappelait les acrobaties et la souplesse requises pour faire l'amour dans ces lits étroits. Elle voulait entendre la voix de Grant avant de se ridiculiser.

— J'étais sérieux, tout à l'heure, quand je parlais de prendre cinq ans de vacances, dit-il. Je prends ma retraite, Bird.

Elle était abasourdie. Les hommes comme Grant ne prenaient jamais leur retraite. Ils travaillaient, encore et encore, jusqu'à ce qu'un énorme infarctus leur tombe dessus.

— Quand ?

— À la fin de l'année.

Elle fut tentée d'exprimer son scepticisme ; il n'allait pas vraiment le faire. Il allait en parler, mais continuerait de se rendre au bureau tous les jours afin de se tenir au courant sur ses clients et ses affaires.

— Je peux être franche ? Je n'y crois pas. Je n'ai jamais cru que tu prendrais un jour ta retraite. Je pensais que tu mourrais avant.

— Le cœur n'y est plus. J'ai perdu le feu sacré.

— Vraiment ?

Elle eut envie de lui demander où était passé son cœur et ce qu'on pouvait faire pour relancer le feu, à part jeter une cigarette dessus.

— Vraiment.

Il tourna son visage pour l'embrasser. Il l'embrassa comme un autre homme. Dieu, que c'était étrange – c'était bien Grant, non ? –, et excitant, aussi. Ils se laissèrent tomber en arrière sur le lit et Birdie, prenant conscience qu'elle allait faire l'amour avec son ex-mari, faillit en rire d'émerveillement. Grant !

Plus tard, quand tout fut fini, qu'elle était étendue, épuisée, étourdie, sur son lit, et que Grant ronflait lourdement dans l'autre (partager la même couche leur avait semblé inutile), Birdie s'interrogea sur les autres couples qui avaient divorcé pour ensuite se remarier. Était-ce la solitude qui les avait ramenés au bercail, parce qu'il n'avaient rien trouvé de mieux ? Était-ce l'habitude ? Ou bien s'étaient-ils trouvés attirés comme deux personnes neuves, faisant des découvertes et appréciant d'autres aspects l'un de l'autre ?

Birdie s'endormit en priant pour que la dernière réponse soit la bonne.

Il ne leur restait plus qu'une journée et demie. D'ordinaire, Birdie passait le dernier jour à faire les valises, le ménage, la lessive, et à mitonner d'étranges plats en combinant les restes trouvés dans le réfrigérateur. Mais comme le lui rappela Grant, une équipe de nettoyage allait venir après leur départ, et ce ne serait pas la fin du monde s'ils devaient jeter une demi-plaquette de beurre. Grant voulait préparer quelques sandwiches, marcher jusqu'à North Pond, s'asseoir sur la plage, nager, pêcher un peu. Il désirait que Birdie l'accompagne.

— Et regarde, dit-il en posant son BlackBerry sur le plan de travail, je laisse mon téléphone ici.

— Mais, et Chess ? Et India ? C'est notre dernier jour…

Grant avait beau jeu de rêver d'une escapade romantique en tête à tête avec Birdie, elle était venue sur l'île pour une raison : passer du temps avec ses filles et sa sœur.

— On n'a qu'à y aller tous ensemble.

Birdie fit du café, du bacon et des pancakes aux myrtilles. Grant se resservit, une fois puis deux. Il claqua la langue.

— Ta cuisine m'a manqué, Bird. Je n'ai pas pris un seul repas maison depuis notre séparation.

Birdie essaya d'ébaucher une réponse (elle ne le croyait pas), mais avant qu'elle ait pu trouver, Tate et Barrett pénètrèrent dans la cuisine. Birdie sourit de toutes ses dents. Elle craignait que Tate ne rentre pas, mais la voilà qui revenait, bien sûr. Elle n'aurait manqué leur dernier jour pour rien au monde.

— Petit déjeuner ? questionna Birdie.

— Je meurs de faim, assura Tate.

Barrett déposa le dernier sac de glace ainsi que le matériel de ménage que Birdie avait réclamé.

— Et voilà, dit-il. La dernière livraison.

India descendit l'escalier.

— Je crois que je vais pleurer.

— Ça a dû être un sacré mois, dit Grant.

— Ça, oui, répondit Tate.

— Tu peux venir dîner ? demanda Birdie à Barrett. Avec les enfants ? S'il te plaît ?

— Et passer la nuit ici ? renchérit Tate. S'il te plaît ? Les garçons peuvent prendre les lits superposés.

— Les enfants sont chez leurs grands-parents maternels ce week-end, dit Barrett. Mais je viendrai dîner. Et du coup je peux rester cette nuit. Mais je dormirai sur le canapé.

— Un peu, oui, dit Grant.

— Je veux dormir avec Chess, de toute façon, dit Tate.

Ses yeux s'embuèrent, et Birdie lui tendit une serviette en papier ; ils n'avaient plus de Kleenex.

— Je n'arrive pas à croire que c'est déjà fini.

Il leur restait aujourd'hui. Une dernière journée éclatante à Tuckernuck, qui leur semblait incroyablement précieuse. Birdie avait maintenant l'impression d'avoir laissé les autres jours filer avec négligence. Elle ne les avait pas suffisamment appréciés ; elle n'avait pas goûté chaque minute à fond ; elle n'avait pas vécu aussi pleinement qu'elle l'aurait dû. Tant de temps gaspillé à soupirer après ce vieil idiot de Hank !

Plus de gâchis aujourd'hui ! Elle prépara le déjeuner pour tout le monde, empaquetant chips, boissons, prunes et cookies. Ils marchèrent tous ensemble le long de la piste qui menait à North Pond. C'était une journée chaude et ensoleillée, même si l'air était clair, pur, considérablement moins poisseux que les jours précédents, et Birdie pensa que c'était ce qui allait lui manquer le plus, de retour demain sur le continent, l'extraordinaire qualité de l'air, sa pureté absolue. Elle se demanda si Grant appréciait la beauté intacte de cette île, maintenant qu'il n'était plus absorbé par le procès imminent de la SEC contre M. Untel. Il y avait des iris sauvages en fleur, des carouges à épaulettes, le parfum pénétrant de la *rosa rugosa*. Demain, Birdie serait de retour sur l'I-95, avec ses Cracker Barrel, ses Olive Garden et ses Target ; même la superficie réduite du country club de New Canaan, son bistrot et son petit libraire préférés lui sembleraient de ridicules feux d'artifice créés par l'homme. Pourrait-elle supporter de partir ? Elle n'en avait aucune idée. C'était la même sensation à chaque départ : son cœur qu'on arrachait.

Ils atteignirent l'étang et y établirent leur camp : les chaises fermement plantées dans le sable, les serviettes étalées, la glacière à l'ombre des chaises. Grant, qui avait emporté sa canne à pêche, emmena Tate de l'autre côté de l'étang. India voulait marcher jusqu'à Bigelow Point ; elle ne pouvait finir son livre car, disait-elle, elle avait perdu ses lunettes.

Birdie était effarée.

— Tu as perdu les lunettes de Bill ?!

— Eh oui, répondit India.

Elle semblait étrangement peu concernée. Les lunettes qu'elle chérissait – elle les nettoyait tous les matins avec de la lotion et un mouchoir en papier, les gardait constamment autour du cou, sauf quand elle nageait ou dormait – étaient égarées ?

— Elles réapparaîtront peut-être, mais j'en doute.

India partit donc vers le bout de la presqu'île, en quête de carapaces de bulot. C'était ce qu'elle voulait ramener comme souvenir à tout le monde : des coquilles à la spirale parfaite, blanches comme neige, avec un intérieur rose satiné. Il lui en fallait une pour le président du conseil, Spencer Frost, ainsi qu'une pour son assistante, Ainslie, et une pour une étudiante.

— On a ses chouchous ? demanda Birdie.

— En quelque sorte, répondit India.

Il ne restait donc plus que Birdie, seule avec Chess, qui gisait étendue à plat ventre sur sa serviette. Birdie ressentit soudain toute la pression des vingt-neuf jours. Elle n'avait toujours pas eu avec sa fille la conversation escomptée. Elle n'avait pas entendu l'histoire complète, ni même des fragments. L'obliger à parler maintenant serait délicat et injuste. N'était-ce pas typique du temps passé à Tuckernuck, ou de toutes vacances d'été, à vrai dire ? Les heures s'étiraient comme une route sans fin, puis, d'un seul coup, disparaissaient. Évaporées. Et voilà Birdie, pour son tout dernier jour, qui essayait de tout boucler.

Elle s'assit dans le sable à côté de la serviette de Chess.

— Chess ?

Pas de réponse. La respiration de Chess était lente et régulière. Son sommeil semblait paisible. Birdie n'eut pas le cœur de la réveiller.

Chess

Tout le monde allait avoir son happy end, sauf elle.

Ses parents se remettaient ensemble. Car c'est bien ce qui était en train de se passer, n'est-ce pas ? Son père était venu ici, à Tuckernuck, un endroit dont Chess aurait dit qu'il ne l'avait jamais aimé par le passé – mais voilà qu'il s'y plaisait. Et qu'il regardait sa mère d'une façon qu'elle ne lui avait jamais vue auparavant. Il était attentif – aux petits soins, même ; il avait porté les chaises et la glacière jusqu'à l'étang ; il avait couru après le chapeau de paille de Birdie lorsque le vent l'avait emporté le long du sentier. Il avait monté la chaise de Birdie et enduit ses épaules de lotion. Il l'embrassait sur la bouche avec une grande tendresse, ce qui gênait Chess. Elle savait que ses parents avaient dormi dans la même chambre la nuit précédente, et en voyant le baiser, elle pensa *sexe*. Ses parents avaient fait l'amour. Elle se sentait perdue – plus encore, si c'était possible, que lorsqu'ils lui avaient annoncé leur séparation. Le divorce lui avait fait de la peine, mais il semblait logique. Ces retrouvailles la rendaient profondément heureuse, mais elle se faisait du souci. Si son père décevait sa mère une nouvelle fois, ce serait bien pire que si la déception venait d'un autre. Si son père revenait, il avait intérêt à tout faire bien comme il fallait.

Il allait le faire ; Chess en avait la certitude. Leur histoire commune serait inhabituelle, enviable. Chess aurait aimé que cela soit Nick qui apparaisse de nulle part. Si son père en était capable, pourquoi pas Nick ?

Tate avait Barrett. Elle raconta à Chess l'histoire de Barrett avec Anita Fullin sur la route de l'étang.

— Alors, qu'est-ce que tu vas faire ? demanda Chess. Tu vas rester ici ?

— J'ai un boulot en Pennsylvanie à partir de lundi. Je vais travailler là-bas, revenir quelques jours, aller à Beaverton bosser pour Nike, et puis je reviendrai ici. J'essaie de ne pas trop planifier. Tu sais combien c'est dur ?

Chess le savait. Elle faisait face à un gouffre. Mais elle avait eu une seule idée, telle une étincelle dans les ténèbres. Elle voulait cuisiner. Elle était diplômée de gastronomie, après tout. Elle savait que travailler dans un restaurant était un calvaire – les horaires, la chaleur, le machisme –, mais un petit châtiment ne lui ferait pas de mal. Cuisiner était la première chose pour laquelle elle avait retrouvé un peu de passion depuis le décès de Michael. Cuisiner – dans un endroit de qualité, obéissant aux lois du marché, un endroit propre, dans le centre, dans les quartiers chics, l'East Side, le West Side. Elle aurait l'embarras du choix.

Le choix : ce n'était pas de l'amour, mais c'était déjà quelque chose.

Chess se tenait au bord de North Pond et jetait des cailloux dans l'eau. *Déleste-toi de ton fardeau. Débarrasse-t'en.* Puis elle s'étendit sur le sable chaud qui bordait l'étang. Plus qu'un jour pour faire la sieste au soleil.

Elle se réveilla sous le regard fixe de Birdie.

Elle veut me voir sourire. Elle veut savoir que tout va bien se passer pour moi, pensa-t-elle.

Chess sourit.

Birdie sourit aussi.

— Je t'aime, dit-elle.

— Moi aussi, je t'aime, Bird, répondit Chess.

Et India ? Lorsqu'elles avaient entamé leur séjour, India jouait les jokers, le mystère. Chess la connaissait mieux à présent. India était vraiment, véritablement forte ; elle avait traversé le même drame que Chess, en pire, et elle en était revenue entière. Elle allait peut-être ou peut-être pas se lancer dans une relation avec la jeune peintre, et dans un cas comme dans l'autre, tout se passerait bien pour elle. India était celle que Chess enviait le plus. India était celle que Chess aspirait à devenir : elle était son propre happy end.

Barrett

Heureusement qu'il avait ses lunettes de soleil. Ainsi personne ne pouvait voir qu'il était au bord des larmes.

Il y avait des détails logistiques à régler : vider la glacière et dégivrer le réfrigérateur, vérifier à deux fois que les fenêtres étaient bien fermées et verrouillées, rassembler les draps et les serviettes pour la laverie, couper le générateur, ranger le gaz du réchaud, capoter la Scout et remettre la clé sur son crochet près de la porte d'entrée. Rentrer la table de jardin et, finalement, décrocher la pancarte « TATE » pour l'entreposer à sa place dans le tiroir de la cuisine. Une équipe de nettoyage allait venir après leur départ ; plus tard, Barrett ramènerait les draps et les serviettes emballés dans du plastique et imperméabiliserait les portes et les fenêtres.

Grant avait descendu le gros des bagages dans l'embarcation. Ce qui laissa Barrett et les quatre femmes perdus dans la contemplation de la façade de la maison.

— Est-ce que l'île va devoir encore attendre treize ans avant de vous revoir ? demanda Barrett.

Un sanglot s'échappa – de Birdie. Soudain, elle était dans les bras de Barrett, qu'elle étreignait.

— Je ne sais pas ce que nous aurions fait sans toi, dit-elle. Je n'en ai pas la moindre idée.

India était aussi sur lui, à présent, et le serrait du côté gauche.

— Les jours où tu nous as envoyé Trey, c'était l'enfer, dit-elle. Il n'était pas aussi mignon que toi. Je n'arrivais même pas à le siffler.

Chess l'attrapa du côté droit.

— Merci de m'avoir emmenée à l'hôpital. Tu m'as sauvé la vie.

Et, par-derrière, Tate l'agrippa. Sa douce.

— Je t'aime, dit-elle.

Toutes les quatre le tenaient par ses points cardinaux : nord, sud, est, ouest. Elles l'embrassaient, le pressaient, et l'une d'elles lui pinça les fesses ; il soupçonna India.

Grant remonta les escaliers en soufflant comme un phoque.

— Grant, prends une photo, dit India. Vite – toutes les quatre avec Barrett !

Elle lui tendit son appareil jetable, et Barrett et les femmes prirent la pose avec le sourire.

— La vie est belle ! dit Tate.

— La vie est belle, dit Birdie.

— La vie est belle, dit India.

Il y eut une pause. Grant attendit avant de prendre la photo. Barrett, quant à lui, était trop ému pour parler.

— La vie est belle, dit Chess.

Grant appuya sur le déclencheur, puis prit un deuxième cliché par sécurité. Il regarda Barrett par-dessus l'appareil.

— Tu es un sacré veinard, dit-il.

Épilogue

Le 25 septembre marquait la date à laquelle Mary Francesca Cousins aurait dû épouser Michael Kevin Morgan.

Tate

Tate était à Fenway Park. Elle avait quitté son siège pour aller aux toilettes et acheter du pop-corn pour Tucker et une glace pour Cameron. Le stand de pop-corn n'était pas loin des toilettes, mais pour la glace – celle que voulait Cameron, qui était servie dans un casque miniature –, il fallait traverser le stade. Tate trouva finalement le vendeur, mais elle fit la queue si longtemps qu'elle ne savait plus si elle devait repartir par la gauche ou par la droite. Elle n'avait pas le talon de son billet et son portable était resté dans son sac, sur son siège. Des centaines et des centaines de gens défilaient sur les côtés, tous différents et pourtant tous pareils en ce qu'ils étaient tous des étrangers.

Bon sang, il y avait tellement de personnes sur cette planète. Comment être sûr qu'on avait trouvé la bonne ?

Elle avait parlé rapidement à Chess la veille, après avoir assimilé le fait que cela aurait dû être son dîner de répétition, avec tapas et caipirinhas pour une centaine d'amis proches au Zo, Chess radieuse dans sa robe orange à pois blancs – mais cela n'aurait pas lieu. Accepter les faits, avaient-elles décidé toutes les deux, valait mieux que les ignorer. Chess avait semblé émue, mais elle avait terminé la conversation avec plus de force ; elle partait pour son travail. Elle avait trouvé un poste de chef assistant dans un bistro franco-vietnamien populaire du Village ; l'équipe culinaire était entièrement féminine et dirigée par une femme du nom d'Electa Hong, avec qui elle s'était liée d'amitié. Chess avait retrouvé son ancien appartement, mais elle songeait à dénicher un endroit plus proche de son lieu de travail. Trop de souvenirs dans l'autre, disait-elle.

Tate avait appelé Chess le matin même, et elles avaient admis que, si les choses avaient été différentes, elles seraient en ce moment chez leur mère, à moitié nues, des bigoudis dans les cheveux, à boire des mimosas, probablement en se disputant.

Tate avait demandé à Chess si elle avait prévu quelque chose pour la journée. Chess lui avait répondu qu'elle assurait un double service. Le restaurant était sûr. Si tu le dis, avait pensé Tate.

— Tu me manques, avait-elle dit.

— Toi aussi, tu me manques, avait répliqué Chess.

Kevin Youkilis des Red Sox marqua et la foule rugit. Tate scruta les milliers et milliers de personnes qui remplissaient le stade et perdit courage. Il ne lui restait que deux tours de batte et demi pour repérer sa place ; la glace fondait dans sa main. Elle s'en voulut de ne pas avoir mieux prêté attention à la section ou au numéro de rang, mais elle avait éprouvé du plaisir à laisser Barrett montrer le chemin. En arrivant au parc, alors que Tate avait emmené Tucker aux toilettes, une femme lui avait dit :

— Vous avez un fils adorable.

— Merci, avait répondu Tate.

Elle prit par la gauche, dépassant un stand de hot-dog et de saucisses qui lui semblait familier. Quelqu'un vendait des glaces à l'italienne. Puis elle passa devant une boutique Legal Sea Foods, où on faisait la queue pour de la soupe de poisson.

— Je n'arrive pas à croire que l'été est fini, dit une femme, les lunettes de soleil juchées sur la tête.

Tate n'arrivait pas à y croire non plus. Dans la voiture, à l'aller, Cameron et Tucker avaient discuté de leurs costumes pour Halloween.

Le mariage de ma sœur, pensa-t-elle.

Section dix-neuf. C'était là ! Tate tourna à gauche et descendit les escaliers. Même du haut des gradins, elle apercevait la tête de Barrett. Il était assis entre Cameron et Tucker ; Tucker occupait un siège bébé, car il n'était pas assez lourd pour maintenir le strapontin abaissé.

Barrett se tortilla dans son siège et tordit le cou, scrutant les gradins derrière lui. Il la cherchait, elle le savait. Elle était partie depuis des lustres.

Elle lui fit signe, follement, comme le font les gens dans les stades. Ici ! Je suis juste là !

Il la vit. Il sourit. Il serra le poing et l'appliqua contre son cœur. Je t'aime.

India

Le 21 septembre, date de l'équinoxe d'automne, William Burroughs Bishop III naquit à l'hôpital de l'université de Pennsylvanie. Il pesait quatre kilos cent et mesurait cinquante-cinq centimètres. Heidi avait bataillé près de vingt heures avant qu'on ne recoure à une césarienne. Mère et enfant se portaient bien.

India s'était rendue à l'hôpital quotidiennement pour voir son petit-fils. C'était un monstre de nouveau-né ; on lui aurait donné un mois au bas mot. Et pourtant, c'était une personne minuscule, un petit bout, un bout de chou. India le portait, pleurant et riant, puis elle regardait Billy et Heidi en disant :

— Bill aurait adoré. Porter cet enfant, ça aurait été un vrai trip pour lui.

Cela faisait quelque chose, d'avoir un petit-fils. Mais quoi ? Eh bien, tout d'abord, cela soulageait India du lourd fardeau de la parentalité, de l'impossible responsabilité d'élever un enfant – naviguer entre les écueils et les merveilles que la vie réserve à tout être humain, sans exception. Et puis, le fait d'avoir un petit-enfant lui donnait aussi la sensation d'être immortelle – comme si elle allait perdurer, un quart d'elle dans cet enfant, un huitième dans celui qu'il aurait plus tard. Cela l'émerveillait et l'impressionnait.

Le 25 septembre, date à laquelle Chess aurait dû se marier, détail qu'India n'avait manqué de relever, elle rendit visite à l'enfant pour son premier jour à la maison. Lula l'accompagnait.

Lula était nerveuse. Elle s'était attaché les cheveux en chignon, puis les avait détachés de façon à ce qu'ils cascadent sur les épaules, avant de les attacher de nouveau. Elle vérifia son maquillage dans le miroir passager de la Mercedes d'India. Celle-ci n'avait pas le cœur de le lui dire, mais son maquillage ou sa coiffure importaient peu. Le fait qu'elle fût une jeune femme, dans la vingtaine, et qu'elle entretenait une relation – dont les tenants et les aboutissants seraient flous pour Billy et Heidi – avec India importait bien plus. India avait hésité à garder secrète sa relation naissante avec Lula, du moins de ses fils. (Tout le monde aux Beaux-Arts, elle disait bien tout le monde, savait qu'India et Lula formaient un couple et que c'était la raison pour laquelle Lula s'était réinscrite. Spencer Frost avait eu une attaque en découvrant que Lula avait charcuté la toile qu'il avait achetée pour l'école, aussi Lula avait-elle passé la fin de l'été à peindre un nouveau tableau à la place. En fin de compte, Spencer Frost était soulagé que Lula n'ait pas rejoint Parsons. Elle allait devenir célèbre, et l'école allait revendiquer son appartenance.)

India n'avait changé d'avis que ce matin, lorsqu'en se réveillant, elle avait pris conscience de la date et pensé à Chess. La vie était trop courte, s'était-elle dit. Elle emmènerait Lula, et advienne que pourra.

India et Lula remontèrent l'allée de briques qui menait à l'impressionnant immeuble de Billy et Heidi à Radnor. Lula tenait le cadeau qu'elle avait acheté – une salopette en denim bleu, une marinière, une minuscule paire de baskets. Et parce qu'elle n'avait pas pu s'en empêcher, elle avait aussi acheté de la pâte à modeler aux couleurs vives. Le bébé ne s'en servirait pas avant deux ou trois ans, et alors ?

India avait appelé Billy et Heidi ce matin-là pour les prévenir qu'elle venait accompagnée.

— Oh, avait dit Heidi, l'air intrigué en dépit de la fatigue. Quelqu'un de spécial ?

— Quelqu'un de spécial, avait confirmé India.

India frappa, et, ensemble, elles attendirent à la porte.

Billy ouvrit, vit India, puis Lula, sourit, et dit :

— Entre donc, voyons, maman. Je croyais que c'était Avon.

— Billy, je te présente mon amie, Lula Simpson. Lula, voici mon aîné, Billy Bishop.

Billy lui tendit la main.

— Ravi de vous rencontrer, Lula.

— J'ai tellement entendu parler de vous, dit Lula. Félicitations.

Billy sourit.

— Merci. Nous sommes survoltés. Fatigués, mais survoltés.

Heidi était assise dans la bibliothèque, Tripp endormi dans ses bras.

— Ne te lève pas, dit India.

— Très bien, alors, répondit Heidi.

Ils se mirent tous à rire. Heidi regarda Lula, sans changer d'expression, sans écarquiller les yeux ni retrousser les babines, sans hésitation dans son sourire. Peut-être s'étaient-ils attendus, lorsque India avait annoncé leur présenter « quelqu'un de spécial », à ce qu'il s'agisse d'une jeune et belle Indo-Iraquienne. Ha ! India faillit en rire.

— Heidi, je te présente une amie très particulière, Lula Simpson.

— Bonjour, Lula, dit Heidi.

Lula effleura l'épaule de Heidi juste comme il fallait, mais son attention était captivée par le bébé.

— Oh mon dieu, dit-elle. Il est magnifique !

— Voulez-vous le tenir ? proposa Heidi.

— Je peux ?

Tandis que Heidi positionnait William Burroughs Bishop III dans les bras de Lula, India crut entendre le rire de Bill.

Elle va vouloir des enfants, India, glissa son fantôme bienveillant.

Oh, la ferme ! rétorqua-t-elle. Mais elle souriait en dépit d'elle-même.

Birdie

Elle se réveilla avec Grant sous les doux rayons du soleil. Birdie n'aimait rien tant que l'été indien. Aujourd'hui, pourtant, elle espérait de la pluie pour Chess.

Grant alla dans la cuisine dont il ressortit, quelques instants plus tard, avec deux tasses de café au lait. C'était devenu une habitude pour lui de porter le café de Birdie au lit, même les matins où il se rendait au bureau. Elle raffolait du geste, de l'attention, et le café que préparait Grant – il réchauffait le lait à la casserole – était meilleur que tout autre café qu'elle ait pu boire au cours de sa vie.

Il s'assit sur le lit à côté d'elle.

— Belle journée pour un mariage, dit-elle.

— En effet.

Ils avaient établi tout un programme pour s'occuper. Un brunch au Blue Hill, absolument divin, puis une longue balade en voiture pour voir le feuillage changeant. Ils croisèrent quelques antiquaires, où ils s'arrêtèrent chiner. Grant détestait chiner autrefois, mais à présent il naviguait avec aisance dans les boutiques, soulevant un objet puis l'autre, se demandant ce qu'en pensait Birdie.

Elle pensait : Je n'arrive pas à croire que c'est l'homme que j'ai épousé. Il n'avait pas parlé golf une seule fois de la journée. Les Yankees devaient disputer un match crucial cet après-midi même, et il n'en avait soufflé mot non plus.

Elle pensa : Il a plutôt bon goût.

Ils se garèrent dans l'allée à 15 h 45. Le soleil avait déjà plongé derrière les arbres ; finies, les longues journées d'été. Birdie ne pouvait s'empêcher de penser… que la cérémonie aurait dû avoir lieu à 16 heures, et qu'en ce moment même, ils seraient sans doute en train de recevoir les félicitations de tous ou de poser pour la photo. Si elle se sentait aussi abandonnée, alors quel devait être le sentiment d'Evelyn Morgan ?

— Je vais appeler Chess, dit-elle.

— Un instant, dit Grant. J'ai une surprise, d'abord.

Une surprise ? Grant ?

Il la mena dans le jardin. C'était d'une beauté insoutenable. Les ormes étaient mi-verts, mi-jaunes, et les poiriers de Bradford commençaient à changer de couleur. Grant s'arrêta à la table en fer forgé, où était posé un lecteur de CD portatif que Birdie reconnut comme un achat de Grant pour son « loft » à South Norwalk. Il appuya sur une touche, et Gordon Lightfoot se mit à chanter « If You Could Read My Mind ». Leur chanson de mariage.

Grant mena Birdie jusqu'à l'étang, où ils traversèrent, en file indienne, la passerelle bâtie par les paysagistes pour rejoindre l'îlot. C'était un cercle parfait placé au centre de l'étang, recouvert d'une herbe grasse qui avait poussé pendant le séjour de Birdie à Tuckernuck. Grant ôta ses chaussures, bientôt imité de Birdie.

— Tu m'avais promis une danse, dit-il.

Chess

Elle avait songé à prendre sa journée pour aller sur la tombe de Michael au cimetière du New Jersey, mais après réflexion, Chess décida que cela serait trop douloureux, mais aussi et surtout malhonnête. Elle n'avait pas besoin de visiter la sépulture de Michael pour honorer sa mémoire. Elle pouvait le faire en continuant d'avancer dans sa nouvelle vie. Elle se ferait honneur en se montrant directe et franche : cela aurait pu être le jour de son mariage, mais cela n'avait pas fonctionné. Alors… elle pouvait soit s'asseoir sur la tombe de Michael pour pleurer, soit se rendre utile.

Elle avait accepté d'assurer un double service, déjeuner et dîner, ce qui impliquait d'arriver au restaurant à 8 heures, de vérifier que les commandes adéquates avaient été livrées, et faire en sorte que le reste de l'équipe en cuisine se mette en place. Elle choisit le pire : les artichauts.

Lorsque Electa arriva à 10 heures, elle posa une main au creux du dos de Chess.

— Merci d'avoir lancé le schmilblick, dit-elle. Comment te sens-tu ?

Electa savait quel jour on était. Chess s'était confiée à elle, un soir après le service, autour d'une bouteille de cabernet Screaming Eagle impossible à dénicher.

— Pas trop mal, répondit Chess, et elle fut surprise de constater que c'était vrai.

Son travail ne lui laissait pas le temps de penser. Les commandes arrivaient les unes après les autres comme autant de balles avec lesquelles jongler. Parce qu'on était samedi, le restaurant était bondé – salle comble avec une file d'attente –, et la cuisine bougeait comme sous amphétamines. Chess préparait et disposait crabe, rouleaux d'été à la mangue, betterave rôtie et vinaigrette au gingembre. Puis Nina, une cuisinière lituanienne très grande et mince qui travaillait du côté des sautés, attrapa une poêle sur le feu sans prendre de torchon et se brûla la paume. Chess glissa pour couvrir son poste tout en poursuivant la tâche qui lui était assignée. En d'autres circonstances, cela l'aurait rendue dingue, mais aujourd'hui, elle accueillait le travail avec gratitude.

Il y eut quelques instants de quiétude dans l'après-midi, durant lesquels ses pensées revenaient tel le brouillard sous une porte. Tout était de sa faute. Elle avait blessé Michael. Mais était-elle responsable de sa réaction ? Faire de l'escalade sans harnais. Sans harnais ! Pourquoi tant d'imprudence ? Tu voulais briser les règles ? Te défouler ? Tu ne te souciais donc pas de ce qui pouvait t'arriver ? Chess ne croyait plus à la mort volontaire de Michael. Il tenait trop à la vie, il était doué pour, c'était un meneur, qui relevait les défis, réussissait tout ce qu'il entreprenait. Si Nick devait lui voler sa fiancée, Michael s'en serait trouvé une autre, mieux, un top model également diplômé de Rhodes, ou une championne de beach-volley membre de Mensa. Ce n'était pas les belles femmes qui manquaient à travers le monde. Jamais, au grand jamais, Michael n'aurait chuté intentionnellement. S'il était parti sans harnais, c'était parce qu'il se croyait invincible.

Chess pleurait à présent, au-dessus de sa poêle fumante de nageoire au bouillon de citronnelle.

Ce qui était arrivé n'était pas de la faute de Michael. C'était un accident ; il était tombé. Ce qui était arrivé n'était pas de la faute de Chess. Elle appréciait énormément Michael et avait appris à l'aimer en tant que personne. Elle avait voulu être amoureuse de lui, capable de l'épouser, de porter ses enfants, d'être heureuse. Elle avait échoué, mais elle avait essayé.

Elle avait essayé.

Elle termina son service à 22 h 30 ce soir-là. Les autres chefs étaient partis presque une heure plus tôt, mais elle était restée nettoyer les postes de travail, laver le sol, tout préparer pour le brunch du lendemain. Electa apparut et lui demanda si elle voulait prendre un verre au bar.

— Pas de Screaming Eagle ce soir, dit-elle d'un air penaud. Mais on pourrait prendre un martini au lychee ?

Chess secoua la tête.

— Je vais rentrer.

— Tu es sûre ? Oh, la journée a été longue pour toi.

Longue, en effet. Chess ôta son tablier qu'elle jeta dans le panier de linge sale. Elle passa les mains dans ses cheveux. Ils avaient repoussé, hirsutes tout d'abord, puis plus doux. Elle avait décidé de les garder courts, ce qui était pratique pour le travail en cuisine. Tout devant figurait une touffe d'un blanc immaculé. Des cheveux blancs à trente-deux ans : c'était soit une punition, soit une marque de bravoure.

Chess arriva dans le hall de son immeuble à 23 h 15. Elle était morte de fatigue – trop épuisée pour se vernir les ongles des orteils, repasser ses vêtements, ou même penser. Ce qui était une bonne chose. Elle attrapa l'équivalent d'une semaine de courrier dans sa boîte à lettres et se dirigea vers son appartement.

Elle alluma la lumière, s'effondra sur le canapé, laissa tomber le courrier sur la table basse. Et maintenant quoi ? se demanda-t-elle. Elle était aussi molle qu'un torchon, et pourtant elle craignait de ne pouvoir dormir. Elle pensa à tante India, puis à sa mère et à Tate, à elles quatre, sur l'île, ensemble. Les larmes lui brûlaient les yeux. Autant l'admettre : elle se sentait seule.

Puis elle la vit. Une carte postale, posée au sommet de la pile de courrier. Une carte de Central Park à l'automne, les arbres au feuillage flamboyant. En haut, en lettres blanches : *New York City*.

New York City ? pensa Chess. Qui pouvait bien lui envoyer une carte de New York alors même qu'elle y vivait ? Elle sentit un fourmillement le long de son cuir chevelu, et les connexions se firent dans sa tête. Central Park. Elle retourna la carte.

Qui disait : *Okay, baby, okay.*

Son cœur tomba à ses pieds, comme une pierre qu'elle pouvait ramasser pour la jeter.

Nick.

Elle se leva pour aller dans la cuisine. Son réfrigérateur était presque vide – elle achetait son petit déjeuner dans la rue et prenait ses autres repas au restaurant –, mais elle avait conservé la bouteille de Veuve-Cliquot que Tate lui avait donnée à Tuckernuck pour les grandes occasions.

Elle la sortit. Elle était scandaleusement froide.

Okay, baby, okay.

Elle fit sauter le bouchon.

REMERCIEMENTS

Prendre Tuckernuck pour décor comporte deux défis. Premièrement, il est difficile de situer un roman dans un cadre où il se passe peu de choses. (Lorsque j'ai demandé à des résidents de longue date de Tuckernuck ce qu'ils y faisaient, on me répondait souvent : « Ce qu'on y fait ? Eh bien, on visite ! ») L'autre défi était celui d'obtenir un accès à Tuckernuck, car c'est une île privée. Mes premiers remerciements iront donc à Mark Williams et Jeffrey Johnsen, qui m'ont emmenée à Tuckernuck par l'une des plus belles journées de l'été en juillet dernier. Si je suis tombée éperdument amoureuse de l'endroit, c'est en grande partie grâce à mes merveilleux guides. Quiconque a déjà séjourné ou vécu à Tuckernuck a des histoires à raconter à son sujet, et j'en ai entendu beaucoup, parmi lesquelles les plus pittoresques sortaient de la bouche de mon agent, Michael Carlisle, dont la famille possède des terres sur Tuckernuck depuis probablement des siècles. Les estivants sont des personnes discrètes, aussi j'espère que ce livre, plutôt que de l'exploiter, rend hommage à leur lieu de villégiature.

Quittant la campagne pour la ville, je voudrais remercier toutes les personnes formidables que j'ai pu rencontrer à l'école des Beaux-Arts de Pennsylvanie, en particulier Gerry et Rosemary Barth (alias Mary Rose Garth), qui m'ont introduite dans ce monde, ainsi que Anne McCollum, membre du conseil d'administration, et que le président de ce même conseil, Don Caldwell, et son épouse, Linda Aversa (alias Spencer et Aversa Frost). Un grand merci à Stan Greidus, pour m'avoir fait le topo de la vie estudiantine, et au président des Beaux-Arts, David Brigham, pour me l'avoir fait visiter en long, en large et en travers et m'avoir donné le sentiment de faire partie de la famille.

À New York, je tiens à remercier mon équipe d'agents de choc, Michael Carlisle et David Forrer d'Inkwell Management, ainsi que les esprits brillants et généreux de Little, Brown/Hachette, parmi lesquels mon éditeur, Reagan Arthur, Heather Fain, Michael Pietsch, David Young, et le sorcier gourou du livre de poche, Terry Adams.

Sur Nantucket, j'envoie un baiser amical à mon Petit Cercle – vous vous reconnaîtrez –, qui m'a soutenue durant quelques années mouvementées. Mention spéciale cette année à Wendy Hudson, rock star des libraires indépendants et propriétaire de Nantucket Bookworks (à qui je dois l'anecdote du vélo sans frein !), et à Wendy Rouillard, auteur de la série de livres pour enfants *Barnaby*, avec qui je discute édition sans relâche depuis plus de dix ans. Je tire avec enthousiasme mon chapeau à Chuck et Margie Marino, tout simplement parce que ce sont deux des plus remarquables personnes sur cette terre et que je les adore.

Je remercie également ma nounou d'été, Stephanie McGrath, de ne jamais avoir cessé de me sourire, même après cent une excursions au Delta Fields et quarante-deux allers-retours au Hub pour acheter du chewing-gum. Un grand merci à Anne et Whitney Gifford pour m'avoir prêté leur maison sur Barnabas Lane – ce livre n'aurait jamais pu exister sans Barnabas ! Et merci, toujours, à jamais, *in extremis*, à Heather Feather, pour son amour, son soutien, son amitié, et son énergie vitale positive.

Côté maison, je remercie mon mari, Chip Cunningham, le meilleur papa poule au monde ; mes deux fils créatifs, pleins d'esprit et d'humour, Maxx et Dawson, qui savent vraiment s'éclater (!) ; et ma fille chantante et sautillante, Shelby, qui illumine notre foyer, jour après jour.

Ce livre est pour ma mère. Non seulement me laisse-t-elle revenir à la maison un mois chaque automne afin de pouvoir réviser mes textes en paix, mais elle m'a également appris absolument tout ce que je sais sur l'amour inconditionnel. Merci, maman.

Du même auteur :

BEACH CLUB, Michel Lafon, 2001.
LES NUITS DE NANTUCKET, Michel Lafon, 2002.
PIEDS NUS, Lattès, 2009.

Composition réalisée par FACOMPO (Lisieux)

Achevé d'imprimer en avril 2012 en France par
CPI BRODARD ET TAUPIN
La Flèche (Sarthe)
N° d'impression : 68778
Dépôt légal 1re publication : mai 2012
LIBRAIRIE GÉNÉRALE FRANÇAISE
31, rue de Fleurus – 75278 Paris Cedex 06

31/6444/9